르몽드
인문학

르몽드 인문학

세계의 석학들이 말하는 지구 공존의 법칙

르몽드 디플로마티크 엮음

LE
MONDE
diplomatique

저항 정신이 인문학의 가치

20세기 중엽에 자본주의가 노동자들을 포획했다면, 21세기의 신자유주의는 지식인들과 대학을 굴종시키는 데 성공했다. 20세기에 노동자들이 순치된 상황에서 국가-자본주의-기술 문명-대중문화로 이루어진 사각의 링으로부터의 탈주는 주로 교양층, 특히 지식인들의 저항이나 학생들의 운동을 통해 전개되었다. 반면 21세기의 교수들은 신자유주의의 집요한 공세 앞에 'SCI급 저널들'에 영어로 된 논문을 싣기 위해 전력투구하고 있으며, 학생들은 각종 대중문화에 포획되어버렸다. '돈이 안 되는' 인문학은 설 땅을 잃어버린 채 방황하고 있다.

대학은 더이상 사회적 담론을 생산하고, 사유하고, 실천하는 학문의 장이 아니다. 남을 짓밟고 출세하는 기술을 전수하는 곳으로 전락한 지 오래다. 대학 교육이 계층 상승의 통로로 인식되는 것도 문제지만, 지금은 그마저도 계층을 재생산하는 도구가 돼버린 형국이다. 삼성관, 포스코관, LG관 등 재벌 연수원을 방불케 하는 연구실과 강의실의 화려함은 대학의 현주소를 그대로 보여준다. 자본의 돈맛에 길들여진 대학은 기업 입맛에 맞는 주문형 인재를 양성하기 위해 '친기업적-친자본적 커리큘럼'을 앞다퉈 내놓고 있다. 글로벌 인재 양성이라는 깃발 아래! 사회의 불의와 모순을 비판하고 대안 마련을 위해 고심해야 할 대학에서는 더이상 사유와 비판과 실천의 학문을 가르치지도 않고, 배우려 하지도 않는다. 혹여 대학에서 인문학을 커리큘럼에 넣는다고 해도, 리더십 강좌나 글쓰기 강좌같이 교양 학습이나 취업을 위한 스펙 쌓기 차원에 불과하다.

아이러니한 것은 대학의 암담한 현실과는 달리, 인문학이 재벌 소유의 '백화점 인문학'과 'CEO 인문학' 등으로 부흥기를 맞고 있다는 점이다. 심지어 학생들의 인문학 수업에는 별로 관심이 없는 대학들조차 돈벌이가 잘되는 'CEO 인문학' 강좌를 개설할 정도다.

언론의 표현대로 인문학의 르네상스가 찾아온 걸까? 우리는 인문학이 본연의 사유와 비판과 실천 정신을 거세당한 채 '가진 자들'의 기름진 교양주의의 지적 장식물로 전락한 오늘의 현실을 응시한다. '인문학적 상상력'이라는 멋진 수사를 내세운 백화점 및 CEO 인문학 강좌는 인문학마저 스펙 쌓기나 인맥 만들기를 통한 이윤 창출의 수단으로 전락시키고 있다. 자본과 권력에 의해 순치된 인문학은 결코 참된 인문 정신을 담아내지 못한다. 오히려 우리의 정신과 심성을 왜곡하고, 나와 이웃의 끈을 꼬이게 한다.

프랑스 철학자 라캉(1901~1981)의 지적대로, 인문학은 우리가 생각하는 우리 자신의 모습인 페르소나persona를 분칠하는 것이 아니라 실제로 살아가는 우리 자신의 맨얼굴을 드러내는 것이어야 한다. 이를 위해서는 인문학적 정신, 즉 사유와 비판과 실천의 정신이 고양되어야 한다. 화려함 대신 수수함, 높음 대신 낮음, 닫힘 대신 열림, 속성 대신 진중함, 순응 대신 저항의 인문학이어야 한다.

창간 이후 줄곧 우리 사회의 반反지성에 맞서온 『르몽드 디플로마티크』한국판이 기획, 출간하는 『르몽드 인문학』은 한국 지성 사회의 패러다임을 바꾸는 거창한 꿈을 꾸는 한편, 암담한 현실에 대해서는 냉철한 시각과 진단을 잊지 않고자 한다. 흔히 '르 디플로'라는 애칭으로 불리는 『르몽드 디플로마티크』는 세계 석학들과 더불어, 오늘날 지구촌을 휩쓸고 있는 세계화의 야만성과 물신성을 드러내고 인간성을 회복하는 인문 정신을 줄기차게 강조해왔다. 세계화한 지구촌에서는 무역 및 자본의 자유화로 재화, 서비스, 자본, 노동, 사상 등의 국제적 이동이 증가하고, 그로 인해 각국이 통합되는 현상이 나타나고 있다. 이런 세계화를 이해하기 위해서는 서사적 개념과 이데올로기적 개념을 동시에 살펴봐야 한다. 우선 세계화가 각 지역에 어떤 영향을 어떻게 미쳤는지를 서사적으로 직시하고, 여기에 함축된 이데올로기적 맥락들도 함께 음미해야 한다.

이 같은 대의적 맥락에서, 『르몽드 디플로마티크』 한국판(2008년 10월 창간) 발행 이후 세계화 개념의 본질을 파악하는 데 혜안을 보여준 세계 석학 30명의 글 40편을 묶어서 『르몽드 인문학』을 펴내게 되었다. 세계 석학들의 시대적 고뇌를 담은 이 책이 단순히 '인문학' 관련 도서 목록에 한 줄을 추가하는 데 그치지 않고, 어느 연구서보다 더 강고한 교양 도서로서, 냉철한 이성과 따뜻한 가슴을 지닌 지식인들의 인문학적 수첩으로 자리잡을 수 있으리라고 감히 말씀드린다.

성일권, 『르몽드 디플로마티크』 한국판 발행인

들어가며 저항 정신이 인문학의 가치 ▪ 005

1부

탐욕이
빚어낸
비극

지칠 줄 모르는 미 제국주의의 욕망 _ **에릭 홉스봄** ▪ 014

상대주의를 넘어 ─ 반이성주의가 역사학의 최대 위험 _ **에릭 홉스봄** ▪ 023

금융 위기가 낳은 자본주의 '제3의 길' _ **로랑 코르도니에** ▪ 036

자유무역, 그 달콤한 비극 _ **자크 사피르** ▪ 043

미국 자유주의자들의 위험한 질주 _ **코스타스 베르고플로스** ▪ 058

기아는 서구의 탐욕이 부른 비극 _ **장 지글러** ▪ 067

기업은 고용을 창출하지 않는다 _ **프레데리크 로르동** ▪ 074

'보호무역주의 위협론'은 완전한 허구다 _ **프레데리크 로르동** ▪ 083

사그라지지 않는 유토피아적 신자유주의의 부활 _ **세르주 알리미** ▪ 092

'시장'을 넘어 '민주주의'로 ─ 사회적 자유주의 비판 _ **에블린 피예** ▪ 108

자본주의에 무력한 좌파의 빛바랜 보편주의 _ **비벡 치버** ▪ 122

2부

야누스적
자본의
두 얼굴

세계화의 폭력성 — 교조주의적 세계 권력의 문명 파괴 _ **장 보드리야르** ▪ 140

현혹의 경제학을 넘어라 — 서방 덕분에 잘살게 됐다? _ **프랑수아 셰네** ▪ 148

푸코식 규율국가에서 들뢰즈식 통제국가로 _ **조르조 아감벤** ▪ 164

패스트푸드에 저항하는 미국인들 _ **토머스 프랭크** ▪ 176

교육계의 자율성, 그것은 환상이다 _ **피에르 부르디외/장클로드 파스롱** ▪ 190

보편성의 독점, '국가'라는 야누스 _ **피에르 부르디외** ▪ 196

공적 토론 혹은 복화술 — 부르디외식 국가의 우화 _ **피에르 부르디외** ▪ 204

군주는 인간과 야수의 본성을 지닌 잡종 짐승 _ **자크 데리다** ▪ 212

대항폭력, 나쁜 게 아니라 부적절하다 _ **놈 촘스키** ▪ 220

3부

거세된
지식인의
불온성

금융 위기 속에 마르크스를 되돌아보다 _ **뤼시앵 세브** ▪ 230

투쟁 없이는 민주주의도 없다 _ **앙드레 벨롱** ▪ 239

세계의 지정학, 밑그림 없는 퍼즐 _ **앙드레 벨롱** ▪ 247

묻노니, 인류에게 미래는 있는가 _ **뤼시앵 세브** ▪ 255

빚쟁이 혹은 시간의 도둑 _ **마우리치오 라차라토** ▪ 268

지식인들은 무엇으로 사는가 _ **자크 부브레스** ▪ 275

진리를 조작하는 지식인들 _ **피에르 부르디외** ▪ 285

우리의 유토피아 vs. 그들만의 유토피아 _ **세르주 알리미** ▪ 291

4부

지식인이여,
왜
두려워하나

'왜'라고 묻는 법 배우기 _ **파울루 프레이리** ▪ 302

부와 가치를 혼동한 자본주의 _ **장마리 아리베** ▪ 308

낯설게, 그러나 다시 만나야 할 계몽과 이성 _ **자크 부브레스** ▪ 316

부르디외는 없다 _ **피에르 랭베르** ▪ 324

지식인이여, 분노하라 _ **피에르 부르디외** ▪ 338

5부

상상을
넘어
행동으로

다중의 공유로 자본주의의 위기와 모순 극복하기 _ **마이클 하트** ▪ 346

자유시간, 진정한 해방의 조건 _ **앙드레 고르** ▪ 358

잘 늙을 수 있는 '평등 사회' _ **뤼시앵 세브** ▪ 364

탈성장주의, 경제 위기 구할 새로운 대안인가 _ **에리크 뒤팽** ▪ 374

'아나키즘'과 '리베르테르'에 대한 오해와 이해 _ **장피에르 가르니에** ▪ 387

지구는 북적대지 않는다 _ **조르주 미누아** ▪ 397

움직이지 않으리라, 모두의 공간을 되찾으리라 _ **막스 루소** ▪ 414

Index : 출처 ▪ 422

지칠 줄 모르는 미 제국주의의 욕망 _ 에릭 홉스봄

상대주의를 넘어—반이성주의가 역사학의 최대 위험 _ 에릭 홉스봄

금융 위기가 낳은 자본주의 '제3의 길' _ 로랑 코르도니에

자유무역, 그 달콤한 비극 _ 자크 사피르

미국 자유주의자들의 위험한 질주 _ 코스타스 베르고풀로스

1부

탐욕이
빚어낸
비극

기아는 서구의 탐욕이 부른 비극 _ 장 지글러

기업은 고용을 창출하지 않는다 _ 프레데리크 로르동

'보호무역주의 위협론'은 완전한 허구다 _ 프레데리크 로르동

사그라지지 않는 유토피아적 신자유주의의 부활 _ 세르주 알리미

'시장'을 넘어 '민주주의'로—사회적 자유주의 비판 _ 에블린 피예

자본주의에 무력한 좌파의 빛바랜 보편주의 _ 비벡 치버

지칠 줄
모르는
미 제국주의의
욕망

에릭 홉스봄 ■ **Eric John Ernest Hobsbawm**

영국계 유대인인 에릭 홉스봄(1917~2012)은 세계적인 역사학자로 수많은 저서를 남겼다. 『혁명의 시대』 (1962), 『제국의 시대』(1987), 『극단의 시대』(1994), 『미완의 시대 Interesting Times』(2002) 등은 20세기를 다룬 생생한 역사서로서 세계 지성계의 필독서로 자리잡고 있다. 이론과 현실의 조화를 추구했던 그는 이방인의 입장에서 제국과 권력에는 비판의 칼날을, 노동계급과 제3세계의 삶에는 따스한 눈길을 거두지 않았다. 1982년 런던 대학 버벡 칼리지에서 정년퇴직한 뒤 숨을 거두기 전까지 고령에도 세계 곳곳을 순회하면서 강의와 저술 활동에 매진했다.

군사력 앞세운 미 제국의 헤게모니, 세계에 혼란과 야만 키우다

16세기 스페인과 17세기 네덜란드는 각기 강력한 제국을 구축했다. 뒤이어 18세기부터 20세기 중반까지는 대영제국이, 그 이후에는 미국이 각각 전 세계에 분산된 강력한 자원 기지와 광대한 군사력을 앞세워 국제적 야심을 불태운 글로벌 유일 제국의 모델을 보여주었다. 해군의 패권이 대영제국의 힘이었다면, 미국의 능력은 폭탄을 이용한 파괴력이었다. 그렇지만 군대의 승리가 결코 한 제국을 영속시킬 수는 없다. 두 제국의 지속성은 무엇보다 주변을 지배하고 통제하는 능력에 달려 있었다. 대영제국과 미국은 글로벌화한 경제 틀 안에서만 존재하는 부가적인 혜택을 누렸다. 두 나라 모두 세계 산업을 지배했기 때문이다. 이들 국가는 우선 막강한 생산 기기를 활용해 '세계의 공장'으로 발전했다. 그 결과 1920년대와 제2차 세계대전 이후에는 미국이 세계 산업 생산의 약 40%를 차지하게 된다. 오늘날에도 여전히 그 수치가 22~25%대를 오락가락하고 있다. 그래서 두 나라는 다른 나라들이 벤치마킹하고 싶어하는 모델이 됐다. 국제 교역의 흐름을 좌우하는 길목을 차지하고 있어, 두 나라의 예산, 재정 그리고 무역 정책에 따라 국제 교역의 내용, 규모, 목적지까지도 뒤바뀐다. 특히 불공평한 문화적 영향력을 행사하고 있다. 가공할 만한 영어 사용권의 확장을 통해 그 힘을 과시해온 것이다.

이러한 공통점과는 달리, 두 나라 간에는 많은 차이점이 존재한다. 가장 눈에 띄는 부분은 '덩치'다. 대영제국은 대륙이 아닌 섬나라다. 또한 한 번도 미국식 개념의 국경을 가져본 적이 없다. 이 나라는 로마 시대, 노르망디 정복 이후, 그리고 1554년 메리 1세가 스페인 펠리페 2세와 결혼했을 당시 잠깐 동안 다양한 유럽 제국에 편입되었다. 그럼에도 불구하고 단 한 번도 유럽 제국의 중심이 되지 못했다. 대신 잉여 인구가 발생했을 때는 해외 이주를 떠나거나 식민지를 건설했고, 지배한 섬들을 이민의 주요 터전으로 삼았다. 그에 반해 미국은 기본적으로 이민자들을 환영하는 나라였다. 자국의 인구 증가와 거대한 이민의 물결을 한껏 이용해 광활한 공간을 채웠다. 1880년대까지만 해도 주요 이민자들은 서유럽 출신이었다. 해외 집단 이주를 경험하지 못한 제국은 러시아와 미국뿐이다.

미 제국은 하나로 합친 국가와 대륙의 일체감을 토대로 확장된 자연스러운 결과물이다. 상대적으로 높은 인구밀도에 익숙했던 유럽 이민자들에게 미 대륙은 분명 끝없이 넓고 황량해 보였을 터이다. 게다가 이주 노동자들이 자의로든 타의로든 전염시킨 질병들 때문에 지역 원주민들이 거의 몰살당해 황량하고 삭막한 인상을 한층 더했다. 하지만 분명한 것은 신이 그들에게 영토를 선물했다는 사실이고, 그들이 도입한 새로운 경제 시스템과 집약 농업으로 이곳 원주민들을 쉽게 제압할 수 있었다는 점이다. 그러나 미국 헌법은 '자연권'을 누리는 사람들이 이룬 정치집단에서 인디언들을 노골적으로 배제했다.

대영제국이나 다른 유럽 국가와는 달리, 미국은 비슷한 힘을 지닌 국가들이 국제 시스템을 형성하고 자신도 그 안에 속해 있다는 사실조차 인식해본 적이 없다. 캐나다를 포함한 북아메리카 대륙 전역이 결국 한 국가처럼 되었기 때문이다. 식민지 개념도 전통적인 것과는 달랐다. 미국은 하와이를 제외하고는, 앵글로색슨족이 이미 식민지화한 푸에르토리코, 쿠바 혹은 태평양 섬들이나 주민들이 많지 않은 지역을 합병하려고 결코 애쓴 적이 없다. 미국의 헤게모니는 자국의 영토와 대륙을 벗어난 영국식의 식민지 제국이나 '코먼웰스commonwealth' (연방) 형태를 띨 수 없었다. 미국은 자국민을 한 번도 세계의 다른 곳으로 이주시켜본 적이 없었다. 남북전쟁에서 북군이 승리한 이래, 미국은 법률적, 정치적, 심지어 이데올로기적 측면에서조차 단일한 국가로부터 분리된다는 것은 상상도 할 수 없는 나라가 되어버렸다. 대신, 미국의 범지구적 힘은 오직 위성국가나 가신국가 체제 속에서만 국경 밖으로 표출될 수 있었다.

미국은 역사가 없는 '이상주의' 제국

　미국과 대영제국의 또다른 차이점이 있다. 해나 아렌트는 "미국은 18세기 유럽 계몽 시대에 희망의 도화선이 된 모든 혁명보다, 어쩌면 더 오랜 기간 지속된 혁명의 산물"이라고 말했다. 만약 미국이 제국을 건설하고자 했다면, 구세주가 되겠다는 확신 속에서 다른 모든 사회보다 월등한 '자유로운' 사회, 곧 세계의 모델이 되고자 했을 것이다. 그래서 토크빌은 만약 이런 시도가 있었다면, 정치적으로 선동적이고 반反엘리트주의일 수밖에 없었을 것이라고 했다.

　영국과 스코틀랜드를 포함한 대영제국은 16세기와 17세기에 혁명을 경험했다. 그러나 혁명은 불완전했다. 근대성을 지향한 자본주의 체제로 재편성됐지만, 대지주 가문들이 20세기까지 그 체제를 지배했기 때문에 무척 계급주의적이고 불평등했다. 아일랜드에서 입증된 것처럼, 그러한 구조 속에 제국주의가 완벽하게 자리잡을 수 있다. 물론 대영제국도 스스로 여느 사회보다는 월등하다고 인식하고 있었지만, 구세주가 되겠다는 확신이나 외국 국민을 영국 정부의 방식에 걸맞게 길들이거나 혹은 신교도로 개종시킬 의지는 없었다. 대영제국은 선교사가 세운 것도, 선교사를 위해 세워진 것도 아니었다. 오히려 그 반대로, 영국의 주요 영토였던 인도에서는 선교사들의 활동을 노골적으로 저지하기도 했다.

11세기에 제정된 토지대장Domesday Book 이후 잉글랜드 왕국과, 1707년 이후 대영제국은 각기 유럽에서 가장 먼저 강력한 법과 중앙정부 체제를 갖춘 나라를 구축한 바 있다. 특히 역사적 내력에서 미국과 영국은 근본적으로 다르다. 미국에는 그야말로 신화로 삼을 만한 역사가 없다. 영국이나 프랑스는 고사하고, 1941년 독일 침공에 맞서 국민들을 동원하기 위해 스탈린이 주저 없이 알렉산드르 넵스키의 추억에 불을 붙였던 소비에트연방보다도 미국은 역사가 빈약했다. 가장 오래된 조상이라고 해봐야 초기 영국 이주민들이 고작이었다. 청교도들 스스로 자신의 조상은 인디언들이 아니라고 규정하고 나섰기 때문에, 나라를 세운 선조들 가운데 원주민과 노예는 '국민'에서 배제됐던 것이다.

히스패닉 계열의 서인도제도 사람들이 잉카제국이나 아스테카왕국처럼 사라진 제국에서 영감을 얻는 것과 달리, 미국인들은 독립 투쟁을 하다 사라진 제국들로부터도 영감을 얻어낼 수 없었다. 사실 미국은 영국을 상대로 치른 혁명의 와중에 생긴 나라이기 때문에, 옛 조국이라 할 영국과 굳이 연결할 만한 끈을 찾는다면 영어라는 언어가 고작이다.

요컨대 미국의 정체성은 대영제국과 한때 공유했던 과거사와는 별개였다. 그보다는 고유한 혁명적인 이데올로기와 새로운 공화국의 제도에서 정체성을 찾아야 했다. 대부분의 유럽 국가들은 이웃과 적을 구분하면서 스스로를 규정한다. 하지만 남북전쟁을 빼고는 단 한 번도 외부 세력으로부터 위협받은 적이 없는 미국은 지정학적, 역사적 측면에서 적을 규정할 수 없으므로 이데올로기에 매달릴 수밖에 없다. 말하자면 미국적 삶의 방식을 부정하는 나라들이 적인 셈이다.

영국은 '대외 지향', 미국은 '내수 지향'

어떤 의미에서든 '제국'은 영국의 경제 발전과 국제적 힘을 구축하는 한 요소였다. 그러나 미국의 경우는 전혀 그렇지 않았다. 미국의 가장 중요한 목표는 여느 보통 국가들처럼 그저 그런 나라가 되는 것이 아니라, 거대 대륙에 걸맞는 대국이 되는 것이었다. 바다가 아닌 대륙이 발전에 핵심적인 역할을 했다. 미국은 항상 팽창을 지향했다. 그러나 16세기 스페인이나 포르투갈, 17세기 네덜란드나 영국이 그랬듯이, 항상 본토를 보잘것없는 크기의 국가로 둔 채 해외 영토 확장에 나섰던 해상 제국의 방식과는 달랐다.

미국은 그보다는 발트 해에서 흑해 그리고 태평양까지 바다를 낀 거대한 평야 지대를 가로질러 영향력을 행사하는 러시아와 훨씬 닮았다. 비록 제국을 거느리고 있진 않지만, 서반구에서 가장 인구가 많고 지구상에서도 세번째로 많은 나라다. 이에 반해 영국은 국제적으로 평균치의 경제력을 보유한 국가였고, 스스로도 그 현실을 잘 파악하고 있었다. 심지어 세계 인구의 4분의 1을 지배할 때조차도 이를 인식하고 있었다.

무엇보다 중요한 것은, 영국 경제가 대부분의 국제 교역에 관여하고 있었기 때문에, 제국이 19세기 세계경제 발전의 핵심 요소였다는 점이다. 1950년대까지만 해도, 막대한 대외투자의 4분의 3이 개발도상국에 집중됐다. 게다가 양차 세계대전 당시에는 영국 수출의 절반 이상이 영국의 영향권 안에 있는 지역을 대상으로 한 것이었다. 유럽과 미국이 산업화되자, 영국은 '세계의 공장' 노릇을 그만두었다. 그 대신 국제 수송망을 진두지휘했다. 또한 세계를 상대로 협상가와 은행가 역할을 하며, 최초의 자본수출국이 됐다.

미국 경제는 세계경제와 이런 관계를 맺어본 적이 한 번도 없다. 다만 세계에서 감히 아무도 넘볼 수 없는 가장 막강한 산업국가가 됨으로써, 자국의 거대한 내수 시장만으로도 의미심장한 영향력을 행사하고 있다. 1870년대부터는 미국이 테크놀로지와 노동운동 부문에서 이룬 비약이 선도적인 모델로 등장했다. 특히 첫 대중 소비사회로 거듭난 20세기에 더욱 그랬다. 양차 세계대전 직전까지, 엄격한 보호무역 기조 아래서 미국 경제는 독자적인 자본과 내수 시장을 바탕으로 눈에 띄게 성장했다.

실제로 영국과 달리 미국은 20세기 말까지만 해도 원자재 수입을 거의 하지 않았다. 단지 덩치에 어울리지 않게 잡동사니들과 보잘것없는 수준의 자본을 수출했을 뿐이다. 산업 강국의 정상에 있던 1929년에조차, 미국의 수출은 국민총생산의 5%밖에 되지 못했다. 당시 독일의 수출 비율은 12.8%, 영국은 13.3%, 네덜란드는 17.2%, 캐나다는 15.8%였다. 1880년대부터 세계 생산량의 29%를 차지하며 산업 부문에서 확고하게 제왕으로 군림했음에도 불구하고, 미국의 수출은 대공황이 닥친 1929년 직전에야 비로소 영국의 수출 물량을 따라잡게 된다.

'누구도 세계의 주인이 될 수 없다'는 것 깨달아야

실제로 미국이 경제력을 바탕으로 사실상 옛 대영제국 권역을 지배하게 된 것은 냉전 시대에 들어서다. 그러나 그 지배력이 얼마나 오래갈지는 아무도 알 수 없다. 빅토리아 시대 당시 유럽과 미국이 급속히 산업화되자, 항상 자본수출의 선두 자리를 고수해왔던 영국은 이에 맞서 제국의 영향권에 있는 지역에 투자를 집중했다. 이에 비한다면, 21세기 미국은 그럴 능력이 없다. 더욱이 제1차세계대전 종전부터 1988년에 이르는 기간을 빼면 미국은 줄곧 채무국이었다.

또한 글로벌화된 세계 속에서, 미국 문화의 지배력이 경제적 지배력의 동의어로 쓰이던 현상도 점차 줄어들고 있다. 미국이 월마트라는 슈퍼마켓을 창안해냈지만, 정작 라틴아메리카와 중국을 정복한 것은 프랑스의 카르푸르다. 영국과의 이런 본질적 차이 탓에, 미 제국은 자국의 경제를 떠받치기 위해 항상 힘자랑을 할 수밖에 없었다.

그렇다면, 대영제국을 현대 미국의 헤게모니 프로젝트를 이해하는 모델로 볼 수 없는 것이다. 실제로 영국은 제 한계, 특히 군대가 지닌 힘의 한계를 알고 있었다. 중량급 국력으로는 세계 헤비급 챔피언 타이틀을 영원히 지킬 수 없다는 점을 깨달은 것이다. 그래서 세계의 주인이 되겠다는 과대망상의 위기에서 벗어날 수 있었다. 영국은 그 어떤 나라도 소유하지 못했던, 또한 앞으로도 그러할 광활한 제국을 소유했다. 하지만 세계를 지배할 수 없다는 사실을 깨달았고, 그렇게 하려는 시도도 더이상 하지 않았다.

20세기 중반 해상 제국의 시대가 막을 내리자, 대영제국은 다른 식민지 강국들보다 앞서서 변화를 감지했다. 영국의 '파워'를 좌지우지한 것은 군대의 힘이 아니라 무역의 힘이었다. 그래서 18세기에 미국 식민지를 잃고 심각한 위기에 처했지만 잘 견뎌냈던 것처럼, 훨씬 수월하게 제국의 손실에 적응할 수 있었다.

　미국은 이러한 교훈을 이해할 수 있을까? 아니면 세계 유일의 최강 군사력과 정치력을 바탕으로 혼란과 알력 그리고 야만을 가중하며 세계를 계속 지배하려고 애쓸까?

상대주의를 넘어
—반이성주의가 역사학의 최대 위험

에릭 홉스봄 ■ Eric John Ernest Hobsbawm

영국계 유대인인 에릭 홉스봄(1917~2012)은 세계적인 역사학자로 수많은 저서를 남겼다. 『혁명의 시대』(1962), 『제국의 시대』(1987), 『극단의 시대』(1994), 『미완의 시대 Interesting Times』(2002) 등은 20세기를 다룬 생생한 역사서로서 세계 지성계의 필독서로 자리잡고 있다. 이론과 현실의 조화를 추구했던 그는 이방인의 입장에서 제국과 권력에는 비판의 칼날을, 노동계급과 제3세계의 삶에는 따스한 눈길을 거두지 않았다. 1982년 런던 대학 버벡 칼리지에서 정년퇴직한 뒤 숨을 거두기 전까지 고령에도 세계 곳곳을 순회하면서 강의와 저술 활동에 매진했다.

"철학자는 지금까지 세상을 해석해왔을 뿐이다. 이제는 세상을 바꿀 차례다." 마르크스의 메모 「포이어바흐에 관한 테제」에 담겨 있는 유명한 이 두 문장은 마르크스주의 역사학자들에게 깊은 영감을 불어넣었다. 1880년대부터 마르크스주의와 포옹했던 대부분의 지식인들은 이 관점을 채택했다. 이들은 이후 마르크스주의의 영향 속에서 대중 정치 세력으로 발전했던 노동운동 및 사회주의운동과 연대해 세상을 바꾸기를 원했다. 이러한 노勞·학學 협력을 통해 세상을 바꾸기를 갈구했던 역사가들은 자연스럽게 민중사 혹은 노동운동사와 같은 특정한 연구 영역을 파고들었다. 당시 이들의 연구는 좌파 진영의 관심을 끌었다. 그러나 마르크스주의 역사관이 이들의 연구를 촉발한 직접적인 계기는 아니었다. 역으로, 이들 중 일부는 1980년대 이후 사회혁명을 포기하면서 마르크스주의와 결별했다.

이성의 회복, 역사학의 과제

1917년 10월에 일어난 소비에트 혁명은 마르크스주의를 신봉한 지식인들의 현실 참여에 다시 불을 붙였다. 유럽 대륙의 주요 사회민주주의 정당들은 1950년대 혹은 그 이후에야 마르크스주의를 공식적으로 포기했다. 한편 소비에트 혁명 이후, 사회주의권 국가에서는 '관영 마르크스주의 역사학'이 강제됐다. 이렇듯 1950년대부터 학자들의 현실 참여에 대한 열정은 선진국에서는 약화됐으나 제3세계에서는 여전했다. 1960년대에 이르러 나타난 대학 교육의 급속한 확장과 학생운동의 물결로 인해, 대학가를 중심으로 다시 세상을 바꾸려 결심한 많은 젊은이들이 생겨났다. 이들은 급진적이기는 했지만 상당수는 마르크스주의자라고 보기 힘들었으며, 심지어 일부는 전혀 아니었다.

역사학계의 진보적 변혁운동은 1970년대에 부활했으나 이 시기부터 정치적인 이유로 마르크스주의에 대한 대중적 반감이 생겨나면서 다시 시들해졌다. 결과적으로, 이러한 지배적인 반마르크스 분위기는 역사학적 분석을 통해 미래 인간 사회의 특정한 구성 양식을 예언하고 이것이 도래하는 데도 기여할 수 있으리라는 신념을 파괴했다. 이렇게 역사학은 목적론teleology과 결별했다.

그러면 마르크스주의에 내재된 '세계에 대한 해석'의 차원은 어떻게 됐을까? 약간 차이가 있으나 앞의 과정과 유사한 경로를 밟았다. 마르크스주의적 해석은 역사학계에서 일어난 '반랑케anti-Ranke'[1] 운동과 밀접한 관계

---

1   Leopold von Ranke, 1795~1886. 독일 역사학자로, 1914년 이전 역사학의 주류였던 실증주의 학파의 아버지로 불린다. 대표적인 저서로 『로마·게르만인의 역사, 1494~1514』(1824), 미완성 대작인 『세계사』(1881~1888) 등이 있다.

가 있다. 반랑케 운동이 마르크스주의를 전적으로 표방하지는 않았지만, 마르크스주의는 이 운동의 핵심 요소를 이루었다.

마르크스주의는 본질적으로 반랑케 운동의 두 가지 요소를 추동했다.

첫째, 반랑케 운동은 현실의 객관적 구조가 자명하다는 실증주의적 사고를 거부한다. 실증주의적 사고는 과거에 일어난 일을 설명하고 그 원인을 알려면 과학의 방법론을 적용하는 것으로 충분하다는 견해를 지녔다. 물론 모든 역사학자는 역사 서술이 객관적인 사실, 즉 과거에 발생한 현실에 준거해야 한다는 점에 동의한다. 그러나 이 운동은 역사 서술이 사실이 아니라 문제의식에서 출발해야 하며, 이러한 문제들이(패러다임과 개념) 왜 그리고 어떻게 특정 역사적 전통 속에서, 또는 상이한 사회·문화적 환경 속에서 나타나는지 탐구해야 한다고 요구했다.

둘째, 반랑케 운동은 사회과학과 역사학의 접목을 시도했으며 이로써 하나의 총체적 학문을 구축해 인간 사회의 변화를 설명하는 능력을 키우려고 했다. 로런스 스톤[2]에 따르면, 역사학의 목적은 "'왜?'라는 큰 질문을 제기하는 것"이어야 했다. 역사학계에서 일어난 이 '사회적 전환'의 움직임은 학계 내부에서 스스로 발생한 것이 아니라 당시 진화적, 즉 역사적 학문으로 부상하던 다양한 사회과학에서 온 것이었다.

카를 마르크스를 지식사회학의 아버지로 볼 수 있듯이, 마르크스주의는 이른바 맹목적 객관주의라고 부당하게 비판받기도 했지만 이 운동의 첫째 요소에 확실히 공헌했다. 물론 마르크스주의적 분석이 이러한 경향에 중추적인 구실을 했다고 해도, 역사학계에서 경제적, 사회적 요인의

---

2   Lawrence Stone, 1919~1999. 영국 사회사 연구의 권위자. 대표적인 저서로 『영국혁명의 원인들, 1529~1642』(1972), 『잉글랜드의 가족, 성, 결혼 1500~1800』(1977) 등이 있다.

중요성이 대두된 것을 오직 마르크스주의 때문이라고 말할 수는 없다. 이는 1890년대부터 역사학에서 떠오른 일반적인 경향이었으며 1950년대와 1960년대에 정점을 이루었다. 내가 속한 역사학자 세대는 바로 이 시기에 깊은 영향을 받았다.

역사와 사회과학의 결합

역사학계의 지배적인 경향이었던 사회·경제사 조류는 마르크스주의 범주를 넘는 것이었다. 독일에서 사회·경제사학회를 설립하고, 1893년 『계간 사회·경제사』 같은 학회지의 창간을 주도한 세력은 사민주의 마르크스주의자들이었다. 그러나 영국이나 프랑스 혹은 미국의 경우는 달랐다. 독일의 역사주의 경제학파도 마르크스와는 아무런 연관이 없었다. 모든 사회과학 분야와 마찬가지로 경제사가 가장 사회혁명적 경향을 띤 지역은 19세기 저개발 국가(러시아와 발칸 지역)와 20세기 저개발 국가였다. 따라서 이 지역에서는 경제사 분야가 마르크스주의에 강하게 경도됐다. 그러나 어느 나라에서든 마르크스주의 역사학자들의 학문적 관심은 '토대'(경제적 하부구조)보다는 토대와 상부구조 간의 관계에 집중됐다. 학계에서 공공연하게 마르크스주의자라고 자처하는 역사학자는 상대적으로 소수에 불과했다.

마르크스는 오히려 그가 제기했던 질문들에 천착하고 다양한 해답을 제시한 역사학자와 사회과학 연구자 들을 통해 역사학에 근본적인 영향을 끼쳤다. 마르크스주의 역사학은 카를 카우츠키와 게오르기 플레하노프[3]의

---

3   각각 20세기 초 독일 및 러시아의 사회민주주의 지도자.

시대 이후 비약적으로 발전했는데, 여기에는 여타 학문(특히 사회인류학) 및 막스 베버[4]같이 마르크스의 영향을 받은 여러 사상가의 공헌이 컸다.

물론 이러한 역사학계 조류의 일반적인 특성을 강조한다고 해서 이 조류 내부에 존재했던 상반된 주장들을 과소평가하려는 것은 아니다. 그러나 인문지리학에서 영감을 받은 경우에도, 프랑스처럼 뒤르켐[5]의 사회학과 통계학에서 영향을 받은 경우에도(아날 학파와 라브루스), 베버 사회학에 기초한 역사적 사회과학Historische Sozialwissenschaft 학파가 학계를 주도한 독일의 경우에도, 혹은 직접 마르크스주의의 영향을 받은 공산당 소속 사학자들이 역사학계 쇄신의 동력이 됐던 영국의 경우에도 마찬가지로, 서구 역사학계의 진보적 근대화를 주도한 모든 이들은 문제의식을 공유하며 동일한 지적 전투에 참여하고 있다고 생각했다. 비록 정치적, 이데올로기적 견해는 달랐지만 이들은 서로를 역사학계의 보수주의에 맞선 동맹 세력으로 여겼다. 1952년에 창간돼 학계에서 권위를 쌓은 『과거와 현재Past & Present』는 이러한 진보 사학 연맹의 모범적 사례였다. 이 저널이 성공한 이유는 창간 멤버였던 젊은 마르크스주의 사학자들이 의도적으로 이데올로기적 배타성을 거부하고 다른 이념적 지평 위에 있는 신진 학자들에게 참여의 문호를 열어놓았기 때문이다.

당시 이들은 서로의 이념적, 정치적 차이는 협력에 장애가 되지 않는다는 점을 알고 있었다. 이 진보의 공동전선은 제2차대전 직후부터 1970년대까지 눈부시게 발전했다. 이 시기를 스톤은 "역사 담론의 본질적인 대변혁

---

4   Max Weber, 1864~1920. 독일 사회학자. 대표적 저서로 『프로테스탄트 윤리와 자본주의 정신』 (1905)이 있다.
5   Émile Durkheim, 1858~1917. 『사회학적 방법의 규칙들』(1895)로 현대 사회학을 정립했다. 그 밖에 대표적 저서로 『사회분업론』(1893)과 『자살론』(1897)이 있다.

기"라고 일컬었다. 이러한 분위기는 1985년을 기점으로 학계의 연구 방식이 양적 연구에서 질적 연구로, 거시 연구에서 미시 연구로, 구조분석에서 서사narrative로, 사회문제에서 문화로 전이되기 전까지 지속됐다.

역사 이해를 거부하는 세력

방법론적 측면에서 가장 치명적이고 부정적인 현상은 과거에 일어난 사실들과 이를 관찰하고 이해하는 우리의 능력 사이에 장벽이 들어선 점이었다. 이 장벽은 객관적인 현상이 존재한다는 것을, 즉 관찰자에 따라 각자 다른 목적에 맞게 구성한 현상 너머에 객관적인 현실이 존재한다는 것을 인정하지 않는 태도에서 비롯되었다. 또한 우리가 언어의 한계를 결코 극복하지 못하리라는 시각도 한몫했다.

이러한 시각은 역사학이 과거에서 일정한 틀과 규칙성을 찾아내 이를 근거로 의미 있는 제안을 내놓을 수 있다는 가능성을 제거한다. 또한 '과거는 우연의 연속일 뿐이다'라고 주장하며 역사학에서 일반화를 배제하는 관점도 이러한 흐름에 일조했다. 이런 식의 주장은 역사학뿐 아니라 모든 과학을 암묵적으로 겨냥한다. 아울러 낡은 역사관으로 회귀하는 덧없는 시도들, 즉 정치적 결정권자의 의도나 어떤 핵심적 사상과 가치를 중심으로 역사관을 구성하려는 시도, 또 역사학의 목표를 단지 과거와 공감하는 것으로 축소하려는 경향에 대해서는 여기서 언급할 가치조차 없을 것이다.

'반보편주의'는 현재 역사학을 위협하는 가장 큰 정치적 위험이다. '사실이 어떻든 간에 나의 진리는 너의 진리와 동일한 가치를 지닌다.' 이런 반보편주의적 주장은 다양한 형태의 정체성 집단identity group의 역사를 연구하는 데에는 당연히 매력적이다. 이 관점에서는 역사학의 근본적인 연구 대상이, 과거에 무슨 일이 일어났는가가 아니라 과거에 일어난 일이 특정한 집단의 구성원들과 어떤 관련을 맺고 있는가 하는 문제이기 때문이다. 이러한 종류의 역사 서술은 합리적 설명보다는 의미를 중시한다. 무슨 일이 일어났느냐가 중요한 것이 아니라 다른 집단과의 대립 선상에서 자신을 정의하는 집단, 곧 종교, 종족, 민족의 구성원들 또는 젠더나 삶의 양식 따위로 규정되는 집단 구성원들이 일어난 사건을 어떻게 느끼는지에 집중한다.

상대주의의 위험한 일탈

정체성 집단에 관한 역사 서술에서 상대주의의 유혹은 두드러진다. 여러 이유로 인해 감정에서 비롯된 수많은 거짓 정보와 신화가 최근 30년간 말 그대로 황금기를 누렸다. 그러나 힌두 민족주의 정부[6] 시절의 인도, 미국, 그리고 실비오 베를루스코니 정부하의 이탈리아 같은 나라들은 종교적 근본주의의 발흥과 관계없이 공공의 위험이 된다. 최근 양산되고 있는 수많은 신민족주의도 마찬가지로 위험하다.

물론 이러한 경향이 민족주의 집단, 페미니스트, 동성애자, 흑인 등 특정 집단에 관한 역사 서술의 가장 후미진 곳에서 마법의 주문 같은 무의미한 담론을 끝없이 양산하기도 했지만, 문화연구 영역에서 제이 윈터[7]가 "근현대사 연구 중 기억에 관한 연구의 유행"이라고 칭한 것처럼 역사학계

---

6   힌두 민족주의를 표방한 인도인민당(Bharatiya Janata Party)은 1998년에서 2004년 5월까지 인도의 집권 여당이었다.

7   Jay Winter, 미국 예일 대학 역사학 교수. 20세기 전쟁사 및 기억의 장소 분야의 권위자이다.

1부   탐욕이 빚어낸 비극

에 새롭고 흥미로운 발전을 가져오기도 했다. 피에르 노라[8]가 엮은 『기억의 장소Les Lieux de mémoire』(1984, 1986, 1992)가 대표적 사례다.

이제 이러한 모든 일탈에 대항해 역사학을 인간의 변화 과정에 대한 합리적 탐구로 인식하는 학자들의 연대를 복원할 때다. 이는 정치적 목적 때문에 역사를 의도적으로 왜곡하는 자들에게 대항할 뿐 아니라 역사학이 이러한 가능성을 제공한다는 점을 인정하지 않는 상대주의자들과 탈근대론자들에게 대항하기 위한 것이기도 하다. 상대주의자들과 탈근대론자들 중 일부는 스스로를 좌파로 간주하면서 역사학계를 분열시켜왔다.

마르크스주의적 접근 방법은 과거 1950~1960년대처럼 이성의 공동 전선을 재건하는 데 꼭 필요한 요소이다. 역사학계에 큰 영향을 끼쳤던 페르낭 브로델의 아날 학파와 '구조기능주의 사회인류학'과 같이 당시 마르크스주의 역사학과 연대했던 다른 학파들이 변혁 의지를 포기한 현 시점에서 마르크스주의 역사학의 공헌은 오히려 더욱 절실할 수 있다.

자연과학이 역사를 되살린다

탈근대론자들이 역사 이해의 가능성을 부정하는 동안, 최근 자연과학에서는 인류에 대한 진화론적 역사관이 구시대의 유물이 아니라는 점을 증명했다.

첫째, DNA 분석을 통해 호모사피엔스 출현 이후 하나의 종으로서 인간이 발전해온 과정에 대한 더욱 견고한 연대기, 특히 아프리카 대륙에서

---

8   Pierre Nora. 정체성 연구, 기억 연구 분야를 개척한 프랑스의 역사학자이자 갈리마르 출판사의 역사학, 사회과학 문고 편집인이다. 홉스봄이 혁명론자라는 이유로 그의 저서 『극단의 시대』의 프랑스어판 간행을 거부해 파문을 일으키기도 했다.

기원한 인류가 전 세계로 퍼져나가 발전한 연대기를 확립할 수 있었다. 동시에 이 연대기는 지질학적, 고고학적 기준에서 볼 때 인간의 역사가 놀라울 만큼 짧다는 점을 확인함으로써 신다윈주의 사회생물학의 환원주의적 시각을 제거했다.

과거 1만 년 동안 일어난 변화는 물론이고 지난 열 세대에 걸쳐 일어난 인간의 개인적, 집단적 삶의 변화가 너무 엄청났기에, 이를 오로지 유전자 메커니즘에 기대고 있는 다윈의 진화론만으로는 설명할 수 없다. 인간과 사회의 급격한 변화는 유전자적 원인이 아니라 문화적 메커니즘에서 얻은 형질이 전수되는 과정에서 가속이 붙었기 때문이다. 인간의 역사를 매개로, 다윈에 대한 라마르크[9]의 반격이 이루어졌다고도 할 수 있다. 또한 '유전자' 대신 '밈meme'[10]이라는 용어를 쓰면서까지 생물학적 은유로 이 현상을 오도하려 해도 아무런 소용이 없다. 문화적 유산과 생물학적 유산은 같은 방식으로 전수되지 않기 때문이다.

요약하자면 DNA 혁명은 인류의 진화에 대한 연구에서 특별한 방법, 즉 역사학적 방법이 필요함을 역설한다. DNA 혁명은 또한 하나의 포괄적인 세계사를 위한 합리적인 틀을 제공한다. 이 역사는 어떤 특정한 환경이나 지역에 국한되지 않고, 모든 복잡성을 포괄하면서 지구를 단일 연구 대상으로 삼는다. 다시 말하면 역사학은 호모사피엔스의 생물학적 진화를 다른 방식으로 지속하는 것이다.

---

9   Jean-Baptiste Lamarck, 1744~1829. 프랑스 생물학자로 다윈 이전에 용불용설에 입각하여 진화론을 개진했다. 그의 용불용설은 획득 형질의 생물학적 유전을 전제로 했기 때문에 이후 과학적으로 폐기되었다.

10   영국의 신다윈주의 생물학자 도킨스(Richard Dawkins)가 1976년 출간한 저서 『이기적 유전자』에서 제안한 용어. 도킨스의 주장에 따르면, 유전자가 개체의 유전적 특징의 매개체이듯이 밈은 기억의 기초 단위로서 문화적 전수와 존속의 매개체이다.

둘째, 이미 지난 수십 년에 걸쳐 자연과학에 대한 체계적인 '역사화'가 진행되어온 맥락에서 새로운 진화론적 생물학은 역사와 자연과학의 엄격한 분리를 극복하게 한다. DNA 혁명에서 학제 간 소통의 개척자 가운데 한 사람인 카발리스포르차Luigi Luca Cavalli-Sforza는 "분산된 연구 영역 사이에, 특히 과학과 인문학처럼 전통적으로 대립하는 문화에 속하는 학문 사이에 존재하는 유사성을 찾는 지적 즐거움"을 역설한다. 간단히 말하자면 이 새로운 생물학은 역사학이 과학이냐 아니냐를 가리는 허위 논쟁에서 우리를 해방한다.

셋째, DNA 혁명은 고고학자와 선사시대 연구자들이 채택한, 인간 진화에 관한 기본적 접근 방식으로 돌아가게 한다. 이 접근법은 인류와 인류가 처한 환경의 상호작용 양식과, 인류가 환경을 점증적으로 통제해나가는 방식을 연구하는 것이다. 이러한 접근 방식은 과거 마르크스가 제기했던 것과 근본적으로 동일한 질문을 제기한다. 생산기술, 커뮤니케이션, 사회 조직뿐 아니라 군사력의 주요 혁신에 기초한 '생산양식'(이를 어떻게 칭하는가는 중요하지 않다)의 변화가 인류 진화의 중심에 있다는 점이다. 마르크스가 인식했듯이 이러한 혁신은 저절로 오는 것이 아니다. 물질적 힘과 문화적 힘, 그리고 생산관계는 분리될 수 없다. 이것들은 자신의 역사를 만들어가는 인간의 활동이며, 이 활동은 인간의 물질적 삶과 역사적 과거의 외곽, 곧 진공상태에서 이루어지는 것이 아니다.

역사는 인간 활동을 연결하는 고리

따라서 역사학의 새로운 관점은 학자들이 근본적인 목표, 곧 '총체적 역사'로 돌아가야 한다는 것이다. 총체적 역사는 '모든 것에 대한 역사'가 아니라 모든 인간 활동이 상호 연결된 보이지 않는 망과 같은 역사다. 이러한 목표를 설정한 학자들은 마르크스주의자뿐이 아니었다. 브로델도 그랬다. 그러나 가장 집요하게 이를 추구했던 사람들은 역시 마르크스주의자였다.

이 새로운 관점이 제기하는 중요한 질문 중에서 가장 근본적인 질문은 인간의 역사적 진화와 관계된 것이다. 이는 신석기 인류부터 현재의 원자력 시대 인류에 이르기까지 호모사피엔스의 변화를 추동하는 세력과, 인간 공동체나 사회적 환경의 변함없는 재생산과 안정을 유지하려는 세력 간의 갈등과 관련된다. 후자는 역사상 대부분의 시기 동안 전자를 무력화했다. 이 세력 간의 균형은 역사의 방향을 결정적으로 규정했다. 그리고 이 불균형은 아마도 인간의 이해력을 초월하겠지만, 분명히 사회, 정치 제도의 통제력 너머에 있다.

마르크스주의 역사가들은 20세기 인간의 집단적 계획이 가져온, 의도하지 않고 원하지도 않았던 결과들까지 이해하지는 못했다. 이들이 이번에는 자신들의 실천적 경험에서 힘을 얻어 우리가 어떻게 현재의 지점에 오게 됐는지 이해하는 데 도움을 줄 수 있을 것이다.

● 「르몽드 디플로마티크」의 격월간 자매지인 「마니에르 드 부아Manière de voir」 2009년 4~5월 호에 게재된 글이다. 홉스봄이 2004년 11월 13일 영국학술원 세미나에서 한 폐회 연설을 옮긴 것이다.

사르트르의 '부르주아 지식인'에 대한 일갈

"부르주아는 항상 그리고 당연하게 지식인을 경계해왔다. 자신들과 같은 계급 출신임에도 부르주아는 이 지식인들을 이방인처럼 경계했다. 사실 대부분의 지식인들은 부르주아 집안에서 태어났으며, 부르주아는 이들에게 자신의 문화를 가르쳤다. 지식인 대부분은 이 문화의 수호자이며 전수자로 나타났다. 일부 실용 지식 기술자들은 일찍부터 혹은 뒤늦게, 니장Paul Nizan의 표현대로 부르주아의 감시견 노릇을 했다. 선별된 다른 지식인들은 혁명 사상을 전파할 때에도 자신의 엘리트주의를 버리지 않았다. 이들의 비판은 용납되었다. (…) 따라서 내게는 매우 특별한 하나의 모순이 있다. 나는 아직도 부르주아를 위해 책을 쓰는 한편, 부르주아 권력을 전복하길 원하는 노동자들에게 연대감을 느낀다."

—장 폴 사르트르, 『상황 10』(1976) 중에서

금융 위기가
낳은
자본주의
'제3의 길'

로랑 코르도니에 ■ Laurent Cordonnier

경제학자이자 프랑스 릴 1대학 조교수. 주요 저서로 『거지를 동정하지 마라?Pas de pitié pour les gueux』
(2000), 『해피스톤은 왜 토암바 섬에 갔을까?L'économie des Toambapiks』(2010) 등이 있다.

금융 위기의 재앙은 임계치에 도달했지만 케인스John Maynard Keynes의 말처럼 "정치 지도층이 자신들의 원칙과 모순되는 조치들을 도입함으로써 심각한 실수를 만회할"[1] 지도 모른다. 하지만 실수를 만회할 수 있는 예상 가능한 조치들은 주류 경제학에도, 비주류 경제학에도 속하지 않는다. 이 능력을 오늘날 어떤 이들은 '실용주의'라 부른다.

사실 긴축예산을 채택하고,[2] 인플레이션을 유발하는 '부차적인 효과'를 피한다는 명목으로 더 엄격한 통화정책을 적용하고,[3] '유럽 금융 통합'을 완성하려[4] 했던 이들이 3~4년 만에 갑자기 은행 시스템에 막대한 유동성을 투입하려고 한다. 또한 정치 지도층의 압력 아래 사상 유례없는 수준으로 거의 일시에 금리를 인하하고 은행에 대한 자본 참여, 나아가 영국과 미

---

1   1934년 가을 라디오 연설 중에서.
2   2008년 5월, 프랑수아 피용 프랑스 총리는 2012년까지 균형예산 정책으로 복귀하겠다는 계획을 발표했다.
3   2008년 9월 4일, 장클로드 트리셰 유럽중앙은행(ECB) 총재는 ECB의 금리 인하 거부를 정당화하기 위해 "인플레이션을 증대시키는 부차적 효과들이 우려된다"고 설명했다.
4   유럽연합 집행위원회는 2005~2007년에도 유럽 주택담보대출 시장 통합을 위한 계획을 준비했다.

국을 필두로 국유화까지 단행하려 든다.

나아가 거의 10% 이상의 재정 적자를 초래할 정도의 엄청난 경기부양책을 실시하고, 자동차 산업에 대한 직접적인 구제금융은 물론 황금 낙하산(퇴직 보상금) 억제, 배당금 지급 합리화, 연봉 상한제 도입 등을 추진할 준비를 하고 있다. 이들의 실용주의가 가히 놀랍다. 심지어 어떤 이들은 중앙은행이 화폐 발행을 통해 직접 공공 부채를 해결하는 방안을 고려하기까지 한다. 어제만 해도 불법으로 낙인찍혔던 비주류 교과서를 지도층들이 갑자기 뒤적이기 시작한 것이다.

물론, 이와는 달리 주류 예산 정책으로 신속하게 회귀할 것을 경고하는 목소리도 커졌다. 특히 유럽연합EU과 국제통화기금IMF의 뜻에 따라 이미 헝가리와 라트비아가 주류 예산 정책으로 돌아갔고, 루마니아도 이 대열에 동참하게 될 것이다. 또한 보호주의의 유혹을 예방하자는 목소리도 커지고 있다.[5] 그러나 파도가 암초에 부딪쳐 돌아오는 경우를 논하기에 앞서 어쨌든 파도로 인해 자유주의 교리의 파편 몇 개가 떨어져나갔다는 사실을 강조해야 한다.

떨어져나간 자유주의 교리의 파편

그러나 "우리는 모두 케인스주의자"[6]라고 결론 내릴 수 있을까? 어떤 의미에서는 그러하다. 단, 시대가 케인스 '할아버지'의 해법을 발굴해 급하

---

5   2008년 11월 워싱턴에서 열린 G20 정상회담 선언문을 참조하라. 세르주 알리미, 「빈 수레만 요란한 G20」, 『르몽드 디플로마티크』, 2008년 12월.
6   파이낸셜 타임스의 칼럼니스트이자 전 세계은행 수석경제학자 마틴 울프(Martin Wolf)의 대담한 발언. 르몽드, 2009년 1월 6일.

1부   탐욕이 빚어낸 비극

게 '긴급조치'의 성서를 만들려 한다는 의미로 이 말을 이해할 경우에만 말이다. 그러나 우리는 케인스를 언급하는 것이 봉쇄 전략의 일부임을 깨닫게 될 것이다. 숲이 다 타버린 후에 화재를 진압한답시고 부르는 소방수 명단에 이름 하나를 추가하는 것에 불과하기 때문이다.

"요리는 요리법을 훨씬 뛰어넘는 것이다."[7] 마찬가지로 자본주의 조절은 단순히 케인스주의 '입력 버튼'만으로 해결될 문제가 아니다. 30년에 걸친 신자유주의 개혁으로 이루어진 세상에 엄청난 돈을 투입하는 것은 밧줄을 잡아당겨 나귀를 모는 것과 같다. 오늘날 사회는 케인스의 유산을 누리기에는 산업 정책, 노조의 구실, 누진 소득세, 공공서비스의 평등한 공급, 국토 발전, 외환 정책, 대외무역의 사회적, 환경적 규칙 등이 부족하다. 케인스주의 정책을 유지할 수 있는 제도 조직에 대한 문제 제기 없이 그저 공포에 사로잡혀 '케인스의 부활'을 운운한다면 우리는 또다시 케인스의 장례를 치러야 할지도 모른다.

금융 분야의 구조적 재정비 필요

우리는 경기후퇴 가능성을 차단하기 위한 거시 금융적 조치들뿐만 아니라 금융 분야에서 구조적 재정비를 시도해야 할 것이다. 이것이 2009년 4월 초 런던에서 개최되는 주요 20개국 G20 정상회담[8]의 핵심 쟁점이다.

---

7   1996년 출간된 셰프 알랭 샤펠(Alain Chapel)의 저서 제목.

8   남아프리카공화국, 네덜란드, 독일, 러시아, 멕시코, 미국, 브라질, 사우디아라비아, 스페인, 아르헨티나, 영국, 오스트레일리아, 이탈리아, 인도, 인도네시아, 일본, 중국, 체코공화국, 캐나다, 터키, 프랑스, 한국(총 22개국) 가운데 네덜란드, 스페인, 체코를 뺀 19개국과 유럽연합 의장국(2009년 상반기 당시 체코)이 원래 G20이지만, 런던 회담에는 네덜란드와 스페인도 초청됐다.

물론 금융의 잠재적인 모든 해악을 다루는 것처럼 보인다고 첫눈에 G20 주요 참가국들의 개혁 의지를 판단함으로써 까다롭게 굴어서는 안 될 것이다. G20은 ▲조세 천국, 은행의 비밀 보호, 이윤 및 고소득 은폐에 사용되는 '해외' 기지들을 색출하겠다고 약속하고, ▲'헤지펀드'를 더 효과적으로 통제하며, ▲은행 파산을 앞당겼던 회계 규준들, 예컨대 자산의 '공정가치' 기록 부활을 추진하고, ▲금융기관이 경기변동을 악화시키지 않도록 국제결제은행_{BIS} 기준 자기자본 비율 같은 신중성 원칙을 재검토하며, ▲시장 참여자들이 '좋은' 리스크를 감수할 수 있도록 이들의 보수를 재조정하고, ▲이해관계 갈등을 피하기 위해 신용평가 기관들을 더욱 잘 제어하며, ▲IMF의 대부 기능을 강화하고, ▲심지어 '건전한 기초 위에 자산유동화 메커니즘을 재구축'하는 문제들을 논한다.[9] 18개월 전이었다면 아무도 이와 동일한 내용을 담은 대안세계화 운동가들의 선전 전단을 모으지 않았을 것이다.

그러나 이런 개혁 의지를 너무 쉽게 믿지 말아야 할 몇 가지 이유가 있다. 첫째, 지도층 사이에서 어떤 분야를 먼저 다룰지, 어느 정도로 깊이 있는 해법을 검토할지, 구체적으로 어떤 조치들을 적용할지 등을 놓고 의견이 분분하다. 둘째, 제도적 위기 관리 국면이 어쨌든 매우 자유주의적인 색채를 띠고 있다. 특히 위기 관리는 자신들이 만들어낸 '리스크'를 '관리'하는 수준의 접근에 그치고 있다. 즉, 단순히 투명성 재고, 유인 체계 통제, 신중한 조절, 감시, 지배 구조 강화, 리스크 관리 맥락에서 여러 조치들을 도입한 것이다. 이런 것들은 자유주의 교리는 그대로 둔 채 단지 부작용을 개

---

9   당시 프랑스 경제재정산업부 장관 크리스틴 라가르드에 따르면 단지 "은행들이 자산유동화 채권 총액의 일부, 예컨대 5% 정도를 보존하는 것"에 불과하다. 레제코(Les Echos), 파리, 2009년 3월 12일.

선하려는 기술적, 정치적 조치이다. 기업 자유의 이름으로 위험을 창출한 이들이 피조물이 제기하는 위협에 직면하자 이 위험한 동물을 길들이려 한 것이다.

글로벌 금융 관리의 중대한 의미

이런 관점에서 글로벌 금융을 통제하는 제도, 규칙, 규준은 '사회주의적 유혹'이 부활해 낳은 산물이 아니라, 유치원에 벵골호랑이를 전시하려 할 때 세워야 할 우리의 높이를 말해주는 것이다. 글로벌 금융의 이 소소한 보수공사의 특성 하나하나는 자유주의 교육에 찬성하는 부모들이 무모한 위험을 감수하는 청소년 자녀들을 다루는 태도와 유사하다. 만약 당신의 자녀가 아침마다 노트르담 대성당의 두 탑을 연결한 밧줄 위에서 줄타기를 하겠다는 계획을 세우고 있다면, 자녀에게 시작 시간을 미리 알리고(정보의 투명성), 줄타기가 끝나면 전화하고(보고), 줄타기를 하기 전에 몸을 풀고 밤에는 건너지 말며(리스크 관리), 방송 카메라를 거부하고(합리적인 리스크 감수를 위한 유인 체계 재구축), 보행자들이 놀라지 않도록 밧줄 위에서 몸을 흔들지 말며(경기 선행적 움직임 회피), 믿을 수 있는 친구가 지켜보도록 하고(감시), 어린 여동생을 줄타기에 데려가지 말라고 한다면(시스템 리스크 관리) 아무 문제가 없을 것이다.

금융의 유용성 성찰해야

비록 오늘날 현대 금융의 해악이 어느 정도 잘 알려져 있다 해도, 금융의 유용성의 근간을 이루는 기능들이 무엇인지는 모호한 측면이 있다. 정치적 차원에서 금융의 유용성과 금융 기능을 '강화'하거나 '개선'해야 할 이유를 성찰하기보다 "신뢰 회복을 위해 글로벌 금융과 경제체제를 재구축"하기 위한 조치들을 도입했다.

자유 시장경제에서 금융의 본질적 기능은 무엇일까? 경제학자들에 따르면 일반적으로 저축의 유동성 보장, 생산적 투자와 임금 및 중간재 지출의 재원 마련, 산업 구조조정 촉진, 장기 투자와 관련된 금리 및 환 리스크 헤지hedge가 금융의 본질적인 기능이다.

따라서 다음과 같은 자문을 통해 우리는 성찰의 기회를 가져야 할 것이다. 금융의 본질적 기능들을 가장 훌륭하게 수행할 수 있는 제도의 유형은 무엇인가. 이를 위해서는 현 금융 구조의 어떤 부분이 필요한가. 이 작은 의문에서 시작해 더 멀리 나갈 수도 있다. 즉 전 세계에서 수십만 명의 두뇌 집단이 일하며, 총소득 및 이윤에서 과도한 몫을 차지하는 금융 부문은 그 사회적 효용을 증명해야 할 것이다. 이제는 분위기가 변했고, 따라서 금융의 옹호자들도 더이상 일상적인 특권을 누릴 수 없을 것이다.

자유무역, 그 달콤한 비극

자크 사피르 ■ **Jacques Sapir**

1954년생으로 파리 10대학에서 경제학 박사 학위를 받은 뒤 파리 10대학과 사회과학고등연구원 교수를 거쳐 현재 산업화양식비교연구센터(CEMI-EHESS) 소장을 맡고 있다. 프랑스에서 처음 싹을 틔운 조절 이론(레귈라시옹 학파) 전통을 이어받아 사회 변동과 제도, 규칙의 역할에 대한 연구에 주로 관심을 기울여왔으며 특히 체제 전환기 국가의 금융시장 분석에서 많은 업적을 남겼다. 2001년 금융 경제 분야에서 뛰어난 업적을 남긴 연구자에 수여하는 튀르고상을 수상했고, 프랑스 정부와 주요 기업, 각종 국제기구의 동유럽 지원 프로그램 자문으로 활동했다. 현재 러시아 중앙은행 금융 시스템에 대한 전문가 그룹에 참여하고 있으며, 러시아의 에너지산업 연구 프로젝트도 이끌고 있다. 주요 저서로는 『경제학의 블랙홀─시간과 화폐의 사유 불가능성』(2000), 『민주주의에 반하는 경제학자들』(2002), 『21세기를 위한 경제학은 무엇인가』(2005), 『제국은 무너졌다─미국과 함께 몰락한 신자유주의, 딜레마에 빠진 세계Le nouveau XXIᵉ siècle』(2008), 『세계화의 종말La démondialisation』(2011) 등이 있다.

자유무역으로 각국 임금, 사회보장, 조세 구조, 내수 시장 파탄

전 세계적인 경제 위기가 확산되고 깊어지면서 보호무역주의에 대한 논란이 다시 불거지고 있다. 우상처럼 변해버린 자유무역을 옹호하는 사람들이 저질러놓은 만행을 감안하면 시의적절한 논의가 아닐 수 없다. 무지한 까닭에, 또 의도적으로 진실을 왜곡했다는 증거를 보여준다는 점에서 보호무역주의는 누구도 언급해서는 안 될 금기로 여겨져왔다.

이번 위기는 겉으로는 은행과 은행가의 무분별한 행동, 무책임한 중개인들의 탐욕에서 비롯된 것으로 보인다. 또한 가장 투명하다고 주장하는 사람들에 대해 적절한 규제가 없었던 것도 원인의 하나로 꼽힌다. 이 위기는 엄연한 현실이다. 가계의 부채가 눈덩이처럼 불어나고 변제 능력도 걷잡을 수 없이 떨어진 현상은 물론이고, 임금 디플레이션, 즉 부의 분배에서 임금이 차지하는 몫의 하락도 수입품이나 생산의 해외 이전 가능성 등 자유무역의 압력에서 비롯된 것이다.

자유무역은 자주 역효과를 불러일으킨다. 임금에는 직접 영향을 줄뿐

더러 조세 경쟁을 통한 간접적인 악영향을 끼친다. 자유무역 체제에서는 기업이 생산원가를 낮추기 위해 경쟁을 벌이고 사회적 안전망 구축을 등한시하기 때문에, 각국 정부는 고용을 보장하기 위해서 사회적 부담을 임금노동자에게 전가함으로써 국내 기업에 일정한 수준의 이익을 보장해주려 하기 마련이다. 이는 생산 시설의 해외 이전을 막기 위한 필연적 조치다.

미국의 경우, 국민소득에서 노동임금이 차지하는 몫이 2000년에는 54.9%였지만 2006년에는 51.6%로 떨어졌다. 1929년 이후로 가장 낮은 수치이다.[1] 2000년에서 2007년 사이 실질평균임금[2]은 0.1%밖에 증가하지 않았고, 가계 평균소득은 실질적으로 0.3%나 하락했다. 가난한 가계의 경우에 하락 폭이 훨씬 컸다. 같은 기간에 하위 20%의 소득은 매년 0.7%씩 하락했다.[3] 2000년 이후로 시간당 임금의 증가 폭도 생산성의 증가에 미치지 못했다.

GDP의 노동임금 비중 날로 줄어

자유무역의 압력에 각국 정부는 사회적 부담금을 기업에서 임금노동자에게 떠넘겨야 했다. 2000년부터 2007년까지 미국의 경우 건강보험비(+68%)와 교육비(+46%)는 크게 증가했지만,[4] 사회적 안전망의 보호를

---

1   미국 상무부 수치. 아비바 애런다인과 아이작 샤피로, 「2006년 국민소득에서 노동임금이 차지하는 몫이 사상 최저치를 기록하다 Share of National Income Going to Wages and Salaries at Record Low in 2006」, 예산 및 정책 우선순위 센터(Center on Budget and Policy Priorities), 워싱턴 D.C., 2007년 3월 29일도 참조하라.
2   단순히 임금 총액을 임금노동자 수로 나눈 게 아니라, 임금노동자의 절반이 그 이상을 벌고 절반이 그 이하를 벌 때 기준이 되는 임금. 미국 의회 합동경제위원회, 워싱턴 D.C., 2008년 8월 26일.
3   미국 상무부, 인구조사국.
4   미국 의회, 「합동경제위원회 보고」, 워싱턴 D.C., 2008년 6월.

받지 못하는 국민의 수는 13.9%에서 15.6%로 늘어났다.[5] 미국 경제학자 폴 크루그먼은 "세계화가 죄인은 아니다"라고 일찍이 주장했지만, 자유무역을 통한 임금 디플레이션이 그 과정에서 중요한 역할을 했다는 사실을 인정했다.[6] 따라서 현재의 상황에서 미국의 가계 부채가 폭발적으로 증가한 건 당연한 결과일 수 있다. 미국의 경우, 가계 부채는 1998년에 국내총생산의 63%에 불과했지만 2007년에는 100%로 증가했다.

유럽의 경우도 크게 다르지 않다. 유로존에서 자유무역에 유럽중앙은행의 정책이 더해진 결과다. 미국의 모델을 따른 스페인, 아일랜드, 영국 등과 같은 국가에서는 상대적이고 절대적인 수치에서 국민의 빈곤이 심화됐다.[7] 임금 디플레이션으로 유럽에서도 가계 부채가 급증해 2007년에는 몇몇 국가에서 국내총생산의 100%를 초과했고, 그로 인해 미국과 유사하게 채무변제 능력의 상실이라는 결과를 불러왔다.

미국 모델과 상대적으로 거리를 둔 국가에서도 임금 디플레이션 현상이 뚜렷하다. 독일은 하청의 형태로 공장의 대대적인 해외 이전 정책을 추진해왔다. 게다가 유럽연합이 중앙유럽과 동유럽 국가들까지 포용하면서 '독일에서 생산된 제품Made in Germany'은 자연스레 '독일에 의해 생산된 제품Made by Germany'으로 변했다. 그와 동시에 독일 정부는 기업이 부담하던 비용의 일부를 가계로 이전했다(부가세가 대표적인 예). 이런 전략에 힘입어, 독일은 임금 디플레이션의 일부를 유로존의 상대국들에게 재수출해 떠

5   "보험에 가입하지 않은 미국인의 수가 부시 대통령 취임 이후로 720만 명 증가했다." 미국 의회 합동경제위원회, 2008년 8월 26일, www.jec.senate.gov.

6   폴 크루그먼, 「무역과 불평등에 대한 재고Trade and inequality, revisited」, Vox, 2007년 6월 15일, www.voxeu.org.

7   마이크 브루어, 앨리사 굿먼, 조너선 쇼, 루크 시비에타, 「2006년 영국의 빈곤과 불평등Poverty and Inequality in Britain: 2006」, 재정연구소(The Institute for Fiscal Studies), 런던, 2006.

넘기며 막대한 흑자를 기록할 수 있었다. 그러나 가계 부채의 걱정스러운 증가(국내총생산의 68%)에도 불구하고 국내 수요는 침체돼 성장률은 무척 낮았다.

프랑스의 경우, 최근의 정권들은 이른바 '구조 개혁' 정책으로 세계화에 대응하는 전략을 구사했다. 그러나 총노동시간이 길어지고 사회적 부담금이 위태로운 지경에 빠지면서, 자유무역에 따른 임금 디플레이션 효과를 피할 수 없었다. 프랑스 생활환경연구소CRÉDOC가 확인해주듯이, "중산계급의 상황은 고소득층의 상황보다 저소득층의 상황과 비슷"하게 됐다.[8]

구조 개혁과 가계 파산

이런 정책은 주로 임금이 낮고 사회적 규제나 환경 규제가 거의 없는 국가로 공장을 이전하는 형태로 나타나지만, 노동자와 노동조합이 고용을 위협당하면서 사회적 기득권과 임금 인상을 포기할 수밖에 없는 현상 또한 특징이다.

기업의 경영진은 공장을 해외로 이전하겠다고 협박하면서 과거에 체결한 협상과 사회적 약속을 무산시킨다. 이런 협박은 임금노동자의 건강에도 중대한 영향을 미친다. 노동에 따른 스트레스가 병적인 수준으로 상승한 것도 이런 압력에서 비롯된 결과이다.[9] 세계 각국의 질병 연구 보고서에서

---

8   레지스 비고, 「고소득층과 저소득층 및 중산계급─지난 25년간 프랑스 생활환경의 변화에 대한 연구Hauts revenus, bas revenus et "classes moyennes": Une approche de l'évolution des conditions de vie en France depuis vingt-cinq ans」, 전략분석연구소(Centre d'analyse stratégique) 학술 심포지엄, 파리, 2007년 12월 10일.

9   프랑스 노동부 산하 조사연구통계지원국(Dares), 「노동의 강도, 위험 및 정신적 부담─1984, 1991, 1998년 노동조건 조사 결과Efforts, risques et charge mentale au travail: Résultats

보듯이 이런 질병에 따른 의료비가 국내총생산의 3%를 차지한다면,[10] 프랑스를 비롯한 유럽의 주요 국가에서 임금 디플레이션과 사회 재정의 악화 간에 논리적 관계가 성립한다고 볼 수 있다. 그런데 프랑수아 피용 내각을 비롯한 과거의 프랑스 정부들은 사회 재정의 악화를 노동자에게서 많은 권리를 빼앗는 핑곗거리로 활용하며 그 비용을 임금노동자들에게 전가했다.

따라서 구조 개혁은 많은 가계를 채무변제 불능 상태로 빠뜨리는 데 직간접적으로 큰 역할을 했다. 미국과 영국과 스페인의 경우는 가계의 채무변제 능력 상실이 주택금융 위기의 주된 원인이지만, 다른 국가에서는 가족의 해체 위기와 구매력의 상실로 나타났다. 다른 나라에 비해 은행을 무척 보수적으로 운영한 프랑스의 경우도 2000년까지는 가계 부채가 국내총생산의 34%로 안정세를 유지했지만, 2007년에는 47.6%로 급증했다. 10여 년 전부터 라인 강의 양안 모두에서 '가난한 노동자'가 출현하기 시작한 것도 이런 정책과 직접적인 관계가 있다.

임금 디플레이션의 뿌리는 세계무역기구wTO가 추진한 자유무역의 세계화를 근거로 극동 국가들이 1998~2000년부터 국제무역에서 취한 약탈적 정책에서 찾을 수 있다. 그러나 극동 국가들의 이런 정책은 1997~1999년의 금융 위기에 따른 충격의 반발이었다. 국제통화기금의

---

des enquêtes conditions de travail 1984, 1991 et 1998」,『조사연구통계지원국 자료Les Dossiers de la DARES』, 제99호, La Documentation française, 파리, 2000 및 파트리크 레제롱, 『노동 스트레스Le stress au travail』, Odile Jacob, 파리, 2001.

10   스웨덴과 스위스의 자료로는 이저벨 니드해머와 마르셀 골드베르그 외, "Psychosocial factors at work and subsequent depressive symptoms in the Gazel cohort", *Scandinavian Journal of Work, Environment & Health*, 제24권, 제3호, 헬싱키, 1998을 참조하라. 프랑스의 경우는 소피 베장, 엘렌 쉴탕타이브, 크리스티앙 트롱탱, "Conditions de travail et coût du stress: une évaluation économique", *Revue française des affaires sociales*, 제2권, 파리, 2004를 참조하라.

무능과 태만 때문에 중국은 손해를 감수하면서 무역과 금융으로 벌어들인 흑자를 바탕으로 아시아 위기의 상당 부분을 흡수함으로써 이웃 국가들의 재건에 도움을 주었다.

극동 국가들의 공격적 무역정책

중국과 이웃 국가들은 비슷한 위기가 닥칠 경우에 대비해 상당한 외환을 보유해야 한다고 생각했다. 따라서 극동 국가들은 국제 경쟁력을 확보하기 위해 대대적인 평가절하와 디플레이션 정책을 취하는 동시에 국내 소비를 억제해, 국제무역에서 공격적인 정책을 추진했다. 그에 따라 개발도상국에서는 임금이 하락했고 극동의 신흥국들이 엄청난 액수의 외환을 보유하게 됐다는 점을 감안할 때, 이런 조치는 무척 효과적이었다(중국의 외환 보유고만 1조 8840억 달러).[11]

중국 경제는 30년 전부터 신속히 선진국의 기술력을 따라잡기 위한 노력을 기울여, 이제 직간접적인 임금 비용은 거의 변하지 않는 추세다. 수출의 질적 향상으로 전체 산업 고용 인원이 정점에 이르렀다는 뜻이기도 하다. 경제협력개발기구OECD에 가입한 국가들을 기준으로 한 국가의 수출품을 측정하는 유사성 지수가 중국에서는 물론이고 다른 신흥국에서도 꾸준히 증가하고 있다.[12] 개발도상국은 단순한 상품의 생산에 집중하고 선

---

11 IMF가 2008년 8월 31일에 발표한 액수. 일본은 1조 2000억 달러, 유로존은 5550억 유로를 보유하고 있다.

12 OECD와의 수출품 유사성 지수는 중국의 경우에 1972년 0.05에서 2005년에 0.21로 증가했다. 한국의 경우는 0.011에서 0.33, 멕시코는 0.18에서 0.33, 브라질은 0.15에서 0.20으로 증가했다. 피터 K. 숏, "The relative sophistication of Chinese exports", *Economic Policy*, 제23권, 제53호, 런던, 2008년 1월.

진국은 정교한 상품을 생산한다는 국제 분업의 신화가 무너지고 있는 셈이다.

유럽연합이 문호를 개방해 신규 가입국을 받아들이고, 그 국가들의 전략과 맞물리면서 임금 디플레이션은 유럽연합에서도 어렵지 않게 자리잡았다. 체코공화국, 슬로바키아, 루마니아 같은 국가들은 재정 덤핑fiscal dumping과 환율 우대, 사회적 비용의 면제나 할인, 환경 규제에서의 특례적용 등과 같은 정책을 추진해 외국 기업의 투자를 유치하는 데 앞장섰다. 정도의 차이는 있지만 헝가리와 폴란드도 마찬가지였다. 이런 국가들의 규모를 감안할 때 투자자들이 이들 국가에 투자한 이유는 해당국의 국내 시장을 겨냥한 것은 아니었다. 그 국가들은 유럽연합의 전통적인 중심 국가들에 재수출을 하기 위한 발판에 불과했다.[13]

국제 교역 왜곡하는 자유무역

이런 임금 디플레이션이 다른 국가의 발전을 위해 감수해야 할 대가라는 지적이 틀리지는 않다. 세계무역기구가 가난한 국가들에 적용한 자유무역의 결과는 그야말로 참담했다. 2003년에 처음 발표한 결과에서는 약 8000억 달러의 교역 증가가 예상된다며 환호했지만, 수정을 거듭하면서 이런 추정은 여지없이 무너졌다.[14] 그런데 의도적이든 아니든, 이때 실제

13 　러시아에 투자한 기업들은 러시아의 국내 시장을 목표로 삼기는 했다. 러시아 정부가 자국 기업을 보호하려고 책정한 관세가 상당히 높기 때문이다.

14 　프랭크 애커먼, "The Shrinking Gains from Trade: A Critical Assessment of Doha Round Projections", *Global Development and Environment Institute Working Paper*, 제05-01호, Tufts University, 매사추세츠 메드퍼드, 2005년 10월.

로 사용된 모델은 자유무역의 긍정적 효과를 극대화하는 방향으로 고안된 것이었다. 예컨대 관세 장벽을 없앨 때 예상되는 소득의 감소를 전혀 고려하지 않았다.[15] 소득의 감소는 결코 간과할 수 없는 부분이다. 또한 세계은행과 세계무역기구가 중국을 '가난한 국가'에 포함한 것도 논란의 여지가 많았다. 중국을 가난한 국가에서 제외하면 어떤 식으로 분석하더라도 결과는 부정적이었다.[16]

선진국 노동자의 소득 감소분이 신생국의 노동자에게 이전되지는 않았다. 소수의 부자들을 더 부자로 만들어주었을 뿐이다. 따라서 부자들의 재산은 지난 10년 동안 그야말로 폭발적으로 증가했다. 미국의 경우, 상위 0.1% 부자가 1985년에는 국민소득의 2.9%, 1995년에는 5%, 2005년에는 7.5%를 차지했다. 2005년의 수준은 1929년의 수준(7.6%)과 엇비슷했다.

원인이 같으면 결과도 같기 마련이다. 해외에서 이전된 투자로 혜택을 누린 국가들은 처음에는 빠른 성장을 구가하겠지만, 유럽과 미국 대기업의 도움을 받아 육성한 부분을 언젠가는 포기해야 한다. 예컨대 선진국 노동자들의 절대적이고 상대적인 빈곤으로 소비가 급속히 위축되면서 현재의 위기가 초래됐다. 이런 결과는 수출국에도 악영향을 미치기 마련이다. 자유무역, 기업의 해외 이전, 임금 디플레이션 등으로 이익을 거둔 쪽이 손해 본 쪽에 이익을 분배하지 않는다면 누구도 승자가 될 수 없다.

보호무역주의를 배척할 때 흔히 언급되는 또하나의 신화가 있다.

---

15   D.K. 브라운, A.V. 디어도프, R.M. 스턴, "Computational Analysis of Multilateral Trade Liber-alization in the Uruguay Round and Doha Development Round", *RSIE Discussion Paper*, 제489호, University of Michigan, 미시간 앤아버, 2002년 12월.

16   자크 사피르, "Libre-échange, croissance et développement: quelques mythes de l'économie vulgaire", *Revue du Mauss*, 제30호, La Découverte, 파리, 2007.

1929년 위기를 맞아 취한 대책들이 국제무역을 붕괴시키면서 위기를 심화했다는 주장이다.[17] 그러나 위기의 주된 요인들은 통화의 불안정, 운송비의 상승, 국제 유동성의 위축이었다(54~55쪽 참조). 자유무역 옹호자들은 존 메이너드 케인스의 변심을 의도적으로 입에 담지 않는다. 케인스는 1920년대 초만 해도 자유무역의 열렬한 옹호자였지만 1933년부터 보호무역의 대변자로 변신했다.[18] 그후 1946년 세상을 떠날 때까지 그 입장을 바꾸지 않았다. 통화제도와 국제무역을 재편하려던 그의 입장은 보호무역주의에 근간을 두긴 했지만 자급자족 경제를 두둔하지는 않았다.

보호무역 회귀로 국제경제 정상화해야

외국과의 교역 자체를 거부하는 자급자족 경제와 달리 외국과의 교역을 조절할 수 있는 보호무역적 조치들이 현재의 상황에서는 반드시 필요하다. 특히 가계의 채무변제 능력을 회복시키고 수요를 증가시키기 위해서는 임금 인상 정책이 필수 불가결한 조건이다. 자유무역을 손대지 않고 임금을 인상한다면 위선에 불과하고, 우매한 짓이기도 하다. 게다가 보호무역주의만이 오늘날 유럽에서 나락으로 떨어지기 시작한 사회보장제도와 조세 구조의 악화를 멈출 수 있다.

물론 보호무역주의를 채택한다고 자동으로 기업의 행태까지 변할 거라

---

17   찰스 P. 킨들버거, 「양차 세계대전 사이의 상업정책Commercial Policy between the Wars」, 피터 매사이어스와 시드니 폴러드 엮음, 『케임브리지 유럽 경제사The Cambridge Economic History of Europe』, 제8권, 케임브리지 대학교 출판부, 1989.

18   존 메이너드 케인스, 「국가적 자급자족National Self-Sufficiency」, 『예일 리뷰』, 제22권, 제4호, 1933년 6월.

고 기대할 수는 없다. 외국 기업과의 경쟁에서 확실하게 보호받게 되더라도 경영자는 유리한 입장을 계속 유지하려 노력하겠지만, 적어도 노동자를 위협하던 결정적인 무기를 잃게 된다.

예컨대 프랑스를 비롯한 주요 산업국가에서는 경영자가 비용을 최대한 줄여 생산해야 한다는 압력 때문에 직간접적인 임금 디플레이션(사회적 부담을 임금노동자에게 전가)이나 공장의 해외 이전과 실업, 둘 중 하나를 선택하라고 노동자에게 강요하는 게 현실이다. 보호무역주의는 경영자에게 그런 무기를 빼앗는 동시에, 임금노동자에게는 생산된 부의 유리한 분배를 요구하는 투쟁을 재개할 수 있는 가능성을 되돌려주는 효과가 있다. 물론 보호무역주의가 만병통치약은 아니다. 사실 경제에 만병통치약이란 있을 수 없지만 보호무역주의가 필요조건이란 사실만은 변하지 않는다.

이쯤에서 보호무역주의의 목적이 무엇인지 분명히 해둘 필요가 있다. 이익을 증대하자는 것이 아니라, 사회적이고 생태적인 기득권을 보존하고 확대하자는 것이다. 따라서 저임금 정책을 시행하는 국가에게 불이익을 주자는 것이 아니라, 생산성이 선진국의 수준에 이르렀으면서도 그에 걸맞는 사회정책이나 환경정책을 시행하지 않는 국가에 불이익을 주자는 것이다. 간단히 말하면, 국제무역이 전 세계를 빈곤에 몰아넣는 결과를 조금이라도 막아보자는 것이다.

유럽연합과 보호무역주의의 관계

유럽연합의 상황은 보호무역주의로 회귀하기에 적절하지 않다. 유럽공동체 간에 관세를 다시 부활시킨다면, 지역 간의 경제 편차가 너무 크기 때문에 조세, 사회적 부담금, 환경 등에서 덤핑 정책이 난무할 가능성이 무척 높다.

따라서 공동체 간의 관세 이외에, 1960년대에 시행하던 '통화보상총액제'의 부활을 생각해봄직하다.[19] 즉 환율의 차이를 보상하고, 유로존과 그외 유럽연합 회원국들 간의 사회적, 환경적 기준의 차이를 상쇄하기 위한 세금을 잠정적으로 책정하는 것이다. 이는 유럽연합 내에 갈등을 초래할 염려가 있긴 하다. 물론 모두 합의한 대책을 시행하는 것이 궁극적으로 최선의 해결책이겠지만, 프랑스가 일방적으로 내놓은 대책이라도 논쟁을 시작하는 불씨가 될 수 있다.

유럽공동체 간에 새로 부활시킨 관세로 얻은 총액은 유럽사회기금을 조성하고, 유럽연합과 중기적 관점에서 의견을 함께하며 사회복지와 환경보호를 위해 노력하는 외국을 원조하는 데 사용해야 할 것이다. 이렇게 사회정책과 환경정책을 일치시키기 위한 기금이 충분히 조성될 때 유럽연합의 회원들은 두 기준을 맞추려는 노력을 조금씩 실천해나갈 것이다.[20]

보호무역주의와 보상총액제에 대한 대안은 간단하다. 사회정책과 환경정책에서 남의 기준을 따르거나, 아니면 자신의 기준을 세우는 것이다. 이에 비해 자유무역은 사회·경제적 체제에서 선택의 자유를 허용하지 않는 제도이다.

사회주의자와 환경론자의 원대한 꿈인 하나의 '유럽 사회'를 건설하기 위한 온갖 시도, 쉽게 말해서 조세제도를 통합하려는 온갖 시도가 실패한 데서 증명되듯이, 사회정책과 조세제도 및 환경정책의 덤핑 전략에 불이익

---

19 1960년대에 각국의 국내 가격을 일치시키기 위해 유럽 내에서 세금 혜택을 주거나 보조금을 지급했다.

20 베르나르 카상, 「함께 '이타적인 보호무역주의'를 창조하다Inventer ensemble un "protectionnisme altruiste"」, 『르몽드 디플로마티크』, 2000년 2월.

1부 탐욕이 빚어낸 비극

을 주는 대책이 없다면 '특례법'의 결과는 불을 보듯 뻔하다. 기업가의 시각에서 보면, 자유무역에 유로화의 경직성이 더해지면서 불법 이민을 재촉했다. 불법 노동자를 현재의 사회 관련법으로는 다룰 수 없다. 따라서 불법 이민자는 외국과의 경쟁이란 압력에 직면해 사회적 권리의 실질적인 하락과 해체라는 결과를 초래한다.

각국 정부가 뭐라 주장하든 보호무역주의로의 회귀는 피할 수 없게 됐다.[21] 보호무역주의는 부정적 요인이 되기는커녕 안정된 기반 위에서 내수 시장을 재건하는 기초가 될 수 있다. 또한 가계와 기업의 채무상환력을 크게 개선하는 효과도 있을 것이다. 따라서 보호무역주의는 현재의 위기에서 탈출할 수 있는 중요한 요인이 될 터이므로, 하루라도 빨리 우상도 없고 터부도 없는 공개 토론의 구심점이 돼야 한다.

21 　프레데리크 로르동, 「'보호무역 조치'라는 무의미한 개념La "menace protectionniste", ce concept vide de sens」, 『르몽드 디플로마티크』 블로그 'La pompe à phynance'.

보호무역주의에 대한 편견과 음해
1930년대 국제무역 위축은 '통화 불안정, 운송비 상승' 탓

　자유무역의 옹호자들은 반대론자들의 반론을 꺾기 위해 역사까지 왜곡하며, 1929년 대공황 이후에 취해진 보호무역주의적 조치로 위기가 심화됐다고 주장한다. 그러나 국제무역은 보호무역주의 때문이 아니라 다른 이유들로 위축됐다.

　첫째로는 주요 산업국가들의 국내 생산이 국제무역보다 훨씬 빠른 속도로 줄어들었다는 점이다. 생산의 감소가 해당 국가들이 겪고 있던 불황의 원인이었다면, 거꾸로 국제무역의 위축 속도가 더 빨랐어야 했다. 둘째로는 국내총생산에서 상품 수출이 차지하는 몫이 서구의 주요 산업국가에서 1929년부터 1938년까지 9.8%에서 6.2%로 줄어들기는 했지만 공황이 닥치기 직전의 정점, 예컨대 1913년의 12.9%에 달했던 것도 아니었다는 점을 주목해야 한다.[1] 끝으로는 역사적 사실의 연대기적 기록이 자유무역론자들의 주장과 일치하지 않는다는 것이다.

　국제무역이 1930년 1월부터 1932년 7월 사이에 위축된 것은 사실이다. 그러나 그 시기는 보호무역주의적 조치가 시행되기 전이었다. 게다가 일부 국가에서 자급자족적 정책을 추진하기 전이기도 했다. 물론 미국이 1930년 여름부터 보호무역주의적 조치를 시행하기는 했지만 그 효과는 극히 제한적이었다. 엄격히 말해서, 국제무역이 위축된 주된 원인은 국제 유동성이었다. 국제 유동성이 1930년(-35.7%)과 1931년(-26.7%)에 붕괴됐다. 그런데 사용되지 않은 선복량의 비율은 1932년 1분기까지 급속히 증가

1　폴 배로슈와 리처드 코절라이트, "Globalization Myths: Some Historical Reflections on Integra-tion, Industrialization and Growth in the World Economy", *UNCTAD Discussion Papers*, 제113호, UNCTAD/CNUCED, 제네바, 1996년 3월.

했지만 곧 떨어져 안정세를 유지했다.

유동성이 국제무역에 직접적으로(지불 능력), 혹은 간접적으로(운송수단을 용선하는 상인의 능력) 영향을 미치기 때문에 다음 표에서 특이한 점은 없다.

신용 위축도 국제무역을 위축시킨 주된 원인이었다. 따라서 유동성 문제는 가장 결정적인 요인이었다.[2] 미국 경제조사국이 최근에 발표한 연구 보고서에 따르면, 1930년대 국제무역을 위축시킨 주된 원인은 통화의 불안정과 운송비의 급격한 상승이었고, 통화의 불안정은 결국 국제 유동성을 위기에 빠뜨렸다.[3]

선복량으로 본 국제무역 위축 분석

날짜	사용되지 않은 선복량 비율
1930.6.30	8.6%
1930.12.31	13.5%
1931.6.30	16.0%
1931.12.31	18.0%
1932.6.30	20.8%
1932.12.31	18.9%

출처―국제연맹, 경제 현황표, 1933, 제네바

독일과 이탈리아의 자급자족적 대책과 구분해야 마땅한 보호무역주의적 조치가 없었더라면 경제 활성화를 위한 정책을 시행하지 못했을 것이고, 그에 따라 위기는 더 심화됐을 것이다. 또한 보호무역주의적 조치 덕분에, 자칫하면 자급자족 경제로 전락할 위험이 있던 일부 국가도 국제수지의 위기에서 벗어날 수 있었다. 보호무역주의는 국가의 변제 능력을 보장하고, 1933~1934년 겨울 독일의 경우처럼 외국과 담을 쌓고 완전한 관리경제에 몰입하는 폐해를 예방한다는 점에서 자급자족 경제의 충분한 대안이라 할 수 있다. 따라서 보호무역주의가 제2차대전의 원인이었다는 주장은 독일의 국가사회주의와 파시즘에 대한 몰이해이거나 진실을 철저히 기만하는 것이다.

---

2   제임스 포먼펙, 『세계경제의 역사―1850년 이후의 국제경제 관계A History of the World Economy: International Economic Relations since 1850』, Harvester Wheatsheaf, 뉴욕, 1995, 197쪽.
3   안토니 에스테바데오르달, 브라이언 프랜츠, 앨런 M. 테일러, "The Rise and Fall of World Trade, 1870~1939", *NBER Working Papers*, 제9318호, 매사추세츠 케임브리지, 2002년 11월.

미국
자유주의자들의
위험한 질주

코스타스 베르고풀로스 ■ Kostas Vergopoulos

소르본 대학 경제학 박사 출신으로, 국제 경제 및 재정, 개발 경제 분야의 전문가이다. 주요 저서로 『자본주의와 농민 문제』(1975), 『세계화—거대한 환상』(1999), 『누가 유럽을 두려워하는가』(2004), 『마지막 이후—경제 재앙과 그날 이후』(2011), 『그리스와 유럽—부적절한 관계?』(2012) 등이 있다.

소수 특권층의 풍요가 결과적으로 실업과 불평등의 감소 및 경제성장에 도움이 되리라는 생각이 오랫동안 미국을 지배해왔다. 하지만 서민계급이 경제 위기로 계속해서 고통을 받고 사회적 격차가 커짐에 따라 이 같은 견해는 버락 오바마 대통령뿐만 아니라 예전에 이런 사고를 열정적으로 옹호했던 자유주의 경제학자들 사이에서도 의문시되고 있다.

자본주의의 미래에 대한 다양한 토론이 벌어지는 가운데 본보기가 될 만한 예기치 않은 사건이 일어났다. 기존의 비판자들이 아니라 자본주의 시스템을 열렬히 옹호한 사람 중 한 명인 로런스 서머스Lawrence Summers에 의해서였다. 하버드대 총장을 지낸 서머스는 1999~2001년 클린턴 2기 행정부의 재무부 장관직을 수행할 때, 은행 규제 완화에 대한 남다른 열정으로 이름을 날렸다. 그후 금융계에서 일하며 2008~2009년 투기펀드인 쇼D. E. Shaw & Co.의 사장으로 재직할 때 연봉 520만 달러를 받았다. 특히 한 건당 13만 5000달러까지 사례비를 받는 강연회에서 아낌없이 자문을 하기도 했다. 2009~2010년에는 버락 오바마가 임명한 '국가경제위원회NEC' 위원장직을 수행했다. 따라서 어느 누구도 그가 자본주의의 문제점을 이야기하리라고는 예견하지 못했다.

예기치 않은 사건은 2013년 11월 9일 워싱턴에서 국제통화기금 연례회의[1]가 열렸을 때 강력한 파장을 일으켰다. "자본주의가 더이상 개선될 수 없고, 자본주의 자체가 장기 침체의 함정에 빠졌다면 어떻게 되는 것입니까?"라고 한 은행가가 질문했다. 서머스는 "우리는 성장을 활성화하기 위해 모든 것을 다 시도해보았습니다. 그럼에도 불구하고 자본주의 시스템이 예전처럼 다시 작동하지는 않을 것입니다"라고 대답했다. 이미 제로에 가까운 금리정책을 써왔기 때문에, 미 연방준비은행에 경기를 활성화하기 위한 다른 보충 수단이 없다는 사실을 인정하면서 서머스는 청중을 새파랗게 질리게 한 이론을 전개했다. "디플레이션과 대량의 구조적 실업이라는 아주 심각한 위기에서 벗어나기 위해 버블은 어쩔 수 없이 치러야 하는 대가가 된 것 같습니다."

사실 이런 어두운 전망은 기본적인 네 가지 경제지표가 모두 하락하고 있는 상황에서 비롯된 것이다. 첫째, 30년 전부터 계속된 '본질적 금리',[2] 다시 말해 이윤의 지속적인 하락. 둘째, 13년 전부터 이어진 노동생산성의 하락. 셋째, 1980년부터 계속된 국내 수요의 감소. 넷째, 연방준비제도이사회 의장인 앨런 그린스펀과 후임인 벤 버냉키가 대량의 통화 촉진 자금을 투입했음에도 2001년부터 '총고정자산 규모'[3]의 '생산적 투자'[4]가 침체

1　제14차 자크 폴락 연례회의―위기, 어제와 오늘, IMF, 워싱턴 D.C., 2013년 11월 7~8일.
2　자본의 '본질적' 수익, 다시 말해 자본의 추가 단위가 가져올 수 있는 생산 증가를 말한다. 현재의 금리와 똑같은 '금융' 수익과 구별하기 위하여 스웨덴 경제학자 크누트 빅셀(Knut Wicksell, 1851~1926)이 사용한 개념이다.
3　국내총생산에서 고정자산(장비 및 생산 능력)에 투자된 몫.
4　생산과 일자리를 늘리는 투자. 이와 반대로 금융 투자는 수익을 창출하지만 생산도 하지 않고 일자리도 만들어내지 않는다.

하거나 심지어 감소한 사실이 이에 해당한다.[5]

이러한 결과로 생존을 근심하는 자본 소유자들이 이윤을 극대화하기 위해 더이상 생산을 활성화하지 않고 부가가치[6]에서 선취금을 확대하고 있다. 이는 성장 감소로 치러야 하는 대가일 것이다. 자본주의 시스템이 궁지에 몰릴 것이고, 어떤 처방도 곤경에서 벗어나게 해줄 수 없을지도 모른다. 게다가 자본주의 시스템은 조직의 '침식'을 가중하는 사회적 난관들에 부딪힐 것이다. 한편으로 불평등의 심화는 사회, 제도, 민주주의 안정의 '보증인'으로 여겨지는 중산층을 약화한다. 또한 대량 실업은 국가 수입의 손실과 자본의 잠재적 수익의 손실을 동시에 가져온다.

생산성 향상보다 신흥국 투기에 편중된 자금

서머스가 '침체'와 '장기'라는 단어들을 내뱉는 순간, 다양한 반응이 쏟아졌다. 공공연하게 알려진 이데올로기 적수들 중 한 명이 자본주의의 '치료 불가능성'을 스스로 인정한 사실에 놀란 진보주의자들은 당황스러운 반응을 보였다. 자기 진영 중 한 명이 이같이 '비관'하는 것을 본 교활한 보수주의자들은 소극적인 반응을 보였다. 그럼에도 불구하고 서머스는 보수주의자들에게 "예상과 권고를 혼동해서는 안 된다"[7]고 상기시켰다.

서머스의 두려움은 우선 미국 경제학자 앨빈 한센Alvin Hansen이 1930년

---

5   로런스 서머스, 「어떻게 경기 침체가 새로운 규범이 될 수 있는가Why Stagnation Might Prove
     to Be the New Normal」, 파이낸셜 타임스, 런던, 2013년 12월 15일.
6   연간 생산된 부의 총액. 부가가치는 임금과 이윤 두 부분으로 나뉜다. 둘 중 하나가 증가하면 나머
     지 하나는 자동적으로 감소한다.
7   로런스 서머스, 「우리가 그대로 내버려두지 않는다면, 경기 침체는 우리의 운명이 아니다Eco-
     nomic stagnation is not our fate—unless we let it be」, 워싱턴 포스트, 2013년 12월 16일.

대에 제시한 처방의 반향으로 받아들여졌다. 그런데 한센이 예상했던 '장기 침체'는 특히 경제 시스템에 제2의 활력을 불어넣을 수 있는 기술혁신의 고갈과 인구 증가의 둔화에서 기인한 것이었다.[8] 그의 분석은 존 메이너드 케인스의 분석과 비슷했다. 케인스는 자본주의의 미래에 대해 비관적이었지만, 경제 위기는 피할 수 있다고 확신했다. 그러나 서머스는 인구 요소나 그 어떤 기술혁신의 고갈도 환기하지 않았다. 그의 평가는 지난 30년간의 경험적인 결산 자료에 근거하고 있다.

신자유주의 우파는 서머스가 인과관계의 사슬을 뒤집고 있다고 비난한다. 다시 말해 금융 버블이 성장을 촉진하지도 못하고 오히려 진퇴양난에 빠지게 했다는 것이다. 또한 서구 국가들의 초라한 경제 성과 때문에 과도한 부채의 늪에 빠진 것이 아니라, 거꾸로 과도한 부채 때문에 초라한 경제 성과를 냈다는 것이다. 유럽중앙은행 심의회 전 멤버였던 로렌초 비니 스마기Lorenzo Bini Smaghi는 "성장을 둔화시키는 것은 긴축이 아니라 그 반대다. 다시 말해 긴축이 필요해진 이유가 바로 성장 둔화이다"[9]라고 단정했다. 몇몇 사람들은 심지어 케인스를 상기시키면서 서머스의 견해에 반대한다. 영국 경제학자 케인스가 단지 '금리 생활자들을 안락사시킬 것'을 제안했던 반면, 이들은 경제를 안정시키기 위해 금융 버블을 용인하자는 서머스의 주장이 금융 버블을 더욱 애지중지하자는 주장이라고 말했다.[10]

전직 장관이 성장의 '선순환' 복원을 옹호할 때, 그를 정통으로 비판하

---

8   앨빈 한센, 『재정정책과 비즈니스 사이클Fiscal Policy and Business Cycles』, Norton, 뉴욕, 1941 참조.
9   파이낸셜 타임스, 2013년 11월 12일.
10   이자벨라 카민스카, 「장기 침체와 케인스의 텃세Secular stagnation and the bastardisation of Keynes」, 파이낸셜 타임스, 2013년 11월 13일.

는 사람들은 경제의 기반을 '쇄신하면서' 도약을 준비할 '확장적 긴축'의 미덕을 제시한다. 만약 현재의 문제가 정말로 장기적인 것이라면, 단기적인 '마술'을 부릴 것이 아니라 똑같이 장기적인 해결책을 찾아야 한다고 비판자들은 주장한다. 기업에 부과하는 세금을 감면하거나, 혹은 미국의 공화주의자들이 요구하듯이 '세상에서 가장 비싼'[11] 것으로 드러난 사회주의 국가의 엄청난 무게에서 '경제를 해방하는 것'이 거론된 구조적 해결책의 예들이다. 케네스 로고프Kenneth Rogoff 같은 다른 사람들은 2008년 이후의 성장 약화가 장기 침체 징후를 반영하는 것이 아니라, 성장을 해치지 않으면서 부채를 관리해야 하는데 그러지 못한 정부의 무능력을 반영하고 있다고 말한다.[12]

노벨 경제학상 수상자인 진보 진영의 폴 크루그먼은 서머스의 진단에 동의하지만, 그 결론에 대해, 다시 말해 침체가 자본주의 시스템의 '새로운 규범'이라는 사고에 대해 반박한다.[13] 크루그먼은 금리 인하와 추가 유동성 방출을 통한 통화 무기만을 사용했음에도 불구하고 경제를 재활성화하기 위해 모든 수단을 사용했다고 생각한다면, 길을 잃게 될 것이라고 말한다. 결국 공공투자를 재개하여 경제를 활성화할 수 있는 재정 무기가 남아 있다는 것이다. 공공투자의 재개는 개인 투자 감소분을 상쇄할 것이다.

왜냐하면 현재 거대 기업들이 엄청난 현금 자산을 보유하고 있음에도 투자를 하지 않기 때문이다. 2014년 1월 22일 자 파이낸셜 타임스는, 애플

---

11 캐럴라인 바움, 「케인스 학파들이 대공황의 기억을 되살린다Keynesians revive a Depression idea」, 블룸버그, 2013년 12월 4일.
12 케네스 로고프, 「선진 경제의 문제는 무엇인가What's the problem with advanced economies?」, 프로젝트 신디케이트, 2013년 12월 4일, www.project-syndicate.org.
13 폴 크루그먼, 「장기 침체, 중상모략, 버블과 래리 서머스Secular stagnation, coalmines, bubbles and Larry Summers」, 뉴욕 타임스, 2013년 11월 18일.

이라는 단 하나의 기업 금고에만 대략 1500억 달러가 들어 있는 것을 포함하여, 미국의 비금융 기업들이 2조 8000억 달러를 보유하고 있다고 발표했다. 뉴욕 타임스의 제임스 새프트James Saft 기자는 "기업들은 새로운 생산 능력을 창조하기보다는, 지폐를 쌓아놓거나 주식을 사는 데 사용하려는 것 같다"[14]고 예리하게 지적했다. 비물질적 자산[15]은 1970년대에 평균적으로 미국 기업 자산의 약 5%를 차지했는데 2010년에는 60%를 넘어섰다.

2010년과 2013년 사이, 연방준비은행은 미국 경제에 대략 4조 달러를 투입했다. 그러나 이 자금이 미국의 생산성을 강화해주기는커녕, 자금의 상당 부분이 초고수익 투기, 특히 신흥국들에 대한 투기에 사용되었다. 결과적으로 현재 미국 경제에서 '사용 가능한' 전체 현금 액수는 2008년보다 더 적다. 똑같은 현상이 유럽에서도 벌어졌다.[16]

'돈이 넘치는데 경제가 다시 활기를 찾길 거부한다는 말인가'란 문제는 잘 알려져 있다. 바로 1930년대에 케인스가 묘사한 '유동성의 함정'에 빠진 것이다. 유동성의 함정에서 빠져나오기 위한 유일한 해결책은 경제정책의 두번째 도구인 예산 지출을 시행하는 것이다. 크루그먼은 "경기후퇴기에는 모든 지출이 좋은 것이다. 생산적 지출이 더 좋지만, 비생산적 지출이라도 아무것도 안 하는 것보다는 더 낫다"[17]고 강조한다.

---

14   제임스 새프트, 「무형자본 Intangible Capital」, 인터내셔널 파이낸싱 리뷰, 2013년 11월 26일.
15   물질적 자산(토지, 부동산, 원료 등)과 구분되는 것으로 기업의 지식과 능력, 브랜드 이미지, 특허, 지적 재산, 조직의 질, 상업 기술의 질 등.
16   윌렘 뷰이터, 「유럽연합과 일본의 장기 침체 위험 Secular stagnation risk for EU and Japan」, 파이낸셜 타임스, 2013년 12월 23일.
17   폴 크루그먼, 「장기 침체, 중상모략, 버블과 래리 서머스」.

부의 격차에 오바마도 불평등 비난

에인 랜드Ayn Rand, 프리드리히 하이에크, 밀턴 프리드먼 같은 위대한 자유사상가의 숭배자들은 자신들이 경기 재활성화와 번영의 불가피한 조건으로 여기는 불평등을 계속해서 옹호하지만, 미국은 불평등의 유해성을 인식해가고 있다. 오바마 대통령은 2013년 12월 4일 연설과 2014년 1월 29일 담화에서 끊임없이 확대되는 수입收入과 부의 격차를 비난했을 뿐만 아니라, "불평등이 경제, 성장, 일자리를 죽인다"고 힘주어 강조했다.

빌 클린턴 정부에서 노동부 장관이었던 로버트 라이시는 미국의 심화되는 불평등을 다룬 〈모두를 위한 불평등Inequality for All〉이라는 기록영화를 얼마 전에 내놓았다. 1978년 미국의 평균 급여는 4만 8000달러였다. 현재 평균 급여는 구매력 기준으로 3만 4000달러에도 미치지 못한다. 역으로 미국에서 가장 부유한 1%의 가구당 평균 수입은 1978년 39만 3000달러였으나 현재는 110만 달러를 넘어섰다. 5년 전부터 미국 국민의 1%가 국민총생산 증가의 90%를 차지했고, 미국 국민의 90%가 남은 10%를 나눠가졌다. 고작 부자 400명이 1억 5000만 명의 미국인보다 더 많은 부를 소유하고 있다.[18] 그러나 미국에서 불평등과 침체 사이의 관계를 사람들이 점점 더 공개적으로 인정한다고 해도, 유럽, 특히 독일에서 이런 식의 사고는 완전히 미친 것으로 여겨진다.

현 상황은 부의 상대적 집중이 두드러졌던 역사의 또다른 시기인 1920년대를 연상시킨다. 1920년대는 주식이 엄청나게 폭락하고 대공황

---

18   로버트 라이시, 「미국인은 자신들의 부를 공유해야만 한다Les Américains doivent partager la richesse」, 「렉스프레스」, 파리, 2013년 12월 2일.

이 발생한 시기였다. 그렇다면 왜 대다수의 빈곤과 경제 침체 사이의 인과 관계를 또다시 부인하는 것일까? 400명의 지출이 결코 미국인 1억 5000만 명의 지출과 같지 않을 것이다. 수입이 최상위층에 집중될수록 최상위층의 저축과 자본화가 늘기 때문에, 국가의 전체 지출은 축소되고 결과적으로 투자와 일자리가 감소한다. 최고 부자들의 재산이 생산을 통해서가 아니라 부가가치에 대한 선취금을 통해 증가할 때, 성장은 약화된다. 그리고 시스템은 재생산 조건 자체를 갉아먹게 된다.

자본주의를 위기에서 구해낼 거라는 신자유주의는 자본주의를 위기 속에 더 깊이 처넣어버렸다. 우리는 '새로운 규범'이 아니라 진퇴양난을 맞게 된 것이다.

기아는 서구의 탐욕이 부른 비극

장 지글러 ■ **Jean Ziegler**

1934년 스위스 툰 출생. 제네바 대학 교수로, 같은 대학 부속 제3세계연구소 소장을 맡고 있다. 파리 소르본 대학에서 강의했고, 1999년까지 스위스 연방의회 의원(사회당)을 지냈다. 실증적인 사회학자로 활동하는 한편, 인도적인 관점에서 빈곤과 사회구조의 관계에 대한 글을 의욕적으로 발표하는 저명한 기아 문제 연구자다. 또한 우리 시대의 불쾌한 진실을 주저 없이 도마 위에 올리는 작가로도 유명하며, 2000년부터 2008년까지 유엔 인권위원회의 식량특별조사관으로 활동했다. 이 시기의 경험을 바탕으로 『왜 세계의 절반은 굶주리는가La faim dans le monde expliquée à mon fils』(1999), 『탐욕의 시대 L'empire de la honte』(2005) 등을 썼다.

강대국의 탐욕으로 제3세계 농어민 터전 황폐화

밤은 칠흑처럼 어두웠고 달빛조차 없었다. 폭풍은 시속 100킬로미터 이상으로 불어닥쳤다. 10미터도 넘는 거대한 파도가 엄청난 굉음을 내면서 연약한 나무배 위를 덮쳐왔다. 그날로부터 10여 일 전 밤, 모리타니의 한 해변을 출발한 배에는 기아에서 탈출하려는 101명의 아프리카인이 타고 있었다. 천만다행으로 이 배는 폭풍에 휩쓸려 카나리아제도에 있는 조그만 섬 엘메다노 해변의 산호초에 걸렸다. 스페인 경비대는 배 안에서 굶주림과 갈증으로 죽은 남자 주검 한 구와 여자 주검 세 구를 찾아냈다.

2007년 5월 11일에서 12일로 넘어가던 같은 날 밤, 엘이에로 해변에서 몇 킬로미터 떨어진 곳에서 다른 배 하나가 좌초했다. 배 안에는 아사 직전의 상태에 놓인 60명의 남자와 17명의 어린이, 7명의 여자가 있었다.[1] 비슷한 시기에 이번에는 지중해 쪽에서 또다른 드라마가 진행되었다. 몰타 남

---

1   엘파이스(El Pais), 마드리드, 2007년 5월 13일 자 참조.

쪽으로 150킬로미터 떨어진 곳에서 유럽연합 국경 관리 정찰국인 '프론텍스Frontex' 소속의 정찰기가 53명의 난민을 태우고 넘실거리는 파도 속에서 표류하고 있는 조디악 보트를 찾아냈다. 정찰기의 카메라에는 어린아이와 여자 들이 있는 것으로 나타났다. 발레타 기지로 되돌아온 조종사는 몰타 당국에 이 사실을 알렸다. 그러나 몰타 당국은 난민들이 리비아가 관할하는 수역 안에서 난파되었다는 구실을 들어 개입을 거절했다.

뒤늦게 유엔난민고등판무관사무소의 라우라 볼드리니Laura Boldrini가 개입해 몰타에 구명정을 급파하도록 요청했다. 유엔이 아무 일도 하지 않았다면, 몰타는 움직이지 않았을 테고 난민들은 흔적도 없이 사라져버렸을 것이다. 이보다 몇 달 전인 2006년 12월 10일에는 기아에서 탈출하려는 수백 명의 아프리카인을 실은 배가 카나리아로 가려다가 세네갈 해안에서 좌초했다. 단 두 명의 생존자만 구출되었다.[2]

어린아이와 부녀자를 포함한 수천 명의 아프리카인들이 메마른 모로코 북쪽 리프족 지역의 멜리야와 세우타, 그리고 다른 스페인 관할 지역에 캠프를 치고 있었다.[3] 하지만 모로코 경찰들은 유럽연합의 명령에 따라 아프리카인들을 사하라로 밀어냈다.[4] 이로 인해 식량도 물도 없이 수백, 아니 수천의 인명이 사하라의 모래와 바위틈에서 죽어갔던 것이다.

얼마나 많은 아프리카의 젊은이들이 유럽으로 가기 위해 목숨을 걸고 자기 나라를 떠날까? 매년 약 200만 명이 불법적으로 유럽연합 영내로 진입을 시도하는 것으로 추정된다. 이들 중 2000명이 지중해에서 죽어가고,

---

2   르쿠리에(Le Courrier), 제네바, 2006년 12월 10일.

3   2005년 9월 28일, 스페인 군인들은 캠프 탈출을 시도한 아프리카 젊은이 5명을 사살했으며, 그로부터 8일 뒤에도 같은 이유로 6명을 구타했다.

4   Human Rights Watch, 2005년 10월 13일.

대서양의 파고 속에서도 같은 규모의 인명이 소멸해간다. 이들의 목적은 모리타니나 세네갈에서 카나리아제도에 도달하거나, 모로코에서 지브롤터해협을 통과하는 것이다.

스페인 정부 집계를 보면 2006년 난민 4만 7685명이 해안을 통해 입국했으며, 여기에 리비아나 튀니지에서 출발해 몰타나 이탈리아 섬을 거친 2만 3151명을 합하면 그 수가 7만여 명에 이른다. 또다른 난민들은 터키나 이집트를 거쳐 그리스에 입국하려고 한다. 국제적십자사연맹의 마르쿠 니스칼라Markku Niskala 사무총장은 "기아 난민들의 위기는 완전히 침묵 속에 묻혀 있다. 아무도 막다른 골목에 처한 이들을 도우려 하지 않는다. 오직 통계 수치만이 이들의 일상적인 비극을 말해줄 뿐"이라고 한탄한다.[5]

유럽연합은 기아 난민들로부터 유럽을 지킨다는 명목으로 비밀 조직이나 다름없는 군사 기구를 창설했다. 유럽의 국경 외곽을 관리하는 프론텍스이다. 이 기구는 바다 한가운데서도 목표물을 따라잡을 수 있는 쾌속정, 전투 헬기, 고성능 투시 카메라와 인공위성 및 기타 원거리 전자 감시 장치를 모두 장착한 비행대대를 거느리고 있다.

프론텍스는 아프리카에서 '수용 캠프'라고 불리는 임시 난민수용소를 운영한다. 이곳에서는 기아에서 벗어나려다 붙잡힌 차드, 콩고민주공화국, 부룬디, 카메룬, 에티오피아, 말라위, 짐바브웨 등 각국 출신의 난민들을 울타리 안에 가둬놓는다. 대개 여기에 수용되는 이들은 어렵게 국경을 넘은 뒤 조금씩 해안으로 접근하기 위해 1~2년 동안 온갖 고생을 하면서 대륙을 전전해온 사람들이다. 그러나 1차 목적지에 거의 다다를 무렵 프론텍스나 관할 지역 보조원들에게 붙잡히기 마련이다. 이들은 대개 지중해나

---

5   트리뷘 드 제네바(Tribune de Genève), 2006년 12월 14일.

대서양 해안에는 이르지 못한다. 프론텍스가 아프리카 지도자들에게 건네는 돈의 액수를 고려해볼 때, 수용 캠프 설치를 거부하기란 쉽지 않다. 유일하게 자존심을 지킨 나라는 알제리뿐이다. 대통령인 압델라지즈 부테플리카는 "우리는 캠프를 거부한다. 우리 형제들의 감옥지기가 될 수는 없다"고 저항했다.

난민을 범죄인 취급하는 서구

사실, 아프리카인들이 고향을 등진 채 죽음을 무릅쓰고 바다로 나가는 것은 더이상 삶을 유지하기 힘들 만큼 생업 터전이 망가진 탓이다. 특히 대서양과 지중해 연안 아프리카 국가들의 경우, 과다한 채무 탓에 조업권을 다른 국가들한테 팔아넘기는 바람에 원주민들의 어업 활동이 더는 불가능한 상황이다. 전 세계적으로 3500만 명이 어업만으로 살아간다. 이중 아프리카인들이 900만 명을 차지한다.[6] 따라서 국제 차원에서 볼 때 어류 자원의 개발 권한은 아프리카 지역의 경제와 고용에 중대할 수밖에 없다. 사하라 이남의 국가들은 대부분 채무 과다 상태다. 이들은 조업권을 일본이나 유럽, 캐나다 기업들에 판다. 이들 나라는 현장에서 가공이 가능한 선박을 근해까지 끌고 와서 어업 자원을 황폐화한다. 심지어 조업이 허가되지 않은 철에도, 원칙적으로 사용이 금지된 촘촘한 그물망을 남용한다.

대부분의 아프리카 국가들은 함선이나 함대를 보유하고 있지 않다. 애초의 협약을 지키지 않는 외국 기업들을 제재할 아무런 수단이 없는 셈이

---

6   양식업 종사자는 포함하지 않은 수치다. 유엔식량농업기구, 「세계 수산·양식 동향The State of World Fisheries and Aquaculture」, 로마, 2007을 참조하라.

다. 해적 같은 불법 조업도 빈번하다. 이렇게 해서 아프리카 해안 지방은 황폐해질 수밖에 없다.

가공 장치가 완비된 선박에서는 즉석에서 생선을 분류하고 냉동해 가루나 통조림으로 만들어 시장으로 내보낸다. 기니비사우 지역을 예로 들어보자. 이 지역은 전통적으로 어업 자원이 풍부했다. 하지만 이제 비사우 사람들은 자기 고장의 시장에서 덴마크나 캐나다, 포르투갈의 생선 통조림을 비싼 가격으로 사먹어야 하는 형편이다. 이곳 어부들은 약탈자들에게 무장해제당한 채 빈곤과 절망에 빠진 상태에서, 국경을 넘나드는 난민 수송업자들에게 배를 헐값에 팔아치우거나, 그들 자신이 국경 통과 업자로 변신한다. 그러나 어부들의 배는 처음부터 연안어업용으로 건조된 탓에 먼바다의 항해에는 위태로울 수밖에 없다.

10억에 조금 못 미치는 인구가 아프리카에 살고 있다. 1972년부터 2002년까지 30년 동안 영양실조 상태의 아프리카 인구는 8100만 명에서 2억 300만 명으로 증가했다. 어처구니없게도, 그 이유 중 하나가 유럽연합의 공동농업정책Common Agricultural Policy이다. 경제협력개발기구 회원국인 선진국들은 2006년 생산과 수출 보조금이라는 명목으로 자국 농부와 목축업자 들에게 3500억 달러를 지급했다. 특히 유럽연합은 뻔뻔하게도 농업 덤핑을 강행했고, 그 결과 아프리카 식량 생산 기반을 완전히 파괴해버렸다.

서구의 탐욕이 부른 비극

산다가의 예를 보자. 산다가는 예전에는 아프리카 서부의 중요한 재화교역 시장이었다. 세네갈 다카르의 중심부에 자리잡은 소란스럽고 활기차고 멋진 시장이었던 이곳에서는 이제 계절에 따라 포르투갈·프랑스·스페인산 과일과 채소를 지역 토착 농산물 값의 3분의 1 또는 절반 가격으로 살수 있다. 하지만 이곳에서 불과 몇 킬로미터 떨어진 월로프 지역의 농부들은 유럽산 농산물의 덤핑 공세 때문에 어떤 기회도 잡을 수 없다. 이글거리는 태양 아래서 아이들과 아내와 함께 하루 열다섯 시간을 일하는 이곳 농부들은 농산물을 팔지 못해 생필품조차 살 수 없는 처지가 됐다. 52개 아프리카 국가 중 37개국이 순수 농업 국가이다.

세네갈의 월로프와 말리의 밤바라, 부르키나파소의 모시, 콩고민주공화국 키부 주의 바시 지역 농부들은 어느 지역 사람들보다 어려운 조건에서 힘들게 일한다. 유럽의 덤핑 정책이 이들과 그 후손의 삶을 파괴해버린 것이다. 프론텍스는 어떤가. 브뤼셀 유럽연합 집행위원회의 위선은 구토가 나올 정도다. 한편으로는 아프리카의 기근을 조장하고 다른 한편으로는 이러한 기근을 피해 탈출하는 난민들을 죄인 취급하고 있다.

2007년 1월 나이로비에서 열린 세계사회포럼에서 아미나타 트라오레 Aminata Traoré는 상황을 이렇게 요약했다. "25개국으로 이루어진 유럽연합이라는 막강한 세력이 아프리카 기아 난민들을 상대로 전쟁을 벌이고 있습니다. 이들 난민은 교육과 일자리, 식량 같은 삶의 기본권을 박탈당하고 아무런 방어 수단도 없이 조국에서 축출당한 도시, 농촌 출신의 젊은이들입니다. 그들은 이민의 탈출구를 찾으려 하지만, 사냥감처럼 내몰리고 쫓기고 모욕당합니다. 2005년 세우타와 멜리야 지역의 유혈 사태가 남긴 숱한 부상과 죽음의 현장을 보십시오. 또한 매달 모리타니와 카나리아, 람페두사와 기타 여러 곳의 해안에서 발견되는 주검들 역시 어쩔 수 없이 강요되고 범죄시된 기아 이민자들의 흔적입니다."[7]

---

7   아미나타 트라오레, 세계사회포럼 발표, 나이로비, 2007년 1월 20일.

기업은
고용을
창출하지
않는다

프레데리크 로르동 ■ **Frédéric Lordon**

1962년생. 프랑스 국립과학연구소(CNRS)의 연구 책임자이자 유럽사회학연구소(CSE)의 연구원으로서 최근 프랑스에서 가장 왕성하게 활동하는 경제학자로 꼽힌다. 프랑스 경제학의 이단아로 불리는 그는 경제학과 사회학을 접목한 많은 저서에서 급진적인 진단과 해법을 제시하여, 정부와 자본가, 주류 경제학계를 당혹시켜왔다. 특히 스피노자의 윤리학과 미셸 푸코 철학 등을 아우르는 인문학적 담론을 바탕으로, 딱딱한 경제문제에 생생한 호흡을 불어넣었다는 평가를 받고 있다. 주요 저서로는 최근 발표한『결함, 유럽 통화와 민주주의 지배력La malfaçon: monnaie européenne et souveraineté démocratique』(2014)을 비롯해『또 다른 전환을 향하여D'un retournement l'autre』(2011),『자본주의, 욕망과 종속—마르크스와 스피노자 Capitalisme, désir et servitude: Marx et Spinoza』(2010) 등이 있다.

프랑수아 올랑드 프랑스 대통령이 발표한 '책임 협약'[1]에 대해 대부분의 전문가는 정부가 신자유주의로 가는 커브길에 진입했다고 해석하려 애쓰고 있다. 하지만 이를 커브길로 보기 위해서는 발효주를 지나치게 마셔서 모든 길이 꾸불꾸불하게 보일 정도로 취한 상태여야 가능하다. 과음하지 않은 상태에서는 오히려 장피에르 라파랭 전 총리[2]가 재직 당시에 남긴 재미있는 어록 중 하나인 "길이 직선인데다가 경사까지 매우 가파르다(게다가 브레이크도 고장났다)"가 떠오르기 쉽다. 실제로 올랑드 정부가 출범한 이래 끊임없이 주장해왔던 논리의 원칙에서 크게 벗어나지 않는 이번 발표 역시 같은 논리를 강하게 뒷받침할 뿐이다.

하지만 빈약한 논리는 절망과 포기의 전략을 드러냈다. 오랫동안 이어져온 이데올로기의 왜곡은 공황 상태로 인한 계산 오류와 뒤섞여버렸다. 형편없는 유럽 정책을 재정립해보려는 모든 의지를 포기함으로써 재기의

---

1   2014년 1월 프랑수아 올랑드 대통령은 '책임 협약'을 발표하며, 기업들이 일자리를 늘려준다면 그 대신 사회보장 부담금 300억 유로를 감면해주겠다고 제안했다.
2   자크 시라크 전 대통령 집권 당시 2002년부터 2005년까지 총리직을 맡았다.

가능성은 완전히 사라졌고, 파멸의 늪에서 살아남으려면 이제 남은 마지막 수단은 메두사의 뗏목뿐이다. 즉 '기업'을 최후의 구세주로, 프랑스 경제인 연합회Medef를 마지막 구원의 손길이라고 믿는 것이다. 침몰하기 직전에 떠오른 기발한 발상이다. "우리가 유일하게 시도해보지 않은 일은 기업을 신뢰하는 것이다."[3] 이 얼마나 훌륭한 발상인가. 기업을 신뢰하다니…… 인질이 인질범의 품에 뛰어들며 그를 신뢰한다는 셈이다. 사랑의 손길에 감동한 인질범이 틀림없이 연민의 정을 느껴 더이상 몸값을 요구하지 못하리라 확신에 가득차서 말이다.

우리의 '인질극' 이야기에 분노한 언론사의 논설위원들이 똘똘 뭉쳐 주장했던 것과 반대로 이 이야기는 조금도 과장되지 않았으며 오히려 가장 정확한 분석이라는 지지를 받아 마땅하다. 직선을 '커브'로 보이게 하는 지각의 왜곡과 다름없는 또다른 왜곡을 통해, 철도 종사원이나 우체국 직원, 도로 청소부를 비롯해 자신을 겨냥한 반복적인 공격으로부터 스스로를 지키는 모든 이들에게 일어나고 있는 인질극을 보게 된다. 실제로 자본은 모든 특권을 차지하고 있지만, 에드거 앨런 포의 소설 속 도둑맞은 편지[4]처럼 명백하고 거대한 자본의 인질극은 너무 명백하고 거대한 나머지 오히려 눈에 보이지 않는다.

이미 카를 마르크스가 지적한 것처럼 자본주의는 임금노동자의 인생 자체를 상대로 인질극을 벌이고 있다. 노동 분업으로 이루어진 화폐경제에

---

3   피에르 모스코비치 프랑스 재무부 장관과 친분이 두터운 마티아 페클(Matthias Fekl) 국회의원의 발언을 레나이그 브르두와 스테판 알리에스가 인용, 「고용 협약이 좌파를 부순다L'accord sur l'emploi fracture la gauche」, Mediapart, 2013년 3월 6일.
4   미국 소설가 에드거 앨런 포의 단편소설 「도둑맞은 편지」(1844)에서 모든 중심인물들은 편지가 숨겨져 있을 거라 생각하고 편지를 찾는 데 혈안이 되지만 알고 보니 그 편지는 책상 위에 눈에 띄게 놓여 있었다.

서 임금을 받지 않고서는 삶의 재생산이 불가능하기 때문에 노동자는 고용주에 복종할 수밖에 없다. 힘들게라도 사회보장제도를 쟁취하지 못했더라면 자본주의 노동의 심오한 논리를 깨닫지 못했을 것이다.

자본은 개인들의 개별적인 삶뿐만 아니라 그들이 속한 집단의 삶까지 인질로 삼는다. 보통 이 개인의 삶 자체도 정치의 대상이 된다. 물질적, 개인적, 집단적 재생산은 자본축적의 논리를 따른다는 것이, 자본이 벌이는 인질극의 주요 원리다. 또한 삶을 재생산하는 재화와 서비스의 생산은 이익이 되는 상품화 논리로만 결정되고, 자본가라 불리는 경제주체에 의해서만 실현된다. 부차적인 원리는 자본이 누리는 결정권 능력이다. 금융자본은 산업자본의 지출이나 투자 및 채용 비용 결정에 자금을 조달하는 현금 투자에 대한 결정권이 있다. 따라서 자본의 전체적인 결정에 따라 개인이 재생산의 수단(급여)을 마련할 수 있는 환경이 정해진다. 생산 주기에 대한 추진력을 가진 이 결정권 덕분에 사회 전체 구조에서 자본은 전략적인 위치, 즉 인질범의 지위를 부여받고, 나머지 사회 구성 요소는 자본의 명령과 열의에 복종을 맹세하게 된다.

자본은 자신의 요구가 절대적으로 받아들여지지 않을 경우 투자 파업을 벌인다. '파업'은 언론의 장단 속에 습관적으로 '인질극'을 연상시키는 단어가 되지 않았던가. 따라서 한 발자국만 뒤로 물러서서 보면, 1980년대 중반에 해고시 정부 승인을 얻어야 하는 조항을 폐지한 조치부터 업종 간 국민합의ANI의 악덕 조항들과 기업 세금 감면, 스톡옵션의 면세 혜택, 정규직의 계약직화, 일요일 노동[5] 등 인질극의 효과를 더 쉽게 헤아릴 수 있다.

---

5   질 발바스트르, 「영원히 되풀이되는 일요일 노동Eternel refrain du travail le dimanche」, 「르몽드 디플로마티크」, 2013년 11월.

강압적으로 자본의 약탈을 억제하기 위해서 자본의 힘과 동급이지만 방향이 다른, 또다른 권력이 존재하지 않는 한 이런 노략질은 끊이지 않을 운명임을 이해해야 한다.

하지만 이 모든 문제 중에서도 최악은 아마 올랑드 대통령과 고문들이 세운 돌이킬 수 없어져버린 쓸모없는 전략일 것이다. 프랑스 경제인연합회식 관점에 완전히 점령당한 이들의 사고에서 비롯된 전략은 모든 머릿속에 박혀 곳곳에서 되풀이되고 있는 단호하고 구체적인 신자유주의의 발언에 기원을 두고 있다. '일자리를 창출하는 것은 기업들이다.' 신자유주의의 급소인 이 발언을 뒤집어 보면 자본이 벌이는 인질극의 탈출구로 한 걸음 다가가게 된다.

'기업들은 일자리를 창출하지 않는다.' 지난 20년간 그 자체로 간단히 입증되었던 것처럼 이 문장을 결코 경험론적으로 해석해서는 안 된다. 개념적으로 바르게 해석하면 '기업들은 일자리를 하나도 창출하지 않는다'가 아니라 '일자리는 기업들이 창출하는 것이 아니다'라는 의미가 된다. 기업들은 자신들이 제공하는 일자리를 스스로 창출할 방법이 전혀 없다. 일자리는 외부 요인, 즉 기업의 고객인 가계나 다른 기업들의 소비 의지에서 비롯되기 때문에 기업들은 매출 평가를 통해 일자리를 제공할 뿐 스스로 결정할 능력은 없다.

놀랍게도 프랑스 중소기업연맹CGPME 회장인 장프랑수아 루보Jean-François Roubaud는 의도하지 않았지만 순식간에 충격적인 진실을 폭로해버리고 말았다. 바로 '보상'에 대한 논의와 관련된 것이었다. 모두 알다시피, '협약'을 맺기 전 시간 여유가 없을 때는 시장 논리를 바탕으로 수십만 개의 일자리를 창출할 것이라 판단하던 고용주들이, 당연하게도 시간 여유가 주어지자 갑자기 아무것도 확신하지 못하는 것이다.

바보 같은 루보 회장은 어처구니없게도 예고 없이, 하지만 조금의 악의도 없이 본심을 털어놓고 말았다. "기업들은 협약의 대가로 채용을 늘릴 준비가 되어 있는가?"라는 질문에 "그래도 기업들의 수주가 확대되어야……"라며 순진하게 대답한 것이다.[6] 루보 회장의 말이 맞다. 기업들이 스스로 수주를 늘릴 수 있었다면 자본주의라는 게임은 전혀 뜻하지 않게 간단했을 것이다. 하지만 현실은 그렇지 않다. 기업들이 달성하는 수주 실적은 주변 요소에 의해서만 가능하다(거시경제학이 응집된 단계에서 전혀 다른 가능성은 존재하지 않는다). 즉 수주 실적은 고객의 소비력에 의해서만 좌우되며, 또 이 소비력 자체도 오로지 고객의 수주 실적[7]에 좌우되기 때문이다. 이와 마찬가지로 높은 상관성 속에서 되풀이되며 유동하는 것이 경제순환의 매력이다.

기업 간 경쟁을 통해 변동되는 수주 실적 달성은—이 요인이 모든 것을 결정한다고 루보 회장이 정확하게 상기시켜주었다—기업 각각의 개별적인 소관에 속하는 문제가 아니라 총체적인 거시경제 과정의 지배를 받는다. 기업들은 수주 실적을 달성하는 데 수동적일 수밖에 없기 때문에, 어떠한 일자리도 스스로 창출하지 못하며 다만 그들에게 부여되거나 그들이 예측한 재화와 서비스에 대한 수요를 일자리로 전환하는 것뿐이다. 이렇게 고용주의 이데올로기를 통해 우리는 기업가의 최고 권력보다 앞선 창조력을 봄으로써 단순히 외부 수요에 대응하는 전적으로 타율적인 공급의 역학을 이해하게 된다.

---

6   데레크 페로트, 「장프랑수아 루보, "즉각적인 대책을 세우고 가능한 한 빨리 행동에 옮겨야 한다Il faut passer au plus vite aux actes, avec des mesures immédiates"」, 레제코, 파리, 2014년 1월 3일.
7   근로노동자에게는 일자리 제공, 고객사에게는 재화 및 서비스 수주를 의미한다.

하지만 기업들은 서로 구별되며, 다른 기업들보다 가격을 낮추고 다양한 개혁을 추진하는 일부 기업도 있다는 주장을 제기할 수 있다. 맞는 말이다. 하지만 결국에는 총수요를 놓고 기업들 간의 분배를 통해서만 가능할 뿐이다. 또한 총수요는 거시경제의 가변적인 소득에 의해 한정된다. 내부 소득의 한계를 뛰어넘어 수요의 잉여분을 찾으러 외부로 나갈 수는 없는 것일까. 가능하다. 하지만 그렇다고 해서 논거의 핵심이 바뀌지는 않는다. 국내 시장과 마찬가지로 수출 시장에서도 기업들은 구조상 개별적으로는 창출할 수 없는 수주를 기록하고 경우에 따라서는 이 수주를 고용으로 전환하는 게 전부일 것이다. 거기에서도 고용주의 이데올로기가 주장하는 유형의 '창출' 행위는 찾아볼 수 없다. 기업가와 기업 들은 어쨌든 고용에 대해서는 그 어떤 것도 창출하지 않는다. 그들이 아무것도 안 한다는 의미가 아니다. 더 많은 소득과 수주를 끌어모으기 위해 서로 경쟁하는 것이 그들의 일이다.

고용은 경제 상황, 즉 경기가 창출한다

결국 기업은 '고용 창출'에 대한 비밀을 안고 있기 때문에, 우리는 기업의 과도한 요구에 일일이 복종하지 않아도 되는 것이다. 기업은 아무런 능력도 없다. 하지만 고용을 기업이 창출하는 게 아니라면 누가 창출하는 것이며, 우리는 누구의 보살핌을 받아야 하는가. 이에 대해 고용 창출의 '주체'를 사람에서 찾으면 안 된다고 대답할 수 있다. 실제로 그 주체는 비주체이며, 풀어서 말하면 고용 창출은 주체가 없는 과정의 결과로 이루어진다. 그 과정을 좀더 익숙한 다른 말로는 경제 상황, 즉 경기景氣—영웅의 등장을 기대했던 이들에게는 꽤 실망스러운 답변일 것이다—라고 표현할 수 있다. 경기는 총체적인 사회구조를 이루며 이를 통해 소득과 총수요, 생산 등이 동시에 일어난다. 경기는 절약보다는 소비하려는 가계의 결정, 투자를 진행할지 말지 하는 기업의 결정과 같이 무수히 다양한 개별적인 결정들이 합쳐진 고정불변의 종합체다. 자유주의를 영웅시하는 사고에는 비극이겠지만 객관적인 과정에 주목할 줄 아는 지적인 현명함이 필요하다.

우리가 매우 구체적으로 경기에 관심을 가져보는 일이 가능하다. 경기는 어느 정도 스스로 조정당하는 과정이기 때문이다. 정확하게 말하면 경제 정세를 중심으로 우리가 말하는 거시경제 정책이 세워진다. 하지만 유럽의 강압에 결박된 '사회주의' 정부는 모든 생각을 완전히 포기해버렸다. 이제 다 함께 기업가의 자유주의 이데올로기라는 비탈길로 굴러떨어지는 일만 남은 프랑스 정부는 '고용을 창출하는 것이 기업이라면 그 기업에 관대해야 한다'는 강력한 추론을 이끌어냈다.

앞으로 이런 바보 같은 생각이 순식간에 깊숙이 스며들어 흔해빠진 논설위원의 입에 오르내리게 되면 완전히 몰아내는 데 적지 않은 시간이 필요할 것이다. 하지만 경제에 대한 매우 독특한 관점에서 비롯된 명백한 모든 오류가 정치적 담화에서 거의 사라지기 시작하고 이 오류에 의해 작동하는 무의식적인 사고가 정지하면 정치 상황은 전보다 조금 더 이성적으로 개선될 것이다.

기업들이 일자리를 창출하지는 않는다. 기업들은 경기 상황에 의해 결정된 일자리를 '선택'할 뿐이다. 고용을 원한다면 집중해야 할 대상은 경제 상황이지 기업이 아니다. 하지만 이 논리를 '사회주의자들'의 머리에 심기가 쉽지 않다. 그래서 결국은 상징적으로 정치적 전향을 시켜 사회당을 좌파로 간주하고 매우 경솔하게 사회당에 좌파를 맡겼던 분별력 없는 관습을 버려야 한다. 이런 노력을 기울이면 더이상 의심하지 않고 그 공을 인정할 수 있을 것이다. 사회당은 우파다. 하지만 소심한 우파다. 그러나 사회당이 지금의 노선을 계속 유지한다면 정확하게 남아 있는 열등감이 무엇인지 조만간 자문해봐야 할 것이다.

'보호무역주의 위협론'은 완전한 허구다

프레데리크 로르동 ■ Frédéric Lordon

1962년생. 프랑스 국립과학연구소(CNRS)의 연구 책임자이자 유럽사회학연구소(CSE)의 연구원으로서 최근 프랑스에서 가장 왕성하게 활동하는 경제학자로 꼽힌다. 프랑스 경제학의 이단아로 불리는 그는 경제학과 사회학을 접목한 많은 저서에서 급진적인 진단과 해법을 제시하여, 정부와 자본가, 주류 경제학계를 당혹시켜왔다. 특히 스피노자의 윤리학과 미셸 푸코 철학 등을 아우르는 인문학적 담론을 바탕으로, 딱딱한 경제 문제에 생생한 호흡을 불어넣었다는 평가를 받고 있다. 주요 저서로는 최근 발표한 『결함, 유럽 통화와 민주주의 지배력La malfaçon: monnaie européenne et souveraineté démocratique』(2014)을 비롯해 『또 다른 전환을 향하여D'un retournement l'autre』(2011), 『자본주의, 욕망과 종속—마르크스와 스피노자 Capitalisme, désir et servitude: Marx et Spinoza』(2010) 등이 있다.

보호무역주의 망령의 부활인가? 도처에서 '보호무역주의의 유혹'에 경종을 울리는 선언이 잇따른다. "국제통화기금을 이끄는 스트로스칸 총재가 보호무역주의로의 회귀를 두려워한다"[1]거나, "보호무역주의의 위협이 시작된다"[2]는 우려와 함께 "보호무역주의로부터 우리 자신을 보호하자"[3]거나, "보호무역주의, 사회 혼란의 주범!"[4]이라는 외침이 연이어 터져나오고 있다. 그런데 여기서 언급되는 '보호무역주의'는 과연 무엇일까? 국제 교역을 논하는 데에는 여러 방식이 있다. 거시경제학에서는 국제 교역의 다양한 모델을 상정해 여러 측면에서 장단점을 분석한다. 그러나 현재 언론에서 언급되는 것과 동일한 방식으로 거시경제학이 보호무역주의를 다루고 있는지는 불분명하다. 여기에는 먼저 해결해야 할 의문이 있기 때문이다. 그것은 보호무역주의가 실제로 존재하는가 하는 문제이다.

---

1   www.Nouvelobs.com, 2009년 2월 13일.
2   www.Leparisien.fr, 2009년 2월 11일.
3   『쿠리에 앵테르나쇼날Courrier International』, 2009년 2월 2일.
4   크리스틴 라가르드의 연설, 다보스 포럼, 2009년 1월 31일.

'보호무역주의'는 과연 실재하는가

　보호무역주의에 대한 최근의 접근 방식이 얼마나 허술하고 심지어 아무런 의미도 없는지를 깨닫기 위해서는 일단 가장 명백해 보이는(실제로는 허위지만) 범주를 의심해볼 필요가 있다. 그런데 보호무역주의와 이에 대비되는 '비 왜곡 경쟁non-distorted competition' 개념은 종종 어처구니없는 내용으로 채워진다. 여기에서 비왜곡 경쟁은 부정직한 경쟁 침해가 전혀 없는 '공정 경쟁'을 의미하며, '자유무역주의'의 근간을 이룬다. 세간의 지적대로, '보호무역주의로의 회귀'를 위협으로 여긴다면 우선 우리가 '비보호무역주의' 환경에 처해 있어야 타당하다. 그런데 이 비보호무역주의에 부응하는 경제학적 개념은 '공평한 경쟁의 장level playing field'으로서, 이는 경쟁에 돌입한 행위자들이 동등한 능력을 갖추고 있어야 함을 전제한다.

　그러나 이러한 비보호무역주의가 과연 현실에 존재하기는 할까? 환상으로만 존재하는 것은 아닐까? 유럽에서는 약간의 부정직한 경쟁 침해 사례도 유럽연합 집행위원회의 친절한 권위로 끊임없이 바로잡아 비왜곡 경쟁이 유럽을 지배한다고 말한다.

　그런데 유럽 국가들이 법인세가 전혀 없는 에스토니아[5]와 진정으로 비왜곡 경쟁 관계에 있단 말인가? 르노-다시아 자동차 공장에서 월급 300유로를 받고 일하는 직원이 엘리트 대우를 받는 루마니아와도 비왜곡 경쟁 관계에 있는가? 환경 규제가 전혀 없어서 환경 비용 자체가 들지 않는 폴란드하고도 그러한가? 유로 대비 자국 화폐를 갑자기 30% 평가절하해 하룻밤 사이에 그만큼 수출품 가격을 인하한 영국하고도 그러한가? 폐유 웅

5　투자 이익에 대한 세율이 0%이며 분배 이익에 대한 세율은 28%.

덩이보다 더 불투명한 금융 시스템으로 유명한 룩셈부르크하고도?

이런 사례들이 모두 '비왜곡 경쟁 관계'에 포함된다면 아마도 노동권이 아예 없는 것으로 소문난 중국이나 베트남과도, 또 심지어 강제 노역이 하나의 전통이라고 BK 컨설팅이 확인해준 미얀마하고도 비왜곡 경쟁 관계일 것이다.

경제구조의 국가 간 차이는 '숙명적'

이것이 바로 애초부터 불평등 교환을 가능하게 하는 모든 구조적 보호 체계를 철저히 무시하면서 시장의 형식적인 조건만 창조하려 드는 자유무역주의의 허구다. 비보호무역주의가 의미를 띠려면 자유 교역의 규칙 이전에 경쟁관계에 놓인 사회·생산 시스템의 완벽한 구조적 일체성이라는 가정이 있어야 한다. 조세 체계, 사회보장, 삶의 수준, 환경 규제, 환율, 노동권, 불평등에 관한 사회적 관용, 공공서비스의 집단적 지출에 대한 정치적 선호 등등. 그런데 각국의 경제는 이 모든 부분에서 판이하다.

오로지 시장의 규칙만 바라보던 실명 상태에서 깨어나는 순간, 사회·생산 구조는 본질적으로 이질적이기 때문에 '획득된' 왜곡으로 보이기 시작하며, 이를 통해 장기적으로 '공평한 경쟁의 장'을 실현하려는 계획 자체가 허황한 꿈이라는 사실을 인식하게 된다.

비보호무역주의는 환상 속에만 존재한다. 왜냐하면 완전히 동질화된 단일 세계경제의 환각에서 깨어나면 모든 차이는 바로 모든 왜곡으로 보이며, 이는 실제 보호무역 상황과 다름없기 때문이다. 법인세를 감면해주는 국가, 사회보장 비용도 환경 비용도 요구하지 않는 국가, 환율을 조작하는 국가, 노동권이 임금에 압력을 행사하는 국가 등, 이 모든 상황이 관세·비관세 장벽의 보호 없이도 자유화된 국제 교역에서 당당하게 존재한다. 우리가 사는 세계는 다양한 세상이며 앞으로도 오랫동안 그럴 것이다. 따라서 다양성이 존재하는 한, 세상은 그 자체로 보호무역주의적이다. 결국 원래 보호무역주의적인 세상에서 '보호무역주의의 위협'에 놀라 소리치는 것은 어이없는 행동이 아닐까? 일부 눈에 띄는 보호무역 조치에 히스테릭한 시선을 던지는 것은 다른 수많은 보호무역주의 상황 앞에 눈을 감기 위한 것은 아닐까?

'자유경쟁'의 위선과 허위의식

자유경쟁과 비왜곡 경쟁에 열광하는 이들 중에는 알고 보면 국제 교역 체제로 자본과 노동 간의 세력관계를 덮기 위한 수사학적이고 실용적인 도구로서 '공평한 경쟁의 장'을 이용하는 교활한 자들이 있다. 이들은 최소한 자신의 내심이 무엇인지는 알고 있으며 문제를 일으키지는 않는다. 그런데 그런 이들 중 상당수는 자기확신에 빠진 나머지, 비왜곡 경쟁에 열광하는 행동 자체가 구조적으로 매우 왜곡된 경쟁 상태를 가장 파괴적인 방식으로 유지시킨다는 사실을 깨닫지 못한다.

역설적으로 모든 종류의 시장지상주의자들은 비왜곡 경쟁이 구조적 보호무역주의와 완벽하게 보완관계라는 사실을 파악하지 못한다. 또한 상이한 사회구조에서 기인한 보호(혹은 취약) 효과를 무시하면서 오직 시장의 규칙에만 입각해 경쟁의 틀을 짜면 이 사회구조들이 더욱 폭력적으로 작용하도록 용인하는 셈이 된다. 이 경우에 비왜곡 경쟁은 보호무역주의와 동의어가 되어버린다. 왜냐하면 상이한 구조적 환경에 속한 사회를 완전히 개방된 시장이라는 허위적인 '공평한 경쟁의 장'으로 내모는 것보다 더 효과적으로 경쟁적 조우의 잔인함을 극대화하는 방법은 없기 때문이다. 보호무역주의의 공포에 사로잡힌 자들이 체계적으로 은폐되어 있기는 하지만, 실상 현실에 존재하는 사소한 문제를 '위협'으로 느끼고 소리치는 모습은 삼위일체의 본질에 대해 논쟁하는 신학자들의 모습과 비견된다.

비왜곡 경쟁과 보호무역주의 중 한쪽을 택하는 문제는 천생 신의 단일성을 주장하는 입장과 삼위일체를 주장하는 입장 간의 논쟁보다 더 가치 있는 일이 아니기 때문이다. 또한 보호무역주의를 모든 종류의 왜곡에서 해방된 어떤 상태에 반하는 개념으로 상정한다면, 어처구니없는 생각일 따름이다. 우리는 차이의 세계, 즉 사실상 왜곡의 세계에 살고 있다. 이는 다시 말하면 보호무역주의적 세상에 살고 있다는 말이다. 이를 고백하기는 어렵지만 동의해야 한다. 완전히 동일하지 않은 개체 간의 경쟁은 바로 그들의 차이로 인해 즉시 왜곡된다. 그 때문에 '비왜곡 경쟁'이라는 개념은 보호무역주의 개념과 마찬가지로 완전히 허구에 불과하다.

보호무역, '왜곡 교정'의 수단

따라서 동질화된 하나의 세상에 대한 환상을 깨고 우리가 사실상 보호무역주의 세상에 살고 있으며 앞으로도 그럴 것이라는 현실을 받아들여야 한다. 그럼으로써 보호무역주의를 '자유 시장'과 대립시키기를 고집하는 공허한 논쟁에서 빠져나와, 사안 자체가 보호무역주의적 현실을 벗어나지 못하고 있음을 인식해야 한다.

오히려 보호무역주의의 상이한 수준과 형태 중에서 무엇을 선택해야 할지에 대한 논의가 필요하다. 이 논의의 테이블 위에 모든 종류의 이질성, 차이, 보호 및 불평등을 올려놓고 그들 가운데 일종의 타협안을 찾는 일이 필요하다. 다시 말하면, 왜곡 상태를 역왜곡 조치로 교정해 보상하는 정책을 강구할 필요가 있다.

물론 이는 기존의 사고방식에 대한 코페르니쿠스적 전환을 요구한다. 냉소주의자들이나 무조건적 시장주의자들은 서로 다른 이유를 대면서 이를 거부할 것이다. 세계무역기구의 활동이 '자유무역주의의 진흥' 역할 이상의 긍정적 의미를 얻기 위해서는, 국제무역을 일방적인 제재와 이에 대한 보복 조치의 소용돌이에 말려들도록 놔두기보다는, 교섭을 통한 안정된 기반 위에 구조적 왜곡 상황에 대한 교정을 제도화할 수 있도록 조직화하는 일이 필요하다.

그런데 이 목표 자체는 그다지 도달하기 어려운 것도 아니다. 과연 여기에 어떠한 원칙적 혹은 실용적 반대 의견을 제기할 수 있을까? 자유 교역으로 싹쓸이하는 것 외에 어떠한 협상의 여지도 없다고 확신하는 '반보호무역주의자'에게도 반대의 명분은 없을 것이다. 이들이 상상하는 것과는 반대로 현재 세계무역기구가 하는 일은 결국 특정한 왜곡 상태, 즉 '공평한 경쟁의 장'이라는 외피를 쓴 구조적 왜곡 상태를 고착화하는 것 외의 다른 일이 아니기 때문이다.

보호무역주의가 국제경제의 '규범'

선진국 경제사 '주류 정책', 보호무역에 대한 잘못된 인식 깨야

—폴 배로슈

보호무역주의가 1929년의 위기와 1930년대의 대공황을 야기했다는 허황한 주장, 무역정책의 긴 역사 동안 더욱 널리 유포된 이 같은 잘못된 신화를 검토해볼 필요가 있다.

이 신화는 다음과 같이 표현된다. '자유무역은 규범이고, 보호무역은 예외다.' 그런데 이는 신고전학파 경제학의 도그마에 불과하다. 1920∼1930년대의 보호무역주의 시대와 대조되는 자유무역의 황금기에 대해 우리는 얼마나 귀가 따갑게 이야기를 들었던가? 그러나 자유무역이 예외였고 보호무역이 규범이었다는 점이 역사적 진실이다.

16세기와 17세기는 중상주의의 황금기였다. 귀금속의 보유는 국력과 국부의 필요조건으로 인정되었다. 금광이나 은광에 접근이 불가능한 국가는 해외무역에서 흑자를 내는 것이 무엇보다 중요했다. 또한 식민지 소유는 무엇보다도 본국의 수출을 위한 독점적 시장을 확보하는 역할을 했다.

18세기는 일종의 과도기로 간주된다. 18세기 전반기에는 무역정책이 여전히 중상주의와 밀접히 관련되어 있었다. 그러나 1760년부터 여러 중요한 변화가 일어났다. 우선 중농주의가 등장했고, 이후에는 애덤 스미스의 저작이 나왔다. 특히 그가 1786년에 쓴 「영불 무역론」과 함께 유럽에서 자유무역주의는 자유방임 경제정책의 일부로 인정받게 되었다.

1790∼1815년에 벌어진 전쟁들, 특히 1806년 영국이 실시한 프랑스 봉쇄정책으로 인해 보호무역주의를 국가의 전형적인 무역정책으로 여기는 경향이 강화되었다. 그러나 경제사상의 측면에서 자유주의는 계속 발전

했다.

하지만 실제로는 유럽에서 자유주의 경제사상의 우위가 중상주의적 보호무역주의의 소멸을 의미하지 않았으며, 특히 보호무역주의의 새로운 형태의 출현을 막지도 못했다. 이 새로운 보호무역주의는 19세기 초에 시작된 민족주의의 부흥, 산업혁명이 초래한 경제 발전의 동력, 그리고 영국의 선진 산업 경제를 지켜본 후발 국가들의 각성과 연결되어 있었다.

산업혁명에서 출발한 유럽 지역의 무역 확대는 다른 지역의 관세정책에 매우 다른 영향을 끼쳤다. 이를 단순화해서 두 지역으로 구분할 수 있다. 선진 산업국을 따라잡으려는 국가에서는 보호무역주의가 우세했다. 특히 '현대 보호무역주의의 조국이며 요새'라고 칭할 수 있을 정도로 미국의 경우는 두드러졌다. 오늘날 제3세계(특히 구 식민지 지역)라고 일컫는 지역에 속한 국가에서는 자유주의가 우세했다. 그러나 이들 국가의 자유무역주의는 의도적인 선택이 아니라 외부에서 강제한 것이었다.

보호무역주의는 시기적으로 항상 산업화 및 경제 발전과 일치한다. 자유무역주의를 실행한 4개국의 예에서 세 나라는 자유무역의 부정적인 효과 때문에 고통을 받았다. 1846년에 자유무역주의로 전환한 영국만 예외였다. 영국의 자유무역 정책은 거의 완전한 관세 철폐 조치 이후 20~30년 동안 경제 발전의 가속화에 중요한 역할을 한 것으로 드러났다.

그러나 영국의 경우는 '산업혁명의 요람'이라는 특수한 입지 덕분에 경제 발전의 단계에서 1846년에 이미 다른 나라와 상당한 격차를 유지하고 있었다. 더욱이 자유무역주의로 전환하기 이전에, 영국이 무려 150년간 보호무역주의 시대를 보냈다는 점을 잊지 말아야 한다.

사그라지지 않는 유토피아적 신자유주의의 부활

세르주 알리미 ■ Serge Halimi

『르몽드 디플로마티크』프랑스판 발행인. 미국 버클리대 정치학 박사 출신으로 파리 8대학 정치학과 교수를 지냈으며, 1992년『르몽드 디플로마티크』에 합류한 뒤 2008년 이그나시오 라모네의 뒤를 이어 발행인 겸 편집인 자리에 올랐다. 라모네가 주로 중남미와 아랍 등 제3세계 문제에 관심을 기울인 것과 달리, 알리미는 신자유주의 문제, 특히 경제와 사회, 언론 등 다양한 분야에 신자유주의가 미치는 영향과 그 폐해를 집중 조명해왔다. 그가 이끄는『르몽드 디플로마티크』는 권력과 자본으로부터 가장 독립적인 매체로 평가받고 있으며, 종종 본지인 르몽드의 편집 방향에 대해서도 날선 비판을 가해 신선한 주목을 받고 있다. 언론인으로서 널리 이름을 알린 것은 1997년 르몽드 등 제도권 언론의 탐욕과 순응주의를 정면 비판한 저서『새로운 감시견Les Nouveaux Chiens de garde』을 내면서부터다. 주요 언론의 비판적 평론에도 불구하고 이 책은 15만 부 이상 팔렸으며, 르몽드의 당시 편집국장 에드위 플뢰넬(Edwy Plenel)은 이례적으로『르몽드 디플로마티크』에 이 책을 비판하는 반론을 기고하기도 했다. 신자유주의의 병폐뿐 아니라, 이른바 무늬만 좌파인 정치 세력의 위선에 대해서도 그의 비판은 거침이 없다. 주요 저서로는『시시포스는 지쳤다—집권 좌파의 실패Sisyphe est fatigué: Les échecs de la gauche au pouvoir』(1993),『좌파가 시험할 때Quand la gauche essayait』(2000) 등이 있다.

"국가는 대담하고 지속적인 실험을 필요로 한다. 하나의 방법을 선택하고 시도해야 하며, 실패하면 솔직히 인정하고 다른 방법을 찾아라. 중요한 것은 뭔가 다른 방법을 시도하는 일이다."

—프랭클린 루스벨트, 1932년 5월 22일

신자유주의는 금융 위기의 충격에도 불구하고 전혀 위축되지 않았다. 민중 봉기가 일어나 신자유주의에 총체적인 반격을 가하길 기다리는 게 아니라면, 이런 상황을 바꾸기 위해 우리가 우선 할 수 있는 일이 무엇이고, 또 그 방법은 어떤 것이 있을까?

2008년 9월, 자본주의의 상징이라 할 리먼브러더스가 파산했다. 그후 5년이 지났다. 사회 구성의 틀로 보이던 자본주의의 정당성은 치명타를 입었다. 자본주의가 약속한 번영, 사회 이동성(계층 간 이동성), 민주주의 등과 같은 가치는 더이상 환상을 불러일으키지 못한다. 그렇다고 큰 변화가 일어난 게 아니다. 비판론자들의 문제 제기에도 불구하고, 자본주의 체제는 그대로 지속됐다.

그들이 자초한 실패의 대가마저 그동안 다져온 사회 보호망의 일부를 포기함으로써 치렀다. 미국의 경제학자 폴 크루그먼은 3년 전 이미 다음과 같이 지적했다. "시장 근본주의자들은 거의 모든 것을 착각했다. 그럼에도 그들은 그 어느 때보다 더욱 철저히 권력을 장악하고 있다."[1] 한마디로 말해 자본주의 체제는 그대로 유지되고 있다. 그것도 자동조종장치로 말이다. 물론 반대 입장에서 볼 때 그것은 칭찬할 일이 아니다. 무슨 일이 있었던 것일까. 그리고 어떻게 해야 할까.

좌파 반자본주의자들은 경제적 필연성의 개념을 믿지 않는다. 여기에는 정치적 의지가 작용하기 때문이다. 좌파는 2007~2008년 금융 붕괴가 자신의 프로젝트에 결코 유리한 답을 주지 않으리라는 점을 깨달아야 했다. 1930년대 이전에도 이미 이런 조짐이 있었다. 각 국가의 상황, 사회적 동맹, 정치적 전략에 따라 똑같은 경제 위기라도 다양한 대응으로 이어졌다.

예를 들면 독일에서는 아돌프 히틀러 정권이, 미국에서는 뉴딜 정책이, 그리고 프랑스에서는 인민전선이 출현한 데 반해 영국에서는 별 움직임이 없었다. 세월이 많이 흘러, 몇 달 간격으로 로널드 레이건과 프랑수아 미테랑이 각각 백악관과 엘리제궁에 입성했다. 이후 프랑스의 니콜라 사르코지는 재선에 실패했고, 미국의 버락 오바마는 재선됐다. 요컨대 행운, 재능, 정치적 전략은 (집권에서) 어떤 국가의 사회·경제적 상황만큼 중요한 요인이다.

최근 신자유주의자가 거둔 승리는 신흥 경제 대국의 공이 크다. '세계의 혼란'이 중국, 인도, 브라질의 많은 생산자와 소비자를 자본주의의 무도

---

[1]   폴 크루그먼, 「좀비가 승리할 때When Zombies Win」, 뉴욕 타임스, 2010년 12월 19일.

1부 탐욕이 빚어낸 비극

회 속으로 끌어들였기 때문이다. 이들은 자본주의 시스템이 빈사 상태에 빠졌을 때 '예비군' 역할을 했다. 지난 10년만 봐도 주요 신흥국의 생산량은 38%에서 50%로 상승했다. 또 세계의 신흥 작업장(신흥국)은 세계 주요 시장 중 하나가 됐다. 2009년 이후, 독일은 미국보다 중국에 수출을 더 많이 했다.

이제 국가 부르주아의 존재, 그리고 국가 차원의 해결 방안들은 전 세계 지배계급이 모두 결탁된 이해관계와 충돌할 수밖에 없다. 하지만 정신적으로 1960년대의 반제국주의에 갇혀 있는 게 아니라면, 서구의 동료들만큼이나 투기와 돈에 눈이 먼 중국, 러시아, 인도의 정치 엘리트에게 어떻게 점진적 해결을 기대할 수 있을까?

물론 퇴보만 있는 것은 아니다. 3년 전, 사회학자 이매뉴얼 월러스틴 Immanuel Wallerstein은 다음과 같이 주장했다. "라틴아메리카는 21세기 초반 10년 동안 세계 좌파의 성공 스토리를 썼다. 그럴 만한 이유가 두 가지 있다. 우선 가장 두드러진 것은 좌파나 중도좌파가 선거에서 거듭 놀라운 승리를 거뒀기 때문이고, 다음은 라틴아메리카 정부들이 처음으로, 그것도 집단적으로 미국과 거리를 두었기 때문이다. 라틴아메리카는 좀더 자율적인 지정학적 강국으로 거듭났다."[2]

물론, 흔히 '21세기 사회주의'의 예고라고 말하는 지역 경제 통합이 다른 한쪽에서는 세계 최대 시장의 기준점이 되기도 한다.[3] 하지만 그럼에도 불구하고 허울뿐인 유럽 내부보다는 미국의 옛 뒤뜰이던 남미에서 가능성이 더 보인다. 라틴아메리카가 10년도 채 안 되는 사이에 다섯 차례의 쿠데

---

2 이매뉴얼 월러스틴, 「라틴아메리카 좌파의 분열Latin America's Leftist Divide」, 인터내셔널 헤럴드트리뷴, 2010년 8월 18일.

3 르노 랑베르, 「남미 통합의 꿈을 독점한 브라질」, 「르몽드 디플로마티크」, 2013년 6월.

타 시도(베네수엘라, 볼리비아, 온두라스, 에콰도르, 파라과이)를 경험한 것은 어쩌면 좌파 세력이 주도한 정치 변화가 실질적으로 사회체제에 위협적이었고, 국민의 삶의 여건을 바꿔놓았기 때문일 것이다.

따라서 '한 가지 대안이 존재한다'는 말은 뭐든 불가능이란 없다는 점을 뒷받침하지만, 성공의 여건을 조성하기 위해서는 구조, 경제, 정치 개혁이 꼭 필요하다. 이 같은 개혁은 청사진의 부재로 인해 무력감과 신비주의 혹은 곤경에 빠진 서민층을 다시 결집한다. 어쩌면 이것이 극우파에 맞서 싸울 수 있는 대안인 것이다.

구조적 변화? 좋다, 하지만 어떻게? 신자유주의자들이 '대안이 없다'는 생각을 워낙 뿌리깊게 심어놓아 반대 세력은 때로 자신이 무슨 제안을 하려 했는지조차 잊을 정도다. 야심찬 제안일수록 지체 없이 환경에 맞게 응용해나가야 한다는 생각으로, 몇 가지만 돌이켜보자. 또한 이런 제안은 거칠수록 원치 않는 사회질서의 폭력으로 되돌아간다는 점을 결코 잊지 말아야 한다.

어떻게 이 신자유주의 질서를 억제하고 또 퇴치할 수 있을까? 이 두 가지 목적을 단번에 충족할 수 있는 것은 비영리 부문과 무상 부문의 확장이다. 이 점에 관해 경제학자 앙드레 오를레앙André Orléan은 이렇게 상기시킨다. "16세기에는 토지가 교환할 수 있는 재산이 아니라 거래 협상이 불가능한 공동재산이었다. 인클로저(영주나 대주주가 공동 방목장에 울타리를 쳐서 사유화한 일)에 대해 강한 저항이 있었다는 사실이 이를 잘 설명해준다. 이를 오늘날 신체의 상품화에도 적용해볼 수 있다. 우리에게는 팔과 혈액이 상품으로 보이지 않지만, 앞으로 어떻게 될지 누가 알겠는가."[4] 이런 공세

---

4   『르누벨 옵세르바퇴르Le Nouvel Observateur』, 파리, 2012년 7월 5일.

에 대응하려면 몇 가지 기본적인 필수 사항(주택, 음식, 문화, 통신, 교통)을 민주적으로 규정하고, 공동체를 통해 자금을 마련해 모두가 흡족하도록 제공해야 할지도 모른다. 사회학자 알랭 아카르도Alain Accardo는 심지어 이렇게 주문한다. "역사적 발전과 함께, 모든 기본적인 필수 사항이 '무상'이 될 때까지 공공서비스를 신속하고도 지속적인 방법으로 확장해야 한다. 이는 경제적으로 모두가 함께 노력해 생산한 모든 재산과 사회적 자산을 공동 재산으로 환원해야만 가능하다."[5] 따라서 임금을 크게 올려 수요를 키우는 것보다는 공급을 공유화하고 각자에게 새로운 현물 서비스를 보장해주는 게 중요하다.

하지만 어떻게 시장 독재가 국가 절대주의로 흐르는 것을 피할 수 있단 말인가? 사회학자 베르나르 프리오Bernard Friot는 우선 눈앞에 있는 것부터, 예를 들면 권력에 복종하는 정부에 천대받고 있는 사회복지제도 같은 것부터 보편화하자고 말한다. 분담금 원칙 덕분에 이런 '현실 속의 구원'은 재산의 상당 부분을 공유화함으로써 퇴직연금을 비롯한 의료보상금과 실업수당을 조달할 수 있다. 국가가 징수해 쓰는 세금과 달리, 축적하는 게 목적이 아닌 분담금은 애초부터 근로자들이 주로 직접 관리했다. 그런데 왜 더 나아가지 못하는 것일까?[6]

적극적이고 단호한 이런 프로그램은 세 가지 장점이 있다. 첫째, 정치적 장점이다. 이 프로그램은 폭넓은 사회적 연합을 낳을 수 있지만, 자유주의자 또는 극우파가 차지할 수는 없다. 둘째, 환경 친화적 장점이 있다. 이 프로그램은 기존 모델을 연장하는 방식으로 "은행 계좌에 일정 금액을 부

5 알랭 아카르도, 「개혁주의의 미지근한 물La gratuité contre les eaux tièdes du réformisme」, 『르 사르코파주Le Sarkophage』, 제20호, 리옹, 2010년 9월.

6 베르나르 프리오, 「사회적 분담금, 해방의 지렛대」, 『르몽드 디플로마티크』, 2012년 2월.

었다가 정부의 홍보 정책을 통해 다시 소비 시장 쪽으로 유통시키는"[7] 케인스식 경기부양책으로 회귀하는 것을 차단한다. 이렇게 함으로써 또한 저임금 국가에서 지구 반대 끝으로 컨테이너에 실려오는 품목의 생산을 억제할 수 있다. 사실 이런 긴 여정을 거치는 생산품은 정작 저임금 국가에는 필요치 않다. 마지막으로 민주적 장점이다. 무상으로 할지 말지 등의 공적 우선순위를 결정하는 일이 더이상 정치인과 주주, 또는 같은 사회계층에 속한 특권 지식층의 소관이 아닐 것이다.

이런 식의 접근이 시급하다. 힘의 역학관계가 세계화되는 현 상황에서, 산업과 서비스 고용 부문에서 빠르게 이루어지고 있는 자동화는 결국 새로운 자본의 축적(임금 하락)을 낳고, 보상이 갈수록 줄어드는 대규모 실업 사태를 야기할 위험이 있다. 수천만 고객이 외출, 여행, 독서, 듣고 싶은 음악을 결정할 때 로봇에 의뢰하는 모습을 이미 아마존닷컴과 이 사이트의 검색엔진이 매일 보여주고 있다. 서점을 비롯해 신문사와 여행사 들은 이를 위해 돈을 지불하고 있다. 컨설팅 회사 매킨지의 대표이사 도미닉 바턴은 다음과 같은 사실을 지적한다. "구글, 페이스북, 아마존 같은 세계 최대 10대 인터넷 기업의 일자리 창출 규모는 겨우 20만 자리밖에 되지 않는다." 하지만 이들이 벌어들이는 돈은 "주식 시가총액으로 수백억 달러에 달한다".[8]

실업 문제를 해결하기 위해, 지도층은 결과적으로 철학자 앙드레 고르 André Gorz가 경계한 시나리오, 즉 무상과 기부금으로 여전히 운영되고 있는 부문을 깔아뭉갤 시나리오를 쓸 위험이 있다. "원인으로서 보상하고 목

---

7   「왜 르플랑 베(파리 소재 식당)는 임금을 인상하지 않을까Pourquoi Le Plan B n'augmentera pas les salaires」, 『르플랑 베Le Plan B』, 제22호, 파리, 2010년 2~3월 호 참조.
8   레제코, 2013년 5월 13일.

적으로서 최대 수익을 보장하는, 모든 활동의 보상화는 어디서 멈출 것인가. 모성과 부성 역할의 직업화, 상업 목적의 배아 복제, 아동 및 장기 거래를 차단하는 허약한 보호막이 언제까지 버틸 수 있을까?"[9]

정치적, 사회적 배경을 들여다보면 채무 문제도 시급하다. 역사적으로도 얼마든지 그 예가 있듯이, 채권자에게 목 졸린 국가는 자국민이 영구적인 긴축정책에 시달리지 않도록 어떻게든 졸린 목을 풀려 노력했다. 소비에트연방은 황제가 서명한 러시아의 채무 지불을 거절했고, 레몽 푸앵카레는 프랑스 화폐인 프랑의 가치를 80% 평가절하해 부채를 상환함으로써 프랑스의 채무를 그만큼 절감하고 프랑을 구했다. 세계대전 이후 미국과 영국은 긴축정책을 쓰지는 않았지만 인플레이션을 차단하지 않음으로써, 공공 부채의 짐을 거의 절반으로 줄였다.[10]

통화주의 세력의 지배 이후에 파산은 신성모독이 됐고, 인플레이션은 비난받았고(인플레이션 비율이 제로일 때도 역시 비난받는다), 화폐 절하는 금지됐다. 하지만 채권자들은 채무불이행 위험부담을 덜었음에도 지속적으로 '대출금리 인상'을 요구하고 있다. 하지만 경제학자 프레데리크 로르동은 다음과 같이 지적한다. "전례 없는 빚더미 속에서는 채권자의 서비스를 구조조정하든지, 이들을 파멸로 몰든지 한쪽을 선택할 수밖에 없다."[11] 채무 일부를 탕감해주는 것은 금리 소득자와 자산가―이들의 국적과 무관

---

9   앙드레 고르, 「왜 임금 회사는 새로운 하인을 필요로 할까Pourquoi la société salariale a besoin de nouveaux valets」, 『르몽드 디플로마티크』, 1990년 6월.

10   1945년에서 1955년 사이 미국의 GDP 대비 공공 부채율은 116%에서 66%로, 영국은 216%에서 138%로 감소했다. 세르주 알리미, 「불가능한 것을 원한다고 부끄러워할 필요는 없다, 우리한텐 그게 필요하다」, 『르몽드 디플로마티크』, 2011년 7월.

11   프레데리크 로르동, 「탈출 En sortir」, La pompe à phynance, blog.mondediplo.net, 2012년 9월 26일.

하게 — 에게 배당금을 주었다가 다시 강탈하는 것일 수 있기 때문이다.

우리 공동체의 목을 조르는 올가미는 우리가 지난 30년 동안 신자유주의가 낭비한 수익을 복구하는 대로 풀릴 것이다. 신자유주의는 누진세에 의문을 제기했고, 우리의 복지 요구를 무시했으며, 조세 피난처를 통해 국제무역 자산의 절반을 거래함으로써 우리 목을 졸랐다. 이런 수혜자들은 러시아의 과두정치가나 기업가 출신의 전 프랑스 재무장관(앞서 언급한 소비에트연방과 푸앵카레)으로 그치지 않는다. 이들은 토탈, 애플, 구글, 시티그룹, BNP파리바 등 국가나 미디어의 영향력으로 보호받는 기업을 아우른다. 신자유주의자들은 절세를 목표로 세금이 낮은 국가에 자회사를 두고 엄청난 이익을 챙긴다. 이렇게 탈세한 세금 규모는 유럽연합에서만 1조 유로에 달할 것이다. 이는 상당수 국가의 국가 채무를 웃도는 규모이다.

프랑스의 많은 경제학자는 다음과 같이 강조한다. "문제가 되는 탈세 중 절반만 회복해도 퇴직자, 공공 일자리, 친환경 미래를 위한 투자 등을 희생하지 않고 정부 예산의 균형을 맞출 수 있을 것이다."[12] 100번 발표해 100번 연기됐고 현재도 논의중인 세금 징수로 재정을 회복하는 방법은, 일반 납세자들은 조세 피난처 케이맨 섬에 로열티를 줘가며 과세소득을 줄일 수 없기 때문에 훨씬 대중적이고 평등하다.

사람들이 꼽는 우선순위 리스트에는 고임금자의 임금 동결, 증권시장의 폐쇄, 은행의 국유화, 자유무역에 대한 문제 제기, 유로존 탈퇴, 자산 통제 등 수많은 선택지가 담겨 있다. 그러면 왜 무상 복지 실시와 공공 부채

---

12 「조세 피난처를 근절하면 긴축정책은 불필요해질 것이다 "Eradiquer les paradis fiscaux" rend-rait la rigueur inutile」, 리베라시옹, 파리, 2013년 4월 30일.

감축, 재정 회복을 우선시하는 것일까? 이는 순전히 전략적 차원 때문이다. 사회적 기반과 정책 실현의 여건을 감안해, 수많은 리스트를 작성해 성난 군중의 길거리 시위를 촉발하기보다는 소수 주제만 선정해 (성난 군중의) 초기 핵폭풍을 분산하는 편이 낫기 때문이다.

분명, 유로존 탈퇴는 시급한 리스트에 오를 만한 장점이 있다.[13] 이제 모든 사람은 단일 화폐와 이 화폐를 지탱하는 철물점, 즉 EU의 법적 기관(독립 중앙은행, 유럽안정화협약 등)들이 심화된 불평등과 금융 세력의 포로가 된 지배층이 저지르는 주권 침해를 비난하면서도 정작 그 해결책은 금지한다는 사실을 깨달았다. 그러나 유로존 탈퇴가 꼭 필요하더라도 영국이나 스위스의 경제 및 사회 정책이 증명하듯, 단일 통화에 대한 문제 제기는 재정 위기 탈출을 전혀 보장해주지 못한다. 더군다나 유로존 탈퇴는 최악과 최선을 조합한 정치 연합에 기댄 일종의 보호주의라서, 유로존 탈퇴 지역 내부에서는 현재 최악이 최선을 압도하고 있다. 물론 보편적(세계 수준의) 임금, 부채 탕감, 세금 징수로 이런 (최악과 최선의) 간극을 제거하거나 그보다 더 나은 결과를 얻을 수 있지만, 그러기 위해서는 그것을 원치 않는 세력을 배제해야 한다.

심지어 몇몇 국가의 의회에서 이 보편적 복지 프로그램이 재적 의원 과반수의 지지를 받는다고 자랑할 필요는 없다. 이런 의회는 손대지 말아야 할 이미 공포된 수많은 법안을 법을 위반하면서까지 손대려 하기 때문이다. 어쨌든 자유주의자들은 도탄에 빠진 자신의 시스템을 구할 때는 대담함을 보였다. 이들은 부채가 크게 증가할 때면 부채 증가로 금리가 급등할 것이라고 안심시키며 물러서지 않았다. 강력한 경기부양책 앞에서는 경기

---

13   프레데리크 로르동, 「불가능한 꿈, 유로화 개혁」, 『르몽드 디플로마티크』, 2013년 8월.

부양책이 인플레이션을 촉발할 것이라며 물러서지 않았다. 또한 증세와 은행의 국유화 정책 실패, 예금에 대한 강제 원천징수와 키프로스의 자금통제 회복 앞에서도 물러서지 않았다. 요컨대 자유주의자들에게는 '밀밭에 우박이 떨어지고 있는데, 까다롭게 구는 게 웃기는 짓'인 것이다. 그리고 이들은 자신에게 가치가 있는 것이라면 우리에게도 가치가 있다고 생각한다. 그렇다고 과거로 돌아가기를 꿈꾸고 파국의 규모를 줄이기 바란다고 해서 사람들의 신뢰를 회복할 수 있는 것도 아닌데다. 좌파건 우파건 결국 거의 똑같은 프로그램을 대안으로 내놓으리라는 사람들의 체념을 극복할 수 있는 것도 아니.

그렇다면 대담하게 굴어야 할까? 1974년, 앙드레 고르는 환경에 대해 이런 말을 했다. "모든 사회계층이 주도하는 정치 공세로 자본주의를 통제하는 작업에 착수해, 훌륭한 사회 문명 프로젝트로 자본주의에 맞서야 한다." 그는 환경문제에 대한 전면적 개혁이 사회 상황의 악화를 방지한다고 여겼기 때문이다. "환경 투쟁은 자본주의에 어려움을 가져오고 자본주의의 변화를 강제할 수 있지만, 자본주의는 무력과 술수로 끝까지 저항할 것이다. 그러다가 환경 투쟁이 불가피하게 궁지에 몰렸을 때, 자본주의는 궁지에 몰린 다른 단체들과 마찬가지로 환경단체도 흡수해버릴 것이다. 국민의 구매력은 위축될 테고, 모든 소비는 사람들이 물건을 구입하기 위한 자원에서 환경오염 처리 비용을 미리 떼는 방식으로 이뤄질 것이다."[14] 그 뒤에 환경오염 처리 시장이 생긴다. 예컨대 중국 선전深圳의 청정 기업은 자사에 할당된 환경오염 처리 쿼터를 다른 기업에 되팔고 있다. 그사이 오염된 공기는 매년 중국인 100만 명 이상의 목숨을 앗아가고 있다.

---

14   앙드레 고르, 「그들의 생태론과 우리의 생태론」, 「르몽드 디플로마티크」, 2010년 5월.

세상에 제자리를 찾아주려는 아이디어가 넘치는 가운데, 어떻게 하면 이런 아이디어가 빛을 보지 못하고 박물관으로 직행하는 것을 막을 수 있을까. 최근 사회단체는 '아랍 혁명'을 비롯한 수많은 시위를 주도했다. 10년 전 이라크 전쟁에 반대하는 군중의 거대 시위가 벌어진 후로 스페인, 이집트, 미국, 터키, 브라질 등에서 수백만의 시위대가 길거리를 점령했다. 이들은 주목을 끌었지만 얻은 게 별로 없었다. 이들의 전략적 실패는 향후 나아가야 할 방향을 잡는 데 도움이 된다. 주요 시위 연합의 특성은 분열을 야기할 수 있는 문제들은 외면한 채 동맹을 다지기 위해 애쓴다는 사실이다. 각 시위 단체는 어떤 주제가 연맹을 와해할 수 있는지 고민한다. 그 결과 연맹들은 더 나은 소득분배, 난도질을 덜 당하는 민주주의, 차별과 권위주의 반대 등과 같은 진부하고 불확실한 주제를 기반으로 삼는다. 신자유주의 정책의 사회적 기반이 줄어들수록 그 대가, 즉 비정규직, 자유무역, 값비싼 교육의 대가는 중산층이 치르게 된다. 따라서 대다수 연맹의 결집도 한결 수월해진다.

하지만 무엇을 위한 결집인가? 지나치게 보편적이거나 지나치게 많은 요구는 정치적 발현이 힘들어 장기간 이슈가 될 수 없다. 브라질 노총CUT 아르투르 엔리케Artur Henrique 전 위원장은 최근 사회단체장 모임에서 우리에게 이런 말을 했다. "저는 다양한 의제를 모았습니다. 노조의 주요 의제 230개 중 77개가 농부에 관한 것이었습니다. 모든 것을 포함했을 때 우리가 우선 처리할 의제가 900개나 됐습니다." 그 많은 의제를 가지고 구체적으로 무엇을 하느냐고 묻자, 그는 "이집트 군인들이 그 해답을 줬다"고 했다. 이집트의 대다수 국민은 그럴듯한 각종 구실로 대통령 무함마드 무르시에 반대했다. 하지만 그를 퇴진시키려는 목표 이외에 다른 목표가 없던 터라 결국 권력을 군에 넘겼다. 이런 연유로 이집트 국민은 오늘은 인질로 전락할 위험에 처했지만, 내일은 희생자가 될 수도 있다. 로드맵이 없는 사람들은 로드맵이 있는 사람들에게 종종 의존하기 때문이다.

자발성과 즉흥성은 혁명의 순간을 촉발할 수 있다. 그렇다고 혁명을 보장하는 것은 아니다. 소셜네트워크는 시위 조직을 측면 지원했다. 요컨대 소셜네트워크상에서는 공식적인 시위 조직이 없어, 잠시 동안이지만 경찰 감시를 피할 수 있기 때문이다. 그러나 권력은 아직도 피라미드 구조, 돈, 조직원, 선거 기관, 그리고 어떠한 사회계층과 연맹하기 위해 무슨 프로젝트를 세울지 등의 전략을 점거하고 있다. 알랭 아카르도의 은유를 여기에 적용할 수 있다. "손목시계의 모든 부품이 탁자 위에 있다고 해서 조립 지침서가 없는 사람이 그걸 조립할 수 있는 것은 아니다. 조립 지침서는 전략이다. 정치계에는 지속적으로 소리를 지르는 사람들과 부품을 조립하는 사람들이 있다."[15]

시계공의 업무는 주요 우선순위를 정하고 그것을 중심으로 투쟁을 재정비하고, 자신의 기량을 극대화하기 위해 복잡한 상황을 만들지 않는 것이다. "각자 내용을 업데이트하는 위키피디아의 혁신이"[16] 시계를 수리하는 것은 아니기 때문이다. 최근 몇 년 동안 지리멸렬하고 약화된 현장 투쟁은 자아도취적 시위와 커다란 조바심과 무력감 그리고 계속되는 열패감을 양산했다.[17] 중산층이 종종 이런 투쟁의 중추가 된다는 점에서, 이 같은 변심은 놀라운 게 아니다. 왜냐하면 중산층은 극도의 위기가 닥쳤을 때나 투쟁이 금세 제 방향을 잡을 수 있을 때만 서민층과 연합하기 때문이

---

15   알랭 아카르도, 「조직과 숫자 L'organisation et le nombre」, 「라트라베르스 La Traverse」, 제1호, 그르노블, 2010년 여름, www.les-renseignements-genereux.org.
16   이집트 사이버 반체제 인사이자 구글 마케팅 책임자인 와엘 고님(Wael Ghonim)의 표현.
17   토머스 프랭크, 「오큐파이 운동이 빠진 함정」, 「르몽드 디플로마티크」, 2013년 1월 호 참조.

다.[18]

그럼에도 갈수록 힘의 역학관계가 대두되고 있다. 따라서 아무도 신자유주의 질서를 비롯한 주요 정당과 기존 기관이 바뀌는 것을 바라지 않는다. 더군다나 구조와 법률 개정보다는 정신 개조가 우선시되고, 전 국토는 방치한 채 미래의 승리를 위해 몇몇 정치 실험장을 창설할 마음으로 일부 지역과 공동체에 대한 재투자 욕구가 커지고 있다. 월러스틴은 이 상황을 이렇게 정리한다. "어떤 정치 세력은 핵심 조직이 없는 다양성, 즉 다양한 단체에 베팅하고, 또다른 세력은 '여러분이 정치적 파워가 없으면 아무것도 바꿀 수 없다'고 설파한다. 라틴아메리카의 모든 정권이 이런 논쟁을 벌이고 있다."[19]

그러나 사람들은 초기 투자 비용 측정에 어려움을 겪고 있다. 한쪽에서는 자신의 이익에 민감한 지도층이 시위에 적극적으로 가담해 시위대와 여론을 주도하고, 다른 한쪽에는 자신의 영향력, 독창성, 자율성 등이 권력에 흡수될까봐 경계하는 무수한 단체와 노조 및 정당이 있다. 아마도 이들은 인터넷의 환상에 취해봤기 때문에, 웹상에 사이트를 구축하고 이에 기대를 거는 것이다. 이들이 이른바 '네트워크 조직'이라 부르는 것은 조직과 전략적 성찰이 부재한 현실의 이론적 얼굴이 됐다. 네트워크는 사실 각자 전송하지만 아무도 읽지 않는 전자 자료의 순환 흐름이다.

사회단체와 바통 터치한 기관들, 그리고 반정부 세력과 정당 간의 문제는 항상 있었다. 따라서 한 가지 주요 목표, 즉 한 가지 '일반적인 노선'은 더이상 존재하지 않는다. 한 정당이나 카르텔이 예외적으로 그러한 노선

---

18   도미니크 팽솔, 「저항과 복종의 사이에서」, 『르몽드 디플로마티크』, 2012년 5월.
19   뤼마니테(L'Humanité), 생드니, 2013년 7월 31일.

을 구현하지 않는 한 그렇다. 고로 "어떻게 개개인을 결집할 것인지 자문해야" 한다.[20] 자본 권력을 직접 표적 삼아 몇몇 우선순위를 규정해야 좋은 감정으로 무장할 수 있고, 중앙 시스템을 공격해 그 안의 정치 세력을 파악할 수도 있을 것이다.

그러나 무엇보다 유권자가 국민투표로 선출한 정치인을 임기 만료 전에 해임할 수 있는 국민소환제를 요구해야 한다. 1999년부터 베네수엘라 헌법에는 이 조항이 있다. 많은 정부 지도자는 사전에 국민에게 위임받지도 않은 채 주요 결정(퇴직 연령, 병역의무, 헌법 조약)을 내렸다. 따라서 국민은 국민소환의 권리를 취득해 신뢰를 저버린 사람들을 심판해야 한다.

그다음에는 때를 기다리기만 하면 될까? 튀니지 대통령 문시프 마르주끼는 선거 당시 상황을 상기시킨다. "2011년 초반까지 공화의회당CPR 소속으로 남아 있던 의원은 여섯 명밖에 되지 않았다. 그렇지만 이것이 몇 달후, 튀니지에서 치른 첫 민주 선거에서 우리가 두번째로 많은 표를 얻는 데 장애가 되진 않았다."[21] 현 맥락에서 볼 때, 마냥 기다리는 것은 지나치게 수동적이고 낭만적이다. 이는 내가 아닌 남, 즉 참을성이 적고 과감하고 무시무시한 사람들이 과녁을 찾아 헤매는 절망적인 분노를 악용할 순간을 포착하기 위해 지켜보고 있는 셈이다. 요컨대 사회변혁 작업은 간섭 없이는 절대 중단되지 않기 때문에, (비상업적 활동, 공공서비스, 민주적 권리 등과 같은) 재정복의 거점이나 저항의 가정이 파괴될 위험이 있다. 이는 또한 추후 승리를 더욱 어렵게 할 것이다.

---

20   프랑크 푸포, 『비판의 수난Les mésaventures de la critique』, Raisons d'agir, 파리, 2012 참조.
21   문시프 마르주끼, 『민주주의의 발견L'invention d'une démocratie』, La Découverte, 파리, 2013, 30쪽.

게임에서 패배한 게 아니다. 신자유주의적 유토피아는 꿈과 신념 그리고 이상이 없다면 사회 프로젝트도 소멸한다며, 자신의 몫(꿈, 신념, 이상)을 불태웠다. 하지만 신자유주의적 유토피아는 특권층과 냉정하고 죽은 삶만 양산했다. 따라서 방향 전환이 올 것이다. 우리 모두는 그 방향 전환을 조금 더 앞당길 수 있다.

'시장'을 넘어 '민주주의'로 —사회적 자유주의 비판

에블린 피예　■　Evelyne Pieiller

『르몽드 디플로마티크』 기자이자 작가, 배우로 왕성하게 활동하고 있다. 저서로 사회성이 강한 『딕, 세계를 조종하는 리모컨Dick, le zappeur de mondes』(2004), 『반역자들의 예언L'Almanach des contrariés』(2002) 등을 포함해, 연극평론집 『오데옹의 극장Théâtre de l'Odéon』(1991), 희곡 『왕비들의 그림자L'Ombre des Reines』(2002), 『밤의 학교 L'École de la nuit』(1996) 등이 있다. 또한 그녀는 〈스트라스부르의 무명인물 L'inconnu de Strasbourg〉(1998), 〈그녀Elle〉(1995) 등을 직접 쓰고, 배우로 출연하기도 했다.

'연대 필요성' 강조하는 '사회적 자유주의'

공화국은 자유, 평등, 박애라는 위대한 약속을 지켜주지 않는다. 이 약속이 문서상 규정에만 그치지 않고 구체적이고 실질적으로 실현되려면 어떻게 해야 할까? 이는 새삼스러운 문제는 아니지만, 요즘 들어 더 뜨거운 논쟁거리로 부상하고 있다. 우선 평등 문제가 거의 해결되지 않았다는 것은 널리 알려진 사실이다. 평등 문제는 소득 격차에서도 비롯되지만, 사회적 신분 상승 수단이 막혀버렸다는 데서도 기인한다. 실업과 질병 등에 시달리는 가난한 사람들의 경우, 평등의 문제는 더욱 심각하다.

자유도 크게 다르지 않다. 우리가 정말로 직업과 거주지를 자유롭게 선택할 수 있을 때만 자유는 온전한 의미를 띤다. 물론 모두가 자유롭고 평등하다고 할 수 있다. 하지만 문제는 실상에서 그렇지 않다는 점이다. 우리 주위에는 이런 현실의 모순을 조금이라도 해소하기 위해 분석과 제안을 아끼지 않았던 사람들이 많다. 이는 전통적인 '좌파'의 소명이기도 했다.

그러나 공산주의의 몰락 이후, 사회 모순을 바라보는 시각이 달라졌다.

우리는 '이데올로기의 종말' '역사의 종말'이라 불리는 완전히 새로운 시대에 접어들었다.[1] 역사의 종말은 약간 과장된 듯하지만, 공산주의적 '유토피아의 종말'이나 '상식의 승리'는 분명한 듯하다. 이제 우리는 시장경제와 민주주의가 본질적으로 밀접한 관계에 있다는 말을 진리처럼 받아들인다.

변신한 좌파의 혼란스러운 정체성

모든 것이 단순해지는 동시에 복잡하게 변했다. 우선 '시장'을 자연스러운 현상으로 받아들이면서도 다른 경제체제는 자유와 효율성이란 관점에서 오류에 불과한 것으로 단순화했다. 실제로 동유럽 국가들을 그런 주장의 근거로 제시한다. 반면에 복잡해졌다고 말하는 이유는 '극단주의자'들은 완전히 한직으로 밀려나고, 토니 블레어부터 리오넬 조스팽까지 좌파였던 인물들이 '현실주의자'로 변절했기 때문이다. 심지어 사회당원인 파스칼 라미는 세계무역기구의 사무총장이 됐다.

하지만 가혹한 현실은 그대로이고 불평등은 심해졌다. 의문은 여전히 꼬리를 물고 이어지지만 거의 언제나 묻혀버린다. 변혁 의지는 멀어지고 현실 순응의 '현대성'만이 용인되는 시장경제의 지배 아래에서, 국민에 의한 국민의 정부인 민주주의가 어떻게 완성될 수 있을까? 불완전해 보이는 민주주의를 어떻게 해야 교정하고 개혁할 수 있을까? 좌파의 가치관과 우파의 가치관이 다르긴 하지만, 이 두 가치관이 현실이란 측면에서 이상적으로 융화할 수는 없을까? 또 그런 융화에 모순은 없는 것일까?

방대한 문제인 만큼 기대감도 크다. 이는 사회주의적 성향을 지닌 유권자

---

1   프랜시스 후쿠야마, 『역사의 종말』, Flammarion, 파리, 1992.

에게만 관련된 문제가 아니다. 사회적 불안이 정말로 숙명인지, 또 이를 해결하기 위한 진정한 변화가 가능한 것인지 걱정하는 모든 시민에게 관련된 문제다.

반드시 서로 중첩되지는 않지만, 점증하는 사회적 모순과 불평등의 구조 속에서 현대화한 사회주의를 나름의 시각에서 다루려는 다양한 연구들이 이런 의문에 대답해보려 시도하고 있다. 예컨대 민주주의의 약속을 실천할 수 있는 실질적 효력을 띠는 윤리적 가치가 구체적으로 거론되기도 한다. 평등이란 특별한 개념과 평등에 이르기 위한 방법들도 거론된다. 인간이 기대하는 바람직한 미래상이 회자된다.

이쯤에서 '자유주의적 좌파gauche libérale'의 뜻을 정확히 정의해둘 필요가 있을 듯하다. 레몽 아롱Raymond Aron을 본격적으로 연구한 철학자로 유명한 세르주 오디에Serge Audier는 자유주의적 사회주의의 족보를 추적한 책에서,[2] 자유주의적 사회주의가 '공산주의식 전체주의'만이 아니라 '부르주아식 자유주의'까지 거부했다는 점을 지적했다. 공산주의식 전체주의를 거부한 것은 일견 당연해 보이지만 부르주아식 자유주의까지 거부했다는 오디에의 시각은 명쾌하게 느껴지지 않는다.

사회적 불평등 외면하는 자유주의적 사회주의

혁신적 탈바꿈을 시도했다는 자유주의적 사회주의와 영국의 신노동당식 제3의 길로 대변되는 현대판 중도좌파는, 평등을 지지할 뿐 목표로 삼지는 않는다. 따라서 태생적인 불평등은 물론 사회적인 불평등의 근절을 주장하지 않으며, "규범화되고 규제받는 시장에 잠재된 좋은 점과 결코 제

---

2   이어지는 문단의 인용문은 모두 같은 책에서 가져온 것이다.

거할 수 없는 특징을 그대로 인정하자"고 주장한다. 달리 말하면, 경제적인 효율성이란 기준 아래서 평등을 추구하는 편이 더 낫고 실현 가능성도 크며, 따라서 평등의 추구를 '연대 의식'의 요구로 해석하는 입장이다.

당파에 따라 약간의 차이가 있지만 자유주의적 사회주의의 기본 골격은 크게 다르지 않다. 시민의 정치적이고 사회적인 평등을 목표로 하는 평등주의를 포기한 대신에, "정치적 자유를 실질적으로 행사할 수 있는 조건인 최소한의 사회정의를 누릴 권리"를 인정하는 것이다. 평등주의의 유토피아는 끝난 셈이다. 인간은 현실적으로 평등하지도 않고, 평등할 수도 없다. 따라서 불평등이 민주주의와 시장에 방해만 되는 불평불만으로 변하지 않도록 조절하는 제도적 장치를 마련하는 편이 더 낫고, 이때 연대가 중요한 기능을 할 수 있다는 게 자유주의적 사회주의의 공통된 주장이다.

진부한 개념이라 해도 연대에 대한 기대감은 우리 삶 속에서 여전하다. 정치철학과 윤리철학의 영역에 속한 이 연대의 개념은 1840년 공화적 사회주의의 창설자 중 하나인 피에르 르루Pierre Leroux가 처음 사용한 뒤, 이제는 거의 일상적인 단어가 돼버렸다. 르루는 "내가 처음으로 법학에서 '연대'라는 개념을 빌려와 철학, 말하자면 내 판단으로는 종교에 도입했다. 나는 기독교의 자선을 인간적인 연대로 바꿔가고 싶었다"[3] 라고 했다. 한편 국제연맹 창설에 기여한 레옹 부르주아Léon Bourgeois는 19세기 말까지 이 개념을 연장해 연대의 윤리적 필요성을 의무로 생각하기도 했다.[4] 따라서 연대는 법의 권위보다는 감정과 양심에 바탕을 두고 있기 때문에 사회정의라는 개념을 대신하며 막연히 좋은 것이란 선입견을 안겨줬다.

---

3   피에르 르루, 『인성론De l'Humanité』, Perrotin, 파리, 1840.
4   레옹 부르주아, 『연대의 철학에 대한 에세이Essai d'une philosophie de la solidarité』, Félix Alcan, 파리, 1902.

좌파의 자유주의, 이상주의와 결별하다

'연대'로 냉혹한 자본주의를 도덕적으로 교화할 수 있을까? 자본주의의 기본 틀을 유지하면서 그 한계를 부드럽게 완화하겠다는 꿈을 실현할 수 있을까? 불평등을 피할 수 없다는 고통스러운 인식이야말로, 경제적 효율성과 '혜택 받지 못한 사람들'을 위한 지원을 접목하는 시도를 가능케 한다.

물론 여기서 핵심 전제는 불평등을 피할 수 없다는 것이다. 또한 자본주의적 이데올로기를 바탕으로, 열심히 일하는 사람보다 돈을 많이 버는 사람 혹은 영리한 사람이 변화를 만들어내며 성공의 길을 개척해 민주주의를 돕는다는 전제도 깔려 있다. 결국 성공할 만한 사람이 성공하는 것이다. 따라서 평등주의에 사로잡혀, 남보다 먼저 사회적 신분 상승이란 사다리를 올라가는 사람을 방해해서는 안 된다는 것이다.

철학자이며 프랑스 국립과학연구소CNRS 소장인 모니크 캉토스페르베르Monique Canto-Sperber가 지적하듯이, 지금과 같은 변화의 시대에는 불확실성이 증가한 만큼 '능력과 진취력을 지닌 사람'에게 기회가 늘었다. 이런 기회를 붙잡는 사람과 그러지 못한 사람 간의 격차는 당연히 커지기 마련이다. 누구나 인정하듯이 모두가 똑같은 능력을 지니고 있지는 않다. 따라서 평등주의의 신화에서 벗어나야만 한다. 또한 '인간에게 영향을 끼칠 수는 있어도 인간을 바꿔놓을 수는 없다'는 진리를 인정해야만 한다. 인간은 본래 착하다는 성선설을 루소가 부인하지는 않았지만 악은 분명히 존재한다. 자유주의는 '악과 갈등이 존재함을 인정'한 데서 시작됐다. 따라서 좌파의 자유주의도 이런 사실을 인정하지 않을 수 없는 처지다.

식욕, 의지, 능력 등의 차이가 갈등과 투쟁, 그리고 계급을 낳는다. 이런 이유에서도 수많은 자발적 행위의 결과로 생산된 재화의 분배만큼이나 복잡한 현상에 '공정함' 등과 같은 윤리적 기준을 적용하는 것은 합당하지 않다는 것이다. 좌파의 자유주의는 결국 이상주의와 결별하고, '연대 지향적이고 비극적인 자유주의'의 실현을 위해 노력해야 마땅하다. 여기에 '비극적'이란 수식어가 더해진 것은 인간의 본성에 악이 감춰져 있다는 사실을 인정할 수밖에 없기 때문이다.

이런 정의에 모든 것이 실타래처럼 얽혀 있다. 시장은 인간과 떼어놓을 수 없다. 시장을 부인하는 것은 '복잡하고 양면적인 현실'을 부인하는 것이고, 근본적으로 불평등한 현실을 부인하는 것과 같다. 따라서 연대한 사회의 목표는 '지배와 피지배라는 상황'을 완화하고, 다채로운 인간 조건(공공재, 가족, 영성, 지식, 창조, 전통, 악에 꺾이지 않는 힘, 인도주의적 세계관 등)을 보존하는 것이다. 이런 목표에 도달하려면 이익집단과 여론의 다양한 목소리를 아우르는 합의를 끌어내는 방향으로 사회적 지원과 규제를 다듬어가야 한다. 예컨대 해고를 규제하는 대신에 실직한 사람이 궁핍한 상태로 떨어지지 않도록 일자리를 다시 얻을 수 있는 프로그램을 시행해야 한다. 그래야 장기적인 관점에서 성장을 유지할 수 있기 때문이다.

시장을 유지하고 누구든 시장에 참여할 수 있게 보장해주는 것이 중요하기는 하다. 시장은 부의 축적 조건이기도 하지만, 자기비판과 자기완성의 조건이기 때문이다. 지배 수단이 아니라 자유의 도구인 시장에서는 누구나 자주적으로 자기만의 삶을 꾸려갈 수 있어야 한다. 결국 좌파의 자유주의는 기본적인 보호 장치를 보장하고, 누구든 진취력을 발휘해서 각자의 삶을 마음대로 꾸려갈 수 있도록 허용하는 듯하다. 하지만 그 결과는 각자의 지능지수에 달려 있다. 따라서 좌파의 자유주의는 얼핏 신자유주의와 확연히 다른 것처럼 보이지만 본질적으로는 그렇지도 않다.

사회주의와 전통적 자유주의의 화합 가능성

모니크 캉토스페르베르를 비롯해 많은 좌파 학자가 주장하듯이, 이런 규범적 자유주의, 즉 자유주의적 사회주의 사상은 좌파만이 아니라 우파도 얼마든지 수용할 수 있다. 또한 오디에나 캉토스페르베르의 생각과 크게 다르지 않았던 레몽 아롱은 일찍이 사회주의와 전통적 자유주의의 화합 가능성을 예측했다. 물론 아롱의 자유주의적 사회주의는 '환상에 사로잡히지 않고 자유의지가 있는 자유주의'를 뜻했다.[5] 프랑스에서는 니콜라 사르코지 정부가 들어서면서 이 둘의 화학적 결합이 한층 명백히 드러났다. 그러나 좌파와 우파 모두 자유주의적 사회주의를 막연히 윤리적 개념으로 사용하면서 정치적이고 사회적인 문제를 다루었다. 그 때문에 '연대'라는 핵심 개념 이외에도 존중과 투명성, 또 약간의 부정적 의미가 스며 있는 배척과 차별 등이 과거에는 정의라는 단어가 사용되던 곳에 흔히 쓰인다. 하지만 사회적 문제가 이런 식으로 희석돼 정치적 결정의 장에서 밀려나 양심의 문제로 취급되는 이유는 '국민'이란 개념이 바람직하지 않은 방향으로 변한 탓도 크다.

오디에의 지적처럼 현실을 직시한 사회학자들이 말하는 '어쩔 수 없는 과점적 현실'이나, 캉토스페르베르가 지적하는 '다수의 독재'는 낯선 일탈현상이 아니다. '사회적 자유주의의 출발점이었던 개인의 불평등은 사회적인 사실인 동시에 자연적인 현상'이라는 원칙이 낳은 필연적인 결과인 셈이다. 또한 다수의 법칙이 반드시 정의로운 것은 아니다. 다수의 판단이 무조건 옳은 것도 아니다. 달리 말하면, 국민의 개념이 무엇이고 어떻게 사용

---

5   세르주 오디에, 『역사 안의 철학자, 레몽 아롱Raymond Aron, philosophe dans l'histoire』, 세르주 오디에, 마르크올리비에 바루슈, 페린 시몽나엥 엮음, Editions de Fallois, 파리, 2008.

되는지 재검토해볼 필요가 있다.

역사학자 피에르 로장발롱Pierre Rosanvallon은 『민주주의의 정당성La Lé-gitimité démocratique』(2008)[6]에서, 민주주의의 유일한 권력 근거인 보통선거의 적법성에 의문을 제기했다. 자연적인 능력이 똑같지 않다는 사실을 부인한 채 개개인의 차이만을 중요하게 여겼다는 지적이다. 따라서 그는 '투표함의 권력'이라고도 알려진 국민주권이란 원칙까지 부인했다. 로장발롱은 사회의 총의總意를 과반수의 표현과 동일시하는 관습은 '끔찍한 거짓'을 인정하는 것이라고 봤다. 따라서 다수가 정말로 전체를 대신하는 것처럼 인정하는 행위는 '국민'이 사회 구성원 전체를 대표하는 것처럼 여기는 '조작된 허구'에 불과하다는 것이다.

로장발롱은 "민주주의가 일탈하는 과정을 면밀하게 연구해서, 시민들이 대표를 통해 자신들의 의견을 충분히 반영하지 못하는 현실을 확신하게 됐다"며, "투표 기권율이 높은 현상이 그 증거"라고 주장했다. 또한 "과반수는 산술적인 뜻이지만 인류학적 차원에서는 별다른 의미가 없다"고 덧붙였다. 따라서 민주주의를 되살리려면 민주주의에 정당성을 되돌려줘야 마땅하다는 것이다. 곧 구체적인 개인들을 고려하는 식으로 '사회적 총의라는 힘'이 발휘돼야 한다는 논리다.

민주주의의 가치 끊임없이 고민해야

선거의 신성화에 맞서고, 공익公益을 결정하는 '국민적 이성의 집결소'

---

6 『반민주주의, 불신 시대의 정치La contre-démocratie, la politique à l'âge de la défiance』(2006) 이후에 발표한 책이다.

였지만 이제 야합의 장소로 타락해버린 의회를 견제하며, 본질적으로 불완전한 정당성마저 상실해가는 행정부를 더이상 지원하지 않는 현실을 극복하고, 나아가 궁극적으로 '신세계'에 진입하려면 민주주의의 이상에 의미를 부여하는 새로운 가치를 고민하고 그 가치를 실현할 방법을 찾아내는 것이 당면한 과제라는 게 로장발롱의 생각이다.

공평성은 추상적인 원칙이나 당파적인 이해관계 때문에 누구도 희생시키지 않는 것이다. 누구도 독점할 수 없는 제도에서 필요한 것은 사회적 주권을 다양하게 표현하고, 복잡한 현상에 적극적으로 주목하며 각 현상의 독특함을 인정하는 분위기다. 따라서 당파성에서 벗어날 수 없는 의원들이 아니라, 능력을 인정받고 완전히 자율적인 전문가들로 구성된 '독립기관'이 필요하다. 또한 헌법적 사법절차에 따라 도입해 '민주주의의 기본 원리에서 벗어난 현실을 고발'하는 성찰을 위한 기관도 필요하다. 두 경우 모두 정보 수준, 대립의 보장, 진정한 토론에 필요한 성숙한 반성 등 요구 조건이 무척 까다롭다. 따라서 '촌스러운 당파적 대립'이나 '불협화음에 가까운 여론'을 크게 의식할 필요는 없다. 국민은 직접적으로 의사를 표현하는 대표를 통해 표현하든 워낙 판단력이 부족한 집단이기 때문이다.

로장발롱에 따르면, '철저히 공평한 사회'는 새로운 시민에게 동정심, 가까운 관계, 투명성 등과 같은 새로운 가치관을 제시할 수 있어야 한다. 또한 공평한 사회의 제도는 일종의 지도 위원회와 같은 시민 대리 기관을 가동한다. 시민이 수탁자를 둔 것이라 생각하면 된다. 따라서 이런 사회의 국민은 과반수로 귀결되는 유권자만도 아니고 저항권과 주도권을 쥔 사회적 시민만도 아니다. 모두가 자신의 존재와 존엄성을 인정받기를 바라는 원칙에 충실한 국민이다.

이런 구조에서는 도덕적인 민주주의가 가능하다. 요컨대 과반수로 법을 제정하지 않고, 법의 기계적 적용에서 개개인의 목소리에 귀를 기울이게 된다. 또한 권리의 행사에는 반드시 행동의 평가가 뒤따른다. 기계적인 법의 적용은 비인간적이기 때문에 시대에 뒤떨어진 짓이다. 국민이란 개념도 계몽된 시민과 전문가에게 맡겨진 '합리적 토론' 덕분에 인류적 국민으로 확대될 가능성이 크다. 이런 변화는 '자아의 긍정적인 확인'이란 가능성까지 열어준다.

이런 이상적인 정치는 유럽헌법조약에서 제시한 방향과 크게 다르지 않다. 약간 막연하기는 하지만 인간적인 모습을 띤 자유주의를 표방하면서 '개체의 사회'와 '개체의 경제'를 동시에 옹호하는 방향성을 분명히 보여준다. 하지만 로장발롱이 개략적으로 밝힌 목표와 수단은 귀족주의 냄새를 풍긴다. 물론 이런 귀족주의 성향은 그가 제시하는 장밋빛 미래로 정당화되며, 대의민주주의라는 틀에서만 가능한 듯하다. 그러나 몇몇 기상천외한 주장까지 갈 것도 없이, 민주주의의 심화를 명분으로 내세운 견제 세력들이 보통선거, 즉 유권자의 지적 수준을 막론하고 각 유권자가 갖는 한 표의 무게를 제한하려 한다는 점을 주목해야 한다.

민주주의를 민주화하려는 의지가 필요하다

이와 같은 맥락에서, 역사학자이며 언론인이고 사회과학고등연구원 EHESS 소장으로 『르누벨 옵세르바퇴르』의 대표 편집자이기도 한 자크 쥘리아르Jacques Julliard는 『세계의 여왕La Reine du monde』(2008)[7]에서 유럽 국민투표의 결과에 격한 감정을 숨김없이 토로한 후에, "이른바 대의정치라

---

7   이 책은 2008년 정치학 서적상을 받았다.

는 경건한 거짓말"과 도박과도 같은 보통선거를 거부할 방법을 살펴보았다. 따라서 그는 여론의 힘에 의문을 제기했다.

물론 여론은 국민의 목소리이고, 때때로 도덕적인 힘을 갖는다. 로장발롱이 높이 평가한 독립된 사법기관 중 하나인 국제형사재판소의 설립이 대표적인 예다. 그러나 여론과 보통선거는 대립된 개념이 아니다. 쥘리아르에 따르면 "여론조사, 선거, 국민투표, 집단토론은 결국 동일한 현상, 즉 여론을 표현하는 다른 방식에 불과하다". 따라서 민주주의의 미래는 의회제도와 여론형성제도의 공조에 기반을 둬야겠지만, 국민을 교육해야 한다는 전제 조건이 필요하다. 그런데 "이성적 판단과 역사적 경험에 비춰 볼 때 지도자의 권유에 따라 국민을 교육할 사람은 국민 자신뿐이다. 따라서 국민의 현명한 판단은 정치인의 선택에서 비롯된다". 결국 국민에게는 민주적 지도자가 필요하다는 뜻이다. 국민이 높은 목표를 추구하도록 끌어가는 지도자가 필요하다. 누구도 부인할 수 없는 말이기는 하다.

따라서 민주주의를 민주화하려는 의지, 즉 평등을 다양한 의미에서 받아들이기 위해 필요한 전제 조건은 여기에서 언급된 사회적 자유주의 사상을 근거로 정치를 윤리적인 방향으로 바꿔가는 데 있다. 또한 투명성을 이유로 엘리트 계급을 감시 아래 두어야 하겠지만, 부분적으로는 '국민'을 엘리트로 대체할 수도 있을 것이다. '새로운 민주적 시민'은 법보다 계약, 집단보다 개인, 선택보다 합의, 투표보다 대화를 요구할 것이다. 이상적인 시민의 등장이 인간의 얼굴을 한 자본주의의 새로운 모습과 얼마나 부합하는가를 따지는 것은 부질없는 짓일 수 있다. 사회적 자유주의를 통해 줄기차게 자본주의의 현대화를 추진하는 게 나은지, 아니면 과거로 회귀하는 모습으로 영리하게 변장하는 것이 나은지 결정해야 할 시점이다.

사회주의의 자유주의적 해석

　19세기 말부터 프랑스에 조금씩 도입되기 시작한 연대에 대한 공화주의적이고 자유주의적인 사상은 일종의 재분배를 요구했다. 사회주의가 이런 사상을 정치 강령에 포함했다. 이때 사회주의자들은 재분배를 어떤 방향에서 이해했을까? 재분배가 원칙이라면, 사회주의적 관점에서 가장 손쉬운 방법은 소득의 이전이다. 한편 극단적인 형태를 취하면 재분배 원칙은 무일푼인 사람에게 추가 혜택을 주는 데 역점을 기울이고, 그런 정책이 경제와 개인의 행동과 감정에 끼치는 영향은 그다지 중요하게 생각하지 않는다.

　앙드레 필리프André Philip는 1971년에 발표한 유명한 글에서, 이런 정책을 '분배적 사회주의'라 칭했다. 필리프의 주장에 따르면 1936년 대개혁 당시 분배적 사회주의는 그 가능성을 최고로 보여주었다. 분배주의의 영향 아래 '연대'라는 개념은 '과세'와 동의어가 됐다. 따라서 20세기 초에 세금을 통한 재분배는 국가의 구호 행위로 이해됐다.

　반면에 재분배를 결과로 이해한다면 집단의 자산을 늘리고, 처음에 아무것도 없던 사람이 일할 기회를 보장받아 조금씩 나아질 수 있도록 경제 상황을 탄력적으로 운영해가야 한다.

　재분배를 이처럼 두 방향에서 이해했듯이, 사회주의의 역사에서는 평등이란 개념도 다른 두 방향으로 해석했다. 소득 격차를 점진적으로 줄이는 방향으로 나아가야 하는가, 아니면 자유주의적 사회주의자들이 '동등한 자유'로 일컬었던 것처럼 기회와 수단의 평등을 목표로 삼아야 하는가.

　사회주의의 자유주의적 해석은 개인의 해방을 중요하게 여겼기 때문에 당연히 후자의 평등을 주장했고, 그런 평등만이 개인의 자율권을 보장한다고 믿었다. 또 동등한 자유라는 측면에서 국가에 의한 재분배 방식보다 개개인에 대한 구체적인 지원 방식이 더 효율적이라고 보았다.

—모니크 캉토스페르베르, 『자유주의와 좌파 Le Libéralisme et la gauche』, 218~220쪽

자본주의에 무력한 좌파의 빛바랜 보편주의

비벡 치버 ▪ Vivek Chibber

1999년 위스콘신 대학에서 학위를 받은 뒤 뉴욕 대학교에서 사회학과 교수로 재직하고 있다. 인도 델리 태생으로, 주로 마르크스주의 이론과 개발정치경제학에 입각하여 제국주의의 잔재와 탈식민주의 문제에 관심이 많다. 주요 저서로 『탈식민주의 이론과 자본의 망령Postcolonial Theory and the Specter of Capital』(2013), 『제자리에 갇히다─인도의 국가 건설과 늦은 산업화Locked in Place: State-Building and Late Industrialization in India』(2003) 등이 있다. 진보 학술지 『소셜리스트 레지스터 Socialist Register』의 편집인으로도 활동하며, 각종 진보 매체에 글을 자주 기고하고 있다.

끝나지 않을 것 같은 긴 겨울이 지난 후, 우리는 전 세계적으로 자본주의에 대한 저항이 되돌아오고 있음을, 적어도 신자유주의적 자본주의에 대한 저항이 되돌아오고 있음을 목도하고 있다. 이런 유형의 운동이 전 세계적인 차원에서 강력하게 고개를 든 지가 40년이 넘었다. 지난 수십 년 동안 세상 이곳저곳에서 시장 규칙의 가혹한 확산에 반기를 든 자잘한 저항 사건들과 간헐적인 동요가 발생했다. 그런데 2010년부터 우리는 유럽, 근동, 아메리카 대륙에서 전대미문의 저항이 벌어지는 광경을 목격하고 있다. 이런 새로운 저항의 분출은 동시에 지난 30년간 사회주의 운동의 후퇴로 야기된 커다란 폐해들을 만천하에 드러냈다. 다시 말해 노동자들이 사용할 수 있는 자원들이 엄청나게 빈약해졌고, 노동조합과 정당 같은 좌파 조직들이 사실상 공동화되어버렸다.

좌파의 빈약함은 단지 정치적이거나 조직적인 측면에서만 드러나는 것이 아니라, 이론적인 측면에서도 마찬가지로 확인되고 있다. 좌파 이론은 사실상 지적으로 엄청난 집중포화를 받으면서 허허벌판에서 계속 패배를 당했다. 그렇지만 적어도 미국의 수많은 대학에서 진보적 혹은 급진적 지성인들이 계속해서 강의를 해왔기 때문에, 사회변혁 사상이 사라져버렸다는 것을 의미하지는 않는다. 변한 것은 정치적 급진사회주의의 의미 자체다. 후기구조주의*(별표들은 135~136쪽 용어사전 참조)의 영향으로 사회주의 전통의 기본 개념들이 의심을 받고 있고, 심지어는 위험한 개념들이 되어버렸다. 몇 가지 예만 들어보겠다. 자본주의가 각 개인에 영향을 미치는 실질적인 강압 구조를 내포하고, 사회 계급의 개념이 매우 명백한 착취 관계에 뿌리를 내리고 있으며, 노동계가 공동체 조직 형태를 모방하는 데 커다란 관심을 갖고 있다는 기본 개념들과 함께 2세기 동안 좌파들이 명백한 것으로 여겼던 수많은 분석이 오늘날 아주 낡아빠진 것으로 간주되고 있다. 후기구조주의 학파에 의해 시작된 유물론 및 정치경제학에 대한 거부는 최근 흐름에서 하나의 법이 되었다. 이런 거부는 오늘날 학계에서 탈식민주의 연구*라는 이름으로 더 잘 알려져 있다. 지난 20년 동안 좌파의 개념적 유산을 공격하는 진영이 바뀌었다. 다시 말해 프랑스의 철학적 전통을 남아시아와 '남반구' 출신의 수많은 비서구 이론가들이 빼앗아가버렸다.

가장 영향력 있는 사람들(혹은 가장 눈에 띄는 사람들) 중에는 가야트리 차크라보르티 스피박Gayatri Chakravorty Spivak, 호미 바바Homi Bhabha, 라나지트 구하Ranajit Guha, 인도의 서볼턴연구*그룹Subaltern Studies Group과 더불어 콜롬비아 출신 인류학자 아르투로 에스코바르Arturo Escobar, 페루 출신 사회학자 아니발 키하노Anibal Quijano, 아르헨티나 출신 월터 미뇰로Walter Mignolo가 포함된다. 이들은 공통적으로 계몽주의 시대의 전통을 거부하는데, 계몽주의 전통이 지역 문화 및 그 특수성과 무관하게 몇몇 범주들의 타당성을 주장하고 보편주의[1]를 옹호하는 것에 대해 의문을 품고 있기 때문이다. 또한 마르크스주의자들을 공격하는데, 마르크스주의자들이 그런 지적知的 무분별의 조숙한 형태를 허용하고 있다고 의심하기 때문이다.

보편주의를 거부한 탈식민주의 연구

마르크스주의자들은 계급, 자본주의, 착취의 개념들을 모든 문화와 모든 장소에 타당하게 적용할 수 있다고 생각한다. 다시 말해 사회관계를 포착하는 데 있어서, 이런 개념들을 기독교의 유럽뿐만 아니라 힌두교의 인도, 이슬람의 이집트에도 적절히 적용할 수 있다는 것이다.

반면 탈식민주의 이론 지지자들은 이런 개념 범주들이 이론적으로나 실천적으로 막다른 골목으로 이끌 뿐이라고 본다. 분석틀로서 이 개념 범주들이 잘못 설정되었을 뿐만 아니라 오히려 역효과를 내고 있다고 주장한다. 이 개념 범주들이 정치 주체의 자유와 창조성을 거부하기 때문에, 정치 주체에게서 행동하는 데 절대적으로 필요한 지적 자원들을 박탈해버렸다는 것이다. 결국 마르크시즘이 지역의 특수성들을 유럽의 토양에서 만들어진 경직된 굴레 속에 가두고 있을 뿐이라는 주장이다. 탈식민주의 이론은 단지 계몽주의 전통을 비판하는 데 그치지 않고 그 전통을 대신하려고 한다. 저명한 탈식민주의 저서 중 한 권은 "보편주의에 대한 가정은 식민 권력의 초석들 중 하나이다. 왜냐하면 인간성과 연관된 '보편주의적' 특성들을 지닌 사람들이 사실상 지배자들이기 때문이다"라고 이야기한다. 보편주의는 유럽에서 통용되는 특수한 자질들이 인류 전체에 대해서도 타당하다고 주장하면서 지배를 공고화할 것이다. 이런 처방에 맞지 않는 문화들

---

1   보편자를 개별자보다 상위에 두고, 개별자는 보편자와의 관계에서만 존재의 이유와 의의를 가진다는 입장.

을 필연적으로 열등한 지위로 떨어뜨리고, 지배자들을 암묵적인 지도자로 받아들이며 스스로를 지배할 수 없도록 만들 것이다. 탈식민주의 저서의 저자들이 설명하는 것처럼 "보편성의 신화는 '유럽'이 '보편성'을 의미한다는 기본 가정을 당연시하는 제국주의 전략의 한 구성물이다".[2] 이 논거는 탈식민주의 사상의 핵심에 있는 두 가지 관점을 조합한 것이다.

첫번째 관점은 형식적인 측면에 속하는 것으로, 보편주의가 사회의 이질성을 무시하고 '규정에 맞지 않는다'고 판단 내린 실천이나 관습을 주변부화한다고 가정한다. 그런데 주변부화한다는 것은 바로 지배한다는 것이다. 더 본질적인 두번째 관점은 보편주의가 유럽이 헤게모니를 획득하는 과정의 중요 수단 중 하나라는 것이다. 다시 말해 사상계가 주로 서구에서 만들어진 이론들을 중심으로 조직되기 때문에, 이런 사상들이 정치 활동에 양분을 제공하는 이론들과 지적 성찰을 가로막는다. 탈식민주의 이론은 이런 사상들의 집요함과 효과를 명백히 밝히면서 그 유전적 결함을 제거하는 것을 목표로 삼는다. 그래서 탈식민주의 사상은 마르크스주의와 좌파의 사상에 연관된 '거대 서사'를 적대시한다.

탈식민주의 사상은 파편, 주변부, 지정학적 혹은 문화적 특수성에 뿌리를 둔 실천과 규범에 역점을 두는데, 이는 총체적 분석을 회피하는 결과를 낳는다. 현재는 디페시 차크라바르티Dipesh Chakrabarty가 지역의 '이질성과 약분 불가능성'이라 부른 개념 속에서 정치적 활동 수단들을 찾고 있다.[3]

---

2 빌 애시크로프트, 개레스 그리피스, 헬렌 티핀, 『탈식민 연구 독자The Postcolonial Studies Reader』, Routledge, 런던, 1995.
3 디페시 차크라바르티, 『유럽을 시골뜨기로 만들다—탈식민주의 사상과 역사적 차이Provincialiser l'Europe: La Pensée postcoloniale et la différence historique』, Editions Amsterdam, 파리, 2009.

카를 마르크스와 프리드리히 엥겔스부터 이어진 정치적 전통은 두 가지 전제에 기반하고 있다.

첫번째 전제는, 자본주의가 전 세계로 확산되면서 그 그물망에 걸리는 모든 이들에게 자본주의의 제약들을 강요한다는 점이다. 아시아든 라틴아메리카든 아프리카든, 자본주의가 뿌리를 내리는 곳은 어디든지 생산과정에서 똑같은 규칙들을 따르고 있다. 비록 경제 발전 양상과 성장 리듬이 다르다 해도, 그 자체는 자본주의 내부의 깊숙한 구조들에 내재된 우연성에 의존하고 있다. 두번째 전제는, 자본주의가 자신의 논리와 지배를 강요함에 따라 이르든 늦든 간에 노동자들의 저항을 유발한다는 것을 당연한 사실로 간주한다는 점이다. 자본주의의 포식에 맞서 종교적 혹은 문화적 정체성과는 무관하게 전 세계 곳곳에서 발생하고 있는 수많은 저항운동이 이 두 독일 이론가가 옳다는 사실을 보여주는 듯하다. 지역의 '약분 불가능성'이 아주 이질적이고 크다고 해도, 자본주의는 모든 사람에게 있는 기본욕구를 공략한다. 결과적으로 자본주의가 촉발하는 반항이란 것들은 자본주의의 재생산 법칙만큼이나 거의 차이가 없다. 저항의 양태들을 장소에 따라 바꾸려고 해도 아무 소용이 없다. 저항에 생명력을 불어넣는 동기 역시 각 개인의 행복에 대한 열망만큼이나 보편적인 것이다.

마르크시즘을 유죄 판결한 탈식민주의

마르크스와 엥겔스의 이 두 가지 전제는 한 세기 이상 분석과 혁명적 실천의 디딤돌로 사용되었다. 이들의 뻔뻔스러운 보편주의 사상을 참을 수 없었던 탈식민주의 이론이 이들에게 통째로 유죄 판결을 내리자 그 파장은 엄청났다. 만약 급진적 비판자들의 이론적 도구 세트에서 반자본주의를 제거한다면, 그들에게 남는 것은 무엇일까? 만약 경제의 운행을 결정하는 냉혹한 이윤 추구 경쟁을 고려하지 않는다면, 2007년부터 전 세계를 휩쓴 위기를 어떻게 해석하고 긴축정책의 의미를 어떻게 이해해야 할까?

만약 카이로, 부에노스아이레스, 뉴욕 혹은 마드리드에서 표명된 보편적 관심사들을 보길 거부한다면, 이런 도시들에서 똑같은 슬로건이 울려퍼지게 한 지구적 차원의 저항을 어떻게 생각해야 할까? 모든 보편주의적 범주들을 거부한다면 과연 자본주의에 대한 분석이 가능한 일일까? 사안의 심각성을 고려할 때, 우리는 적어도 자본주의와 사회 계급이라는 개념들만이라도 인정해주는 탈식민주의 이론 신봉자들을 기다릴 수도 있을 것이다. 그들이 이 개념들을 충분히 효율적이라고 판단해 유럽 중심의 시각에서 벗어나게 해준다면 더없이 좋을 것이다. 그러나 그들은 이 개념들에서 아무런 매력도 찾지 못할 뿐만 아니라, 심지어 이 개념들을 마르크스 이론의 조잡하고 부질없는 요소들로 보고 있다.

예를 들어 지안 프라카시Gyan Prakash는 "자본주의를 역사 분석의 근거로 삼는 것은 여전히 이질적인 것으로 남아 있는 역사를 동질화하는 일이다"라고 말한다. 마르크스주의자들은 조금씩 사라질 수밖에 없는 찌꺼기 형태 외에, 자본주의의 역동성 외부에 존재하는 실천들을 포착할 수 없을 것이라고 말이다. 그에 따르면 사회구조를 그대로 반영하는 경제적 역동성 ―사회구조의 생산양식 ―이라는 기준으로 사회구조를 분석할 수 있으리라는 사고는 잘못된 것일 뿐만 아니라 유럽중심주의 사고로 얼룩져 있는 것이다. 간단히 말해 제국주의적 지배의 형태와 공모하고 있는 것이다. 프라카시는 "다른 수많은 유럽적 사고처럼, 역사를 생산양식의 계승으로 보는 유럽중심주의 서사는 19세기 영토제국주의와 짝을 이루고 있다"고 단언한다.[4] 차크라바르티 역시 영향력 있는 저서『유럽을 시골뜨기로 만들다』에서 같은 논거를 전개한다. 그에 따르면, 자본주의의 확장을 통해 세계를 설명하는 보편주의 이론은 지역의 역동성을 똑같은 테마의 단순한 변주로 축소해버린다.

다시 말해 각 국가를 어떤 개념적 추상에 일치하는 정도로만 정의하기 때문에, 각 국가의 고유 역사를 유럽이 겪은 거대 서사시의 주석 정도로 취급한다는 것이다. 게다가 마르크스주의자들은 세상의 변화를 분석하면서 모든 우연성을 완전히 배제하는 비극적 오류를 저질렀다. 자본의 보편적 역동성에 대한 마르크스주의자들의 신뢰는 '역사 과정에서의 비연속성, 단절, 변화'의 가능성을 제대로 보지 못하는 결과를 낳았다. 마르크스주의자들이 생각하는 역사, 곧 인류를 특징짓는 자유의지에 내재된 불확실성에서 해방된 역사는 필연적으로 정해진 결말에 이르는 직선과 닮게 될 것이다. 그렇기 때문에 자본주의 개념은 받아들일 수 없을 뿐만 아니라 정치적으로 위험한 개념인 것이다. 다시 말해 자본주의 개념은 비서구 사회들로부터 각자 고유의 미래를 건설할 능력을 빼앗게 된다.

그럼에도 불구하고 지난 세기 동안 자본주의가, 예전에 식민지화된 국가들의 거의 모든 영역에 뒤얽히면서 지구 전체에 보급되었다는 사실을 부인하는 사람은 아무도 없다. 만약 자본주의가 아시아와 라틴아메리카를 필두로 새로운 지역들에서 뿌리를 내렸다면, 필연적으로 사회적, 제도적 양상에 영향을 끼쳤을 것이다. 자본의 축적 논리가 지역의 경제뿐만 아니라, 밀려오는 압력에 어쩔 수 없이 적응해야 하는 비경제 분야들에도 피해를

---

4   지안 프라카시, 「탈식민주의 비평과 인도의 역사기록학Postcolonial Criticism and Indian Historiography」, 『소셜 텍스트Social Text』, 제31·32호, 노스캐롤라이나 더럼, 1992.

주었을 것이다. 그런데 차크라바르티는 자본의 억압이 전 세계로 확산되었다는 사실은 인정하면서도 거기에서 세계의 보편적인 형태를 읽어내는 일은 거부한다.

그는 모든 사회적 실천이 자본의 규칙에 종속된 경우에만, 오직 그런 경우에만 자본주의가 진정으로 보편화의 매개물이 될 수 있다고 생각한다. "자본의 어떤 역사적 형태도, 비록 그 형태가 세계적 영향력을 가졌다 해도, 결코 보편적이 될 수 없을 것이다. 세계적 규모이든 국지적 규모이든 간에, 어떤 자본 유형도 자본의 보편적 논리를 드러내지 않을 것이다. 역사적으로 결정된 모든 자본의 형태는 자본의 패권적 열망과 지역의 완고한 관습 및 관례 사이의 일시적 타협에 의한 산물이기 때문이다"라는 주장이다. 그의 입장에서 결론을 내린다면, 자본이 모든 사회관계에서 모든 형태의 자율성을 박탈하면서 모든 사회관계를 정복했을 때에만 보편화에 대해 말할 수 있다.

각각의 사회적 실천이 자본주의자들의 고유 이익과 양립하는지를 측정하기 위해 자본주의 관리자들이 손에 정치적인 가이거계수기를 들고 지구를 샅샅이 뒤지고 있다고 차크라바르티는 생각하는 것이다. 차라리 다른 그림을 그려보는 편이 더 개연성이 있을 것 같다. 자본주의자들은 영향력을 확대하고 투자에 대해 최고의 수익을 보장받기 위해 노력한다. 다시 말해 이 목적에 걸림돌이 되지 않는 한, 그들은 지역의 관례와 도덕에 대해 전혀 개의치 않는다. 중재를 받아들일 필요성이 생기는 때는, 경우에 따라서 사회적 관례를 뒤집을 필요성이 생기는 때는, 바로 환경이 노동자들의 불복종을 자극하고 시장 성장을 방해함으로써 자본주의자들의 목표에 걸림돌이 될 때뿐이다. 이런 경우를 제외하고 그 어떤 지역에서든 '세상에 존재하는 다양한 방식들'은 자본주의자들의 관심을 전혀 끌지 못한다. 세계화가 기막힌 기교를 부리기 때문에 세계의 보편적 형태를 초래하지 않는 것일까?

곳곳에서 드러나는 실천들을 당당하게 자본주의적 실천들로 묘사하는 순간부터, 그 실천들은 진짜로 보편적인 것이 돼버린다. 자본은 전진하고, 점점 더 많은 대중을 노예로 삼는다. 이렇게 함으로써 자본은 모두에게 타당한 하나의 서사, 보편적 역사인 자본의 역사를 창조한다.

자본주의의 세계적 지배를 인정한 탈식민주의

탈식민주의 이론가들은 자본주의의 실체를 부인하면서도, 말로는 자본주의의 세계적인 지배를 인정한다. 그러나 그들을 더욱더 곤란하게 하는 것은 유물론적 분석의 두번째 요소인 저항 현상과 관련이 있다. 자본주의가 증식함에 따라 폭동의 씨앗을 뿌린다는 점을 그들도 기꺼이 인정한다. 탈식민주의 문헌은 거의 의무적으로 노동자, 농민 혹은 원주민의 투쟁을 환영한다. 이 점은 마르크스주의자의 분석과 일치하는 것으로 보인다.

그러나 마르크스주의자의 분석이 피지배층의 저항을 계급 이익의 표현으로 간주하는 반면, 탈식민주의 이론은 위험을 무릅쓸망정 객관적이고 보편적인 힘의 관계를 일부러 고려하지 않는다. 탈식민주의 이론은 모든 저항이 문화, 역사, 해당 영토의 특수한 국지적 현상에서 비롯된다고 주장하지, 결코 인류 전체를 특징지을 수 있는 어떤 욕구에서 비롯된다고 주장하지는 않는다. 차크라바르티의 입장에서 사회적 투쟁을 물질적 이득과 연결하는 것은 "노동자들에게 부르주아의 합리성을 부여하는 것과 같다. 왜냐하면 어떤 행위(혹은 어떤 대상, 관계, 제도 등)의 '경제적 유용성'이 합리적이라고 인정받으려면 그런 합리성의 시스템 안에서만 가능하기 때문이다".[5] 에스코바르도 "후기구조주의 이론은 따로 분리된 자율적이고 합리적인 개인으로서의 주체에 대한 자유주의적 사고를 포기한다. 주체는 수많은 영역에서 역사적으로 결정된 실천과 담론의 산물이다"[6]라고 기술하고 있다.

자본주의가 이의를 제기할 때, 이런 이의 제기는 특별한 상황에 한정된 욕구의 표현으로 이해해야 한다. 이런 욕구는 역사와 지정학에서도 비롯하고, 계몽주의의 보편주의 서사를 주입하려는 모든 시도를 거부하는 우주생성론에서도 비롯한다. 각 개인의 관심과 욕망이 문화적으로 결정된다는 점은 의심의 여지가 없는 사실이다. 이 점에서는 탈식민주의 이론가들과 더 전통적인 진보주의자들 사이에 이론의 여지가 없다. 그러나 세상의 어떤 문화도 주체들에게 물질적 행복에 무관심해지라고 강요하지는 않는다. 음식, 주택, 안전 등과 같은 몇 가지 기본적인 욕구는 어느 시대, 어느 장소에서든 필수 불가결하게 충족되어야 한다. 왜냐하면 이런 것들에 대한 욕구 충족은 모든 문화의 재생산에 필수 불가결하기 때문이다.

그러므로 우리는, 만약 인간 행위의 몇 가지 양상이 어떤 공동체에만 특별히 존재하는 것이 아니라는 사실을 받아들인다면, 이 몇 가지 양상이 문화라는 대장간 너머에 위치한다고 단언할 수 있다. 이 양상들은 어떤 시대나 어떤 장소에만 특별히 존재하는 것이 아니라, 인류의 심성으로서 인간 본성의 구성 성분들인 것이다. 그렇다고 해서 음식, 의복 혹은 주택에

---

5 디페시 차크라바르티, 『노동계급 역사를 재고하다Rethinking Working-Class History—벵골 1890~1940』, 프린스턴 대학교 출판부, 1989.

6 아르투로 에스코바르, 「순리—반본질주의 정치생태학으로 가는 단계After Nature: Steps to an Antiessentialist Political Ecology」, 『커런트 앤스러폴러지Current Anthropology』, 제40권, 제1호, 시카고, 1999년 2월.

대한 우리의 선호가 전체적인 문화 특질 및 역사적 우연성과 관련이 없다는 것은 아니다. 게다가 문화주의* 신봉자들은, 우리 욕구가 문화적으로 생성되었다는 증거로 소비 형태의 다양성을 당연시하고 있다.

한편 똑같이 자명한 이치인데도 불구하고 기아, 추위, 절망으로 죽고 싶지 않은 인간의 공통된 열망에 대해서 그들은 아무런 말도 하지 않고 있다. 그런데 자본주의를 도입한 모든 곳에서 자본주의가 성장하는 것은 바로 행복에 대한 인간의 관심 때문이다. 마르크스가 관찰했던 것처럼, 노동자들은 "경제적 수입에 대한 음울한 의무감"[7] 때문에 착취의 그물망에 걸려들게 된다. 이런 현상은 사실상 문화 및 이데올로기와 무관하게 발생한다. 노동자들은 노동력(그 외에는 아무것도 없음)을 갖게 되는 순간부터 그 노동력을 팔게 될 것이다. 왜냐하면 최소 수준의 행복에 접근하기 위한 수단으로 자신들이 지닌 유일한 옵션이 노동력이기 때문이다. 만약 노동자들의 환경이 사장을 부자로 만들지 않아도 될 만큼 풍족하다면, 당연히 노동자들은 자유롭게 노동을 거부할 수 있다. 그러나 그것은, 엥겔스가 보여주었듯이, 노동자들이 배고픔으로 인한 죽음에서 해방되었음을 의미한다.[8]

요원한 국제 좌파의 부흥

인간 본성의 이런 측면이 착취의 근간으로 이용되기도 하지만, 마찬가지로 저항의 양분을 공급하기도 한다. 인간이 노동력을 자본주의자들의 손아귀에 내맡기고 동시에 노동력을 이용해 예속관계에 저항하는 것은 바로

---

7   카를 마르크스, 『자본 1』, 제28장, Éditions sociales, 파리, 1950(초판, 1867).
8   프리드리히 엥겔스, 『영국 노동계급의 상황』, Éditions sociales, 파리, 1960(초판, 1844).

절대적으로 필요한 물질적 욕구 때문인데, 인간이 지닌 본성 중 하나가 바로 이것이다.

이윤에 대한 탐욕 때문에 고용주들은 생산 비용을 끊임없이 삭감하려 들며 또 임금 총량을 줄이려고 한다. 노동조합이 있거나 혹은 아주 부가가치가 높은 산업 분야에서는 이윤의 극대화가 어떤 한계를 넘지는 않을 것이다. 이 한계 내에서는 노동자들이 자신의 생활 수준에 대해 염려하지만, 일상적인 생존을 위해 투쟁할 정도는 아니다. 그러나 '남반구'라고 불리는 곳과 산업계의 다른 수많은 분야에서는 상황이 완전히 다르다. 임금 삭감은 흔히 또다른 형태의 이윤 추구와 결합된다. 마지막 작동 순간까지 이윤을 내려고 연한을 초과한 장비를 계속 사용하고, 과중한 노동 업무를 부과하고, 시간 외 업무를 늘리고, 병가를 무급으로 처리하고, 사고를 전혀 고려치 않으며, 퇴직연금과 실업수당이 없는 것 등이 다른 형태의 이윤 추구에 해당한다. 자본이 번성하는 대부분의 지역에서, 자본축적의 논리가 노동자들의 행복에 대한 소망을 체계적으로 짓밟아버린다.

저항운동은 흔히 더 많은 것을 요구하는 것이 아니라, 꼭 필요한 최소 생계비를 요구하기 위해 일어난다. 마치 온당한 삶의 조건이 상상할 수 없는 호화 생활인 것처럼 말이다. 고용계약의 준수라는 자본주의 과정의 첫번째 단계를 통해 자본주의는 세상 어디에서든지 뿌리를 내리고 피어날 수 있게 된다. 착취에 저항하는 두번째 단계는 자본주의가 눈독을 들이는 모든 지역에서 계급투쟁을 낳는다. 혹은 더 정확히 말해 투쟁할 '동기'를 낳게 된다. 이런 동기가 단체 행동으로 이어질 수도 있고 그러지 않을 수도 있는데, 이는 다양한 우연적 요인들에 달려 있다. 어쨌든 자본의 보편화는 생계를 보장하기 위한 노동자들의 보편적 투쟁을 필연적으로 낳게 된다. 두 가지 형태의 보편주의를 인간 본성에 내재한 똑같은 구성 성분에서 끄집어냈다고 해서 문제가 해결되는 것은 전혀 아니다. 대부분의 진보주의자들 입장에서는 또다른 성분들과 또다른 욕구들이 개입하게 된다. 이런 것들은 아주 쉽게 문화적 장벽들을 뛰어넘는다. 예를 들어 자유에 대한 갈망, 창조에 대한 갈망 혹은 존엄성에 대한 갈망이 이에 해당된다.

인간성이란 것이 생물학적 욕구로 축소될 수 없음은 확실하다. 그러나 다른 욕구들보다 덜 고상해 보일지라도, 이런 생물학적 욕구의 존재를 인정해야 하고 사회변혁 계획 속에 그 욕구를 위한 자리를 내주어야 한다. 이런 명백한 사실을 외면한다면, 좌파의 지적 문화의 건강 상태가 좋지 않다는 것을 의미한다. 탈식민주의 연구는 기대 이상으로 많은 역할을 했다. 남반구 국가들에서는 문학작품이 비약적으로 발전하는 데 공헌했다. 1980~1990년대에 지적인 연구가 후퇴하고 있을 때, 탈식민주의 연구는 반식민주의의 불꽃을 다시 일으켰으며, 제국주의 비판에 다시 타당성을 부여했다. 유럽중심주의적 오만에 대한 이들의 공격이 적절치 못한 효과들만 낳은 것은 아니다. 그러나 그 대가도 심각하다. 기력을 회복한 자본주의가 더욱 맹렬하게 파괴적 힘을 내뿜고 있는 바로 이 순간에도, 위기를 이해하고 전략적 예측을 다듬는 데 도움을 줄 수 있는 상당수 개념 도구들을 해체하는 이론이 오히려 미국 대학들에서 인기를 얻고 있기 때문이다. 탈식민주의 선도자들은 스스로 만든 가상의 적과 싸우느라 엄청난 힘을 낭비했다. 그럼으로써 생득설[9]과 오리엔탈리즘*이 다시 출현하는 데 많은 역할을 한 셈이다.

정치 행동의 유일한 동력 축으로 제시한 문화적 특수성에 대한 그들

---

[9]   지식이나 관념 및 표상은 본래 모든 인간이 태어날 때부터 공통적으로 지니고 있으며, 또 모든 사람에게서 똑같이 발현된다는 학설.

의 강박적인 예찬이 역설적으로, 식민 강대국들이 정복 행위에 갖다붙인 다른 문화의 이국적이고 경멸적인 이미지를 다시 유행시켰다. 20세기 내내, 반식민주의 운동은 억압이 모든 인류의 공통된 열망을 훼손한다는 이유로, 억압이 창궐하는 모든 곳에서 억압을 규탄했다. 탈식민주의 연구는, 반유럽중심주의라는 이름을 앞세워, 좌파가 바로 제국주의 지배의 이데올로기적 디딤돌로 간주했던 문화적 본질주의를 그대로 되뇌고 있다. 보편적 권리라는 사상 자체의 평판을 떨어뜨리기 위해 지역 문화를 상기시키는 것보다 자국 국민들의 권리를 짓밟는 독재자들에게 더 좋은 선물이 있을까? 민주적이고 국제적인 좌파의 부흥은, 우리가 이런 케케묵은 표현들을 쓸어버리지도 못하고, 자본주의의 위협과 우리의 공통된 인간성이라는 서로 대립되는 두 가지 보편주의를 재확인하지 못하는 한, 이루어질 수 없는 소망으로 남게 될 것이다.

학파와 사상의 조류는 내적인 일관성에 의해서 정의되기보다 경쟁하는 지적 시스템과의 대립에 의해서, 그리고 지배적인 사회·경제적 세력들과의 관계에 의해서 정의된다.

구조주의 인본주의 철학 및 전쟁 후 유행한 주체의 자유 철학(장 폴 사르트르)과 대립하여 개인들이 필연적으로 인식하지 못하면서도 개인들에게 부과되는 객관적인 구조, 규칙성을 추출하려고 노력한다. 이 조류는 1950년대에 프랑스의 여러 학문 분야에서, 먼저 언어학에서(페르디낭 드 소쉬르), 연이어 인류학(클로드 레비스트로스), 역사학(장피에르 베르낭), 철학(루이 알튀세르), 심리학(자크 라캉) 등에서 발전했다.

후기구조주의 일의적 ─義的 진리성을 가정한다고 의심받는 현대 인문과학과는 달리, 사물과 그룹이 완전한 '본성' 혹은 '본질'과 같은 진실성을 갖고 있다는 모든 주장을 거부한다. 후기구조주의는 사실의 '구성적' 특성을 가정하는데, 이 경우 사실이란 해체해야 할 복잡한 담론에 불과한 것이다. 프랑스 철학자들(자크 데리다와 미셸 푸코)에게서 영감을 받아 1980년대에 미국 대학들에서, 특히 철학, 문학, 미학 분야에서 발전했다. 특히 페미니스트 운동, 동성애 운동, 흑인 운동이라는 몇몇 아카데미 분파에 영양분을 공급했다.

탈식민주의 연구 제3세계의 해방 투쟁 과정에서 역사가, 인류학자, 문학 연구자 들은 식민화된 주민들의 민족성, 정체성, 문화의 문제들을 재고해보기 위해 후기구조주의 개념틀을 독점적으로 사용한다. 마찬가지로 텍스트 분석에 기반을 둔 이 조류는 서구의 관점에서 만들어진 지

배자적 사고방식과 단절을 꾀하며, 피지배 민족의 문화적 저항을 강
조한다.

서볼턴 연구 탈식민주의 운동의 일환으로 민족적, 종교적, 성적性的 측면
등에서 지배당하고 소외당한 하층민 그룹의 관점에서 인도 역사를
재해석하려는 역사 연구 조류를 말한다. 파르타 차터지, 호미 바바,
디페시 차크라바르티 교수가 이 분야의 대표적인 인사들이다. 서볼
턴 연구 초창기인 1980년대에 라나지트 구하와 가야트리 스피박에
의해 활성화된 서볼턴연구그룹은, 대부분의 후기모더니스트 지식인
들과는 반대로 안토니오 그람시의 마르크스주의를 추종한다.

문화주의 사회적, 경제적, 정치적 및 그 밖의 변수들을 고려치 않고 한 인
간 그룹의 문화를 신성하고 고정된 소여所與로 간주하며, 또 그 문화
를 이 인간 그룹의 역사를 설명하는 주요 요인으로 본다.

오리엔탈리즘 동양은 불가피하게 서구와 다르다는 식의 고정관념을 필두
로 하여, 미술, 문학과 같은 서구 문화에 전해진 고정관념들이 드러
난 동양에 대한 기술을 의미한다. 비교문학 연구자인 에드워드 사이
드의 『오리엔탈리즘—서양에 의해 만들어진 동양』이 흔히 프란츠 파
농의 저서들과 더불어 탈식민주의 연구의 기본 텍스트로 인용된다.

1부 탐욕이 빚어낸 비극

세계화의 폭력성—교조주의적 세계 권력의 문명 파괴 _ 장 보드리야르

현혹의 경제학을 넘어라—서방 덕분에 잘살게 됐다? _ 프랑수아 셰네

푸코식 규율국가에서 들뢰즈식 통제국가로 _ 조르조 아감벤

패스트푸드에 저항하는 미국인들 _ 토머스 프랭크

2부

야누스적 자본의 두 얼굴

교육계의 자율성, 그것은 환상이다 _ 피에르 부르디외/장클로드 파스롱

보편성의 독점, '국가'라는 야누스 _ 피에르 부르디외

공적 토론 혹은 복화술—부르디외식 국가의 우화 _ 피에르 부르디외

군주는 인간과 야수의 본성을 지닌 잡종 짐승 _ 자크 데리다

대항폭력, 나쁜 게 아니라 부적절하다 _ 놈 촘스키

세계화의 폭력성
―교조주의적 세계 권력의 문명 파괴

장 보드리야르　■　Jean Baudrillard

2007년 작고한 장 보드리야르(1929~2007)는 프랑스의 저명한 철학자이자 사회 이론가로서, 독창적인 시각으로 자본주의와 세계화 등 현대성을 재해석한 석학이다.

'시뮐라시옹(simulation)'(거짓 꾸밈, 위장) 이론으로 유명한 보드리야르는 1929년 프랑스 북부의 랭스에서 태어나 고등학교 교사를 지낸 뒤, 파리 10대학에서 사회학을 가르치며 50권 이상의 저서를 남겼다. 시뮐라시옹 이론은 현대사회에서 원본과 복사본, 현실과 가상현실의 경계와 구분이 모호해지고 차이가 없어진다는 해석이다. 그에 따르면 현대사회에서는 생산물이 소비되는 것이 아니라 기호가 소비된다. 현대사회가 모사된 이미지가 현실을 대체하는 복제의 시대라는 그의 이론은 철학뿐 아니라 미디어와 예술 분야에 큰 영향을 미쳤다. 주요 저서로 『소비의 사회』(1970), 『기호의 정치경제학 비판』(1972), 『시뮐라크르와 시뮐라시옹』(1981), 『숭고한 좌파La Gauche divine』(1985), 『걸프전은 일어나지 않았다La guerre du Golfe n'a pas eu lieu』(1991), 『아메리카』(1997) 등이 있다. 1991년에는 "걸프전에서 어느 쪽도 승리를 주장할 수 없고, 전쟁은 이라크에서 아무것도 바꿔놓지 않았다"며 "걸프전은 일어나지 않았다"는 도발적인 주장을 펼쳐 주목받았다. 또한 『테러리즘의 정신 L'esprit du terrorisme』(2002)이란 에세이에서는 2001년 9·11 사태를 "스스로에 맞서 싸우며 승리하는 세계화의 표출"로 묘사해 새로운 논쟁을 유발했다.

한편 보드리야르는 문학 포럼 참석차 2005년 5월 한국을 방문한 자리에서 "한반도가 통일돼 물질적이고 가시적인 경계가 사라지면 문화적이고 비물질적인 대립과 분쟁이 유발될 수 있다. 한국은 여기에 대비해야 한다"고 조언했다.

세계화의 운명은 존재하는가? 우리 것이 아닌 모든 문화는 어떻게 보면 무관심한 상호교류의 운명에서 비켜나 있었다. 보편화와 세계화로 이어지는 통로에 비판의 문턱은 어디 있는가? 세상을 이데아의 추상화 쪽으로 몰아붙이는 현기증은 무엇이고, 무조건 이데아의 현실화 쪽으로 몰아붙이는 현기증은 또 무엇이란 말인가?

원래 보편성은 하나의 이데아였다. 그런데 이데아가 세계화 속에서 현실화되면서, 이데아는 이데아로서 자멸하고 종말을 고하게 된다. 인간이 그 본보기다. 인간은 죽은 신의 빈자리를 차지한 뒤 세상을 홀로 지배하게 됐지만, 최종적 이성을 갖고 있지는 않다. 적이 없어진 인간은 적을 내부에서 키우며, 비인간적인 종양 덩어리를 뱉어낸다.

바로 여기에서 세계화의 폭력성이 생성된다. 즉 모든 형태의 거부, 나아가 최후의 죽음 같은 모든 형태의 기이함까지도 몰아내는 시스템의 폭력성과, 사실상 알력과 죽음이 금지된 우리가 살고 있는 사회의 폭력성과, 또한 어떤 의미에서는 그 폭력성 자체를 종식시키고 모든 자연적인 질서, 몸, 성별, 탄생 혹은 죽음으로부터 자유로운 세상을 만들기 위해 작동되는 폭력성 등이 그것이다. 폭력성보다 더 심각한 것은 유해성이라고 해야 할 듯하다. 왜냐하면 그 폭력성은 바이러스성이기 때문이다. 폭력성은 전염되고 쇠사슬처럼 엮여 반응하며, 서서히 우리의 모든 면역력과 저항력을 파괴한다.

그렇지만 게임은 끝나지 않았다. 세계화는 아직 치러야 할 경기가 남아 있기 때문이다. 동질화되고 용해되는 세계화의 힘에 맞서, 도처에서 그 힘과는 다른 방식으로, 나아가 반대 입장을 표명하는 힘들이 봉기하고 있기 때문이다. 점점 더 거세지는 세계화에 대한 사회적, 정치적 저항의 이면에서, 우리는 시대에 뒤떨어진 거부, 그 이상의 기운을 감지해야 한다. 세계적인 기술 구조뿐만 아니라 모든 문화를 등가로 치는 정신 구조에 대한 거부, 즉 획득한 현대성과 '진보'를 휴지조각으로 만드는 일종의 수정주의를 인지해야 한다. 명철한 사고로 보면, 수정주의의 재출현은 난폭하고 비정상적이고 비합리적인 면모를 띨 수도 있다. 왜냐하면 인종적, 종교적, 언어적 집단 형식뿐만 아니라 개별적, 성격적, 신경적 집단 형식을 갖추고 있기 때문이다. 그 도약들이 선동적이고 시대착오적이며 심지어 폭력적이라고 비난하는 것은 잘못일 수 있다. 그 모든 것이 이슬람을 포함해 오늘날 서양의 가치들과 반목하고 추상적인 보편화에 반대하는 세력의 이슈가 되고 있다.

누가 세계화 시스템을 작동 불능으로 만들 수 있을까? 분명한 사실은, 규제 완화에 제동을 거는 것이 목적인 반세계화 운동으로는 시스템을 작동 불능으로 만들 수 없다는 점이다. 요컨대 반세계화 운동은 정치적으로는 막대한 충격을 주겠지만 상징적인 충격은 아예 없다고 보는 편이 옳다. 또 세계화의 폭력성은 내부적인 우여곡절은 있지만 자체 시스템이 게임의 주도권을 쥐고 있어 그러한 충격을 극복해낼 수 있다. 시스템을 작동 불능으로 만들 수 있는 힘은 긍정적인 양자택일성에서 나오는 것이 아니라, 특이성들에서 나온다. 긍정적이지도 부정적이지도 않은 특이성들. 그 특이성들은 양자택일도 허락하지 않는다. 그것들은 다른 규칙을 따른다. 가치 판단이나 현실 정치의 원칙도 따르지 않는다. 따라서 그 특이성들은 최상 혹은 최악의 시나리오가 될 수 있다.

또한 그 특이성들을 전반적인 역사적 행동 속에 연계시킬 수도 없다. 그 특이성들은 유아독존적이고 지배적인 모든 사고를 뭉개버리기 때문이다. 하지만 그것들이 유일무이한 대안은 아니다. 그것들은 나름의 게임과 게임의 법칙을 만들어낸다. 특이성들이 꼭 폭력적인 것은 아니다. 언어, 예술, 몸 혹은 문화에서처럼 특이성은 미묘한 구석이 있다. 하지만 폭력적이기도 하다. 테러리즘이 그중 하나다. 테러리즘은 모든 문명을 상대로 보복을 가한다. 유일무이한 세계 권력을 정착시키기 위해 모든 문명을 희생시키는 것이다.

따라서 '문화적인 충격'이 문제가 아니라, 보편적 문화에 대한 무관심과 대부분의 분야에서 모든 것이 간직하고 있는 더이상 축소될 수 없는 이타성利他性 간에 돌출되는 소위 인류학적인 대립이 문제이다. 종교적인 교리만큼이나 교조주의적인 세계 권력은 모든 형태의 다양성과 개성을 용납하지 않는다. 교조주의적 논리 아래, 모든 다양성과 개성은 좋든 싫든 간에 세계의 질서를 따르든지 사라질 운명에 처한 것이다. 서구의 임무(옛 서구라고 지칭하는 편이 옳을 듯싶다. 왜냐하면 서구 고유의 가치가 퇴색된 지 오래이기 때문이다)는 모든 방법을 동원해서 수많은 문화들을 야만적인 등가 원칙을 내세워 굴복시키는 데 있다. 자신의 가치를 잃어버린 문화는 다른 문화들을 상대로 보복에 나설 수밖에 없다. 심지어 아프가니스탄 전쟁을 비롯한 모든 전쟁도 처음에는 정치적, 경제적 전략을 내세우는 것이 아니라,

야만적인 상황을 정상화하고 전 국토를 정비하겠다는 목표를 내세웠다.

하지만 이 같은 목표는 저항 지역을 축소해 식민지화하고, 지리학이건 보편적인 정신이건 간에 문명의 손길이 닿지 않은 모든 분야를 길들이려는 속셈이다.

서구 증오는 '박탈감' 아닌 '굴욕감' 탓

세계화 시스템은 사나운 질투심으로 가동된다. 고급 주류 문화들에 대한 비주류 문화와 저급 문화의 질투심, 높은 수준의 문화들에 대한 저급한 시스템들의 질투심, 희생정신의 문화나 형태에 대한 비非신성화된 사회의 질투심이 그렇다. 이 같은 시스템에 있어, 저항하는 모든 형태는 사실상 테러리스트이다.[1] 아프가니스탄의 경우도 마찬가지다. 한 영토에서 음악, 텔레비전, 혹은 여성들의 얼굴에 이르기까지 '민주적으로' 실행되고 있는 모든 허가와 자유가 금지될 수도 있다. 어떤 국가가 이미 언급한 종교적인 원칙, 이를테면 '자유'국가들로서는 견딜 수 없는, 우리가 속칭 문화라고 부르는 것 때문에 완전히 발목이 잡힐 수도 있다. 현대성이 보편적인 것을 주장한다고 해서 부정되어서는 안 된다. 현대성을 우리의 보편적인 도덕성과

---

1   한발 더 나아가 모든 자연재해조차도 테러리즘의 일종이라고 주장할 수도 있다. 체르노빌 사건처럼 대부분의 기술적인 사고는 테러리스트의 면모와 자연재해의 면모를 동시에 지녔다. 인도 보팔에서 일어난 맹독성 가스 유출 사고도 기술적인 사건이지만 테러리스트적이다. 모든 항공기 폭발 사건은 테러리스트 단체의 소행일 수 있다. 비이성적인 사건의 특징은 그 어떤 것에도 해를 끼칠 수 있다는 점이다. 결국 모든 상상이 범죄로 이어질 수 있다. 냉기나 혹은 지진조차도 범죄로 이어질 수 있다. 그리 새로울 것도 없다. 1923년 간토 대지진 당시, 수천 명의 한국인이 혼란을 유발한 원흉으로 몰려 몰살당했다. 우리의 통합된 시스템 안에서는 모든 것이 불안정하다. 모든 것이 결점이 없어 보이는 시스템의 취약한 틈새를 찾아나선다. 불행하게도 우리는 이미 합리적이고 실용적인 그 시스템에 지배당하며, 그 자체에 결함이 없는 것이 가장 심각한 재난이 아닐까 자문하고 있다.

가치에 의구심을 품게 한다는 측면에서 보면, 분명히 선善이나 종種의 자연
적인 이데아로 보이지는 않는다. 그래서 일부 사람들은 즉각 현대성을 광
신적인 특성을 지녔다고 봤다. 그러나 그것은 독특한 사유나 교감을 우선
하는 서구에서 볼 때는 범죄이다.

여타 국가들이 서구를 향해 품는 증오심을 이해하기 위해서는 모든 전
망을 뒤집어서 봐야 한다. 그것은 모든 것을 강탈당하고 아무것도 돌려받
지 못한 사람들의 증오심이 아니라, 모든 것을 다 받고 아무것도 보답할 수
없는 사람들의 증오심이기 때문이다. 따라서 박탈이나 착취에 대한 증오심
이 아니라, 굴욕감에 대한 증오심이다. 9·11 테러는 바로 그런 것에 대한
응징이다. 굴욕감을 굴욕감으로 응징한 것이다.

세계 권력의 최악의 시나리오는 공격받거나 혹은 파괴되는 것이 아니
라, 굴욕을 당하는 것이다. 바로 9·11 테러로 굴욕을 당했다. 테러리스트
들이 세계 권력에 9·11 테러로써 되갚을 수 없는 상처를 준 것이다. 모든
반격은 육체적인 보복을 가하는 기기들이다. 그래서 반격은 상징적으로 종
식됐다. 전쟁은 공격에 대한 반격이지 도전에 대한 반격은 아니다. 도전장
은 받은 굴욕감을 되갚고 싶을 때만 던진다(하지만 폭탄으로 짓뭉개거나 관
타나모 감옥에 개처럼 수감하지는 않는다).

테러, 세계화 수혜자에 대한 절망감

모든 지배는 보답의 부재 위에 그 초석을 다진다. 그것이 지금까지 기
본적인 법칙으로 자리잡아왔다. 한쪽의 일방적인 기부는 권력 행사이다.
선善의 제국, 선의 폭력성은 바로 보답 능력을 제거하는 것이다. 즉, 신을
대신하는 것이다. 혹은 노동(하지만 노동은 상징적인 보상이 못 된다. 결국 폭

동이나 죽음이 유일한 대응책이다)을 빌미로 노예의 목숨을 연명하게 해주는 주인을 대신하는 것이다. 그러나 신은 적어도 희생의 여지를 남겼다. 전통적인 차원에서 볼 때, 인간은 언제라도 신, 자연, 혹은 그 어떤 초자아에게라도 희생을 통해 보답할 수 있는 기회가 있다. 그것이 인간과 사물 간에 상징적인 균형을 유지한다. 그러나 오늘날 우리는 더이상 아무에게도 부채가 없다. 상징적인 부채를 갚아야 할 대상이 사라졌다. 그것이 바로 우리 문화의 저주이다. 부채가 없어져 기부가 불가능해졌기 때문이 아니라, 보답이 불가능해졌고 모든 희생의 길은 뇌관이 뽑힌 채 무력화되었기 때문이다. 현재 눈에 띄는 모든 희생의 형식 속에는 희생의 패러디만 남아 있는 셈이다.

따라서 우리는 도움을 줄곧 받아야 하는 무자비한 상황에 처하게 됐다. 신이나 자연으로부터가 아니라, 일반화된 기술적인 상호교환 장치나 혹은 일반적인 은총을 통해 도움을 받아야 하는 처지가 된 것이다. 얼핏 우리가 모든 것을 다 받아챙겼고, 좋든 싫든 모든 것을 차지할 권리를 지닌 것처럼 보인다. 그런데 우리는 생명을 연장받은 노예, 청산하지 못한 빚 때문에 묶여 있는 노예 꼴로 전락했다. 이 모든 상황은 상호조약을 체결하고 경제 질서를 존중하기로 한 이상 오래 지속될 공산이 있다. 하지만 일순 근본적인 규칙이 이런 상황을 와해시킨다. 긍정적인 거래에는 필수적으로 부정적인 보상 거래가 뒤따르기 때문이다. 이를테면 노예 생활, 보호받던 존재, 침윤당한 존재로부터 벗어나며 격렬한 해방감을 보이는 것이 그 예이다. 이러한 원대 복귀는 노골적인 폭력(일부 테러리즘)이나 무기력한 부정의 형식, 즉 우리 현대성의 특징인 자신에 대한 증오심과 회한을 표출하는 것이다. 모든 부정적인 열정은 보답이 불가능한 타락한 형식이다.

우리의 몸 내부에서 우리가 혐오하는 것은 막연한 대상에 품는 원한이다. 도스토옙스키 문학 속에서 배심원들은 노예근성이 있는 대중들에게 바로 그러한 과도한 현실성, 과도한 권력과 안락함, 보편적인 가변성, 명확한 성과에 집착하는 운명을 점지해준다. 하지만 테러리스트들은 우리 문화 안에서 바로 그런 것들을 느낀다. 그래서 테러리즘이 반향을 일으키고, 테러리즘이 휘두르는 마술에 반향을 일으키는 것이다.

굴욕을 당한 사람들과 모욕당한 사람들이 절망하는 것처럼, 테러리즘은 세계화의 혜택을 누리는 사람들에 대한 보이지 않는 절망감의 표현이다. 테러리즘 또한 총체적인 테크놀로지, 절망적인 가상virtuelle의 현실, 그리고 '세계화되어' 퇴락한 모든 종과 인류의 윤곽을 그려낼 네트워크와 프로그램에 자발적으로 복종하고 있다는 보이지 않는 절망감에 근간을 두고 있다.

현혹의 경제학을 넘어라
─서방 덕분에 잘살게 됐다?

프랑수아 셰네 ▪ François Chesnais

1992년까지 OECD 수석 경제학자였으며, 파리 8대학 교수를 거쳐 현재는 파리 13대학의 경제학과 교수이자 반세계화 국제 비정부기구(NGO) 단체인 국제금융관세연대(ATTAC)의 자문위원으로 활동중이다. 트로츠키주의자로 알려진 그는 유럽에서 실천력을 겸비한 대표적 진보 지식인으로 꼽힌다.
주요 저서로, 국내에 소개된 『자본의 세계화』(1994)를 비롯해, 『토빈이냐, 토빈이 아니냐─자본에 대한 국제관세Tobin or not Tobin: une taxe internationale sur le capital』(1999) 등이 있다.

지금 필요한 건 경제 민주화 위한 정치적 상상과 행동

2008년 가을 투자은행 리먼브러더스 파산의 충격은 '1930년대 이래로 가장 심각한 경제 위기'가 도래했다는 생각에 모두가 공감하는 계기가 되었다. 정치가들도 현재 상황을 1929년의 대공황과 비교하기 시작했다. 당시 그 원인에 대해 말할 만한 사람이 매우 적었던 대공황은 오랫동안 사람들의 기억 속에 남아 있었다. 정치가들은 대공황에 대한 기억을 되살림으로써 2008년 위기의 원인에 대한 토론을 입막음하려고 했던 것이다. 결과적으로 공적 자금 등 대규모 자금 지원을 통한 은행과 대기업 구제, 대규모 해고 등은 '불가피한' 해결책이 된다. 다시 한번 상황에 '적응'하라는 것이다.

지난 2007년 8월부터 2008년 9월 사이에 언론에 모습을 드러낸 경제학자들은 금융시장 붕괴의 심각성을 과소평가하고 대규모 경제 위기가 도래할 가능성을 부정했다. 경제학자들은 그후 상황에 따라 말을 바꾸긴 했어도 1929년의 대공황을 언급하는 일만은 조심스럽게 피해왔다. 그러나

2009년 상반기에 줄지어 출간된 경제 위기 관련 책들[1]은 모두 세계적 차원의 지각변동을 우려하는 목소리들로 가득차 있다. 그 내용은 중국의 새로운 위상과 그에 대한 기대, 미국의 상대적인 쇠퇴, 유럽의 예정된 후퇴 등으로 요약된다. 하지만 일단 금융 시스템이 정비되고 나면 세계경제는 예전과 같은 토대 위에서 다시금 되살아날 수 있다는 게 이들의 생각이다. 이는 금융 투자자들에게 책임을 돌리고 그들이 '주주의 논리'를 포기하길 기대하는 것과 같다. 반면 앙드레 오를레앙은 헛된 기대를 품기보다 자본의 대규모 동원에 대한 억제책을 마련해야 한다고 주장한다. 경제 전문가들 중 경제 위기가 사람들에게 끼치는 해악에 대해 언급한 사람은 프레데리크 로르동 한 사람뿐이다.

경기순환론에 입각해 경제 회복 낙관

미국과 유럽의 은행과 대기업에 대한 대규모 자금 지원과 중국, 인도 경제의 탄력성 덕분에 일단 전 세계적 경제 위기라는 급한 불은 꺼졌다. 국제경제 관련 기구들은 위기가 완전히 진화되었다고 말하긴 힘들어도 최소한 경기가 예상보다 빨리 회복되리라는 전망을 내놓을 수 있게 되었다. 이번 위기는 몇 가지 개혁을 통해 해결될 수 있으며 남은 일은 그 개혁의 성격과 범위를 정하는 것이라고 주장했던 사람들이 옳았던 것처럼 보

---

1 이 글에 언급된 책 외에도 자크 아탈리의 『위기, 그후?La crise, et après?』(2008), 에리크 방젤의 『위기의 연대기Chronologie d'une crise』(2009), 필리프 데세르틴의 『이것은 위기가 아니다(단지 세계의 종말일 뿐이다)Ceci n'est pas une crise (Juste la fin d'un monde)』(2009), 가엘 기로와 세실 르누아르의 『자본주의 개혁을 위한 20가지 제안Vingt propositions pour réformer le capitalisme』(2009), 장루이 샹봉 등의 『금융계를 다시 생각한다Repenser la planète finance—금융 위기에 대한 대조적 시각들』(2009) 등이 있다.

였다. 이런 주장을 담은 가장 대표적인 책 중 하나가 '경제학자서클Cercle des économistes'에서 나왔다. 이 서클은 '조절 학파'를 제외한 대부분의 학파를 아우르는 모임이다. 피에르 도케스Pierre Dockès와 장에르베 로랑지Jean-Hervé Lorenzi 공저의『세계의 종말 또는 위기의 탈출?Fin de monde ou sortie de crise?』(2009)이란 이 책은 두 가지 대조적인 해석을 함께 소개하고 있다. 첫번째 해석은 현 위기가 본래의 경기 사이클의 한 국면으로, 경제를 정화하는 기능을 수행하고 있다는 것이다. 두번째는 성장을 추구하는 경제체제가 종언을 고하고 있으며 '새로운 세계를 창조'해야 할 필요성이 제기되고 있다는 것이다. 피에르 도케스의 해석의 정당성을 논외로 친다면 이러한 대조는 구색 맞추기일 뿐이다.

2009년 7월에 개최된 제9차 모임에서 경제학자서클은 "(일각에서) '정상 영업중business as usual'이란 간판을 내걸고 그저 안심시키기 위해 효과도 없는 위험한 대안을 재시하고 있다"고 비판의 날을 세웠다. 그러면서 '제도적 개혁과 새로운 성장 모델 개발'을 위해 함께 힘을 모으자고 제안했다. 그러나 그들이 제안한 10개 항목은 목적 달성에 별로 효과가 없는 것들이다. 재계의 압력이 강하게 느껴지는 진부한 이론들의 혼합물일 뿐이다. 그들이 제안하는 '은행과 금융에 대한 규제 강화'는 국제결제은행BIS에서 협상된 사항, 특히 은행들이 부외자산[2]을 축적하게끔 부추김으로써 금융 위기를 심화시킨 '바젤 2 협약'의 폐지로 이어질 것이다.

경제 위기가 가져올 여러 가지 놀라운 점 중에서 확실한 것 한 가지는

---

[2]   금융기관의 대차대조표상에 자산이나 부채로 기록되지 않은 거래, 즉 회계장부에 기재되지 않는 거래를 부외거래라고 하며, 이를 통해 모은 자산을 부외자산이라고 한다. 예를 들어 은행에 돈을 맡긴 고객에게는 입금 표시가 찍힌 정상적인 예금통장을 주지만 금융기관의 원장에는 기재되지 않는 경우가 있다. 금융기관 직원들이 고객 예금을 횡령할 때 자주 이용하는 수법이기도 하다.

세계 자본주의의 중심축이 아시아로 이동하리라는 점이다. 이미 2007년 전부터 광범위하게 관측돼온 이런 움직임은 미국에서 금융 위기가 발생하고 이미 허약해진 생산 시스템이 큰 타격을 입음으로써 가속력을 얻게 되었다. 세계경제가 언제 얼마만큼 되살아날 수 있을지는 상당 부분 중국에 달려 있다. 세계경제의 균형을 다루는 다음 저서들은 각각의 방식으로 이런 상황에 불편한 심기를 드러낸다.

중국 등 아시아의 '도덕적 채무' 강조

우선 앙통 브렌데Anton Brender와 플로랑스 피자니Florence Pisani의 저서 『국제금융의 불안정Les déséquilibres financiers internationaux』(2007)을 살펴보자. 이 책은 매우 정교한 논리의 가설을 제시한다. 중국이 이번 위기에 일정 부분 책임이 있으며, 중국은 미국에 대해 채권자이지만 도덕적으로는 빚을 지고 있다고 주장한다. 1990년대 중국은 선진국들이 개인연금저축을 자본화하는 데 기여했다.[3] 원래대로라면 자본 흐름은 지구 북반구에서 남반구 방향으로 이루어졌어야 하지만 실제로는 반대 방향으로 이루어졌다. 브렌데와 피자니는 미국이 개도국에 좋은 역할을 했다고 설명한다. "미국에서 시작된 금융 세계화는 개발도상국(아시아와 페르시아 만 국가)들이 위험부담 없이 자본을 축적할 수 있도록 도와주었다. 만약 미국이나 영국 등 선진국들이 더욱 많이 지출하지 않았더라면 높은 무역수지 흑자를 기록한 국가들이 그들이 벌어들인 것보다 적게 지출하는 게 어떻게 가능했겠는가?"

---

3   이러한 입장은 컨설팅 회사 매킨지의 관점에서 큰 영향을 받았다. McKinsey Financial Institutions Group, "The global capital market: Supply, demand, pricing and allocation", 워싱턴 D.C., 1994 참조.

마찬가지로 "서구의 은행 시스템이 모든 위험부담을 짊어지지 않았다면 개발도상국들이 위험부담 없이 자금을 투자하는 것이 가능했겠는가"? '금융 위험부담의 세계적 연쇄 고리'에 대한 정교한 이론 전개는 미국의 담보대출자들과 신용카드 소비자들을 영웅으로 등극시키는 것으로 귀결된다. 이들이 없었다면 아시아 국가들, 특히 중국의 성장은 불가능했을 것이며, 또한 그림자 금융 시스템Shadow banking system(금융회사들의 모든 부외자본)은 위험부담을 떠맡는 역할을 수행함으로써 결과적으로 전 세계에 이익을 가져다준 셈이라는 것이다.

매년 독자의 관심을 집중시킨 책들을 펴낸 파트리크 아르튀스Patrick Artus와 마리폴 비라르Marie-Paule Virard[4]는 『미국을 구하기엔 너무 늦었나?Est-il trop tard pour sauver l'Amérique?』(2009)에서 '아시아로 이동하는 세계 자본주의 중심축'이라는 주제를 중요하게 다루고 있다. 이들의 방법론도 크게 다르지 않다. 대안세계화주의자들을 비판하면서도 그들의 생각을 가로채는 것으로 시작해 독자를 당황스럽게 하는 온건한 제안들을 제시하며 책을 마무리하고 있다. 이 책은 버락 오바마가 대통령으로 취임한 무렵 미국의 상황을 다음과 같이 묘사한다. 생산에 필요한 만성적인 투자 부족과 생산 시설의 해외 이전이라는 불가역성으로 인해 고도화된 탈산업화 경향, 공적·사적 투자 부족에 따른 인프라 황폐화, 변제 불능에 이른 공적·사적 채무, 구조적인 재정 및 무역 적자, 견딜 수 없을 만큼 심화된 사회 불평등, 의료복지제도의 공백, 심각하게 위협받고 있는 연금 시스템 등이다.

저자들이 보기에 책임은 모두 미국에 있다. 미국은 제조업 공장 일부를

---

[4]   파트리크 아르튀스와 마리폴 비라르의 주목할 만한 저서로는 『자본주의는 스스로를 파괴하고 있다Le Capitalisme est en train de s'autodétruire』(2005)와 『세계화, 최악은 아직 오지 않았다Globalisation, le pire est à venir』(2008) 등이 있다.

해외로 이전했다. 이들은 브렌데와 피자니를 정면으로 반박하진 않지만, "개발도상국에서 수입되는 상품의 60%가 현지로 이전된 미국 기업들에 의해 생산된다(특히 중국의 수출 증가는 현지로 이전된 외국 기업들의 재수입 덕분에 가능했다)"고 지적한다. 아르튀스와 비라르는 "나이키, 휼렛패커드, 모토롤라처럼 이들 국가로 생산 시설을 이전한 회사들이 다시금 본국으로 돌아올 가능성은 거의 없어 보인다"고 정확히 갈파한다.

'오바마 일병 구하기' 협력 강요

미국은 경제 분야에서 '양극화 모델'을 채택한 것으로 보인다. 이 모델은 한편으로는 고도로 전문화된 영역(금융, 경영, 개발)과 다른 한편으로는 열악한 복지와 저임금, 고용 불안을 감내해야 하는 '나쁜 직업군bad jobs'으로 구성된다. 지금까지 미국 경제에 중요한 역할을 하던 부문이 사라지고 있는 것이다. 미국은 매번 차가운 현실의 벽에 부딪힐 때마다 방향 선회를 시도해왔다. 사실상 책의 6장 제목인 '오바마 일병 구하기'가 저자들이 전하고자 하는 메시지다. 이를 위해 "높은 외화 보유율을 자랑하는 국가들이 미국의 서브프라임이나 자산유동화증권ABS 문제에도 불구하고 다시 한번 위험을 감수한다면 미국 경제를 살릴 수 있을 것"이라고 주장한다. 무엇보다 중국이 지나친 대가를 요구하지 않으면서 '협력적인 실천'에 나서야 한다고 촉구하고 있다.

다른 누구보다 앞서 미셸 아글리에타Michel Aglietta는 중국에 관심을 가져왔다.[5] 산드라 리고Sandra Rigot와 공동으로 집필한 『금융의 위기와 혁신

---

[5] 미셸 아글리에타, 이브 랑드리, 『슈퍼파워에 다가선 중국La Chine vers la superpuissance』.

Crise et rénovation de la finance』(2009)에서 그는 확신에 찬 대안을 제시한다. 그에 따르면 중국의 지도자들은 경기부양에 대한 약속을 지키고 세계적 경기후퇴를 막아낼 것이다. 그러나 중국은 사적 연금 시스템을 채택한 국가들을 축으로 하는 세계경제 성장 시스템을 정착시키기 위해 필요한 조치들을 이행해야 한다. 그 일환으로 "국가 규제가 중심이 되는 일종의 사회 시장경제를 건설해야 하며 복지와 교육, 인프라를 위한 막대한 투자와 환경 비용 감축과 비재생산업 축소를 위한 투자가 이루어져야 한다. 이런 투자는 최소한 향후 10년간 이루어져야 한다". 이런 엄청난 양의 투자는 중국 내 저축의 대부분을 흡수할 것이고 마침내 자본화를 통해 외국의 연금저축까지 끌어들이게 될 것이다. 아글리에타가 제시하는 새로운 정책들은 매우 시사적이지만 불확실해 보인다. 이런 불확실성 때문에 아글리에타는 경기 침체가 장기화되고 세계경제 성장률이 약한 회복세를 보이리라고 예상한다. 또다른 이유로는 사적, 공적 채무액의 규모가 막대하다는 점을 들 수 있다.

그러나 이 책에 담긴 더 중요한 메시지가 있다. 금융회사들이 기대하고 있는 시스템 전환을 제안하는 것이다. 아글리에타는 그 누구보다 먼저 금융 위기의 가능성을 예견해왔다.[6] 그는 금융증권화 securitization와 그림자 금융 시스템에 대한 명확한 설명과 함께 강도 높은 비판을 덧붙인다. 2008년 9월 리먼브러더스 파산의 충격을 잊지 말아야 하며 비슷한 일이 언제라도 다시 발생할 수 있음을 경고한다. 한편 10년 전 자신이 '자산증식체

Economica, 파리, 2007 참조.

6   미셸 아글리에타, 로랑 베레비, 『세계 자본주의의 무질서Désordres dans le capitalisme mondial』, Odile Jacob, 파리, 2007 참조.

제'[7]라고 이름 붙인 시스템의 기초를 튼튼하게 재정비해야 할 필요성에 대해서도 역설한다. '금융자본의 일탈'[8]을 비판하던 그는 이제 '금융 혁신'을 부르짖는다. 아글리에타는 반자유주의자도 반자본주의자도 아니다. 그의 저서는 몇몇 독자들이 처음에 그에게 품었을 법한 기대를 저버리고 있다.

주주 권력과 세계화 대세론 추종

왜 개혁 이상을 주장하지 못하는가? 그에 따르면 "주주들로 구성된 근본적인 권력은 여전히 제자리를 지킬 것이며, 누구도 세계화의 추세를 거역할 수 없다. 또한 인구 노령화가 장기연금저축 투자자들에게 부담으로 작용할 것이기 때문이다". 현 위기의 원인이기도 한, 부가가치 분배의 일탈을 교정하기 위해 "포드식 성장이 주를 이루던 시대의 기업 거버넌스에 의한 수익 분배 모델로 되돌아간다는 것은 불가능하다". 아글리에타와 리고의 생각으로는 '금융 세계화에 적합한 새로운 사회계약'은 '장기 투자자로서의 책임'을 감수하는 연기금의 출현을 통해서만 가능해질 수 있다.

이 책에서 국가 규제는 별로 중요하게 다뤄지지 않는다. 국가 규제의 비효율성과 연금과 투자기금으로 인한 국가의 영향력 감소 때문이라고 짐작해볼 수 있다. 저자들은 책의 시작부터 끝까지 '참을성 있는 투자자'라는 개념을 반복한다. 이 투자자들은 노동에 임금 배분과 고용 불안을 조정하는 변수로서의 역할만을 부여하는 주주들과 구별된다. 그들은 실질임금과

---

7   미셸 아글리에타, 「미래의 자본주의Le capitalisme de demain」, 생시몽재단 보고서 제101호, 파리, 1998년 11월.
8   미셸 아글리에타, 앙투안 르베리우, 『금융자본주의의 일탈Dérives du capitalisme financier』, Albin Michel, 파리, 2004 참조.

생산성 향상을 담보하는 장기적인 수익성을 추구한다. 아글리에타와 리고는 결국 이 '새로운 제도권 투자자'들에게 '규율화된 투자' 이상을 요구하지 않는다.

국가 규제와 새로운 사회계약 외면

그렇다고 그 목적에 도달하기 위한 수단에 대한 충고도 없다. 이 책에 언급된 10개의 제안은 경영자들에게 최근에 겪은 실패를 성찰할 기회를 제공해주기는 한다. 이 충고들은 좀더 합리적인 경영에 대해 말하지만 '새로운 사회계약'의 근본 문제에 대한 언급은 찾을 수 없다. '캘리포니아 공무원 퇴직연금CalPERS'이 다른 연금에 비해 위기 속에서 잘 버틸 수 있었다는 사실을 제시한 점은 흥미롭다. 그러나 연금기금 이사회에 노조 대표들이 참여함으로써 어떤 효과를 봤는지에 대한 언급은 책 어디서도 찾을 수 없다. 이들은 예컨대 미국에서 '새로운 사회계약'을 통해 기업들이 노동자의 연금 수혜 권리를 무시하고 노동자에게 퇴직연금저축에 가입하도록 강요하는 일을 금지할 수 있으리라고 말한다. 뉴딜 시대의 자본-노동 역관계에 비견할 만한 오늘의 상황에서 이런 일을 실현시킬 수 있을지 의문이다. 미국자동차노조UAW가 자동차 산업 구제책의 일환으로 퇴직금과 임금 삭감, 고용 감소를 받아들이기로 한 것만 봐도 이런 상황을 실감할 수 있다.[9] 아글리에타와 리고는 복잡한 금융 시스템을 제어할 수 있는 발전된 기술을 내세우지만, 그 이면에는 실현 가능성이 적은 헛된 희망이 도사리고 있다.

---

9   미국 노동조합의 '주주행동주의'의 결과에 대해서는 다음을 참조하라. 프랑수아 셰네, 『세계화된 금융La finance mondialisée―사회적·정치적 기원, 지형학, 결과들』, La Découverte, 파리, 2004의 카트린 소비아트, 「연금기금과 상호신용기금―새로운 주주 권력의 주인공들」.

마지막으로 프레데리크 로르동의 저서 『과도한 위기―파산한 세계의 재건La crise de trop: Reconstruction d'un monde failli』(2009)을 펼쳐 보고 나서야 안도의 한숨이 나온다. 저자는 콘티와 캐터필러, 셀라니스와 몰렉스 노동자들의 분노에 공감한다. "위기의 탈출구로서 자본주의 철폐를 우선적으로 내세우지는 않지만, 대대적인 경제 붕괴가 도래했을 때 생각할 수 있는 한 가지 가능성"으로 남겨둔다. 그럼에도 그의 책은 미래에 대한 '청사진'을 제시하고 있다. 이 청사진을 통해 저자는 스스로 '레코뮌récommune'의 지평'이라 이름 붙인, 자본주의에 대한 대안을 제시하려고 시도한다. 이 용어는 '공유된 것'이라는 뜻의 라틴어 'res communa'와 관련이 있다. 이 새로운 기획은 "민주주의에 대한 급진적 요구들을 모든 경제관계 속에서 실현할 것"을 주장하고 있다.

로르동은 "의회라는 코미디를 위해서만 소용이 있고 단결한 노동자들에게는 아무 의미가 없는 민주주의"에 반대한다. 마르크스가 남긴 이 말은 공교롭게도 공식적 마르크스주의자들에 의해 잊혀왔다.

자원 배분, 누가 결정할 것인가

로르동은 또한 임금노동자들이 이런 사실을 깨닫고 저항을 조직할 수 있도록 하기 위해, 당장 실천이 가능한 구체적인 정치적 목표들을 제시한다. 그중 대표적인 것이 사회화된 신용 시스템이다. 그의 모든 주장을 살펴보면 그가 전통적인 조절 학파와 분명하게 구별된다는 것을 알 수 있다.

로르동은 동료와 친구 들에게 확신에 찬 자신의 가설을 설명했다. 그후 앙드레 오를레앙은 다양한 금융 직종들 간 분리를 강화해야 하며 투기자본의 이동을 제한해야 한다고 결론지었다. 오를레앙에 따르면, 현재 상황은

"금융시장 확대를 특정 경제 부문으로 엄격하게 제한하고 자본 이동의 완전한 자유라는 생각을 재고하도록" 요구하고 있다. 그는 이어서 "관건은 제한이다"라고 역설한다.

로르동의 제안은 이미 많이 알려져 있다. 그중 몇 가지는 『르몽드 디플로마티크』에도 소개된 바 있다.[10] 문제는 그것을 어떻게 실현할 것인가다. 로르동이 제시하는 목표를 달성하고 오를레앙이 제안하는 조치들을 실현하려면 로르동이 '임금 압박(저임금, 고용 불안, 장시간 노동)이 적은 자본주의'라 이름 붙인 체제에 대항하는 광범위한 정치적 행동이 필요하다. 대규모로 연합한 임금노동자들이 자본과 충돌을 빚게 된다면 "어떤 목적으로 얼마만큼의 자원을 생산에 투여할지를 누가 결정할 것인가"라는 질문이 다시금 제기될 수 있지 않을까?

---

10   프레데리크 로르동, 「마침내 비정상적인 금융이 정상화되다, SLAM! Enfin une mesure contre la démesure de la finance, le SLAM!」, 『르몽드 디플로마티크』, 2007년 2월 호와 로르동의 블로그 'la pompe à phynance' 참조.

재판관 노릇까지 하는 피고의 오지랖

—피에르 랭베르

지난 9월 말, 프랑스의 점잖은 대학 강단을 뒤흔드는 사건이 있었다. 릴 1대학 경제학 명예교수 장 가드레Jean Gadrey가 자신의 블로그에 경제학자들과 금융계 사이의 '위험한 관계'[1]를 폭로한 것이다. 총리 직속 기관으로서 최고 전문가들이 모여 있는 프랑스 경제분석위원회CAE 소속 위원 몇몇이 이런 위험한 관계에 결부돼 있는 것으로 보인다. 가드레는 이 같은 가정하에 CAE의 대표인 크리스티앙 드 부아시외Christian de Boissieu와 역시 CAE 자문위원이면서 경제학자서클의 회장직을 맡고 있는 장에르베 로랑지의 이력을 조사했다.

우선 부아시외 대표의 이력부터 살펴보자. 그는 금융계에서 인기가 높은 인물이다. 2008년 초에는 미국이 경기후퇴를 겪지 않을 것이라고 예견하는 명민함을 발휘했다(2008년 1월 24일 칸에서 당시의 모든 상황에도 불구하고 상대적으로 성장에 대해 낙관하고 있다고 밝혔다). 프랑스 경제관측기관 Coe-Rexecode 과학위원회 위원장, 모나코 금융감독위원회 위원장, 뇌플리즈오베세Neuflize OBC 은행 감독위원회 위원, 헤지펀드 HDF파이낸스와 언스트 & 영 프랑스의 경제자문위원, 프랑스 은행감독위원회CECEI 위원 등의 직책을 맡고 있다.

이렇듯 수많은 직책을 맡고 있는 부아시외의 경제 분석이 얼마나 '객관적'인지는 인터넷상으로 알 수 없다. 반면 자유 시장 안에서 그의 강연이 얼마의 가격에 판매되고 있는지는 한 외국 사이트에서 확인할 수 있었다. 그는 30~60분 정도 강연을 하고 1만 2500~5만 유로를 받는다. 자크 아탈리나 베르나르앙리 레비에 육박하는 수준이다.

장에르베 로랑지는 부아시외보다 한발 앞서간다. 그의 이력을 살펴보면, 1994~2000년 보험회사 그라사부아 Gras Savoye 사장과 부사장, 2006년부터 '에드먼드 드 로스차일드 프라이빗 이쿼티 파트너스'의 감독위원회 위원장, 그 밖에 에라메트(광업·철강 회사), GFI 앵포르마티크, BNP파리바 보험, 프랑스텔레콤의 파주존, 와나두, 프랑스 이동통신사협회 등에서 이사를 역임하고 있다. 또한 프랑스 경제관측기관 과학위원회 위원, 부동산 대출 감사위원, 리스크재단(AGF, AXA, 그루파마, 소시에테제네랄 공동 창설)의 감독위원회 위원 등을 맡고 있다.

경제학자이면서 경영자, 이론가이면서 현장실무 책임자인 이들은 모든 자리를 차지하고 있는 셈이다. 한마디로 피고가 재판관 노릇까지 하는 형국이다. 가드레는 진지하게 다음과 같이 질문한다. "그들이 경제, 금융 권력 네트워크 안에서 점유하는 사회적 위치는 경영진 인사나 경제학자들의 경제 분석 내용에 영향을 미칠 정도의 힘을 지니지 않을까?" 그들이 자신의 고용주에게 이익을 가져다주는 규제 완화에 그토록 관대한 이유에 대해서도 마찬가지의 질문을 던질 수 있을 것이다.

부아시외와 로랑지는 가드레의 글을 읽고 언짢은 기분을 숨기지 않았다. 로랑지는 가드레에게 다음과 같이 답했다. "내가 맡고 있는 여러 직책은 오히려 내 지적 호기심과 왕성한 활동력에 대한 증거라고 할 수 있다." 그러나 가드레에 따르면 로랑지의 지적 호기심은 "1930년대의 글들을 재탕하는 수준"[2]에 머물러 있다.

1   http://alternatives-economiques.fr/blogs/gadrey/2009/09/21/les-liaisons-dangereuses
2   http://alternatives-economiques.fr/blogs/gadrey/2009/09/25/reponses-a-jean-gadrey

금융이 투명해져도 위기는 못 막는다

지금까지 발생한 사태들, 가령 주가 폭등과 폭락, 유동성 부족 사태와 내수 침체 등은 금융자본 간 경쟁이 야기한 부작용이었다. 금융자본은 필요한 순간에 경제에 균형을 되찾아줄 수 있는 수단이 없다.

2006년 11월부터 2009년 2월까지 금융시장의 변화를 살펴보면, 금융시장 내부에 불신감이 확산되고 스스로 그 불신감을 무마하려 노력하면서 한편으로는 현금화를 시도하는 양상을 보였다. 불과 몇 달 사이 금융자본주의를 떠받치고 있던 근본 구조가 무너졌다. 기업들은 정부의 긴급 구조 예산으로 연명하고 있으며, 금융 시스템도 엄청난 공적 원조 덕택에 살아남았다. 이 공적 원조가 가능했던 것은 원조의 목적이 금융시장의 이익 논리로부터 독립돼 있었기 때문이다.

상당수 분석가들은 이번 위기가 금융상품의 불투명성에서 기인했다고 지적한다. 그러나 이는 사실이 아니다. 물론 불투명성이 원인을 제공한 것도 사실이다. 그러나 맹목적인 투자는 금융시장의 내재적 복잡성에서만 기인한 것이 아니라 금융인들이 금융상품에 대해 더욱 세밀하게 분석할 필요를 느끼지 못하게끔 한 상황에도 원인이 있다. 이노베이션에 대한 규제, 투명성 증대 등의 조치가 취해지더라도 달라질 건 하나도 없다. 경쟁 메커니즘이 투자자들의 맹목적 투자를 부추기고 있기 때문이다. 완전히 투명성이 확보된 주식도 투기 버블을 만들어낼 수 있다. 인터넷 버블이 좋은 예다. 완전히 투명성이 확보된 인터넷 주식의 주가가 폭등했다. 투자자들은 상장회사들의 적자를 오히려 발전 가능성으로 해석하고는 그 회사들의 주식을 매입했던 것이다. 마찬가지로, 서브프라임이 완전한 투명성을 확보했더라면 하고 가정해봐도 부동산 버블 붕괴라는 결과는 피할 수 없었을 것이다.

—앙드레 오를레앙, 『도취에서 공포로―금융 위기를 생각하다
De l'euphorie à la panique: penser la crise financière』, 100쪽

푸코식
규율국가에서
들뢰즈식
통제국가로

조르조 아감벤 ■ **Giorgio Agamben**

이탈리아의 철학자이자 미학자로, 우리 시대를 대표하는 도전적인 사상가이다. 1942년 로마에서 태어났으며, 로마 대학에서 법학을 전공하고 시몬 베유의 정치사상을 주제로 박사 학위를 받았다. 발터 베냐민과 마르틴 하이데거로부터 깊은 영향을 받은 그의 사유 탐험은 루트비히 비트겐슈타인, 모리스 블랑쇼, 자크 데리다, 질 들뢰즈, 장뤼크 낭시, 안토니오 네그리, 알랭 바디우 같은 현대 사상가들뿐 아니라, 플라톤과 스피노자 같은 고대와 중세 철학자, 유대-기독교 경전의 이론가와 학자 들에까지 걸쳐 이어져왔다. 『내용 없는 인간L'uomo senza contenuto』(1970), 『유아기와 역사』(1978) 등 초기 저작부터 『호모 사케르』 4부작, 『세속화 예찬』(2005) 등을 거쳐 근래의 저작에 이르기까지, 독특한 문학이론과 정치사상, 종교 연구, 문학과 예술이 융합된 그의 저서들은 출간될 때마다 큰 주목을 받았다. 그 가운데서도 뒤늦게 우리말로 번역된 『도래하는 공동체』(1990)는 20세기 공산주의 실험의 실패에 대한 지적 대응이자 자본주의 세계화 이후 활발히 전개되어온 정치철학을 여는 서문 격으로, 그의 오랜 팬임을 자처했던 마이클 하트에 의해 1993년 영어로 번역되기도 했다. 베네치아 건축대학 교수이며 파리 국제철학학교 객원교수이다. 또한 버클리, 어바인 등 미국 대학에서 강의를 해오기도 했는데, 부시 정부 때 도입한 외국인 지문 채집 조치에 항의하여 미국 방문을 거부하고 있다.

2013년 12월 9일 공포된 군사계획법 제20조는 디지털 데이터에 대한 광범위한 감시를 허용하는 것이어서 사람들은 이를 두고 '프랑스식 애국법'이라 부르고 있다. 프랑스 정부가 최우선적으로 내세우는 이 안보의 구실(정치적 전복이나 테러 등)이 종종 바뀌긴 해도, 그 목적은 국민을 다스리는 것이다. 안보의 기원을 이해하고 안보 장사를 차단하기 위해서는 18세기까지 거슬러올라가야 한다.

프랑스어, 영어, 이탈리아어로 쓰인 '보안상의 이유로'란 경구가 모든 논의를 차단하는 당국의 논거처럼 작동하며, 이 경구가 없다면 사람들이 받아들이지 않을 법한 전망과 대책이 도입되고 있다. 얼핏 무해한 듯하지만 전혀 다른 정치적 개념의 위상을 차지한 것처럼 보이는 경구, 즉 보안을 반박할 필요가 있다.

사람들은 보안 정책의 목적이 단순히 위험과 혼란, 더 나아가 재해를 방지하는 데 있다고 여길 수 있다. 왜냐하면 문헌학적으로 보안 개념의 기원을 "국민의 안녕이 최상의 법"이란 고대 로마의 격언에 두기 때문이다. 따라서 이런 격언은 비상사태의 패러다임 속에 등재되어 있다.

원로원의 최종 권고와 고대 로마의 독재[1]를 떠올리고, "필연성(궁핍)에는 법률이 없다necessitas legem non habet"는 교회법의 원칙을 되새기며, 프랑스혁명 동안 가동된 공안위원회[2]를 숙고하자. "국가의 안전을 위협할 수도 있었던 혼란"을 상기시키는 프랑스 공화력 8년(1799) 헌법을 유념하고, 더 나아가 사회주의국가 체제의 법적 토대이자 "공공의 안전"도 함께 언급한 바이마르헌법(1919) 제48조를 숙고하도록 하자.

설령 이 문헌학의 말이 옳다 하더라도 현대 보안장치를 설명해주지는 않는다. 비상 절차는 한정된 시간 내에 법률 보장을 중단하고 즉각적이고 실제적인 위협을 필연코 제거하는 게 목적이다. 하지만 오늘날 떠들어대는 '보안상 이유'는 이와 달리 통상적이고 상투적인 정부의 기술이다.

미셸 푸코는 현대 보안의 기원을 비상사태 속에서 찾기보다는 초기 근대 경제, 즉 프랑수아 케네François Quesnay, 1694~1774와 중농주의자들[3]에게서 찾으라고 조언한다.[4] 웨스트팔리아조약(1648)[5] 직후, 절대국가들은 자신들의 담론에 군주는 국민의 보안을 보살펴야 한다는 아이디어를 도입했다. 그리고 케네에 이르러서 보안, 아니 '안전'이 정부 교리의 핵심 개념이 된다.

---

1   심각한 혼란의 경우, 로마 공화국은 예외적인 방법으로 재판관(독재자)에게 전권을 맡길 수 있는 길을 터놓았다.
2   협약에 의해 도입된 이 위원회는 침략과 내란의 위험에서 공화국을 보호하는 것이 목적이었다.
3   중농주의는 농업을 기반으로 경제 발전을 도모하고 무역과 산업의 자유화를 촉진했다.
4   미셸 푸코, 『보안, 영토, 국민Securite, Territoire, Population—콜레주드프랑스 강의 1977~1978』, Gallimard-Seuil, 파리, 2004.
5   웨스트팔리아조약은 가톨릭교회가 지지하는 합스부르크 진영과 신성로마제국이 지지하는 독일 개신교 진영 간 30년 전쟁에 종지부를 찍고, 민족국가를 바탕으로 유럽의 질서를 확립했다.

'보안상 이유'는 정부의 상투적인 기술

그로부터 2세기 반이 지난 후, 백과사전 '곡물' 편에 실린 케네의 글은 현대 정부 형태를 이해하는 데 필수가 되었다. 나아가 이 글이 발표되자, 볼테르는 파리 시민들이 경제와 농업 이야기를 하기 위해 연극과 문학 토론을 중단했다며 두둔했다. 따라서 정부가 타개해야 하는 주요 문제 중 하나는 빈곤과 기근이었다. 케네 이전까지만 해도, 정부는 공공 곡물 창고를 세우고 곡물 수출을 금지함으로써 빈곤과 기근을 방지하기 위해 노력했다. 그러나 이러한 방지책은 생산에 부정적인 영향을 미쳤다.

케네의 아이디어는 이와는 정반대 방법이었다. 기근을 방지하기 위해 노력하는 대신 기근이 발생하도록 방치해두었다가, 국내외 무역자유화를 통해 기근을 조종했다. 'gouverner'(조종하다)라는 어원 그대로 반영된 것이다. 예컨대 방향키를 잡은 사람, 즉 훌륭한 항해사는 폭풍을 피할 수는 없어도, 만약 폭풍이 발생하면 자신의 배를 운항할 능력이 있어야 한다는 의미이다.

사람들이 케네의 표현으로 여기는 '자유방임주의'란 경구를 바로 이런 의미로 이해해야 한다. 하지만 사실 그는 이런 말을 쓴 적이 없다. 이 경구는 경제 자유주의의 좌우명조차 될 수 없다. 왜냐하면 보안(케네가 언급한 '농민과 노동자의 안전')의 초점을 혼란 및 재앙 방지책에 두는 게 아니라, 혼란과 재앙을 유용한 방향으로 유도하는 능력에 두는 정부의 패러다임을 가리키는 것이기 때문이다.

혼란과 재앙의 원인을 '조종'하는 것은 헛되거나 아무래도 비용이 커서, 결과를 '조종'하는 편이 훨씬 유용하고 확실하다. 이런 명제는 경제에서 생태 환경에 이르기까지, 외교 및 군사 정책에서 국내 보안 및 치안 대책에 이르기까지 우리 사회에 영향을 미치고 있어 그 중요성을 무시할 수가 없다. 또한 경제 부문의 절대자유주의와 전례 없는 보안 통제 간의 기이한 융합에 대한 이해를 돕는 것도 바로 이런 명제이다. 명백한 모순을 보여주는 두 가지 예가 있다. 우선 식수의 예를 들어보자. 세계 대부분의 지역에서 곧 식수가 부족하리라는 사실을 사람들은 알고 있지만, 진지하게 식수 낭비 방지책을 시행하는 국가는 단 한 곳도 없다. 반면에, 사람들은 세계 각지에서 거대한 시장으로 변모해가는 오수 처리 기술의 발전과 늘어나는 공장들을 목격한다.

파시스트 행위와 다름없는 생체 인식 장치

두번째 예는 현재 보안 기술 중 특히 염려스러운 것 중 하나인 생체 인식 장치이다. 생체 인식 기술은 19세기 후반 프랑스에서 등장했다. 범죄학자 알퐁스 베르티용Alphonse Bertillon, 1853~1914은 얼굴 인식 사진과 인체 측정법을 활용해 표준 어휘로 인상 기록 카드상의 개개인을 묘사하는 이른바 '말하는 초상화'를 구축했다. 뒤이어 곧바로 영국에서는 찰스 다윈의 사촌이자 베르티용의 열렬한 팬인 프랜시스 골턴Francis Galton, 1822~1911이 지문 인식 기술을 개발했다. 그러나 분명한 것은 이러한 장치가 범죄를 예방해주지는 못했어도 혼동하지 않고 재범자들을 식별할 수 있게 해줬다는 점이다. 사람들은 다시 한번 중농주의자들의 보안 모델 개념, 즉 범죄를 단 한 번만 저질러도 국가가 효과적으로 대처할 수 있음을 발견했다.

재범자와 외국 범죄자를 파악하는 데 있어, 인체 측정법은 오랫동안 독보적인 지위를 유지했다. 1943년까지만 해도, 미 의회는 모든 시민에게 지문이 포함된 신분증을 부여하기 위한 시민 식별 법안 도입을 반대했다. 이러한 신분증은 20세기 후반에 와서야 보편화되었지만, 신분증에 지문 날인을 하는 단계는 최근에야 그 문턱을 넘었다. 삽시간에 지문과 홍채 구조를 스캔할 수 있는 광학 스캐너가 경찰서 밖으로 생체 인식 장치를 끄집어내 일상생활에 뿌리내리게 한 것이다. 그에 따라 일부 국가에서는, 아이들이 멋모른 채 손을 올려놓는 광학 판독 장치를 통해 학교 구내식당 입구를 통제하고 있다.

이러한 도구를 썼더라면, 더할 나위 없이 효과적인 자료를 토대로 매우 빠른 시간 내에 유대인을 말살했을(또는 상상도 할 수 없는 다른 대량 학살들을 저질렀을) 것이다. 현재 유럽 국가에서 시행중인 보안법은 일부 측면에서 20세기 파시스트 국가의 보안법보다 훨씬 엄격하다. 이탈리아에서는 1926년 베니토 무솔리니 정권이 도입한 공공보안법TULSP이 아직까지 대부분 시행중이다. 하지만 테러 격화 시기(1968~1980년대 초반)에 도입한 반테러법은 TULSP의 조항보다 더 제한적이다. 그에 비해 프랑스의 반테러법은 이탈리아 법안보다 훨씬 엄격해, 파시스트 법안과 별반 다르지 않다. 보안장치의 확산은 정치 모델의 변화를 방증한다.

공적 영역과 사적 영역이 미분화된 현대사회

독일 역사학자 크리스티안 마이어Christian Meier는 기원전 5세기 그리스에서 일어난 시민권의 정치화를 통한 정책 구상 방법의 변화를 이미 설명한 바 있다. 그때까지만 해도 도시의 모습은 귀족과 문화 공동체의 구성원, 농민과 상인, 영주와 평민, 가장과 부모 등과 같은 지위와 조건에 따라 규정되었기 때문에, 정치적 시민권의 행사가 사회적 정체성의 기준이 되었다. 마이어는 다음과 같이 썼다. "예컨대 그리스 정치의 정체성은 아주 특이하다. 이 정체성 안에는 개인은 시민처럼 행동해야 한다는 생각이 제도적 형태로 함축되어 있다. 경제적 또는 종교적 공동체를 토대로 형성된 그룹 구성원은 정치 무대에서 뒷전으로 밀려났다. 민주주의 시민들이 정치 생활에 열중한다는 측면에서, 이들은 스스로를 폴리스의 구성원으로 이해했다. 폴리스와 폴리테이아(고대 그리스의 국제), 시민과 시민권은 상호적으로 스스로를 정의했다. 따라서 시민권은 하나의 활동과 삶의 형태가 되었고, 이 삶의 형태를 통해 폴리스, 즉 도시는 집을 지칭하는 이른바 오이코스(공적 영역으로서의 폴리스에 대비되는 사적 생활 단위로서의 '집'을 의미하는 그리스어)와는 확연히 구별되는 부문으로 자리잡았다. 정치는 말 그대로 필요성이 지배하는 사적인 영역과 반대로 자유로운 공적 영역이 되었다."[6] 마이어는 이러한 정치화 과정, 특히 그리스의 정치화 과정이 유럽 정치에 유산으로 전해졌으며, 비록 신분의 고하를 드러내는 것이긴 했지만 시민권이 생겨나게 된 결정적인 요인이라고 파악했다.

그러나 시민권을 도입한 바로 이 요인이 점차 전도된 과정, 즉 탈정치화 과정 속에 휩쓸리고 있다. 예전에는 능동적이고 타협을 모르던 정치화의 임계점, 즉 시민권이 완전히 수동적인 조건으로 전락하며 활동과 비활동, 공공 영역과 민간 영역이 흐릿해지고 뒤섞여버린 것이다. 그래서 일상적인 활동과 삶의 형태는 이제 법적 지위와, 갈수록 여론조사를 닮아가는 투표권 행사로 국한되어 구체화되었다.

보안장치는 이러한 과정에 결정적인 역할을 했다. 이전까지 범죄자에

---

6   크리스티안 마이어, 「기원전 5세기의 정치적, 사회적 세계 개념의 변화Der Wandel der poli-tisch—sozialen Begriffswelt im V Jahrhundert v. Chr.」, 라인하르트 코젤레크 엮음, 『역사적 의미와 개념의 역사 Historische Semantik und Begriffsgeschichte』, Klett—Cotta, 슈투트가르트, 1979.

적용되던 신원 식별 기술은 점차 모든 시민에 확장 적용되면서 시민의 정치적 정체성에 필연적으로 영향을 미치고 있다. 인류 역사상 처음으로, 정체성은 더이상 사회적 페르소나의 신원을 인식하는 '이름'과 '명성' 기능으로 쓰이는 게 아니라, 잉크를 묻힌 내 엄지손가락이 종이 위에 또는 DNA의 이중나선 구조 속 유전자 배열 위에 남긴 황당무계한 아라베스크들, 즉 당사자와 아무런 유대관계도 유지할 수 없는 생체 정보로 쓰이고 있다. 따라서 가장 중립적이고 가장 사적인 것은 공적인 성격이 제거된 채 사회 정체성의 매개 수단으로 전락했다.

본인의 의지와 무관하게 생체 인식 기준이 정체성을 결정하는 가운데 정치적 정체성 구축, 즉 개개인의 정치 동향을 파악하는 데이터베이스 구축은 논쟁거리가 되고 있다. 나는 내 지문 및 유전자 코드와 어떤 유형의 관계를 맺을 수 있을까? 우리가 사태를 파악할 때 주로 쓰던 윤리적, 정치적 영역은 의미를 잃고 완전히 처음부터 다시 생각해야 할 판이다. 그리스의 시민이 사적 영역(종족 번식 공간)과 공적 영역(정치적 장소) 간의 대립 관계로 정의된다면, 현대 시민은 오히려 공적 영역과 사적 영역이 미분화된 영역에서 살거나 토머스 홉스의 말처럼 물리적 몸과 정치적 몸 사이에서 살고 있는 것처럼 보인다.

푸코식 규율국가에서 통제국가로

이러한 미분화는 우리 도시 거리의 감시카메라에서 구체적으로 드러난다. 이 장치는 지문과 마찬가지로 감옥용으로 설계된 것이지만, 점차 공공장소로 확대되었다. 그러나 감시카메라가 설치된 영역은 더이상 광장이 아니기에, 공적인 성격을 전혀 지니지 못한다. 이를테면 공적 영역과 사적 영역, 감옥과 포럼 사이의 회색지대이다. 이러한 변화에는 많은 이유가 있지만 특히 생체정치 쪽으로 기울고 있는 현대 권력의 일탈이 주요 원인이다. 생체정치는 단지 영토에 대한 주권만 행사하는 게 아니라, 개인의 생물학적 삶(건강, 생식능력, 성性 등)을 지배하는 것이다. 이러한 생물학적 삶의 개념이 정치 중심으로 이동하는 것은 신체적 정체성이 정치적 정체성보다 우위를 차지함을 의미한다.

그러나 사회적 정체성을 신체적 정체성에 도입한 것은 재범자와 위험인물을 식별하겠다는 고뇌에서 시작되었다는 사실을 잊어서는 안 된다. 따라서 범죄자 취급을 당한 시민들이 국가가 정상적으로 보존하고 있는 자신에 대한 보고서가 의심과 개인정보 수집 그리고 통제를 위한 것임을 당연히 알면서도, 결국 이를 수용할 수밖에 없다는 것이 결코 놀라운 일은 아니다. 위험을 무릅쓰고, 여기서 거론하고 싶은 암묵적인 명제가 있다. "생존하는 존재, 모든 시민은 잠재적인 테러리스트이다." 하지만 이러한 명제에 의해 지배되는 국가와 사회는 무엇일까? 이러한 국가와 사회를 여전히 민주적 혹은 더 나아가 정치적이라 정의할 수 있을까?

푸코는 '콜레주드프랑스Collège de France'에서 진행한 강의와 저서 『감시와 처벌』(1975)에서 현대 국가의 유형을 분류했다. 이 철학자는 "백성을 죽이거나 살게 두는 것"이라는 모토를 지니며 일명 영토국가 혹은 주권국가로 정의되는 '앙시앵 레짐Ancien Régime'이 어떻게 점차 국민의 국가, 주민이 정치적 민중으로 치환되는 국가로 발전하고, 이어 "백성을 살리거나 죽게 두는 것"이라는 반대 모토를 지닌 규율국가, 즉 백성의 삶을 관리해 건강하고 유순하고 질서를 잘 지키는 백성을 양성하는 국가로 발전하는지를 보여준다.

현재 유럽의 국가는 규율국가는 아니다. 질 들뢰즈의 표현대로 오히려

'통제국가'이다. 이 국가는 명령을 하거나 규율을 잡는 게 목적이 아니라, 관리와 통제가 목적이다. 2001년 7월 제노바에서 벌어진 G8 정상회담 반대 시위를 폭력 진압한 후, 이탈리아의 한 경찰 공무원은 정부는 경찰이 질서를 유지하길 원하는 게 아니라 혼란을 관리하길 원한다고 밝혔다. 그는 이를 못마땅하게 생각했다. 한편 미국의 애국법과 9·11 반테러법[7]에 따른 헌법의 변화에 대해 성찰을 시도했던 미국의 지식인들은 '보안국가secu-rity state'라는 말을 선호한다. 하지만 '보안'이 무슨 의미일까?

프랑스혁명 동안, 보안 혹은 당시 말대로 '안전' 개념은 경찰 개념과 함께 뒤섞였다. 1791년 3월 16일의 법과 1792년 8월 11일의 법은 프랑스 법률의 근대성에 장구한 역사로 남을 아이디어, 즉 '보안 경찰'을 도입한다. 이 법안을 채택하기 전에 진행한 토론에서는 경찰과 안전을 상호적으로 분명히 정의하고 있다. 하지만 아르망 장소네Armand Gensonné, 마리장 에로드 세셸Marie-Jean Hérault de Séchelles, 자크 피에르 브리소Jacques Pierre Brissot를 비롯한 입안자들은 이 둘을 따로 정의할 수가 없었다. 토론은 경찰과 사법부의 관계를 주로 다뤘다. 장소네는 "두 권력이 완전히 별개로 분리되었다"고 주장했다. 하지만 사법부의 역할은 명징하게 정의한 반면에, 경찰의 역할은 정의하지 못했다.

해산 가능한 정부 형태 고민해야

국회의원들의 담론 분석은 경찰의 지위가 본질적으로 정의할 수 없는

---

7   체이스 마다르, 「강화 일변도의 미국 국가 안보 체제」, 『르몽드 디플로마티크』, 2012년 10월 호를 참조하라.

것이기에, 지금의 지위 그대로 놓아두어야 한다는 의미이다. 경찰이 완전히 사법부에 흡수되면 더이상 존재할 수 없기 때문이다. 유명한 표어 '감사監査의 여백marge d'appréciation'은 여전히 경찰관의 활동을 관리하며 특징짓는다. 공공의 안전을 위협하는 구체적인 상황에 관한 한, 경찰관은 최고의 권위를 가지고 행동한다. 이 집행관은 판사의 판결을 내리거나 사람들이 주로 잘못 인식하고 있는 것처럼 판사의 판결을 준비하지도 않는다. 모든 판결은 원인을 함축하고 있다. 그러나 경찰은 판결 결과에 개입한다. 말하자면 진위를 결정할 수 없는 일에 개입하는 것이다.

이런 진위를 결정할 수 없는 일은 더이상 17세기처럼 '국가이성'으로 불리지 않고 '보안이성'으로 불린다. 따라서 비록 경찰의 정의가 공권의 교리에서 블랙홀이 되고 있지만, 보안국가는 경찰국가이다. 18세기 프랑스와 독일에서는 니콜라 들라 마레Nicolas de La Mare의 경찰 조약과 요한 하인리히 고틀로프 폰 유스티Johann Heinrich Gottlob von Justi의 경찰학이 등장하며, 경찰이 본래의 어원인 폴리테이아로 회귀해 실제 정치를 지칭하게 된다. 한편 '정치'란 용어는 오로지 국제 정치만을 지칭했다. 따라서 폰 유스티는 한 국가가 다른 국가들과 맺고 있는 관계는 폴리티크(정치)라 불렀고, 한 국가가 스스로와 맺는 관계는 폴리차이(경찰)라 불렀다. "경찰은 한 국가가 자신 스스로와 맺는 힘의 역학관계이다."

보안이라는 기치 아래 놓인 현대 국가는 정치 부문을 탈피해 지리와 국경도 잘 분간할 수 없는 황무지, 즉 정치적 모델이 없는 곳으로 진입했다. 어원이 '근심의 부재'를 뜻하는 이 (황무지) 국가는 어원과 달리 민주주의를 위험에 빠뜨림으로써 우리의 가장 큰 근심거리가 되고 있다. 왜냐하면 그곳에서는 정치 생활이 불가능하기 때문이다. 더군다나 민주주의와 정치 생활은 적어도 우리 전통 속에서는 동의어가 아니던가.

이러한 국가에 직면한 우리는 정치적 갈등의 전통적 전략을 재고할 필요가 있다. 보안 패러다임 속에서, 모든 갈등과 정부를 전복하려는 다소 폭력적인 시도는 국가에 이 같은 갈등의 결과를 조종해 자신의 이익을 챙길 수 있는 기회를 제공하고 있다.

　악순환 속에서, 테러와 국가의 대응을 밀접하게 연결하는 변증법이 이를 반증한다. 현대 정치의 전통은 새로운 헌정 질서를 갖춘 입헌 정부처럼 행동하는 혁명(정부) 형태하에서의 급진적인 정치 변화를 모색했다. 그러나 이런 (혁명정부) 모델은 포기해야 한다. 오히려 그보다는 보안장치에 의해 사취당하지도, 폭력의 악순환 속으로 추락하지도 않을 전적으로 해산이 가능한 정부를 생각해봐야 한다. 만약 사람들이 보안국가의 반민주주의적인 일탈을 저지하고 싶다면, 이러한 해산 가능한 정부의 형태와 방식의 문제가 분명 중요한 정치적 과제가 될 것이기에, 향후 몇 년 동안 우리는 이 문제에 대해 꼭 생각해봐야 한다.

패스트푸드에 저항하는 미국인들

토머스 프랭크 ■ Thomas Frank

미국의 언론인이며 역사학자이다. 1965년 미주리 주 캔자스시티에서 태어나 캔자스 주 미션힐스에서 자랐다. 시카고 대학에서 역사학 박사 학위를 받은 그는 시장만능주의를 비판한 『하늘 아래 유일한 시장One Market under God』(2000), 보수 정권의 무능과 부패를 분석한 『난파선의 선원들The Wrecking Crew』(2008)과 같은 베스트셀러를 낸 저술가이기도 하다. 『왜 가난한 사람들은 부자를 위해 투표하는가What's the Matter with Kansas?』는 2004년 출판되자마자 미국에서 베스트셀러가 된 것은 물론, 지금까지도 미국과 유럽에서 큰 선거가 있을 때마다 올바른 선거를 치르기 위해 정치인과 언론이 어떤 자세를 취해야 하는지, 유권자는 어떻게 정당과 정치인을 평가해야 하는지 새로이 각성하게 하는 참고서 역할을 해오고 있다. 또한 『실패한 우파가 어떻게 승자가 되었나Pity the Billionaire』(2011)를 통해 보수 우파의 교묘하고도 변화무쌍한 집권 전략을 폭로했다. 2008년 금융 위기의 원흉임에도 그 책임을 지기는커녕 버젓이 재기하는 보수 우파의 모습, 또 그에 제대로 대응하지 못하는 민주당의 무능을 그려내기도 했다.

버락 오바마 미국 대통령은 최근에 자신의 두번째 임기의 주요 목표를 '불평등 감소'로 정했다. 이를 위해서는 미국 100여 개 도시의 패스트푸드 점 직원들을 파업으로 내몬, 7년간 동결된 최저임금을 인상해야 한다. 노스캐롤라이나 주의 더럼 시를 벗어난 운전자는 힐스버러 도로를 타고 이상한 영토의 복판으로 접어든다. 그의 백미러에 멋진 듀크 대학 건물이 들어오는가 싶더니 맥도널드, 크래커배럴, 웬디스, 칙필레, 아비스, 와플하우스, 보쟁글, 비스킷빌, 서브웨이, 타코벨, 켄터키프라이드치킨KFC 등이 줄지어 나타난다. 모든 대형 패스트푸드 체인점이 반경 1.5킬로미터 안에 빼곡히 들어차 있다.

만약 칼로리로 가득하고 역동적인 이 아스팔트 간선도로를 걸어간다면, 길가에 쌓인 기름종이와 종이컵을 발견하게 될 것이다. 그러나 사실 이곳에서는 보통 라디오를 들으며 자동차 앞유리 너머로 밖을 내다보는 게 전부이다. 길가에 보행자가 나타나면 운전자들은 당황한다. 바로 그런 이유로 나는 길가를 걷다가 두 번이나 차에 치일 뻔했다. 그러나 나를 정면으로 들이받은 것은 자동차가 아니라 오히려 내 눈에 들어온 광경, 한눈에 파악할 수 있는 패스트푸드에 요구되는 가혹한 효율성이었다.

대량생산이 가능한 와플 틀, 한 번에 두 통을 튀겨낼 수 있는 튀김 팬, 일렬로 늘어선 양념 분배기, 고객이 가슴에 커피를 쏟을 걱정 없이 음료를 마실 수 있도록 흡입구를 다시 덮을 수 있게 제작한 아주 편리한 플라스틱 커피잔 뚜껑 등, 인간의 독창성을 증명하는 수많은 물품 앞에서 사람들은 찬탄할 수밖에 없다. 하지만 이 효율성의 집약은 연료와 에어컨 그리고 쓰레기 배출과 같은 엄청난 낭비를 통해 얻은 것이다. 산업공학의 걸작 이면에는 자원의 낭비와 가혹한 인력 착취가 있는 셈이다.

엄청난 쓰레기양과 맞바꾼 편리한 물품들

사람들은 이 같은 대중 음식 문화의 혁명에 도달하기 위해 국가적으로 쏟아부은 엄청난 노력을 생각하며 감동한다. 농업 지원금, 관개수로 공사, 고속도로 건설 프로그램…… 미국이 지난 80년 동안 자랑하던 이 모든 대규모 공사가 결국 음식 거리인 힐스버러와 전 대륙을 잇는 도로 건설에 쓰였단 말인가? 이런 집단적 도약으로 누구는 뼈 빠지게 일해 박봉을 받고, 누구는 떼돈을 번단 말인가?

지난여름, 더럼 시에서 일어난 특별한 사건이 패스트푸드 업계를 뒤흔들었다. 파업이 일어난 것이다. 노조에 적대적인 지역으로 유명한데다 하디스, 보쟁글, 크리스피크림 등이 탄생한 곳으로 일종의 패스트푸드의 요람으로서 자부심이 강한 노스캐롤라이나 주에서 파업이 일어나리라고는 누구도 예상하지 못했다. 시위는 버거킹에서 시작됐다. 교차로 정중앙에 위치한 버거킹 건물은 식당보다는 타타르 사막의 작은 요새를 연상시킨다. 아침 6시에 일부 직원들이 건물 앞에 일렬로 늘어서서 외쳤다. "노동자의 권리도 인권에 속한다!" 너무 이른 아침 시각이라 사람들의 호응이 적자, 이들은 구호를 바꿔 이 점포에서 받는 최저임금을 넣어 외쳤다. "7달러 25센트론 못살겠다!" 금세 현지 뉴스 채널의 기자들과 순찰차 두 대가 당도했다. 매장 안에 혼자 앉아 있던 고객 한 명이 버거킹 창문을 통해 밖을 구경했다. 러시아워와 함께, 운전자들이 이들의 파업을 지지하기 위해 경적을 울렸다.

자녀 부양도 못하는 잘못된 노동의 대가

아침 시간이 끝날 무렵, 시위대는 시위를 확산시키기 위해 더럼 시 중심가에 있는 맥도널드와 롤리 시의 8차선 도로에 위치한 리틀시저 앞에 모였다. 한눈에 봐도 시위대의 수가 불었다. 시위대가 인도 가장자리에 모여서 플래카드를 휘두르는 동안, 이들의 자녀들은 도시 외곽의 나무 밑에서 놀고 있다. 트럭 운전자들이 시위대와 연대를 표명하기 위해 경적을 울린다. 그 앞을 지나는 픽업트럭 운전자들의 욕설도 간간이 들린다. 이날 시위대가 마지막으로 도착한 곳은 롤리 시에 있는 KFC였다. 여름날 오후 4시의 더위도 시위대의 열기를 꺾진 못했다. 이들의 수는 이제 150명으로 늘었다. 전미흑인지위향상협회NAACP의 현지 지부 회장인 목사 윌리엄 바버 2세도 이들과 합류했다. 그는, 2013년 1월 취임한 이후 1000명에 달하는 시위자들의 체포를 주도한 노스캐롤라이나의 공화당 소속 새 주지사 패트릭 매크로리의 탄압정책을 규탄하는 시위를 매주 개최하고 있다.

관절염 때문에 약간 구부정한 거대한 몸, 도시의 소음을 잠재우는 강력한 저음의 소유자인 바버 목사가 KFC 앞에 운집한 군중을 향해 열변을 토한다. "패스트푸드점의 종업원은 아무리 많은 시간을 근무해도 수입이 넉

넉지 못합니다." 그가 덧붙여 말했다. 시위대가 말하고자 하는 것은 "자신의 노동에 대한 대가를 누릴" 권리이다. 이 말은 그냥 나온 게 아니었다. 이말은 노예제도가 종식된 후 미국 남부의 아프리카계 미국인들이 한 말 중하나였다. 연사는 다음과 같이 말하며 이 표현의 의미를 좀더 구체화했다. "저는 노동의 대가가 부패했다는 것을 여러분에게 알리기 위해 이곳에 왔습니다. 여러분이 KFC에서 일하면서 그곳에서 판매하는 닭을 겨우 사먹을수 있을 만큼만 번다면, 노동의 대가는 잘못된 것입니다. 여러분의 노동이다른 사람들을 먹여살리지만 정작 여러분의 자녀들을 먹여살리지 못한다면, 노동의 대가는 잘못된 것입니다."

1년이 넘게 미국을 휩쓸었던 패스트푸드 업계 시위에 대해 기사가 쏟아져나왔다. 시위는 펜실베이니아에서 뉴욕 주로, 로드아일랜드에서 사우스캐롤라이나로 번진 데 이어, 2013년 12월 5일에는 미국의 100개 도시 이상에서 시위가 일어나며 전국 파업이 절정에 달했다. 그러나 사람들이 이날노스캐롤라이나에서 목격한 것은 전통적인 의미의 파업이 아니었다. 다른주들에서는 국제서비스노동조합SEIU이 파업을 지지하며 동참한 인원수가많아 다수의 매장이 문을 닫았지만, 더럼과 롤리에서는 산발적인 집단 시위에 그쳤다. 이곳에서는 소수의 직원들만 파업에 참여했다. 그 어떤 노조도 이들을 돕지 않았다. 이들을 도우러 온 단체는 주민보호단체인 액션노스캐롤라이나Action NC가 고작이었다.

그 어떤 노조도 그들을 돕지 않았다

이날 노스캐롤라이나에서 만난 패스트푸드 노동자들은 노조의 관행을전혀 모르는 것처럼 보였는데, 그리 놀랄 일도 아니었던 셈이다. 하이힐을 신어 행동이 자유롭지 못한 한 여성 시위자가 자신들에게 닥친 갈등을 예상하지 못했다고 인정한다. 피켓 시위 때 벌어질 수 있는 물리적인 충돌에 대비한 사람은 아무도 없었다. 또한 소비자들의 매장 출입을 진지하게 만류하겠다고 나서는 사람도 아무도 없었다. 숨막히는 더위에, 일부 시위대는 자신들이 일하는 매장에 들러 음료를 주문하는 데도 거리낌이 없었다. 더군다나 이들 대부분은 자신들의 행동, 문제가 되는 이 같은 천진난만함이 업주들로부터 분노를 사리라고는 한순간도 상상하지 못했다. 그러나 노조의 권리가 실질적으로 존재하지 않는 주에서 파업에 대한 업주의 분노는 당연한 것이었다. 실제로 노스캐롤라이나의 노조 가입률은 미국에서 가장 미미하다.

이와 반대로, 직원들의 불만은 확고했다. 검은 원피스에 십자가 목걸이를 한 윌리에타 듀크스는 프랜차이즈 패스트푸드의 싸구려 일자리를 전전하고 있다. 그녀는 자신의 일에 정성을 다하며 고객을 만족시키기 위해 노심초사한다고 했다. 하지만 16년 동안 식용유에 빠져 살며 아이 둘을 키웠지만 여전히 집을 장만할 형편이 못 된다고 했다. 지금은 큰아들네 손님방에 머물고 있다. 그러는 동안 업주들은 자신들이 받는 보너스에 환호한다. 어느 날, 그녀가 근무하는 매장의 매니저는 저녁에 따뜻한 물에 목욕을 하면 스트레스를 줄일 수 있다며 자신의 노하우를 전수했다. 하지만 그녀는 "난 집이 없다!"며 한숨을 쉰다. 최근에 회사는 그녀에게 노조의 유해성에 대해 경고하기 위해 페덱스로 우편물을 하나 보내왔다.

딸 보기가 부끄러워 슬프다

루시아 가르시아는 버거킹의 피켓 시위에 여섯 살 난 아들을 대동했다. 그녀는 최저임금보다 70센트가 더 많은 시간당 7.95달러를 받고 교외에 있는 맥도널드에서 일하고 있다. 이 같은 혜택(최저임금보다 높은 임금)에도 불구하고, 게다가 남편도 일을 하는데도, 그녀의 가족은 교회에서 배급하는 식량 덕분에 허기를 달래는 실정이다. 온종일 햄버거를 팔고 있는 사람이 이러니 어처구니가 없다. 그녀는 "딸 보기가 부끄러워 슬프다"고 했다. 지금 시행중인 패스트푸드 업계의 급여정책이 미국에서 1300만 명을 먹여살린다는 사실을 모르는 사람은 더이상 없다. 또한 이런 정책을 정당화하는 논거도 모두가 알고 있다. 대부분의 직원이 학위도 없고, 책임져야 할 가족도 없다. 이들은 이 첫 직장을 추후에 좀더 돈이 되는 직장을 구하기 위한 기회로 여기며 산다. 요컨대 패스트푸드점에서 일하는 것은 일종의 국가를 위한 봉사활동, 즉 과거 선조들이 이행한 현대판 병역의무인 셈이다.

그러나 노스캐롤라이나 매장에서 일하는 직원들을 보면 이런 논거들은 다 부질없는 것이다. 이들은 주로 중년인데다 한 가정의 아버지나 어머니이다. 적어도 롤리에서 인터뷰한 파업 가담자 중 한 명은 대학 졸업장도 있었다. 직업은 직업인 셈이다. 그리고 요즘같이 어려운 시기에 많은 사람들에게는, 질은 형편없지만 가격 부담이 없는 음식을 제공하며 위용을 자랑하는 패스트푸드점들이 연령이나 자격 여부와 무관하게 밥벌이를 할 수 있는 유일한 곳이다.

연령과 자격을 안 따지는 유일한 밥벌이 수단

패스트푸드 업주의 논거를 손보려는 사람들은 업주가 이처럼 낮은 급여를 제공하기 위해 얼마나 많은 노력을 했는지 상상도 못하는 것이다. 사실, 직원들에게 지급하는 급여 조건을 확립하는 데 들인 공은 햄버거 조리법이나 종이컵 뚜껑을 만드는 데 들인 공에 절대 뒤지지 않는다. 산업 프로젝트의 산물인 패스트푸드 매장의 급여 조건은 노동자를 마요네즈 병처럼 교환하도록 설계되어 있다. 에릭 슐로서Eric Schlosser 기자는 자신의 저서 『패스트푸드의 제국Fast Food Nation: The Dark Side of the All-American Meal』 (2001)에서, 패스트푸드 업계의 경쟁적인 표준화를 묘사했다. 냉동 상태로 식당에 도착한 식품들은 특별한 자격이 없어도 작동할 수 있는 완전히 자동화된 기계가 조리한다. 기자는 이렇게 썼다. "저렴한 비용으로 일손을 구하기 위해 의도적으로 '전문성이 없는' 직원을 고용하는 것이다. 남녀 직원을 쉽게 대체할 수 있기 때문에 이들에 대한 의존도도 크게 완화된다."

이러한 관점에서 패스트푸드에 '레스토랑'이라는 칭호는 어울리지 않는다. 산업가들(패스트푸드 업주들) 스스로도 레스토랑보다는 '푸드 시스템'이란 표현을 선호한다. 두말할 필요도 없이 이 같은 시스템 속에서는 노조가 환영받지 못한다. 슐로서에 따르면, 1960~1970년대 맥도널드는 미국 전 지역의 매장을 돌아다니며 모든 노조 가입 의사를 차단하는 역할을 맡은 간부, 이른바 '비행특공대'라는 감시 책임자를 두었다. 최근에 (2009년) 미국레스토랑협회NRA는 기업의 노조 결성을 용이하게 하는 법안 추진에 반대하는 요란한 캠페인을 주도했다. 햄버거 업계 업주들은 또한 무시무시한 로비스트로 구성된 군대도 거느리고 있다. 로비에 가장 앞장서는 인물은 '소비자 자유를 위한 연구소CCF'의 설립자인 리처드 버먼이다. 그는 반노조 논조를 옹호하고 건강에 해로운 음식을 잔뜩 먹을 수 있는 권리를 내세우는 수많은 글을 미디어에 게재하고 있다.

음식의 표준화를 꿈꾸는 집단적 상상력

일반적으로 미국인들은 음식을 표준화하는 기업인들을 좋아한다. 15센트짜리 햄버거를 만든 햄버거의 선구자, 가짜 멕시코 요리법의 창시자, 30초 만에 구워지는 피자를 개발한 천재, 4단짜리 샌드위치 고안자…… 이들의 집단적 상상력은 음식을 포맷해 표준화하겠다는 대단한 애국심으로 고취되어 있다. 언론은 이들을 조국의 은인이라 칭송하고, 이들의 회고록은 서점에서 날개 돋친 듯 팔려나갔다. 대선 후보들 또한 이들에 대한 경의를 결코 빼놓지 않았다. 게다가 이들 중 일부는 스스로 백악관 주인이 되기 위해 대선에 뛰어들기도 했다. 여기에 조금 덜 영웅적인 소형 매장 업주, 즉 자신의 야망을 다른 이들이 고안한 브랜드와 시스템을 위해 바치는 이른바 프랜차이즈 가맹주들이 있다. 프랜차이즈 가맹주는 KFC 제국의 설립자 할랜드 샌더스가 경험한 영광을 절대 누리지 못할 것이다. 그럼에도 불구하고, 이들은 개별적으로 독창적인 시도를 통해 빛을 발하며 끊임없이 에스키모 스타일의 피자나 하와이 취향의 달콤한 얼음사탕 등과 같은 새로운 상품을 고안해내는 데 전념하고 있다.

이런 기업가적 노력은 강력한 무기가 된다. 윌러드 밋 롬니는 2012년 대선 때 이 무기를 이용했다. 백악관을 향해 달리던 이 공화당 후보는 시카고 연설에서 지미존스 샌드위치 체인의 창업자인 제임스 존 리어토의 '기업가 정신'을 소개하며 열광했다. 이어서 "리어토와 같이 강인함을 자랑하는 위인들은 국가에 바라는 게 아무것도 없다"고 덧붙였다. 왜냐하면 이들은 스스로를 의지하며, '내가 더 나아지기 위해 할 수 있는 일이 무엇일까? 나 자신과 내 가족을 위해 세운 계획을 실현하기 위해 할 수 있는 일이 무엇일까?'라고 자문하기 때문이라는 것이다.

푸드 시스템을 통해 직원들의 헌신을 끌어내는 전문가들(패스트푸드 창시자들)은 "국가에 바라는 게 아무것도 없"는 데 반해 국가는 이들에 엄청나게 의존하고 있다. (패스트푸드점이 들어서기 용이한) 도로 건설과 (패스트푸드점에서 나오는) 쓰레기 수거 그리고 이들이 받는 대출 특혜가 이를 방증한다.

패스트푸드 업계에 대출과 국가보조금 특혜

게다가 국가보조금이라는 허명으로 지급되는 예기치 않은 지원금까지. 미국의 다른 지역에서처럼 노스캐롤라이나의 많은 패스트푸드점 종사자들은 대중으로부터 음식 티켓이나 현물 기부 형태의 지원을 받고 있다. 노동자들이 시간당 7.25달러의 임금으로는 못살겠다고 하는데, 탁상공론이나 벌일 수는 없기 때문이다. 실제로 최저임금으로는 입에 풀칠하기도 힘들고, 어떤 계획을 실현하기는 더더욱 힘이 든다. 결론적으로 미 행정부는 이들이 굶주리는 것을 막고 이러한 상황 속에서도 고용주들이 한껏 이득을 챙길 수 있도록 납세자의 세금을 이용하는 셈이다. 사람들은 대형 패스트푸드점들이 어떻게 작동되는지 알고 있다. 체인점들은 엄청난 이득을 축적하며 질 낮은 음식을 제공하고, 점주들에게는 풍성한 보너스를 지급한다. 더군다나 연기금 위기 등 끝없는 경제 위기를 유발해 많은 노동자를 현재 튀김집 말고는 일할 자리도 없게 만든 장본인인 투기자본들이 대형 패스트푸드점까지 잠식하고 있다.

버거킹의 경우가 이 같은 메커니즘을 잘 보여주고 있다. 한때 미국 햄버거 업계의 2위였던 버거킹은 현재 금융자본의 손아귀에서 놀아나는 장난감으로 전락했다. 1997년 영국의 다국적 주류 회사 디아지오에 인수되었던 버거킹은 2002년 골드만삭스와 롬니가 창설한 베인 캐피털이 포함된 금융 컨소시엄에 되팔렸다. 2010년 버거킹은 다시 미국과 브라질 펀드로 운용되는 3G 캐피털에 인수된 후 급격히 쇠락의 길을 걸으며 여전히 회복에 어려움을 겪고 있다. 직원들과의 길고 고통스러운 충돌이 버거킹에는 교훈이 될 수밖에 없다.

이와 비슷한 예들이 넘친다. 프라이드치킨 체인 보쟁글은 먼저 팔푸리아스 캐피털 파트너스의 관심을 끌었다가 애드벤트인터내셔널 투자펀드의 먹잇감이 됐다. 선 캐피털 파트너스는 프렌들리스, 캡틴디즈, 자니로켓, 보스턴마켓 등을 소유하고 있다. 포그커터 캐피털 그룹과 컨슈머 캐피털 파트너스는 각각 팻버거와 스매시버거를 인수했다. 한편 로크 캐피털은 아비스, 시나본, 카벨, 모스사우스웨스트그릴의 소유주이다. 이 회사는 패스트푸드 업계에 대한 열정으로 자연스레 폐기물 수거 회사인 웨이스트프로까지 추가로 인수했다. 비록 길모퉁이에 그럴듯한 패스트푸드점을 운영하고 있는 프랜차이즈 가맹주들이라 하더라도 더이상 온전한 '이웃'은 아니다.

이들 또한 월 스트리트의 경제 위기에 휘청거리고 있기 때문이다. 버거킹의 가장 큰 프랜차이즈 가맹주는 566개 정도의 가맹점을 보유하고 있는 뉴욕 주 시러큐스에 위치한 무역 회사이다. 이 회사 회장은 스톡옵션을 포함해 대략 20억 달러를 챙겼다. 버거킹의 또다른 파트너 스트러티직 레스토랑은, 투자를 통해 세계 전역에서 대략 300여 기업을 수집한 서버러스 캐피털 매니지먼트 투자펀드의 손아귀에 넘어갔다. 한편 피자헛은 주요 프랜차이즈 본사를 메릴린치에 양도했는데, 메릴린치는 이를 올림퍼스 성장펀드 5호에 되팔았다. 그러는 동안 밸러 에쿼티는 자회사 시즐링플래터를 통해 리틀시저와 덩킨도너츠의 일부 지분을 챙겼다.

투기자본의 먹잇감이 된 패스트푸드 업체들

노스캐롤라이나의 패스트푸드점 사장들은 브랜드 차원에서건 자신들의 프랜차이즈 가맹점 차원에서건 지난여름의 파업에 대해 일절 언급하지 않았다. 그 이유는 간단하다. 내부 인력의 불만을 외부에 알리면 가족 행복의 장인처럼 행세하고자 애쓰는 패스트푸드의 이미지에 해가 될 수 있기 때문이다. 분노한 여종업원이 가게 문 앞에 서서 월급을 받지 못해 6개월 난 자기 아이에게 예방접종도 못해주고 있다고 불만을 터뜨리는 것만큼 가게의 명성에 치명적인 일도 없을 터이다.

시위에는 침묵으로 일관하던 패스트푸드 업계가 시위 현장에 방범견들(끄나풀들)을 보내는 일은 잊지 않았다. 파업 시작과 함께 버먼이 이끄는 압력단체 중 하나인 고용정책연구소는 월 스트리트 저널에 한 페이지를 꽉 채워 글과 사진을 게재했다. 파업자의 행위는 "경영과의 전쟁이 아니라 기술과의 전쟁"임을 알리는 선전 문구도 있었다. 노동자들은 이 문구가 지닌 의미를 알아차렸다. 만약 자신들이 고집을 부리면, 패스트푸드 업계가 미국 전역의 패스트푸드점을 자동화해 자신들이 필요 없게 되리라는 뜻이라는 것을 말이다. 버먼은 틀리지 않았다. 기자들은 블로거들로, 노동자들은 로봇으로, 대학교수들은 조교들로, 수업은 인터넷 강의로 대체되었는데, 왜 효율성의 신(패스트푸드 업계)이 이런 과정을 마다하겠는가? 사람들은 기꺼이 정치 지도자들도 이 목록(자동화 목록)에 올리자고 제안하고 싶을 것이다.

경영과의 전쟁이 아니라 기술과의 전쟁?

노스캐롤라이나의 패스트푸드는 전설적인 일화를 낳았다. 보디노엘은 맥도널드 햄버거를 본뜬 값싼 햄버거 소매 체인인 하디스 개장에 투자한 첫번째 기업이다. 해가 거듭되면서 이 체인은 미국에서 가장 거대한 프랜차이즈 브랜드가 되었다. 이상하게도, 이 체인은 연기금에 팔리지도 않았고 결코 직원들을 로봇으로 대체하겠다고 위협하지도 않았다. '우리는 사람을 믿는다'라는 모토가 말해주듯 이 체인은 가족 사업인 것이다. 이 체인의 자랑거리는 "개인적 혹은 직업적으로 어려움을 겪는 직원을 돕는" 역할을 도맡아 하는 사제관을 설치하는 것이다. 하지만 얼핏 보기에는 이 체인의 직원들도 걱정이 없는 것은 아닌 듯하다. 왜냐하면 이들도 버거킹 피켓 파업에 동참했기 때문이다.

보디노엘은 또한 농장도 소유하고 있다. 내슈빌(테네시) 부근에 위치한 로즈힐 농장에는 보디 가문의 조상들이 18세기 말에 건축한 농장주의 저택이 있다. 과거 흥망성쇠를 경험한 이 농장은 미국 자본주의의 변천사를 알려준다. 보디 가문은 상위 1% 갑부도 피하지 못한 1930년대 대공황 때 로즈힐을 매각했다가, 하디스가 벌어들인 돈으로 1979년에 다시 매입했다. 따라서 보디 가문의 후손들은 패스트푸드에 손을 대며 잃어버린 파라다이스를 기적적으로 되찾은 셈이다. 현재 농장의 저택은 회의장으로 쓰이고 있다. 이 저택에서는 남부 민속 의상을 즐기는 팬들의 결혼식도 열리고 있다.

꽃이 만발한 블루베리 오솔길이 방문객을 보디 왕국의 문장이 새겨진 철제 대문으로 인도한다. 좀더 나아가자, 순백의 벽과 장엄한 네 개의 기둥이 받치고 있는 호화로움의 극치를 보여주는 현관을 갖춘 동화 속 저택이

나온다. 우리는 초인종을 눌렀지만 아무런 응답도 없다. 로즈힐에는 아무도 살지 않는 것처럼 보인다. 파업이 한창인 요즘 이렇게 웅장한 텅 빈 저택을 보노라니 또다른 이미지, 노동자들이 완전히 사라지게 될 세상의 이미지가 떠오른다. 노동자들은 기업 소개 책자 속에서 계속 웃고 있겠지만, 기술과 시장은 결국 이들을 호환 가능한 것으로 만들어버릴 것이다.

교육계의 자율성, 그것은 환상이다

피에르 부르디외 ■ Pierre Bourdieu

2002년 71세를 일기로 삶을 마감한 피에르 부르디외는 이 시대의 진정한 지식인으로 평가받는다. 그는 사르트르, 바르트, 푸코, 데리다와 함께 프랑스 사상의 보루였으며, 사회철학이 독일의 하버마스와 영국의 기든스에 의해 양분된 상황에서 가장 프랑스적이라고 할 수 있는 문화의 문제를 끌어들임으로써 사회학의 지평을 넓혔다.

부르디외가 일생 동안 천착한 연구 과제는 문화이며, 대표적인 이론의 핵심은 '아비튀스(Habitus)'라는 개념이다. 이는 개인과 구조를 연결하는 특정한 성향의 무의식적 구조라고 할 수 있다. 어려서부터 가족에게 배운 행위, 규칙, 취향이 내재화되고, 이렇게 체화된 성향은 지속적으로 전이되어 훗날 성장 과정에서 나타나는 모든 사회적 경험의 판단 근거가 된다는 것이다. 아비튀스는 환경의 산물이긴 하지만, 그렇다고 계급에 의해 미리 결정된 고정적 개념은 아니다. 오히려 습득된 성향은 경우에 따라 창조적 변화를 가져올 수 있다는 것이 부르디외의 생각이다. 사회적 관계는 경제와 문화적 요인을 동시에 살펴봤을 때 제대로 이해할 수 있다는 것이다. 문화적 자본의 차이가 취향의 차이를 낳고, 결국 사회적 구별짓기를 초래한다는 것이다.

잘 알려진 대로 부르디외는 철저하게 '행동하는 지식인'이었다. 사르트르 이후 현실 참여에 가장 적극적이었던 프랑스 지식인으로 꼽힌다. 그런 만큼 국내외적으로 큰 문제가 발생할 때마다 개입하곤 했으며, 노동자 파업의 후원자로 활동하기도 했다. 그러나 무엇보다 '성찰적 사회학'을 주장한 부르디외는 지식인들의 위선과 기만에 더욱 주목했다.

장클로드 파스롱　　■　　Jean-Claude Passeron

1930년, 니스 태생. 파리 고등사범학교에서 철학과 사회학 박사 학위를 받았고, 사회과학고등연구원에서 사회학과 역사, 문화인류학을 융합한 'SHADYC(Sociologie, Histoire, Anthropologie des dynamiques culturelles)' 학과의 학과장을 맡아 사회학과 인식론을 가르쳤다. 논쟁적인 학술지 『앙케트Enquêtes』를 발행하고, 1960년대에는 절친한 피에르 부르디외와 『상속자들 Les Héritiers』(1964), 『재생산 La Reproduction』(1970)을 공저했다.

68혁명 무렵에는 리오타르, 카스텔, 푸코 등과 함께 뱅센 실험대학(현재 파리 8대학) 설립 모임에 주도적으로 참여했다. 1991년, 사회학의 시대적 당위성과 정당성을 묻는 『사회학적 추론 Le Raisonnement sociologique』을 출간하여 학계의 찬반 논쟁을 일으켰으며, 이제는 고인이 된 부르디외처럼 줄곧 현실 문제에 천착하는 지식인의 모습을 보여주고 있다.

사회학자인 피에르 부르디외와 장클로드 파스롱은 1970년 『재생산—
교육체계의 이론을 위한 원칙들La Reproduction: Éléments pour une théorie du
système d'enseignement』이라는 책을 발간한다. 이들은 이 책에서 학교가 만
들어내는 환상 및 학교가 사회질서의 재생산을 떠맡고 있다는 환상을, 즉
교육체계의 자율성에 대한 환상과 기회균등에 대한 환상을 분석한다.

　　교육체계가 상대적인 자율성을 가지는 한편 계급 구조에 의존하고 있
다는 사실을 동시에 파악하기는 쉽지 않다. 다른 이유들도 있지만, 무엇보
다 교육체계의 계급 기능을 파악하는 쪽에서는 이론적으로 학교를 지배계
급의 도구로 묘사하는 반면, 교육체계에 내재하는 구조와 기능의 특성을
분석하는 쪽에서는 학교와 사회 계급들 사이의 관계를 모른 체해왔기 때문
이다. 학교에 자율성이 존재한다는 사실이 마치 교육체계의 중립성에 대한
환상을 보장해주는 것처럼 학교와 계급들 사이의 관계를 모른 체해왔던 것
이다.

　　그러므로 교육체계의 상대적 자율성이란 것이, 이 자율성이 허용하는
관행과 이데올로기의 특수성에 의해 완벽하게 은폐된 의존성의 반대급부

라는 사실을 포착하기 위해서는, 계급관계들의 구조를 참조해 그 관계들을 명확히 밝히면서, 교육체계와 다른 하부 체계들 사이의 관계체계를 정립해야 한다. 달리 말해 다른 체계에 의해, 즉 마지막 분석 단계에서는 계급관계들의 구조에 의해 결정된 의존성의 유형과 등급이 항상 주어진 자율성의 유형 및 등급과, 다시 말해 고유 기능과 외부 기능들 사이에서 결정된 어떤 대응 형태와 항상 일치한다는 사실을 알아야 한다.

행복한 무의식에 사로잡힌 자율성의 환상

뒤르켐의 눈에 학교제도가 교회보다 더 보수적으로 비쳤던 것은, 학교제도가 자율화를 초역사적 성향으로 간주하여 끝까지 밀고 나간 사실에서도 기인하지만, 학교제도가 잘 은폐되어 있었던 만큼 교육 보수주의가 사회적 보존 기능을 더 효율적으로 완수했다는 사실에서도 기인한다. 전통 교육의 특징인 주입하는 형식과 주입된 내용 사이의 완전한 일치를 가능케 했던 사회적, 역사적 조건들을 분석할 수 없었던 뒤르켐은 '과거에서 물려받은 문화의 보존'으로 정의된 모든 교육체계의 고유 기능 속에, 고유 기능과 외부 기능을 멋대로 조합해 모두 포함하려고 노력했다.

학교가 본질적 기능으로 공정하게 보존하고, 주입하고, 신성시하는 문화가 문화 보존으로 축소되고, 이 문화 보존이란 것이 지배계급이 독점하고 있는 사회적 구별 기능을 수행하게 될 때, 제한된 형태에서 교육체계 자체를 계속 똑같이 보존하는 것 이외의 다른 목적을 교육체계에 부여하지 못하는 교육 보수주의는 사회적, 정치적 보수주의의 최고 동맹군이다. 왜냐하면 특정 집단의 이익을 옹호하고 특정 제도의 목적을 자율화한다는 명목하에, 교육체계가 자체의 직간접적 영향력을 이용해 '사회질서'의 유지에 기여하기 때문이다.

교육체계의 주입 기능, 문화 보존 기능, '사회 보존' 기능이 완전히 일치해, 교육체계가 지배계급의 객관적 이익에 종속되어 있다는 사실이 선택친화력의 행복한 무의식 속에 은폐되어 있을 때, 교육체계는 모든 외재적 요구와, 특히 지배계급의 이익과 무관하다는 자율성의 환상을 완벽하게 심어줄 수 있을 것이다.

사회질서의 재생산에 기여하는 공교육

어떤 것도 이런 조화를 방해하지 않는 한, 교육체계는 오랫동안 영원한 순환 사이클처럼 번식용 가축이 자손을 생산하는 데 만족하면서 어느 정도 역사를 회피할 수 있을 것이다. 왜냐하면 교육체계가 고유한 재생산에 대한 요구 외의 모든 요구를 모른 체하면서, 역설적으로 가장 효율적으로 사회질서의 재생산에 기여하고 있기 때문이다. 학교와 사회계급들이 맺고 있는 관계들 중 어떤 특별한 경우에 조화가 완벽한 것처럼 보이는 것은, 객관적 구조들이 계급의 습성[1]을, 특히 성향과 자질을 생산해내고 있기 때문이다.

성향과 자질은 이 구조들에 적합한 행동을 양산해내면서, 이 구조들의 작동과 영속화를 가능케 하고 있다. 예를 들어 학교를 활용하는 성향과 학교에서 성공하는 자질은, 이미 우리가 보았듯이, 학교를 활용하고 학교에

---

[1] 피에르 부르디외는 이렇게 설명한다. "습성은, 이 단어 자체가 말해주듯이, 우리가 획득한 것이다. 그런데 왜 우리는 습관에 대해서는 이야기하지 않았을까? 습관은 당연히 반복적, 기계적, 자동적, 생산적이라기보다는 재생산적인 것으로 간주되었다. 그런데 나는 습성이란 것이 습관과는 달리 생성적인 강렬한 힘을 가진 것이라고 주장하고 싶었다."

서 성공하는 객관적 기회들에 종속되어 있고, 이 객관적 기회들은 다양한 사회계급에 결합되어 있다. 이런 성향과 자질은, 교육체계와 계급관계의 구조 사이에 존재하는 관계들을 객관적으로 포착할 수 있는 표시로서, 학습 기회 구조의 영속화에서 가장 중요한 요인들이 되고 있다.

종속관계 구조 합법화하는 학교 밖의 계급 습성

자동 제거 상태에 이르는 것, 다시 말해 자신을 과소평가하고, 학교와 학교가 제재한 것을 평가절하하거나 실패 혹은 소외를 감수하게 되는 것은 부정적 성향과 자질 때문이라고까지 말할 필요도 없다. 이런 것들은 학교가 객관적으로 지배계급에 예정해놓은 제재의 무의식적 유형에 포함되지 않기에 그렇다.

왜냐하면 전통적인 교육체계는 교육체계의 주입 행위가 교양 있는 습성의 생산에 절대적인 책임을 지고 있다는 환상을 주기 때문이다. 혹은 명백히 모순되게도 주입 행위를 받아들이는 사람들의 타고난 재능에 의해서만 주입 행위의 효율성에 차이가 나므로 결과적으로 주입 행위가 계급의 모든 결정과는 무관하다는 환상을 주기 때문이다. 그런데 주입 행위는 극단적인 경우에 계급의 습성을 확인하고 강화할 뿐이다. 왜냐하면 학교 밖에서 형성된 계급의 습성이 모든 학습의 성공 원칙이 되어 완벽하게 계급의 종속관계 구조를 영속화하고, 동시에 계급의 습성이 생산해낸 학교의 계층이 사회의 계층을 재생산해낸다는 사실을 은폐하면서, 계급의 종속관계 구조를 합법화하는 데 기여하기 때문이다.

보편성의
독점,
'국가'라는
야누스

피에르 부르디외 ■ **Pierre Bourdieu**

2002년 71세를 일기로 삶을 마감한 피에르 부르디외는 이 시대의 진정한 지식인으로 평가받는다. 그는 사르트르, 바르트, 푸코, 데리다와 함께 프랑스 사상의 보루였으며, 사회철학이 독일의 하버마스와 영국의 기든스에 의해 양분된 상황에서 가장 프랑스적이라고 할 수 있는 문화의 문제를 끌어들임으로써 사회학의 지평을 넓혔다.

부르디외가 일생 동안 천착한 연구 과제는 문화이며, 대표적인 이론의 핵심은 '아비튀스(Habitus)'라는 개념이다. 이는 개인과 구조를 연결하는 특정한 성향의 무의식적 구조라고 할 수 있다. 어려서부터 가족에게 배운 행위, 규칙, 취향이 내재화되고, 이렇게 체화된 성향은 지속적으로 전이되어 훗날 성장 과정에서 나타나는 모든 사회적 경험의 판단 근거가 된다는 것이다. 아비튀스는 환경의 산물이긴 하지만, 그렇다고 계급에 의해 미리 결정된 고정적 개념은 아니다. 오히려 습득된 성향은 경우에 따라 창조적 변화를 가져올 수 있다는 것이 부르디외의 생각이다. 사회적 관계는 경제와 문화적 요인을 동시에 살펴봤을 때 제대로 이해할 수 있다는 것이다. 문화적 자본의 차이가 취향의 차이를 낳고, 결국 사회적 구별짓기를 초래한다는 것이다.

잘 알려진 대로 부르디외는 철저하게 '행동하는 지식인'이었다. 사르트르 이후 현실 참여에 가장 적극적이었던 프랑스 지식인으로 꼽힌다. 그런 만큼 국내외적으로 큰 문제가 발생할 때마다 개입하곤 했으며, 노동자 파업의 후원자로 활동하기도 했다. 그러나 무엇보다 '성찰적 사회학'을 주장한 부르디외는 지식인들의 위선과 기만에 더욱 주목했다.

각국이, 특히 유럽 국가들이 초국적 기구들에 재정 주권을 넘겨주고 있는 이때, 역사사회학은 통합의 과정이란 곧 폭력과 박탈의 과정임을 보여준다.

국가의 형성 과정을 묘사하는 일은 하나의 사회적 장場, champs, 혹은 전체 사회-세계의 내부에서 상대적으로 자율성을 띠는 소우주의 형성 과정을 묘사하는 것과 같다. 이 장 안에서는 '합법적 정치 게임'이라는 특별한 게임이 펼쳐진다. 의회의 발명을 예로 들어보자. 이곳에서는 이익집단들이 대립하는 문제들에 대해 일정한 형식과 규칙 속에서 공식 토론을 벌인다. 마르크스는 무대 뒤에서 벌어지는 일에 주목했다. 의회는 극장이라는 메타포, 합의의 연극화를 통해 무대 뒤에서 배우들을 조종하는 사람들을 은폐한다. 본래의 목적, 실질적 권력은 다른 곳에 있다. 국가의 기원을 밝히는 일은 정치가 일정한 형식 속에서 수행되고, 상징되고, 연출되는 장의 기원을 밝히는 것과 같다.

적절하고 합법적인 정치 게임 속에 들어간다는 것은, 보편적 언설 속에서 그리고 한 그룹, 만인, 전체universum의 이름으로 말하는 것을 허용하는 보편적 입장에서 점진적으로 축적된 자원, 즉 '보편universel'을 획득하는 것을 의미한다. 공공의 이익을 대변하고 공공의 선에 대해 말하는 이들은 동시에 그것을 자기 것으로 전유할 수도 있다. 이것이 보편의 '야누스 효과'다. 보편에 대한 독점 없이는 보편을 대변하는 특권을 얻을 수 없다. 보편은 자본이다. 보편의 관리 기구가 형성되는 과정은 보편을 전유하는 일을 담당하는 특정 주체들이 형성되는 과정과 분리될 수 없다.

문화적 장을 예로 들어보자. 국가의 형성 과정은 다양한 형태의 자원, 즉 정보 자원(조사, 보고 등을 통해 축적되는 통계 수치), 언어 자본(특정 언어 형태를 지배 언어로 규정함으로써 다른 모든 언어는 표준에서 이탈한 열등한 언어로 전락한다) 등이 한곳으로 집중되는 일련의 과정으로 설명할 수 있다. 집중의 과정은 항상 박탈의 과정을 동반한다. 한 도시를 모든 형태의 자본le capital이 집중되는 수도la capitale로 지정하는 일은 동시에 지방의 자본을 박탈하는 일과 같다.[1] 하나의 언어가 표준어가 되면 다른 모든 언어는 방언이 되는 것도 같은 맥락에서 이해할 수 있다.[2]

합법적 문화는 국가에 의해 보증된다. 국가기구는 문화적 직함을 보증한다. 보증된 문화에 대한 소유는 학위 수여로 보장된다. 교육 프로그램을 짜는 것도 국가의 몫이다. 교육 프로그램의 변경은 자본 분배 구조의 변경을 의미하는 동시에, 특정 자본 형태의 가치를 박탈함을 의미한다. 예컨대 교육 과정에서 라틴어와 그리스어를 제외하는 것은 일군의 언어 자본 소유자 집단을 '푸자드주의자Poujadiste'(편협한 권리 주장을 하는 사람들)로 전

---

[1]   부르디외는 나중에 '자본과 수도의 관계'에 대해 심화된 연구를 한다. 피에르 부르디외, 「장소의 효과 Effets de lieu」, 『세계의 비참 La Misère du monde』, 제2장, Seuil, 파리, 1993, 159~167쪽 참조.
[2]   합법적 언어의 지정과 그에 따른 박탈 과정에 대해서는 피에르 부르디외, 『상징폭력과 문화재생산 Langage et pouvoir symbolique』, Seuil, 파리, 2001, 59~131쪽 참조.

락시킨다. 나 역시 학교에 관한 예전의 연구에서 '합법적 문화는 곧 국가의 문화'라는 사실을 완전히 망각했었다. 이런 집중은 통합과 보편화의 과정이다. 다양성, 산만함, 지역성이 존재하는 곳에 독특함이 존재한다.

제르맨 티용Germaine Tillion과 함께 알제리 카빌리 지역 30킬로미터 반경에 있는 마을에서 사용하는 계량단위를 비교해본 적이 있는데, 거의 모든 마을이 다른 단위를 사용했다. 민족 혹은 국가 단위의 계량 표준 도입은 보편화의 관점에서 일종의 진보라고 볼 수 있다. '미터법'은 합의와 동의를 요하는 보편적 척도다. 이런 집중, 통일, 동화의 과정은 동시에 박탈의 과정이다. 미터법 도입으로 각 지역의 계량단위가 쓸모없는 것이 되어버리기 때문이다.

다른 말로 하면, 보편성을 획득하는 과정 자체가 보편성의 집중을 동반하는 것이다. 한쪽에는 미터법 도입을 원하는 사람들(수학자들)이 있고, 다른 한쪽에는 주변화되는 사람들이 있다. 공동 자원을 형성하는 과정 자체는 공동 자원을 자본으로 구성하는 과정이다. 이 자본은 보편의 독점을 위해 투쟁하는 이들이 독점한다. 한 영역의 구축, 여타의 필요성에 대한 이 영역의 자율성 확보, 경제적·가족적 필요와 구분되는 특수한 필요성 획득, 가족의 재생산과 구분되는 특수한 관료적 재생산 구조 수립, 종교적 필요와 구분되는 특수한 필요성 획득 등. 이 모든 과정은 보편으로 간주되는 새로운 형태의 자원, 즉 기존에 존재했던 것보다 더 보편적이라 간주되는 자원을 구성하는 과정, 집중화 과정과 불가분적 관계가 있다.

미터법이 금지한 계량단위들

이는 경제적 측면뿐 아니라 상징적 측면에서 지역 시장이 국가 시장에 편입되는 것을 의미한다. 이처럼 국가의 형성 과정은 보편적인 것에 대한 독점 과정과 분리되지 않는다. 가장 대표적인 예가 문화다.

이전 연구에서 내가 발견한 사실들을 요약하면 다음과 같다. 하나의 문화는 그것이 보편, 모든 이들에게 제공되는 것으로 제시되는 한에서 합법적이나, 보편성을 소유하지 못한 자들은 보편성의 이름으로 간단히 배제된다. 겉으로는 통합을 수행하는 듯 보이지만 실제로는 분리를 수행하는 문화는, 그것을 독점하는 이들에게 중요한 지배 수단이 된다. 이 문화의 특수성에 대한 비판 자체가 차단된 끔찍한 독점이다. 심지어 과학에도 이런 모순은 존재한다. 과학적 보편성을 구성하고 축적하기 위한 조건은 하나의 특권계급caste, 국가 귀족, 보편의 '독점자monopolisateur'를 구성하기 위한 조건과 밀접하게 연결된다. 이상의 분석에서 우리는 보편에 대한 접근 조건을 보편화하는 프로젝트를 생각해볼 수 있을 것이다. 어떻게 해야 할까? 독점자들의 특권을 박탈해야 할까? 관건은 다른 곳에 있다.

방법론과 내용에 관한 이해를 돕기 위해 한 우화 장면을 소개한다. 지금으로부터 30여 년 전 크리스마스 저녁, 베아른 지역 깊숙한 곳에 위치한 한 마을의 시골 축제를 구경하러 간 적이 있다.[3] 어떤 사람들은 춤을 추고, 어떤 사람들은 춤을 추지 않았다. 농부 차림인 노인들은 춤을 추는 대신 그들끼리 얘기를 나눴다. 춤을 추지 않으면서 자리는 지키고 있는 어색함을 감추기 위해 짐짓 태연한 척했다. 그들은 분명 결혼했을 것이다. 결혼한 사람은 더이상 춤추지 않는다. 축제는 결혼을 위한 교환이 이루어지는 공간 중 하나다. 결혼과 관련된 상징적 재화들이 거래되는 시장인 셈이다. 축제

---

3   부르디외가 이 장면에 대해 처음 묘사한 글은 『미혼자들의 축제Le bal des célibataires—베아른 농촌 사회의 위기』, Seuil, 파리, 2002, 7~14쪽 참조.

2부   야누스적 자본의 두 얼굴

에 참가한 미혼자 비율은 매우 높았다. 참가자 절반이 25~35세가량의 젊은이들이었다.

통합 위한 배제, 배제 위한 통합

이 현상을 설명할 방법론을 모색했다. 예전에는 통일되지 않고 분산된 상태로 보호받는 지역 시장이 존재했다. 그런데 이른바 '국가'라는 것이 들어서면서 국가 주도 정책에 의한 경제시장 통합과, 예절, 품행, 옷차림, 개성, 정체성, 태도 등과 관련된 상징 교환 시장의 통합이 이루어졌다. 지역민들을 보호하는 지역 시장에 대한 통제권을 행사하던 당시에는 가족 단위로 조직된 일종의 동족결혼endogamie이 가능했다. 농촌의 재생산 방식 속에서 생산된 상징은 지역 시장 안에서 교환되었다. 남성들은 이 시장에 나가 자신을 상품으로 내놓고 결혼할 여성을 찾았다.

이런 관점에서 본다면, 시골 축제에서 관찰한 장면은 상징 교환 시장이 통합된 결과라고 말할 수 있다. 인근 마을에서 와 으스대며 돌아다니는 낙하산부대원들은 이를테면 경쟁자인 농부들의 가치를 박탈하는 존재다. 일종의 진보로 간주할 수 있는 시장 통합은 농촌을 등지고 떠나는 이들, 즉 여성 혹은 피지배자 들에게는 해방으로 경험될 수도 있다. 학교에서도 몸가짐이나 옷차림에 대한 교육을 한다. 새롭게 통합된 시장 안에서 학생은 농부보다 결혼 배우자로서 더 큰 가치를 지닌다. 이 속에 보편화 과정의 모든 모호함이 숨어 있다. 도시로 떠나는 시골 처녀로서는 집배원과의 결혼이 보편으로 편입됨을 의미할 수 있다.

보편의 독점, 관리 주체는 국가

그러나 좀더 높은 단계의 보편화는 지배 효과와 밀접하게 관련되어 있다. 나는 최근 베아른 지역의 미혼자들에 대한 분석을 재검토한 글을 발표했다. '금지된 재생산'[4]이라는 재미있는 제목을 붙인 글에서 이런 시장 통합이 사실상 한 인간 범주에 대해 생물학적, 사회적 재생산을 금지하는 효과를 가져온다는 사실을 보여주려 했다. 우연히 프랑스혁명 당시 한 조그만 마을의 공동 회의록을 발견했다. 이 지역 사람들은 만장일치로 투표를 했다. 다수결로 투표해야 한다는 명령이 떨어지자 그들은 어떻게 해야 할지 고심했다. 다수결에 반대하는 사람들도 있었다. 사람들 사이에 편이 갈렸다. 조금씩 다수결이 자리를 잡아갔다. 보편이 다수결의 배후에 있었기 때문이다.

사회적 재생산의 금지

토크빌이 프랑스혁명의 연속성과 비연속성이라는 논리 속에서 제기한 이 문제를 둘러싸고 큰 논쟁이 벌어진 적이 있다. 그는 진정한 역사적 문제를 제기했다. 보편의 특수한 힘은 무엇일까? 수천 년 동안 일관적 전통으로 형성된 농부들의 정치적 의사 결정 방식은 보편의 힘에 의해 제거되었다. 그들은 마치 도시에서 온, 명료하고 체계적이지만 비실용적인 방식으로 담론화된, 논리적으로 더 강한 무엇인가에 굴복한 것처럼 보인다. 그들

---

4   피에르 부르디외, 「금지된 재생산—경제적 지배의 상징적 차원」, 『농촌 연구Etudes rurales』, 제113·114호, 1989, 15~36쪽, 『미혼자들의 축제』, 211~247쪽에 재수록.

은 이제 시골 사람, 지방 사람이 됐다. 그들의 회의록에는 "이제 도청의 결정에 따라……" "시의회가 소집되어……" 등과 같은 문구들이 등장한다. 이처럼 보편화의 이면에는 박탈과 독점이 있다.

국가의 형성 과정은 곧 보편을 관리하는 공간, 보편의 독점, 사실상 독점의 다른 이름인 보편을 관리하는 주체 전체의 형성 과정이다.

공적 토론 혹은 복화술
―부르디외식 국가의 우화

피에르 부르디외 ■ Pierre Bourdieu

2002년 71세를 일기로 삶을 마감한 피에르 부르디외는 이 시대의 진정한 지식인으로 평가받는다. 그는 사르트르, 바르트, 푸코, 데리다와 함께 프랑스 사상의 보루였으며, 사회철학이 독일의 하버마스와 영국의 기든스에 의해 양분된 상황에서 가장 프랑스적이라고 할 수 있는 문화의 문제를 끌어들임으로써 사회학의 지평을 넓혔다.

부르디외가 일생 동안 천착한 연구 과제는 문화이며, 대표적인 이론의 핵심은 '아비튀스(Habitus)'라는 개념이다. 이는 개인과 구조를 연결하는 특정한 성향의 무의식적 구조라고 할 수 있다. 어려서부터 가족에게 배운 행위, 규칙, 취향이 내재화되고, 이렇게 체화된 성향은 지속적으로 전이되어 훗날 성장 과정에서 나타나는 모든 사회적 경험의 판단 근거가 된다는 것이다. 아비튀스는 환경의 산물이긴 하지만, 그렇다고 계급에 의해 미리 결정된 고정적 개념은 아니다. 오히려 습득된 성향은 경우에 따라 창조적 변화를 가져올 수 있다는 것이 부르디외의 생각이다. 사회적 관계는 경제와 문화적 요인을 동시에 살펴봤을 때 제대로 이해할 수 있다는 것이다. 문화적 자본의 차이가 취향의 차이를 낳고, 결국 사회적 구별짓기를 초래한다는 것이다.

잘 알려진 대로 부르디외는 철저하게 '행동하는 지식인'이었다. 사르트르 이후 현실 참여에 가장 적극적이었던 프랑스 지식인으로 꼽힌다. 그런 만큼 국내외적으로 큰 문제가 발생할 때마다 개입하곤 했으며, 노동자 파업의 후원자로 활동하기도 했다. 그러나 무엇보다 '성찰적 사회학'을 주장한 부르디외는 지식인들의 위선과 기만에 더욱 주목했다.

공인公人은 국가의 이름으로 말하는 복화술사다. 그는 공식적 태도로 (어떻게 공식적인 것이 연출되는지 분석이 필요하다), 대상 집단을 위해, 그들을 대신해 말한다. 또한 모든 이들을 위해, 모든 이들을 대신해 말한다. 그는 보편의 대표로서 발언한다.

아무 의견이나 여론이 될 수 없다

여기서 문제가 되는 것은 '여론'의 현대적 개념이다. 현대사회, 즉 권리가 존재하는 사회를 창조한 이들이 내세우는 '여론'이라는 개념은 무엇인가? 여론이란 암묵적으로 다수결 혹은 의견을 가질 자격이 있는 모든 이들의 의견이다. 이른바 '민주적'이라 간주되는 사회에서 '공식적인 의견이란 모든 사람들의 의견이다'라는 명시적 정의 뒤에는 '여론이란 의견을 가질 자격이 있는 사람들의 의견이다'라는 잠재적 정의가 숨어 있다. 후자의 정의는 과거 납세자에게만 선거권 자격을 부여했듯이 여론을 양식 있는 의견, 의견다운 의견으로 국한한다.

'공식적인 위원회'란 이를테면 표현될 만한 의견을 적절한 형식 속에서 표현하는 능력을 갖췄다고 사회적으로 인정받고 인지되는 집단이다. 위원회를 구성하는 주체는 위원들, 특히 위원장을 선택할 때 그가 관료적 세계의 암묵적 규칙들을 인지하고 인정하는지 직관적으로 파악해낸다. 이것이 가장 중요한 임묵적 선택 기준이다. 다시 말해, 그는 합법적 방식으로, 즉 게임의 규칙을 넘어서면서 동시에 게임을 합법화하는 방식으로 위원회의 게임을 수행할 줄 알아야 한다. 게임을 넘어설 때만이 우리는 게임 내부에 더 깊이 참여할 수 있다. 모든 게임에는 규칙과 페어플레이가 존재한다. 카빌리의 남자들 혹은 지식인 집단을 분석하면서 다음과 같은 명제를 적용했다. 대부분의 사회에서 우월성excellence이란, 게임의 규칙 안에서 그 규칙을 뛰어넘음으로써 게임에 최고의 오마주를 바칠 수 있는 기술이다. 통제된 위반은 결코 이단異端이 아니다.

'여론조사'와 '위원회'라는 투트랙two-track

지배 집단은 새로운 구성원을 받아들일 때 지극히 사소한 표식을 참고한다. 여기서 게임의 규칙을, 규칙화한 방식으로 위반할 정도로 게임의 규칙에 충실한지가 문제가 된다. 품위를 잃지 않으면서 적절하게 처신할 줄 알아야 한다. 샹포르Nicolas de Chamfort는 다음과 같은 유명한 말을 남겼다. "반종교적 발언에 대해 주교 총대리는 미소지을 수 있다. 주교는 웃음을 터뜨릴 수 있으며, 추기경은 거기에 말을 보탤 수도 있다."[1] 우월성의 위계 구조에서 위로 올라갈수록 게임의 규칙을 넘어설 수 있는 가능성이 커진다.

---

1   니콜라 드 샹포르, 『금언과 사상Maximes et Pensées』, 파리, 1795.

그러나 이는 어떤 의심도 허용하지 않는 직책이라야 가능하다. 추기경의 반교권주의적 농담이야말로 최고 수준의 교권주의인 셈이다.

여론은 이중의 현실이 반영된 공간이다. 아직 구성되지 않은 영역에 규칙을 도입하려고 할 때 여론을 근거로 내세우지 않을 도리는 없다. 안락사나 시험관아기와 관련해 "법적 공백이 있다"(탁월한 표현이다)고 말하는 것은 그 일을 담당할 권위 있는 사람들을 호출하는 것과 같다. 도미니크 메미 Dominique Memmi는 다양한 사람들—심리학자, 사회학자, 여성, 페미니스트, 대주교, 랍비, 전문가 등—로 구성된 윤리위원회(인공수정 출산과 관련한)에 대해 묘사한 바 있다.[2] 몇몇 개인어個人語, idiolecte[3]들을 법적 공백을 채울 수 있는 보편적 담론으로 변형하는 것, 다시 말해 사회적 혼란을 야기하는 어려운 문제에 대한 공식적 해결책을 제시하는 것이 이 위원회의 목적이다. 가령 대리모를 합법화하는 등의 상황에서는 여론을 내세울 필요가 있다. 이 맥락에서 보면 여론조사가 어떤 역할을 수행하는지 쉽게 이해할 수 있다. "우리에겐 여론조사 결과가 있다"고 말하는 것은, 다른 맥락에서 보면 "신은 우리와 함께 있다"고 말하는 것과 같다.

여론, 전체에 대한 특권자들의 의견

때로 여론조사 결과는 곤란을 초래한다. 가령 양식 있는 의견은 사형에 반대하는데, 여론조사 결과는 찬성으로 나올 수도 있다. 이때 어떻게 해야 하는가? 이 경우 위원회가 설치된다. 위원회는 양식 있는 의견을 구성한

---

2 도미니크 메미, 「학자와 사상적 지도자—인공수정 출산 윤리의 생산」, 『사회과학 연구 논문집Actes de la recherche en sciences sociales』, 제76·77호, 1989, 82~103쪽.
3 그리스어로 'idios'에는 '특유한'이라는 의미가 있다.

다. 이를 통해 양식 있는 의견은 여론의 이름으로 합법적 의견으로 자리잡는다. 그러나 여론은 반대 의견을 제시할 수도 있고, 그 주제에 관심을 가지지 않을 수도 있다(상당수 주제에 대해 후자인 경우가 많다).

여론조사의 특성 중 하나는 사람들에게 그들이 궁금해하지 않는 질문을 던지고 그 안에 답을 슬쩍 밀어넣는 것, 즉 답을 강요하는 것이다. 문제는 표본추출 오차 같은 데 있는 것이 아니라, 모든 이들에게 양식 있는 의견에서 도출된 질문을 강요하는 것이다. 그리하여 이를 통해 일부 사람들에게 질문해 얻은 답을 모두의 답으로 삼는 데 있다. 이제 질문에 의해 생산된 답은 양식 있는 답으로 간주된다. 사람들에게 예전에는 존재하지 않던 질문을 존재하게끔 만든다. 그러나 이들에게 문제가 되는 것은 답이 아니라 질문 자체다.

허버트 스펜서에 대해 쓴 필John David Yeadon Peel의 저서[4]에 실린 윌리엄 알렉산더 매키넌William Alexander Mackinnon의 글(1828)을 소개한다. 매키넌은 이 글에서 여론을 정의한다. 그의 정의는 민주주의 사회에서 명시적으로 내세울 수 없을 뿐이지 사실상 공인된 정의나 다름없다. 우리는 여론에 대해 말할 때, 민주적으로 정의된 여론의 제한적 부분집합으로서 얻은, 효과적이고 허가된 여론만 공식적인 여론(즉, 모두의 여론)으로 간주하는 이중 게임을 수행한다.

"여론은 공동체 안에서 가장 많은 정보를 접하고, 가장 똑똑하며, 가장 도덕적인 사람들에 의해 생산, 관리되는 모든 주제들에 대한 의견이다. 이 의견은 점차 확산되어 문명화된 국가 안에서 일정한 교육을 받은 양식 있

---

4   J. D. Y. 필, 『허버트 스펜서―한 사회학자의 진화Herbert Spencer: The Evolution of a Soci-
     ologist』, Heinemann, 런던, 1971. 윌리엄 알렉산더 매키넌(1789~1870)은 오랫동안 영국 국회
     의원을 지냈다.

는 모든 사람들에 의해 채택된다." 이렇게 지배자들의 진리는 모든 이들의 진리가 된다.

사회학은 1880년대 의회에서 최하위 계층 아동들을 국가 교육제도에서 배제해야 한다는 말이 공공연하게 나왔다는 사실을 주목해야 한다. 그 뒤 교육제도가 요청 없이도 사람들이 기대한 바를 실현함으로써 초반에 제기된 이 질문은 자취를 감춰버렸다. 기원을 추적하는 것은 중요하다. 초반에 이루어지는 공공연한 토론들은 사회학자에게는 도발적 폭로가 된다.

'담론'이 아닌 '믿음'을 생산하는 것

공식적인 것을 재생산하는 이들은 연극화 과정을 통해 존재하지 않는 것(감지되지 않는 것, 비가시적인 것이라는 의미에서), 그러나 자기 발언의 명분이 되는 것을 생산할 줄 안다. 프랑스어 'produire'(생산하다)의 어원인 라틴어 'producere'는 '앞으로 가져오다'라는 의미가 있다. 그는 생산할 권리의 명분을 생산해야 한다. 그는 연극화 및 형식화를 피할 수 없으며 기적을 행하지 않을 도리가 없다. 말로 창조하는 자에게 말의 기적, 레토릭의 성공이야말로 가장 평범한 기적이다. 그는 자신의 진술에 대한 허가를 연출해야 한다. 다시 말해 그의 발언을 허가해주는 명분을 생산해야 한다.

사전을 찾아보면 '활유법活喩法'에 대해 다음과 같이 정의한다. "부재하는 사람, 죽은 사람, 동물, 의인화된 사물을 살아 있는 사람처럼 표현하는 수사법." 사전은 항상 훌륭한 도구가 되어준다. 사전 속에는 보들레르가 '시詩'에 대해 한 말이 소개되어 있다. "언어를 교묘하게 다루는 것은 초혼招魂 주술을 행하는 것과 같다." 법률가나 시인처럼 복잡한 언어를 다루는 지식인들은 일정한 형식 안에서 발언함으로써 자기 발언의 명분이 되는 상상적 지시 대상을 연출하고 생산한다. 그는 발언의 지시 대상과 명분을 존재하게끔 한다. 그는 하나의 담론을 생산하면서 동시에 그 담론의 보편성에 대한 믿음을 생산해야 한다. 마치 영혼이나 유령을 불러오듯이—국가는 유령이다—자신이 행하는 것을 보증해줄 무언가를 생산해야 한다. '민족' '노동자' '인민' '국가 기밀' '국가 안보' '사회적 요구' 등이 그것이다.

　페르시 슈람Percy Ernst Schramm은 대관식을 분석함으로써 종교적 의식이 어떤 식으로 정치적 의식으로 이전되는지를 보여준다.[5] 대관식을 통해 종교적 의식이 정치적 의식으로 그토록 쉽게 변형될 수 있는 것은 두 의식이 모두 자생적, 합법적, 보편적 모습을 띠는 담론의 근거가 존재한다고 믿게끔 하는 데 목적이 있기 때문이다. 이 목적은 그 담론에 동의하는 통합된 집단의 연극화—주술, 초혼 같은 방식으로—를 통해서만 가능하다. 여기서 필요한 것은 법적 의식이다. 영국의 역사학자 E. P. 톰슨Edward Palmer Thompson은 18세기 영국에서 재판의 연극화—법관이 쓰는 가발 등—가 수행한 역할을 강조했다.[6] 파스칼적 의미에서 이 연극을 단순한 추가 장치로 간주해버리면 그 의미를 완전히 이해할 수 없게 된다. 이 연극은 법률 행위의 구성적Constitutive 요소다. 일반 정장 차림으로 법을 말하는 것은 위험한 일이다. 법관의 발언에 장중함이 결여될 수 있기 때문이다. 사람들은 항상 법률 용어를 개선해야 한다면서 절대 그렇게 하지 않는다. 그 언어야말로 법관의 마지막 의복이기 때문이다. 벌거벗은 임금님은 더이상 카리스마를

5　페르시 슈람, 『프랑스 왕—9~16세기 왕정의 실체Der König von Frankreich: Das Wesen der Monarchie von 9 zum 16. Jahrhundert, ein Kapitel aus der Geschichte des abendländischen Staates』, H. Böhlaus Nachf., 바이마르, 1939.

6　E. P. 톰슨, 「귀족의 사회, 평민의 문화Patrician society, plebeian culture」, 『사회역사학 저널 Journal of Social History』, 제7권, 제4호, 1974, 382~405쪽.

지닐 수 없다.

법관은 왜 가발을 쓰는가

연극화 기능에서 가장 중요한 것은 특정 이해利害를 일반적 이해로 연출하는 것이다. 즉 보편에 대한 관심(이해)과 정치인의 무사무욕無私無慾을 연출하는 것이다. 이는 성직자의 신앙, 정치인의 신념과 양심 등을 연출하는 것과 마찬가지다. 신앙의 연극화는 성직자로서 살아가기 위한 잠재적 조건으로서 공인이 공식적인 것에 바치는 중요한 오마주라고 할 수 있다. 마찬가지로 철학 교수는 철학에 대한 신념이 있다는 인상을 주어야 한다. 진정으로 공적 인간이 되려고 한다면 무사무욕과 신념을 보여주어야 한다. 무사무욕은 부차적 덕목이 아니다. 이는 권력을 위임받은 모든 이들이 필수적으로 지녀야 할 정치적 덕목이다. 성직자의 무분별한 행동, 공직자의 비리 등은 모든 이들이 기만적으로 지니는 정치적 신앙이 붕괴한 결과다. 신앙은 사르트르적 의미에서 집단적 기만과 같다. 이 게임에서 모든 이들은 자신과 타인을 기만한다. 그들은 모두가 기만적이라는 사실을 잘 안다. 이것이 바로 '공식적인 것'의 정의다.

● 이 글은 『국가에 대하여Sur l'État—콜레주드프랑스 강의 1989~1992』(2012)에서 발췌했다.

군주는 인간과 야수의 본성을 지닌 잡종 짐승

자크 데리다 ■ Jacques Derrida

1930년 알제리에서 태어난 프랑스 철학자. 철학뿐 아니라 문학, 회화, 정신분석학 등 문화 전반에 관한 많은 저서를 남겼으며, 특히 현대철학에 해체의 개념을 도입한 것으로 유명하다. 어머니가 아랍계 토착 유대인이어서 제2차세계대전중 나치 정권 아래서 퇴학 조치를 비롯한 여러 인종차별을 경험했다. 파리에서 고등사범학교 철학과를 졸업하고 1960~1964년에는 소르본 대학에서, 1965년 이후에는 모교에서 철학을 가르쳤다. 1983년 국제철학학교를 창설하여 초대 교장을 역임했다. 1970년대 이후 현실 문제에도 적극 참여, 1979년 6월 소르본 대학에서 1200여 명의 지식인이 모여 교육과정 개편에 항의하는 '철학삼부회의'에서 "이 나라에서 철학 영역이 제한받는다면 비판적 능력을 갖춘 사람이 그만큼 없어지는 것을 의미한다"고 역설했다. 1980년 폴란드의 위기가 최고조일 때, 체코의 프라하에서 77헌장 멤버들과 접촉하다 체포되어 48시간 동안 구금된 적도 있다. 넬슨 만델라 구명운동과 '반아파르트헤이트'전도 기획했다. 예술가들과도 교류해 미국 건축가 피터 아이젠먼과 함께 공원을 설계하고, 비디오아티스트 게리 힐의 작품에 출연하기도 했다. 1990년대에 들어서는 『마르크스의 유령들』(1993) 등 기아, 인종주의, 핵 문제 같은 현실 문제에 대한 저서를 잇달아 내놓았다. 해체주의를 대표하는 『그라마톨로지』(1967)를 포함하여 『글쓰기와 차이』(1967), 『목소리와 현상』(1967), 『환대에 대하여』(1997) 등 수백 권의 저서를 남겼으며, 2004년 10월 9일 파리의 한 병원에서 췌장암으로 죽음을 맞이하기 전까지 사회과학고등연구원의 철학 교수로 일했다.

미국은 거짓으로 얼룩진 시뮐라크르 국가인가?

페리에스Jean-Vincent Périès가 번역한 니콜로 마키아벨리의 『군주론』 제 18장에는 '군주들은 어떻게 약속을 지켜야 하는가?'라는 제목이 붙어 있다.[1]

군주들이 지켜야 할 발언에 관한 대목, 곧 '군주들은 자신의 약속을 어떻게 지켜야 하는가?' 혹은 '군주들은 자신의 약속에 어떻게 충실해야 하는가?' 등과 관련한 질문은 '인간 고유의 속성'과 불가분의 관계를 이루는 것처럼 보인다. 실상 하나를 이루는 이러한 이중의 질문은 그 방식도 흥미롭다. 거기서 '늑대'뿐만 아니라 보다 잡다한 '동물'들을 만날 수 있기 때문이다.

자신의 생각을 가장 잘 드러내는 이 장에서 마키아벨리는 사람들이 군주가 약속을 충실히 이행하는 모습을 찬양할 만한 덕목으로 여긴다는 '사

---

1   마키아벨리, 『군주론』, 장뱅상 페리에스 옮김(1825), 파트리크 뒤푸에(Patrick Dupouey) 소개와 주석, 에티엔 발리바르(Étienne Balibar) 서문, Nathan, 파리, 1982, 94~96쪽.

실'에 주목한다. 실제로 찬양받을 만한 일이다. 마키아벨리는 성실한 군주가 거의 없고, 대부분이 약속을 지키지 않으며 속임수를 구사한다는 사실을 언급한다. 군주들은 약속을 하면서 거의 대부분 속임수를 쓴다. 사실 그렇게 하지 않을 수 없기 때문이다.

우리는 가장 강한 군주들이 약속을 철저히 지키려고 하는 군주들에게 승리를 거둔다는 사실을 목격하고 있다. 마키아벨리는 로렌초 데메디치뿐만 아니라 독자들에게 다음과 같이 이야기한다. "투쟁하는 방법에는 두 가지가 있다. 하나는 법으로 싸우는 것이고, 다른 하나는 힘으로 싸우는 것이다."[2]

다시 말해 한편으로는 맹세한 신앙, 권리, 정의, 성실성, 법, 약속, 규약, 제도를 통해, 그리고 다른 한편으로는 약속의 배반, 거짓말, 서약 위반, 무시, 힘의 무자비하고도 단순한 사용(최강자의 논리)을 통해 싸운다는 것이다.

그로부터 마키아벨리는 기묘한 결론을 이끌어낸다. 우리는 그 결론을 더 면밀히 분석해볼 필요가 있다. 원칙적으로 약속은 법을 성실히 준수하고 존중한다. 그는 약속에 대한 충성도와 함께 법과 더불어 싸우는 것은 인간 고유의 속성에 따른 것이라고 했다. 이러한 주장은 원칙적으로 "거짓말 하지 않는 것, 거짓 선서를 하지 않는 것은 인간 고유의 속성이자 존엄성"이라는 칸트의 주장과 대동소이하다.

투쟁하는 두번째 방식인 힘으로 싸우는 것은 짐승들의 방식이라고 마키아벨리는 말했다. 더이상 인간이 아니라 짐승인 것이다. 법이 아니라 힘

2 　마키아벨리, 「군주들은 어떻게 약속을 지켜야 하는가?」, 『군주론』 제18장, 샤를 필리프 투생 기로데 (Charles Philippe Toussaint Guiraudet), 옮김, Garnier Frères, 파리, 1837, 132쪽.

2부　야누스적 자본의 두 얼굴

이 최강자라는 논리는 짐승에 해당하는 것이다.

이런 두 논리를 펼친 후 마키아벨리는 법으로 싸우는 첫번째 방식만으로는 충분하지 않다는 세번째 주장을 설파한다. 법만으로는 무기력하기 때문에 다른 것에 의지해야 한다. 군주는 법과 힘이라는 두 가지 무기를 가지고 투쟁할 줄 알아야 한다. 따라서 군주는 인간과 짐승으로 동시에 처신해야 한다. 마키아벨리의 구절을 인용하자면 "군주는 적절하게, 짐승인 동시에 인간으로 행동할 줄 알아야 한다".[3]

약속을 충실히 이행하는 등 법을 통한 행동이 무기력하거나 잘 굴러가지 않을 때, 약하거나 혹은 보잘것없을 때에는 짐승으로 처신할 필요가 있다. 인간인 군주가 '마치 짐승처럼' 행동해야 하는 것이다.

"고대 작가들이 아킬레우스와 고대의 여러 영웅들을 거론하며 우의적으로 가르쳐준 내용이 바로 그것이다. 반인반마의 괴물 켄타우로스 일족인 케이론이 그들을 맡아 젖을 먹여 키웠다. 반은 인간이고 반은 짐승인 교사를 그려내면서 작가들은 하나의 군주가 두 가지 본성을 지녀야 한다는 사실, 하나의 본성이 다른 본성의 도움을 받을 필요가 있다는 사실을 보여주고자 했다."[4]

마키아벨리는 군주는 인간인 동시에 짐승이어야 한다고 했다. 또 군주의 인간적인 부분에 대해 지나치게 강조하지 않는 한편, 동물적인 부분은 잡종이자 혼성적이며 두 동물의 혼합 내지 접목, 예컨대 "사자이자 여우"여야 할 필요성을 강조했다. 단지 하나의 짐승이 아니라 하나 속에 두 짐승이 들어 있어야 한다는 것이다.

---

3   마키아벨리, 『군주론』, 장뱅상 페리에스 옮김, 94쪽.
4   같은 책.

"만약 사자에 불과한 동물이라면 덫을 전혀 알아채지 못한다. 만약 여우에 불과한 동물이라면 늑대에 맞서 자신을 지켜내지 못할 것이다. 덫을 알아내기 위해 여우일 필요가 있고, 늑대에게 겁을 주기 위해 사자일 필요가 있다. 단지 사자이기를 고집하는 동물들은 서투르기 그지없다."[5]

여기서 선언된 적은 늘 '늑대'이다. 사냥하고 격퇴하며 제압하고 투쟁해야 할 대상은 늑대이다. '늑대에 맞서 자신을 지켜내는' 것이 문제가 된다. 하지만 내 생각에 더욱 흥미롭고 첨예한 문제는 늑대에게 '겁을 주는' 일이다. 늑대에게 겁을 주는데 사자만으로 족하지 않을 경우 여우의 노하우를 이용할 수도 있다. 파스카Charles Pasqua가 주장한 대로 테러리스트들에게 테러를 가할 수 있는 것이다. 자크 시라크 정부에서 1986년부터 1988년까지 내무부 장관을 역임한 샤를 파스카의 유명한 표현이다. 이 표현을 통해 파스카는 테러리스트들에 맞서 동일한 무기를 사용해야 한다는 논리를 정당화했다.

야만적 폭력의 상징인 늑대만큼 잠재적으로 무시무시하고 끔찍하며, 잔인하고 무법적일 필요가 있다. 이 말이 너무나 잘 들어맞는 이 시대 사건들을 과도하게 열거하는 대신, 놈 촘스키Noam Chomsky가 자신의 저서에서 '불량국가rogue states'[6]라고 표현한 것을 언급하는 데 그치련다. 불량국가들의 '국제 테러리즘'에 맞서 미 전략사령부는 핵전쟁 위협뿐만 아니라 짐승처럼 무슨 짓이든 저지를 수 있다는 대적자의 이미지를 적에게 심어주면서, 적이 겁을 느끼고 두려워하도록 만들라고 권고한다.

나는 영어로 'rogue'라는 단어가 동물사회의 규칙을 준수하지 않아

---

5   같은 책.
6   놈 촘스키, 「불량국가Rogue States: The Rule of Force in World Affairs」, South End Press, 매사추세츠 케임브리지, 2000, 6~7쪽.

2부 야누스적 자본의 두 얼굴

따돌림을 당하는 짐승을 동시에 지칭한다는 사실을 알고 있다. 사활이 걸린 이익이 문제가 될 때 그 짐승은 격분하거나 냉정함을 잃을 수 있고, 합리적인 인간 입장에서 이성적으로 행동하기를 그칠 수 있는 것이다.

적에게 가장 소중한 것이 무엇인가를 정함에 있어 너무 '이성적인' 모습을 보여주지 말라고 지침서는 강조한다. 다른 식으로 표현하자면 눈먼 모습을 보여주고, 자신의 눈이 멀 수도 있다는 사실을 보여주며, 과녁을 선정할 때 야수 같아질 수도 있음을 보여주어야 한다. 사활이 걸린 이익이 관련될 경우 자신이 미칠 수도 있음을 보여주어야 한다. 아무렇게나 행동할 수 있다는 사실을 적이 믿게끔. 미치고 무분별하거나 비이성적인 모습, 다시 말해 동물로 변할 수 있는 척해야 한다.

미 전략사령부의 권고 사항 중 하나는, 지나치게 이성적이거나 평정심을 유지하는 것은 오히려 '해로울' 수도 있다는 것이다. "전략적으로는 일부 요소들이 '통제를 벗어난 듯이' 보이게 하는 편이 '유익하다'." 이러한 가짜 태도, 시뮐라크르simulacre(흉내)의 능력은 군주가 여우와 사자의 자질을 확보해야만 함을 뜻한다. 변신 자체는 인간의 책략이자, 책략이 아닌 척해야 하는 여우 인간의 책략이다. 바로 거기에 거짓말, 우화, 혹은 시뮐라크르의 본질이 있다. 다시 말해 진실을 자처하거나 혹은 자신이 충실하다고 맹세하는 것은 늘 불성실의 조건이 된다. 단지 여우처럼 영리하기 위해서가 아니라, 그렇지 않은 것을 그런 척하기 위하여, 그리고 그런 것을 그렇지 않은 척하기 위하여 군주는 항상 여우가 되어야 한다.

오직 여우만이 그런 식으로 변신할 수 있고, 사자와 닮기 시작할 수 있다. 사자는 그럴 수 없다. 여우는 사자 역할을 하기 위해, 심지어 '여우로서의 본성을 감추기 위해' 충분히 여우다울 필요가 있다. 마키아벨리는 명백한 사례를 염두에 두고 있었는데, 당대의 여우 같은 한 군주에 대해 다음과 같이 영리한 찬사를 보낸다.

"약속을 지키는 일이 자신에게 해로울 경우 빈틈없는 군주는 약속을 지키지 않아야 한다. 그때 군주로 하여금 약속하도록 만든 이유들은 더 이상 존재하지 않는다. 그것이 계율이다. 사람들이 모두 선하다면 아마 그는 좋은 군주가 아닐 것이다. 그러나 사람들이 악한데다가 약속을 지키지 않는데 군주가 왜 그들을 위해 약속을 지킬 필요가 있을까? 게다가 자신의 약속 불이행을 무마하기 위한 적법한 이유들이 부족할 수도 있지 않을까?

그에 대해 우리는 동시대의 무수한 사례를 들 수 있다. 불성실한 군주들 때문에 쓸모없어져버린 너무나 많은 평화조약, 온갖 종류의 조약이 그것이다. 여우처럼 능란하게 처신할 줄 알았던 자들이 가장 번성했다는 사실을 우리는 입증할 수 있다. 하지만 그를 위해 절대적으로 필요한 것은 여우로서의 본성을 잘 숨길 줄 알고, 흉내내거나 감추는 기술을 완벽하게 보유하고 있어야 한다는 점이다. 인간들이 순간의 필요에 따라 너무 쉽게 눈이 멀고 순응하기에, 속이는 사람은 속는 사람을 늘 찾아내는 것이다."

동시대의 수많은 예를 생각해보면 유익하다. 해나 아렌트가 강조한 바와 같이, 오늘날에는 강력한 주권국가들이 국제법을 자국의 이익에 예속시키면서 약소국들의 주권을 제한한다. 심지어 바로 자신들이 만들어낸 국제법을 침해하거나 존중하지 않는 경우도 비일비재하다. 강대국들은 약소국들에 대해 국제법을 준수하지 않으면서 약소국들을 불량국가, 다시 말해 무법자들이라 비난하는 것이다.

'rogue'는 바로 동물사회의 규칙을 전혀 따르지 않는 동물이 아닌가? 강대국들은 스스로를 정당화하기 위해 항상 이유를 대고 변명한다. 그들이 옳지 않다 할지라도, 힘이 약한 나라들 앞에서는 정당성을 지닌다. 잔인하고 야만적이며 분노로 가득찬 짐승처럼 감정을 폭발시키면서.

대항폭력, 나쁜 게 아니라 부적절하다

놈 촘스키 ■ Noam Chomsky

소쉬르 이후 가장 뛰어난 언어학자로 평가받는다. 1928년 미국 필라델피아의 유대인 가정에서 태어났다. 29세에 매사추세츠공과대학(MIT) 부교수가 되었고, 32세에 정교수 자리에 올랐다. 1955년 「언어 이론의 논리 구조」라는 논문으로 학계의 주목을 받기 시작했다. 『통사구조론Syntactic Structures』(1957)은 그의 출세작이며, 한국에는 '변형생성문법의 이론'(1966)이라는 제목으로 번역, 출간되었다.

변형생성문법(transformational generative grammar)은 언어학의 새로운 지평을 연 이론이다. 촘스키는 언어의 구조를 '표면 구조'와 '심층 구조'로 구분해서 보았다. 이를 통해 겉으로는 같은 구조이지만 심층으로 들어가면 전혀 다른 의미 맥락을 띠는 언어의 특성을 이론적으로 규명했다. 같은 언어를 모국어로 쓰는 사람과 외국어로 쓰는 사람 사이에 이해도가 다른 것도 언어의 이런 특성에서 비롯된다.

언어학자로 명성을 쌓은 촘스키는 1964년 베트남전쟁에 반대하는 대학생 시위를 지지하면서부터 세계 문제와 미국의 패권주의에 관심을 기울이기 시작했고, 강대국의 폭력과 인권유린을 고발함으로써 '살아 있는 미국의 양심' '진정한 지성인의 모범'이라는 평가를 받고 있다. 현재 MIT 교수로 재직하면서 미국의 국제 테러리즘과 신자유주의의 확산을 비판하는 글을 왕성하게 발표하고 있다.

주요 저서로 『숙명의 트라이앵글』(1983), 『테러리즘의 문화』(1988), 『그들에게 국민은 없다Profit over People』(1999), 『불량국가』(2000), 『세상의 권력을 말하다The Prosperous Few and the Restless Many』(1993, 2003) 등이 있다.

미국의 언어학자이며 투사인 놈 촘스키는 2010년 5월 27일부터 6월 1일까지 파리에
머물며 강연장을 가득 메운 청중과 간담회를 연이어 가졌다. 그중에서 특히 『르몽드
디플로마티크』의 초청으로 이뤄진 뮈튀알리테Mutualité 극장과 콜레주드프랑스 강연
회에서는 청중과 토론을 통해 시사 현안들에 대한 심도 깊은 의견을 나눴다. 몇 가지
주요 내용을 소개한다.

- 한 참석자가 현재의 유럽 경제정책에 사회 안전망이 부재한 점을 지적하고, 이에 대
  한 촘스키의 견해를 물었다. 촘스키는 현 상황에 대해 색다른 분석을 내렸다.

사실 유럽 경제정책은 사회적 계획에 따르고 있다. 그러나 다른 사회적
계획들과 마찬가지로 유럽이 도입한 것은 특정한 일부 사람들에게 이로울
뿐 나머지 사람들에게는 불리하게 돼 있다. 자유주의 경제학자인 마틴 울
프조차 이 사실을 주지했는데, 예컨대 사회 프로그램이 은행에나 봉사할
뿐 일반인에게는 해를 끼친다는 것이다. 순전히 경제적 측면에서 유럽의
사회 프로그램은 많은 의문을 낳는다.

경제에 대해 잘 모르지만 적어도 우리는 케인스의 교훈은 알고 있다. 수요가 아주 적고 민간 분야에서 투자가 이뤄지지 않을 때 성장을 진작할 수 있는 유일한 수단은 공공 지출이다. 경제를 다시 활성화해야 하고 한시적으로 적자 지출을 수용해 사람들에게 일거리를 제공해야 한다. 이렇게 하면 사람들에게도 좋고 경제에도 좋다. 또한 초기의 적자를 만회할 수 있게 될 것이다. 물론 인플레이션 우려는 있다. 그러나 은행은 최대한 인플레이션을 낮추기를 원한다. 인플레이션 우려가 현저히 낮은 오늘날, 은행의 조치가 경제를 둔화시키고 사람들을 고통스럽게 하는데도 그렇다. 이 모든 것이 사회 프로그램이다.

그리스의 경우는 어떠한가? '추악한 빚'이라는 말이 있다. 그 부채가 어떤 정당성도 없고 국민과 체결된 것도 아니며, 세금도 내지 않는 최고 부자들의 이익을 위해 일부 패거리들이 빌려온 돈이라는 의미에서다. 논리적으로 이 부채를 갚아야 하는 건 바로 이들이다.

■ 정치 투쟁시의 폭력 사용에 관한 질문을 받고 촘스키는 이 같은 행위의 동기를 분석하며 답변했다.

잠시 원칙은 잊고 전략에 집중해보자. 여러분은 결실을 맺을 수 있는 전략을 선택해야 한다. 그러지 않으면 실행하는 모든 것이 시늉에 그칠 뿐이다. 만일 어떤 목적을 이룰 전략을 찾는다면 적이 선호하는 전세를 허용해서는 안 된다. 국가권력은 폭력을 아주 좋아한다. 폭력을 독점하고 있기 때문이다. 시위자의 폭력 수위는 문제도 아닐 정도로 국가는 그보다 더한 폭력을 동원한다. 그래서 1960년대부터 투쟁하는 학생들에게 말할 때 시위 현장에서 '투구'를 착용하지 말도록 조언했다.

분명 경찰은 폭력적이다. 여러분이 투구를 쓰면 경찰은 한술 더 뜰 것이다. 여러분이 소총을 가져온다면 그들은 탱크를 끌고 올 것이고, 여러분이 탱크를 끌고 오면 그들은 B52 폭격기를 출격시킬 것이다. 필연적으로 여러분이 지는 싸움인 것이다. 전략적 선택을 할 때마다 스스로에게 질문을 던져야 한다. '나는 누구를 도우려는 것인가?' 여러분은 자신을 위한 명분을 찾고 있는가? 아니면 사람들을 위해 무언가를 하려 하는가? 답에 따라 전략의 선택은 달라질 것이다. 이스라엘 하이파 대학의 보이콧 문제를 생각해보자.[1]

이런 행위는 극우주의자에게 선물을 안겨주는 것이다. 그들은 즉각 여러분에게 "완전한 위선주의자"라고 말할 것이다. "왜 소르본이나 하버드, 옥스퍼드 대학은 보이콧하지 않는가? 이 나라들은 더 심한 범죄행위에 가담하고 있는데 말이지! 하이파 대학은 그럼 왜 보이콧을 하는 것인가?" 결국 극우주의자에게 보이콧의 사상적 내용을 깎아내릴 수 있는 선물을 준 셈이 된다. 이 일을 실행하는 사람들에게는 명분을 줄 수 있지만, 결국 팔레스타인에 피해를 준다.

베트남전쟁 동안, 나는 베트남인이 '웨더맨Weatherman'[2]의 활동에 고마워하지 않는 것이 놀라웠다. 웨더맨은 베트남에 동정적인 젊은이들이었고, 나도 그들을 존경하고 그들과 같은 마음이었다. 이들의 저항운동 방식은 거리로 나서 창문을 깨기도 했다. 베트남인은 단연코 이런 방식에 반대했다. 베트남인이 원한 것은 생존이었다. 그렇기 때문에 그들은 일종의 유희로서 즐기는 미국 학생들을 비웃었다. 베트남인은 시위 플래카드를 들고

---

1   청중과의 토론 때 한 사람이 팔레스타인 학생들을 차별해 비난받은 하이파 대학을 보이콧함으로써 점령지 내 이스라엘의 정책에 저항할 수 있는 방안에 대해 질문했다.
2   베트남전쟁을 계기로 1969년 '새로운 좌파'를 표방하며 창립된 학생단체.

거리로 나서 창문을 깨는 것이 전쟁을 원하는 자들의 명분을 강화해준다는 사실을 일찍이 이해한 것이다. 정말로 그랬다. 집권자에게 명분을 주는 전략은 희생을 부를 수 있다. 반대로 베트남인은 무덤 앞에서 조용히 묵념하는 여성들의 시위를 존중했다. 베트남을 위해 우리가 해야 했던 것이 바로 이런 행동이다. 팔레스타인을 돕기 원한다면 여러분이 택하는 전략의 결과를 심사숙고하기 바란다.

■ 좌파 진영 프로그램의 대중 결집력이 약한 문제에 대해 촘스키는 미국의 우파 급진 운동 '티파티TEA Party'[3]의 예를 들었다.

사람들은 티파티 운동을 조롱하는 경향이 있다. 이 운동에 분명 터무니없이 웃긴 점이 있긴 하다. 그러나 이 운동에 동참하는 사람들은 진짜 문제를 이야기한다. 이들의 말을 비웃기만 하는 것은 아무 소용이 없다. 어쩌면 이 운동의 지도자들, 예를 들어 세라 페일린을 조롱할 수는 있다. 그러나 이 운동에 동참하는 사람들은 지난 30여 년간 고통 받은 이들이다. 이 사람들은 고통 받은 이유를 모른다. 라디오 프로그램에서 이 사람들이 말하는 것을 들어보면 대개 이런 내용이다.

"저는 해야 할 일은 모두 했습니다. 백인 노동자이고 신실한 기독교인입니다. 조국이 원하는 대로 조국을 위해 봉사했습니다. 그런데 왜 내 인생이 이렇게 된 것이지요? 왜 우리 조국을 바꾸려고 합니까? 왜 제가 소중히 생각한 가치들이 짓밟히게 내버려둡니까? 은행에는 달러가 넘쳐난다는데 왜 내게는 일자리가 없습니까?"

---

3   'TEA'는 이미 세금은 낼 만큼 냈다는 의미인 'Taxed Enough Already'의 약자.

이것이야말로 현실적인 우려다. 표현은 서툴지 모르지만, 그 우려는 정당하다. 그들을 조롱거리로 삼는 짓은 부질없다. 이 사람들은 좌파가 보듬어야 했다. 그런데 좌파는 그렇게 하지 않았다.

■ 한 참석자는 촘스키가 흔히 정치 분석과 관련해 합리적 방식을 중시하는 건 비현실적이라고 지적했다. 그는 동예루살렘을 포함해 식민지를 확대하는 이스라엘의 행동은 전혀 합리적이지 않고, 또 미국 정부가 말로는 규탄하면서 이스라엘의 점령을 실제 지지하는 것은 아랍 세계와의 관계를 저해할 뿐이라고 비난했다.

미국의 이스라엘 지지는 매우 합리적이다. 이는 미국이 프랑스의 뒤를 이은 1967년으로 거슬러올라간다. 당시 아랍 세계에서는 두 세력 간에 갈등이 존재했다. 그중 하나는 미국이 지지하던 무슬림 근본주의이고, 다른 한 세력은 서구 열강이 주적으로 여기던 세속화된 국가주의였다. 뭉뚱그려 사우디아라비아와 나세르 간의 대적이었다. 그러나 이스라엘이 세속화된 국가주의를 파괴하고 미국과 연합한 무슬림 근본주의를 지원하고 강화했다. 워싱턴은 이스라엘을 군사적으로 지원했다. 전례없이 이스라엘은 성역화됐다.

1970년 또다른 중요한 기회가 생겼다. 미국과 이스라엘이 원하는 대로 요르단이 팔레스타인 저항 세력을 짓밟았다. 이때 발생한 사건을 '검은 9월'이라고 한다. 시리아는 그 전에 팔레스타인을 수호하기 위해 이 사안에 개입하겠다고 밝혔다. 당시 미국은 동남아시아에서 곤경에 처해 있었다. 그래서 팔레스타인 편을 들며 개입하려는 시리아를 막기 위해 군사력 동원을 요청하며 이스라엘을 호출했다. 시리아는 뒤로 물러섰다. 미국의 동맹인 이스라엘과 사우디아라비아의 입지는 공고해졌다. 이스라엘에 대한 미국의 지원은 당시 네 배로 증가했고, 그런 식으로 지속됐다.

'주변부 연합'이라 부르는 미국의 전략 틀은 아랍 지도자와 독재자를 기반으로 이 국가들과 석유를 통제한다. 따라서 이들 지도자는 자국 국민으로부터 보호돼야만 한다. 이를 위해 미국은 주변부 헌병 시스템을 이용했다. 아랍인을 죽이는 데 더욱 효과적이기 때문에 외곽 헌병은 비아랍계를 선호했다. 우선 이 주변부는 샤[4]가 통치하는 이란과 터키, 파키스탄으로 구성됐다. 1970년대 초 이스라엘이 이 그룹에 합류하면서 헌병대의 일원이 되었다. 닉슨은 이들을 '정찰 경찰Cops on the Beat'이라고 불렀다. 지역 경찰이 있고 워싱턴에 경찰 본부가 있는 셈이다. 바로 이것이 이 지역을 통제했던 구조다.

1979년 샤 지배체제가 전복됐다. 미국이 이란을 '놓치게' 되었다. 그래서 이스라엘의 역할이 다시금 부상했다. 이 시기 이스라엘은 전 세계에 걸쳐 미국을 위해 온갖 일에 수속 노릇을 했다. 미 정부가 과테말라 정권과 남아프리카 및 다른 여러 지역에 대한 국가 테러를 직접 지원하지 못하도록 미국 의회가 견제했기 때문이다. 따라서 미국은 대만, 이스라엘, 영국(아마 프랑스도 포함해)과 같은 우방국의 네트워크를 이용해 온갖 추잡한 범죄를 저질렀다.

이런 면에서 이스라엘은 효율적이었다. 첨단 기술과 우수한 인력을 보유한 부강한 산업화 사회인 이스라엘은 미국의 하이테크 기업들의 투자를 끌어들였다. 이스라엘의 일부 군수산업은 미국과 밀접한 관계를 맺었고, 일부 시설을 미국으로 이전하기도 했다. 양국의 정보기관은 1950년대 이래로 사이좋게 일하고 있다. 미국 군수산업에 이스라엘과의 만남은 곧 돈

---

4   왕 또는 지배자를 의미하는 페르시아어.

이다. 미국이 이스라엘 정부를 돕기 위해 매년 수십억 달러를 쓰면 록히드마틴은 그 일부를 챙긴다. 록히드마틴이 이스라엘에 최신 폭격기를 팔면 사우디아라비아도 와서 말한다. "우리도, 우리도 필요합니다." 록히드마틴은 사우디아라비아에 최소 기능의 군 설비를 판다. 사우디아라비아는 늘 어떻게 사용하는지도 모르면서 수없이 사들인다. 결과적으로 이중의 이득을 본다.

　그렇다면 팔레스타인은 미국에 무엇을 줄 수 있을까? 그들은 약하고 흩어져 있고 아무 자원도 없는데다 아랍 세계에 기댈 구석이 거의 없다. 그들의 권리는 힘에 비례한다. 이스라엘은 강한 나라고, 덕분에 유리하다. 즉, 이스라엘은 권리를 지녔다. 팔레스타인은 약하고 동맹 세력도 없다. 그래서 권리가 없다. 강한 자를 지지하고 강한 자만의 이익을 지원하는 것은 완전하게 합리적인 정치다. 이스라엘에 대한 지원으로 반미 세력이 생기고 아랍 국가에서 시위가 일어난다고 반박할 수 있다. 이런 것들은 문제될 게 없다. 민중을 억압할 독재 권력을 거느리고 목적을 이루기 위해 독재 권력에 무기를 제공해주고 있기 때문이다. 여러분은 이것이 좋은 결정이 아니라는 점을 지적할 수는 있다. 그러나 이런 정치가 비합리적이라고 말할 수는 없다. 이는 그동안 남미와 동남아시아, 그 외 여러 국가에서 실행됐던 정치와 일관된다. 가끔 잘못되기도 한다. 제국주의적 계획 정치가 완벽하지는 않기 때문이다.

　오늘날 상황은 약간 달라졌다. 오바마 때문이 아니라 이스라엘이 지나치게 우경화됐기 때문이다. 그곳에서는 편집증과 신경증, 극단적 국가주의의 바람이 불고 있다. 이로 인해 파괴적이고 비합리적인 행위가 예사로운 일이 되고 있다. 그러나 미국은 이스라엘, 이라크, 아프가니스탄 등지에 군대를 주둔시키고 있다. 이스라엘의 무분별함이 미국 군부대를 위험에 빠뜨리고 있다. 미 장군인 데이비드 퍼트레이어스David Petraeus는 얼마 전 이스라엘의 강경한 태도가 미 군부대에 미치는 위험에 대해 경고했다. 미국 정책의 급변 가능성을 배제할 수 없는 상황이다. 미국은 국수주의적인 나라다. 그래서 다른 누군가가 미국의 용맹한 군인에게 위해를 가하려 할 때는 바로 저지한다. 따라서 이스라엘은 매우 위험한 도박을 하는 셈이다.

금융 위기 속에 마르크스를 되돌아보다 _ 뤼시앵 세브

투쟁 없이는 민주주의도 없다 _ 앙드레 벨롱

세계의 지정학, 밑그림 없는 퍼즐 _ 앙드레 벨롱

묻노니, 인류에게 미래는 있는가 _ 뤼시앵 세브

3부

거세된 지식인의 불온성

빚쟁이 혹은 시간의 도둑 _ 마우리치오 라차라토

지식인들은 무엇으로 사는가 _ 자크 부브레스

진리를 조작하는 지식인들 _ 피에르 부르디외

우리의 유토피아 vs. 그들만의 유토피아 _ 세르주 알리미

금융
위기 속에
마르크스를
되돌아보다

뤼시앵 세브 ■ Lucien Sève

1926년생. 프랑스 고등사범학교 출신의 철학자로서 한평생 공산당 중앙위원으로 활동하며 인간의 본질과 개인의 소외 문제에 천착해왔다. 고등학교에서 20여 년 동안 철학 교사로 일하다 물질주의 세태를 비판한 『인류학적 관점에서 본 학교와 세속성 L'École et la laïcité』(1965)이라는 책을 펴낸 뒤 순식간에 주목받는 철학자로 떠올랐다. 이어 프랑스의 대표적 좌파 출판사인 '에디시옹소시알(Editions sociales)'의 편집장으로 활동하면서 『마르크스와 엥겔스의 이해 Introduction à Karl Marx et Friedrich Engels』(1974)를 비롯해 『공산주의의 재출발? Communisme, quel second souffle?』(1990), 『오늘날의 마르크스를 생각한다 1─마르크스와 우리 Penser avec Marx aujourd'hui, tome 1: Marx et Nous』(2004) 등 일련의 저서를 출간했다.

"역사는 종말을 고했다. 자본주의는 모두가 만족한 가운데 사회구조의 결정적인 형식으로 굳어졌다. '우파의 이념적 승리'는 완료되었으며 오직 일부 치유 불가능한 망상가들만이 불가능한 미래를 꿈꾸며 부질없는 짓을 할 뿐이다."

이러한 담론에 우리는 거의 설득당하는 듯했다. 그러나 2008년 10월에 발생한 엄청난 금융 대지진은 이러한 사고 구조를 한순간에 무너뜨렸다. 런던 데일리 텔레그래프는 "2008년 10월 13일은 영국 자본주의 시스템이 실패했다는 사실을 역사적으로 인정한 날로 남을 것"[1]이라고 논평했다. 뉴욕 월 스트리트 증권가 건물 앞에서 시위자들은 '마르크스가 옳았다!'라는 팻말을 들어올렸다. 프랑크푸르트에서는 마르크스의 『자본』 판매 부수가 세 배나 급증했다. 파리의 유명한 인문학 월간지는 흔히들 영원히 사망한

---

1   데일리 텔레그래프, 런던, 2008년 10월 14일.

것으로 치부한 마르크스가 다시 "부활한 이유"에 대해 30쪽에 걸쳐 소상히 설명했다.[2] 역사의 또다른 문이 다시 열리는 것일까?

마르크스의 저작을 정독하면, 한 세기 반 이전에 쓰인 그의 글이 놀라울 만큼 정확하게 현재의 우리 상황을 설명해주는 것 같은 느낌이 든다. 예를 들면 이런 구설이다. "금융 귀족이 법을 명하고 국정을 지도하며 모든 권력을 손아귀에 넣어 여론을 지배한다. 이들이 궁궐부터 누추한 카페에 이르기까지 모든 영역에서 생산에 의지하지 않고 타인의 부를 강탈하면서, 매춘, 뻔뻔한 사기, 치부致富를 향한 갈증을 재생산해내는 것을 우리는 목도하고 있다."[3] 이런 글을 통해 마르크스는 1848년 혁명 직전의 프랑스를 묘사하고 있다.

『자본』, 시스템 붕괴를 예견하다

그러나 이처럼 확연한 유사성에도 불구하고 시대의 차이로 인해 그의 모든 지적을 그대로 현재 상황에 대입할 수는 없다. 다만 『자본』에서 보여주는 이런 놀라운 정치, 경제 비판의 근저에는 현재와 같은 상황에 대한 더욱 날카로운 분석이 숨어 있다.

오늘의 이 세계적 위기는 어디에서 오는 것일까? 복잡한 금융상품의 휘발성, 자체 규제가 불가능한 자본시장, 금융계의 도덕적 해이 등이 거론된다. 흔히 말하듯이 '실물경제'에 대한 '가상경제'의 시스템 붕괴가 원인이라는 것이다. 그러나 이는 '가상경제'가 '비가상적' 현실임을 인식하지

---

2   『르 마가진 리테레르Le Magazine Littéraire』, 제479호, 파리, 2008년 10월.

3   카를 마르크스, 『프랑스의 계급투쟁Les luttes de classes en France』, Éditions sociales, 파리, 1984, 84~85쪽.

못한 관찰이다.

즉 위기의 시초였던 서브프라임 사태는 은행 융자를 안고 집을 산 수백만 미국 가계의 부채 상환 불능 상태에서 야기되었다는 점이다. 이로써 결국 '가상'의 비극이 '실물'에 뿌리를 두고 있다는 점을 인정하지 않을 수 없다. 그리고 이 실물은 구매력의 세계화된 총체이기도 하다. 투기성 자본의 거품 붕괴 뒤에는 노동에 의해 창출된 부를 독점한 자본, 그리고 신자유주의 도그마의 이름으로 지난 사반세기에 걸쳐 시행된 긴축 경제가 임금으로 돌아갈 몫을 10% 이상 줄여놓은 것도 한몫하고 있다.

부와 빈곤의 반비례적 축적

금융 규제 장치의 결함? 경영에 관한 책임 의식 결여? 증권계의 도덕적 해이? 물론 이러한 이유도 있을 것이다. 그러나 금기를 불문하고, 근본적인 원인을 찾아보자. 현 자본주의 체제를 지탱하는 도그마 그 자체에 문제를 제기하며, 마르크스가 '자본축적의 일반 원칙'이라고 칭한 것의 궁극적 실체에 시선을 돌려보자. 그는 생산의 사회적 조건이 자본가계급의 사적 소유에 기반을 둔 곳에서는 "생산을 늘리기 위한 모든 수단은 지배의 수단으로, 또 생산자를 착취하는 수단으로 전이된다"고 설명한다. 생산자들은 자본가가 추구하는 부의 증식에 희생되며 이러한 자본축적은 자체 동력을 얻으면서 광적으로 비약하곤 한다. "한 극점에서의 부의 축적"은 필연적으로 정반대 극점에서는 "빈곤의 반비례적인 축적"을 초래한다. 이로부터 격렬한 상업, 금융 위기의 전조가 부활한다는 것이다.[4] 이는 현재 우리의 상

---

4   카를 마르크스, 『자본 1』, Éditions sociales, 1983 또는 PUF, 1993, 724쪽.

황을 정확히 지적하고 있다.

위기는 신용 영역에서 시작되었다. 그러나 이 위기의 파괴적인 힘은 생산의 위기로 전화되었으며, 이는 노동과 자본 사이에서 부가가치의 더욱 불평등한 분배를 야기한다. 마르크스를 '병든 개' 취급하는 사회민주주의자와 연대를 맺은 노동운동이 이 위기를 막을 수는 없었다. 이런 상황에서 불과 얼마 전까지만 하더라도 시장자유주의의 적실함에 대하여 한 치의 의심도 용납하지 않았던 정치인, 경영인 및 자유주의 이데올로그 들이 위기에 대한 해결책으로 자본의 '도덕화', 금융에 대한 '규제'라는 것을 제시하며 목소리를 높이고 있다.

자본의 '도덕화'? 블랙코미디상을 받을 만한 구호가 아닐까? 이른바 그토록 고귀하고 신성한 자유경쟁 체제가 망가뜨려놓은 사회적 미덕이 있다면, 다름이 아니라 바로 '도덕을 고민'하는 것이다. 냉소적인 효율성은 마치 악화가 양화를 구축하듯이 확실하게 사회생활의 모든 영역을 집어삼켰다. '윤리'에 대한 관심은 선전에 불과하다. 마르크스는 이 문제를 『자본』 서문에서 밝혔다. "나는 자본가와 지주라는 인간을 절대로 장밋빛으로 그리지 않는다. 그러나 경제 형태로서 사회 발전을 일종의 자연적 역사의 과정으로 보는 내 관점에서는, 개인도 사회적 산물에 불과하기 때문에, 이 관계에서 개인의 책임을 물을 수 없다는 것은 더욱 명백하다."[5] 이는 영리 추구가 유일한 목적인 한, 경제체제를 '개혁'하기 위해서 단순한 도덕적 방망이질만으로는 충분하지 않다는 뜻이다.

---

5   같은 책, 6쪽.

'소외' 개념으로 사회적 관계 해석

이는 사물의 도덕적 측면에 무관심해야 된다는 뜻이 아니라 그 반대의 주장이기도 하다. 그럼에도 진지하게 보자면 근본적인 문제는 나쁜 기업주의 부도덕한 행위, 무의식적인 상거래 관행, 때로는 낙하산 인사의 꼴불견 차원이 아니라는 사실이다. 모든 개인적 행위 너머에 있는 자본주의의 원칙, 바로 그 자체 때문에 자본주의를 옹호할 수 없는 것이다. 자본주의는 부를 창출하는 인간의 행위를 '상품'의 지위로 전락시키며, 인간을 그 자체가 목적이 아니라 단순한 수단으로 다룬다. 자본주의 체제의 영속적인 비도덕적 원천을 파악하기 위해 칸트를 읽을 필요까지도 없다.

경제생활을 진정 도덕적으로 영위하길 원한다면, 이를 비도덕적으로 만드는 원인을 바로잡아야 한다. 물론 이는 국가의 규제 기능에 대한 새로운 사고를 통해 가능하다. 그러나 부자에게는 세금을 감면해주고 우체국을 민영화하는 사르코지 정부와 같은 우파 정부에 이러한 역할을 기대하는 것은 순진함, 혹은 위선의 경계를 넘는 것이 된다. 규제의 문제를 해결하려면 사회적 관계를 근본적으로 재고하는 일이 무엇보다 중요하다. 여기에서 마르크스는 소외의 개념으로 현 상황에 대해 외면하기 힘든 시각을 제공한다.

마르크스는 청년 시절 저작인 『1844년 경제학·철학 수고』에서 '소외된 노동'의 개념을 고안했다. 이 개념은 임금노동자가 자신의 물질적, 도덕적 결핍을 초래하면서까지 타인을 위해 부를 창출해야 하는, 즉 타인의 치부를 위해 자신의 인생을 잃어야 하는 저주스러운 상황을 가리킨다. 산업재해부터 정리해고 및 저임금에 이르기까지 오늘날 임금노동자들이 처해 있는 다양한 형태의 비인간적 상황은 마르크스의 분석이 아직도 유효함을

잔인할 정도로 여실히 보여준다.[6]

그러나 후기 저작에서 마르크스는 소외의 의미를 더욱 확장했다. 자본은 끊임없이 생산수단과 생산자 사이의 괴리를 재생산하면서, 생산자들의 생산적, 인지적 행동을 마냥 무정부적 경쟁 상태에 방치하고, 그들의 행동을 통제되지 않는 기술적, 경제적, 징치적, 이념적 과정으로 포섭해 종속시키고 짓누르는 맹목적이고 거대한 힘으로 변환된다.

관념어로 전락한 '공산주의'

인간들은 역사를 만들지 않는다. 바로 그들의 역사가 인간을 만들 뿐이다. 금융 위기는 환경 위기, 인류학적 위기, 그리고 무엇보다도 인간 삶의 위기로 불러야 할 만큼 끔찍한 방식으로 이러한 소외의 단면을 보여준다. 아무도 이 위기를 원하지 않았지만 모두가 이 위기에 노출된다.

여기에서 자본주의는 '일반화된 규제 철폐'를 극단으로 몰아붙이면서 규제 부재의 황무지를 만들어낸다. 스스로 규제할 능력을 명백히 결여해 우리에게 엄청난 대가를 지불하도록 하는 이러한 체제에 대항하여, 우리는 즉시 자본주의를 초월하는 작업에 착수해야 한다. 이는 인간이 미쳐 날뛰는 사회적 힘을 다 함께 통제해나가는 새로운 형태의 사회조직을 향한 긴 여정이 될 것이다.

마르크스는 비판에는 강했지만 대안 제시에 있어서는 믿음을 주지 못했다고 흔히 평가받는다. 동유럽에서 '실험한' 그의 공산주의가 완전히 실

---

6   크리스토프 데주르, 『노동, 정신의 마모Travail, usure mentale』, Bayard, 파리, 2000 및 '오늘의 마르크스Actuel Marx' 시리즈 제39호, 『새로운 소외Nouvelles aliénations』, PUF, 파리, 2006.

3부   거세된 지식인의 불온성

패했기 때문이라는 것이다. 사망한 스탈린·브레즈네프식 사회주의가 마치 마르크스의 공산주의와 무엇인가 공통점이 있다는 듯이 말이다. 그러나 대부분의 사람들이 '공산주의'라는 낱말에 담는 것과는 정반대의, 진정한 '공산주의'의 의미는 아무도 포착하려 하지 않는다. 사실 진정 마르크스적인 의미로서 21세기 자본주의의 '초월'은 다른 방식으로 우리 눈앞에 그려진다.[7]

그러나 "다른 사회를 원하는 것은 파멸적인 유토피아에 불과할지도 모른다. 왜냐하면 우리는 인간을 바꿀 수 없기 때문"이라는 냉소가 우리를 망설이게 한다. 자유주의 사상에 따르면 '인간'이란 사회에서 비롯하는 것이 아니라 근본적으로 유전자로 결정되고, 오직 자신의 이익에 대한 계산으로 충만한 동물(호모에코노미쿠스)이라는 것이다. 따라서 이러한 동물에게는 '자유롭고 공정한' 경쟁이 지배하는 사유재산 사회만 가능하다는 말로 귀결된다.

그런데 이러한 사상 역시 파산선고를 받았다. 실용적 자유주의의 처절한 균열 속에 이론적 자유주의와 호모에코노미쿠스 인간관은 최소한의 반증에도 붕괴된다.[8] 두 가지 측면에서 이들의 붕괴는 자명하다. 우선 과학적 측면에서 보자. 생물학에서조차 모든 것을 단순한 유전자적 요인에 근거하는 설명과는 거리를 두는 현재, '인간 본성'에 관한 자유주의 사상의 순진함은 오히려 놀라울 정도이다. 과거 자유주의가 공언했던 지능, 중성 혹은 동성애의 유전자는 과연 어디에 있단 말인가? 예컨대 유아성애가 유전이

---

7   『현존하는 미래, 자본주의 이후Un futur présent, l'après-capitalisme』(2006)에서 장 세브(Jean Sève)는 매우 다양한 영역에서 관측할 수 있는 초월의 시작에 대한 인상적인 전망을 그리고 있다.
8   토니 안드레아니, 『이성적 존재—호모에코노미쿠스 비판Un être de raison: critique de l'homo œconomicus』, Syllepse, 파리, 2000.

라고 아직도 믿는 순진한 자가 있을까?

윤리적 측면을 보자. 오래전부터 '경쟁적 인간'이라는 이데올로기가 권장하는 것은 다름 아닌 '살인자가 되자'는 비인간적인 교육이다. 비극적인 사회적 연대의 청산이며 '자본주의의 도덕화'를 외치는 것이 낯뜨거울 만큼 손쉽게 번 돈의 광풍에 의한 진빙위직 틸문명화이다. 금융 독재의 역사적 침몰의 밑바닥에는 '인간'에 대한 자유주의 담론의 침몰이 있다.

인간은 '추상물' 아닌 '사회관계의 총체'

그리고 이 지점에서 마르크스에게 채 기대하지 않았던 놀라운 혜안을 발견할 수 있다. 경제에 관한 그의 놀라운 비판은 인류학에 있어서도 진정한 혁명의 초안을 제시한다. 마르크스는 포이어바흐에 관한 여섯번째 테제에서 다음과 같은 두 문상으로 핵심을 보여준다.

"인간의 본성은 개별적으로 분리된 개인의 고유한 추상물이 아니다. 그것은 현실 속에 존재하는 사회적 관계의 총체이다." 자유주의적 개인주의가 상상하는 것과는 정반대로 역사적으로 발전한 '인간'은 우선 '인간의 세상'이다. 이를테면 언어는 유전자 속에 각인된 것이 아니라 인간 세상에서 유래한다. 즉 인간 세상에 최고의 정신적 기능의 원천이 존재한다는 것이다. 이 점을 20세기의 위대한 심리학자이자 마르크스주의자이며 오랫동안 알려지지 않은 레프 비고츠키Lev Vygotsky가 명료하게 밝힘으로써, 인간의 개인성에 대한 완전히 다른 시각으로 향하는 길을 열었다. 그렇다. 우리는 인간의 삶을 바꿀 수 있으며, 이는 사회를 바람직하게 바꾸는 조건하에서 가능한 것이다.

투쟁 없이는 민주주의도 없다

앙드레 벨롱 ■ André Bellon

1943년 마르세유 태생. 그랑제콜 폴리테크니크 출신의 엔지니어지만, 동시에 민주주의와 시민 인권 증진에 한평생을 쏟은 정치인이면서 작가이자 철학자이다. 처음에는 사회당 국회의원을 지냈으나, 그후 급진적인 '공화 좌파(Gauche républicaine)' 후보로 나섰다가 낙선했다. 『르몽드 디플로마티크』의 고정 필진으로서 현실 정치, 특히 좌파 진영의 위선을 매섭게 비판하며, 민주적인 시민 공화정을 꿈꾸고 있다. 주요 저서로 『조용한 전체주의—몰수당한 민주주의Un Totalitarisme tranquille: La démocratie confisquée』(2001), 『왜 나는 대안세계화주의자가 아닌가?—반세계화 예찬Pourquoi je ne suis pas altermondialiste: Éloge de l'antimondialisation』(2004) 등이 있다.

소설 『표범 Il Gattopardo』[1]의 주인공인 살리나 왕자는 인생의 황혼기에 "죽음, 그것은 절대적인 평온"이라고 중얼거린다. 문학 속에서는 이처럼 시간과 역사를 초월해 평화를 추구하는 게 드문 일이 아니다. 살리나 왕자나 쥘 베른의 소설 『해저 2만 리』의 주인공인 네보 함상의 경우처럼, 사회생활을 저버린 채 타인과 동떨어져 지내면서 개인적인 '성취'를 도모하는 일이 문학작품 속에서는 극적으로 그려지기도 한다.

딱 하나밖에 없는 절대적인 '평온'은 말 그대로 죽음을 의미한다. 그런데 사회조직 속에서 갈등이 사라지길 염원하는 이들은 흔히 삶에 저항할 줄을 모른다. 요즘의 민주주의에서는, 마치 합의라도 한 것처럼, 어떠한 분노의 소리조차 나지 않는다. 이른바 '현대적'이라는 정치권의 아첨꾼들은 심지어 '평온한 민주주의'라는 명분으로 현실 문제를 이론화했다. 반면 주요 정치가들과 대부분의 정치집단은 실천도 하지 않으면서, 현실과 동떨어진 아이디어만 내놓고 있다.

---

1   이탈리아 작가 주세페 토마시 디 람페두사(Giuseppe Tomasi di Lampedusa)의 1958년 소설.

3부   거세된 지식인의 불온성

이런 몽환적 정치 인식은 정파 간의 실제 간극을 지워버리는 동시에 사회운동을 무기력하게 만든다. 우리는 시위 때마다 권력자들이 "정치는 거리에서 하는 것이 아니다"[2]라는 얘기를 입버릇처럼 되뇐다는 사실을 알고 있다. 그러나 만약 사회 전반에 퍼져 있는 진지한 반론들을 제도의 틀 안에서 혹은 거리에서 표현할 수 없다면, 민주주의에 필요한 표현의 공간은 어디에 있단 말인가?

민주주의는 합의를 표현하는 수단이 아니라, 갈등을 줄이기 위한 제도다. 기원전 6세기에 그리스의 클레이스테네스가 보통선거 제도를 도입한 것은 당시 아테네에 퍼진 갈등을 부정하기보다는 평화적으로 해결책을 찾고, 모든 시민이 자유롭게 받아들일 수 있는 게임의 법칙을 모색하겠다는 것이 주된 목적이었다. 하지만 투쟁과 민주주의가 화두가 되지 않았던 적은 결코 없었다.

19세기, 프랑스 공화당원들은 직접·보통선거 제도를 지지했다. 그들은 국가가 그 자체로서 신성한 것이 아니라, 대다수 시민의 참여를 통해서만 정당성을 갖는다고 인식했다. 1877년 8월 15일 급진 공화파인 레옹 강베타Léon Gambetta가 당시 프랑스의 대통령이던 파트리스 드 마크마옹Patrice de Mac-Mahon에게 일러준 유명한 훈수가 있다. "국민이 의사 표명을 했을 때는 따르거나 혹은 사임해야 한다." 이어 강베타는 국민과의 정치적 충돌에 대해 이렇게 덧붙였다. "집권자들은 만약 보통선거 제도가 자유롭게 독립적으로 작동하고 우리가 그렇게 내려진 결정의 권위를 존중할 경우, 모든 갈등이 평화적으로 종식되고 모든 위기가 해결될 수 있다는 사실을

---

2   전 프랑스 총리 장피에르 라파랭이 2003년 퇴직연금법 반대 시위 때 썼던 말로, 2009년 과들루프
     봉기 때 많은 장관들이 다시 써먹었다.

깨달아야 한다."[3]

　물론 당대에는 직접·보통선거 제도가 노동운동과 충돌을 낳기도 했다. 일부에서는 이 제도를 부르주아 방식으로 노동운동의 내부 갈등을 해결하려는 수단으로만 여겼기 때문이다. 예를 들어 프루동 지지자들은 정치 투쟁의 자율성을 전면 부정하고, 경제 상황의 변화에 부합하는 계급투쟁을 강조하면서 마르크스와 대립각을 세웠다. 장 조레스는 노동운동의 역사가 노동자들이 자신들을 위해 구축한 공적 영역의 역사인 동시에, 심지어 노동자들이 자본주의 사회에서 구축한 자율성의 역사라 여겼다. 따라서 민주주의를 해방과 투쟁의 도구라고 강조한다. "요즘도 여전히 '프롤레타리아계급의 비인간적인 독재'를 들먹이거나 혹은 갑작스러운 권력 쟁취나 민주주의에 대한 폭력을 계획하는 사회주의자들은, 프롤레타리아계급이 아직 나약하던 시대, 프롤레타리아계급을 승리를 가장하는 수단으로 여기던 당시로 퇴행하고 있는 것이다."[4] 물론 민주주의를 지지하는 각 진영은 영향력을 키울 방편을 모색했다. 그러나 당시 프랑스에서는 공화파의 중재가 있었고, 드레퓌스 옹호 사건에서 공화파의 개입이 힘을 발휘하며 민주주의 원칙이 정착한다.

　이처럼 민주주의는 20세기 초반에 점점 더 보편적인 원칙처럼 소개됐다.[5] 그로부터 20년 뒤 이 생각들은 많이 달라졌다. 극우적인 성향들이 정당성을 확보한 요인도 있지만 소련 체제가 노동운동에 강한 영향을 끼쳤기

3　레옹 강베타가 1877년 10월 9일 파리의 샤토도(Château d'Eau) 경기장에서 한 연설.

4　장 조레스가 1901년 11월 17일 『방식의 문제Question de méthode』 서문에 쓴 마르크스와 엥겔스의 『공산당 선언』에 대한 글.

5　민주주의에 타격을 가한 사람들은 불가피하게 사실을 왜곡할 수밖에 없는 처지가 됐다. 냉소적으로나마 자신들이 규칙을 준수한다는 것을 주장해야 했기 때문이다.

때문이다. 심지어 사람들은 민주주의 원칙에 의문을 제기했다. 무슨 일이 있었던가? 제1차세계대전(1914~1918)을 계기로 민주주의의 근간이 뒤흔들렸다. 전쟁으로 인해 어떠한 정치적 반대와 충돌도 허용되지 않았고, 전례 없는 대량 학살을 정당화하기 위한 극적인 합의를 도출할 때는 민주주의의 원칙이 가면처럼 이용됐다. 전쟁이 끝나자 소련의 전체주의적 체제가 들어섰다. 그럼에도, 합리적인 일부 혁명가들은 여전히 민주주의가 계급투쟁과 어떻게 보조를 맞출 수 있는지를 설명하려 했다. 로자 룩셈부르크가 "언론의 무제한적인 자유, 즉 집회 및 결사의 절대적인 자유가 없이는 광범위한 대중의 지배력은 상상조차 할 수 없다는 것이 분명한 현실"이라며 가장 광대하고 무제한적인 민주주의의 필요성을 호소하고 나섰지만,[6] 이미 때는 늦었다.

물론 제2차세계대전의 종식은 마치 민주주의의 승리처럼 환영받았다. 하지만 시민들은 몰개성화한 인간, 이를테면 기준이나 뿌리가 없이 권위적인 성향에 쉽게 먹잇감이 되는, 미세 분열된 개인으로 전락하고 만다. 이로 인해 1940년부터 1950년까지 매카시즘이 스탈린주의와 보조를 맞추게 됐다. 미국은 1954년 과테말라에, 소련은 1956년 헝가리에 각각 개입하며 극단적인 갈등과 대립을 드러냈다.

가장 최근의 사건들, 특히 베를린장벽의 붕괴와 같은 사건들 또한 이런 과정을 전혀 종식시키지 못했다. 반대로 이 사건들은 오히려 자본주의를 최종적으로 승리를 거둔 유일한 시스템처럼 정당화한 경향이 있었다. 그런데 민주주의 원칙은 반대 의견이 부재할 때 그 의미를 잃게 된다. 민주주의와 사회계급 투쟁이 이율배반적이 될 수는 없다. 민주주의를 위한 투쟁이

---

6   로자 룩셈부르크, 『러시아혁명』, L'Aube, 2007.

사회적 투쟁의 기반인 셈이다. 아리스토텔레스는 민주주의를 이렇게 정의했다. "민주주의 체제의 원칙은 자유다. '자유'의 가장 중요한 징표는 피지배자와 지배자가 서로 위치를 바꿔간다는 점이다."[7]

최근 경제 위기로 인해 많은 시민이 민주화 투쟁을 소소하게 여기는 것이 사실이다. 하지만 민주화 투쟁의 최우선적 가치는, 공격에 맞서 싸우고 있는 민주주의에 그 본래 의미를 되돌려주는 일에 있다. 보통선거 제도는 민권의 필수적인 도구다. 그러나 프랑스에서 1789년 대혁명 초기 단계에는 보통선거 제도가 정착되지 않았다. 프랑스의 첫 국회는 참정권을 오로지 납세자들에게만 부여해, 부자들에게만 정치적인 표현을 허용했다. 이에 대중은 봉기했고, 1792년 8월 10일 보통선거 제도가 탄생하며 군주제가 타도됐다.

혁명 후, 원칙적으로 유지되었던 보통선거 제도는 19세기 말까지 왜곡되어 시행됐다. 나폴레옹 시대에는 보통선거 제도가 국민투표 참정권으로 변신해, 유권자의 자격을 주택 소유 여건에 따라 제한했고, 제2공화국 때는 이 제도를 통해 노동자들을 투표에서 배제했다. 당시 여성들은 투표권조차 없었다. 분명 사람들은 이제 보통선거 제도가 잘 복원돼 있다고 말할 것이다. 하지만 사실은 더 교활하게 왜곡돼 있다. 대표적인 예로 대통령 선거와 같은 특별한 선거를 들 수 있다. 이는 종종 20~25%밖에 득표하지 못한 후보에게 거의 전권을 부여함으로써 논쟁의 본질적인 차이를 없애버린다. 이러한 제도는 의회 활동을 제약한다. 또한 경제적인 이유나 유럽의 지침 같은 제약들을 구실로 민주적 토론을 위축시키기도 한다.

변화의 옹호자들조차, 이런 상황이 권력을 안정시켜 심각한 사회 위기

---

7   아리스토텔레스, 『정치학』, 1317b.

속에서도 살아남게 했다고 말하면서도, 정치적 표현의 부재가 자주 거리의 충돌을 확산시킨다는 사실을 인식하지 못한다. 19세기로 회귀해버린 것이다. 납세자들에게만 참정권을 부여하던 시기와 거의 유사해진 것이다. 왜냐하면 경제와 사회 체제에 정말로 반대하는 사람들을 배제하는 것은, 자유주의 투쟁뿐만 아니라 민주화 투쟁에도 맞서는 권력을 정당화해줄 수 있기 때문이다. 프랑스의 첫 국회 때 '르샤플리에법Loi le Chapelier'[8]이 이미 제안했던 것인데, 당시 이 법은 투표권을 최고 특권층으로 제한함으로써 모든 '연합'을 금지했다. 요컨대 사람들은 한 세기 동안 발전시켜온 사회 및 정치 민주주의를 폐기 처분해버린 셈이다.

민주주의를 정의하는 국민, 주권, 공화국, 시민권(이 단어는 그렇게 많이 짓밟히지 않았다. 그 반대다) 등의 단어들이 집중적으로 짓밟히며 그 의미를 잃거나 경멸적인 뜻으로 덧칠되었을 때, 이미 민주주의는 철학적으로 대단히 퇴보해버리지 않았던가! 주권이 무엇인가? 프랑스 헌법에는 직접 또는 대리인을 통해 민권을 행사하는 것이라고 되어 있다. 또 세계인권선언 제21조에 따르면 주권은 국가의 토대가 된다.

주권을 논하는 원칙은 간단해 보인다. 하지만 2001년 브뤼셀 유럽연합 집행위원회 위원장 로마노 프로디Romano Prodi가 "유럽은 오직 유럽 당국에 의해서만 관리되는 것이 아니라 국가와 지역, 지방자치단체와 시민사회에 의해" 관리되고 있다고 선언했을 때, 우리는 무슨 생각을 했어야 할까? 그렇다면 국민의 주권은 어디서 행사되는 것일까? 로비 단체들의 영향력을 조심스럽게 은폐하는 시민사회의 정당성은 무엇일까? 많은 정파들이 혼재한 가운데, 사회에 깔린 실제 기류가 어떻게 표출될 수 있을까?

---

8   1791년 6월 14일 제정된 법으로 노조와 파업권을 금지했다.

국민이 여타 로비 단체 중 하나일 뿐인 이런 복합적인 정치 현장에서 사회 투쟁은 극히 제한적인 정당성만을 확보할 수 있다. 그래서 2005년 5월 29일에 치러진 프랑스의 유럽헌법조약 국민투표 결과(조약이 부결됨)가 강제 폐기 처분되고, 더 나아가 유럽의회가 프랑스의 국민투표 결과를 개의치 않겠다고 해도 놀라운 일이 못 된다. 이런 맥락에서 볼 때, 투쟁에 그 어떤 정치적 해석이 가해질 가능성이 더는 없다.

민주주의가 완벽했던 적은 한 번도 없다. 그러나 장 조레스의 표현처럼, 민주주의는 "계층들이 움직이는 복판이며, 거대한 사회 충돌 속에서 중재하는 힘이다".[9] 날이 갈수록, 민주주의 기반에 대한 공략들이 깊이 있는 반론을 담은 정치적 표현들을 막고 있다. 이제 더이상 민주주의 시스템의 토대가 좋다 나쁘다가 아니다. 언론 플레이에 능한 철학자들이 주도하는 작업들은 심지어 민주주의 이념의 원칙을 침식하고 있다.[10] 이들의 이념 작업은 '국민'이란 난어를 '포퓰리스트'로, '주권'을 '주권주의자'로, '국가'를 '국가주의자'로 바꿔놨다. 모든 것이 이런 식이다.

이처럼 책무의 본말이 전도돼 있기 때문에, 통치권자들은 즉시 방어하는 입장이 되고, 사회 투쟁이 표출될 수 있는 정치 터전이 심한 공격을 받고 있다. 또 개인은 자신의 자유와 투쟁에 대한 흥미를 동시에 잃어버렸다. 그래서 순응주의가 득세할 수 있었고, 순응주의는 사회 투쟁의 의미가 분명히 규명되는 터전인 민주주의 토론의 중요성을 단숨에 부정한 채, 충돌의 해결책을 '경제의 법칙'이라고 일컫는 무소불위의 표현에 떠맡기고 있다.

---

9   장 조레스, 『민감한 세계의 현실De la réalité du monde sensible』, Alcuin, 1994.
10   에블린 피예, 「'시장'을 넘어 '민주주의'로」, 『르몽드 디플로마티크』, 2009년 4월.

세계의 지정학, 밑그림 없는 퍼즐

앙드레 벨롱 ■ **André Bellon**

1943년 마르세유 태생. 그랑제콜 폴리테크니크 출신의 엔지니어지만, 동시에 민주주의와 시민 인권 증진에 한평생을 쏟은 정치인이면서 작가이자 철학자이다. 처음에는 사회당 국회의원을 지냈으나, 그후 급진적인 '공화 좌파(Gauche républicaine)' 후보로 나섰다가 낙선했다. 『르몽드 디플로마티크』의 고정 필진으로서 현실 정치, 특히 좌파 진영의 위선을 매섭게 비판하며, 민주적인 시민 공화정을 꿈꾸고 있다. 주요 저서로 『조용한 전체주의—몰수당한 민주주의Un Totalitarisme tranquille: La démocratie confisquée』(2001), 『왜 나는 대안세계화주의자가 아닌가?—반세계화 예찬Pourquoi je ne suis pas altermondialiste: Éloge de l'antimondialisation』(2004) 등이 있다.

미국 단극 체제 후퇴하고 EU는 내부서 지리멸렬

자연스러운 것처럼 소개되는 세계화가 대부분의 정치학자에게는 (실체의 분석을 가리는) 장벽으로 작용한다. 이런 장벽은 국제관계에 깔린 모순을 감춰, 국제관계의 토대가 되는 강대국 간의 정치·경제·사회적 게임을 과소평가하게 만든다. '저명한' 강대국과 '별 볼일 없는' 약소국의 관계는 종종 언론 매체의 주목을 벗어나 굳건해지기도 하고 깨지기도 한다.

사람들이 섣불리 '글로벌화'나 고도의 이념적 용어인 '세계화'란 단어로 압축한 것들은, 사실 그것을 지지한 자들이 생각한 것보다 훨씬 모순투성이였다. 세계화 지지자들은 과거를 소홀히 하거나 대수롭지 않게 여기며, 시대의 흐름에 반하는 노선을 무시해버리고, 새로운 세계 질서를 제안하는 모든 의견은 과소평가하거나 고리타분한 것처럼 비판한다. 물론 완전히 다른 해석도 가능하다. 역사의 전환점을 분석해온 전문가인 파리 7대학 역사학 교수 로베르 보노Robert Bonnaud는 "20세기에, 역사는 분산되고 탈서구화되었다. 역사는 훨씬 균등하게 확장되고 심지어 혁신됐다. 왜냐하

3부 거세된 지식인의 불온성

면 1970~1980년대부터 상황이 반대 방향으로 진화했기 때문이다. 그런데 왜 이런 현상이 인류의 4분의 3에게는 역사의 종말이어야 하는가?"[1]라고 되물었다. 사실 세계화 담론은 근본적으로 세계주의는 좋고 당연하다는 구실 아래 서양 금융의 지배를 합법화하기 위해 발명된 것이다.

이런 담론의 핵심에는 두 가지 몰이해가 자리잡고 있다. 하나는 현재의 '세계성'이 본질적으로 경기에 민감한 금융 문제일 뿐이며, 다른 하나는 전 지구적 연합이 새로운 역사적 현상이 아니라는 것이다. 이미 한 세기 반 전에, 프랑스와 이탈리아 이중국적인 역사학자이자 철학자 주세페 페라리Giuseppe Ferrari는 "내 저서 『이탈리아 혁명사』에서는 완전히 딴판인 나라들이 의식하지 못하는 사이에 어떻게 똑같은 경로를 거치게 되는지 보여줬다. 나는 중국을 통해 세계를 설명하며 이런 일반화를 확인하는 데 심혈을 기울였다"고 썼다.[2] 따라서 모든 시대는 일종의 세계화, 더 정확히 말해 일종의 '세계성'을 띤다는 얘기다. 그리하여 유일한 문제는 무엇이 지배적인 세계화 현상이고, 누가 이 현상에서 이득을 챙기는지 알아내는 것이 되는 셈이다.

프랑스 국립과학연구소는 2008년 "세계화가 평화의 요인인가?"라는 정곡을 찌르는 질문을 던졌다. 이 연구소는 일부 연구 결과를 통해 과거의 갈등뿐만 아니라 현재의 관계를 명확히 밝혔다. "어떤 나라가 국제무역에 개방적일수록 분쟁이 증가하는 경향이 있다. 두 나라 간의 쌍무무역은 향후 양국 사이의 전쟁 가능성을 줄이지만, 한 나라와 그 외 전 세계 국가 사

---

1   로베르 보노, 『세계의 역사적인 전환점은 존재하는가? Y a-t-il des tournants historiques mon-
     diaux?』, Kimé, 파리, 1992.
2   주세페 페라리, 『중국과 유럽의 역사와 전통 비교 La chine et l'Europe, leur histoire et leurs
     traditions comparées』, Librairie académique, 파리, 1867.

이에 이루어지는 일반적인 다자 통상 체제는 국가 간 전쟁 가능성을 키운다(1870~2001년)."[3]

한편 20세기 격변기에 미국 중심의 단극 체제가 약화되고, 오늘날 역동적인 인구가 있는 새로운 국가(브라질, 중국, 인도, 남아공 등)가 세계무역 무대에 등장해 경쟁과 대립이 한층 강화되고 있다. 국제사회를 휩쓰는 신자유주의는 물, 경작지, 탄화수소 등 삶에 필수적인 요소를 희귀 자원으로 바꿔놓고 있다. 물론 탄탄하게 하나로 뭉친 서구의 이기심은 '세계의 상대적 균형'이라는 환상에 자양분이 될 수 있었다. 서구의 주요 원동력은 이때까지만 해도 여전히 대서양 횡단 무역이었고, 미국의 파워가 무역의 안정성을 일부 보장해주는 것처럼 보였다. 하지만 1990년대 냉전 시대의 종식과 함께 등장한 미국 중심의 단극 세계는 여태껏 부각되지 않던 모순까지 노출시키는 계기가 됐다.

미국이 펼친 일련의 경기부양책이 미국의 경제 불안을 백일하에 드러냈기 때문이다. 2003년부터 이라크에서 전쟁을 벌여온 미국은 경제 약화로 군사적인 '하드 파워'를 갖추는 데 실패했다. 군대 역시 더이상 상황에 대처할 만한 예산상 여력이 없어진 것이다. 미국의 '강압정책'은 더이상 현실성이 없어 보인다. 그럼에도 미국은 직접적이든 이스라엘을 통해서든 이라크에 개입할 수밖에 없다. 게다가 미국의 군사작전 거점국인 이집트와 알제리 등도 심한 경제난에 허덕이고 있다.

전통적인 대서양 협력관계가 심한 타격을 입을 듯 보인다. 심지어 좋은 관계를 발판으로 시작한 무역마저 눈에 띄게 약화됐다. 그래서 프랑스 경제사회위원회는 "다양한 무역, 특히 미국과 유럽연합 간에 반목을 조장하

---

3   국립과학연구소 산하기관인 인문·사회과학 연구소에서 발표한 글, 2008년 4월 14일.

는 무역이 갈수록 세계무역기구 분쟁해결기구DSB의 중재 결정을 따르지 않고 있다"고 지적했다.[4] 미국과 유럽의 조화로운 협력관계에 대해 돌아볼 시점이 된 것이다. 2005년 악셀 포니아토우스키Axel Poniatowski는 프랑스 국회 외교위원회에 제출한 보고서[5]에서 "대서양 양안 관계에 대한 논쟁이 종종 지역사회의 가치와 연관된 두 대륙의 논쟁으로 번지는데, 이제 미국과 유럽은 서로 다른 두 세계에 속하는 것인가?"라고 물었다.[6]

유럽은 나름대로 크게 성장한 고유 시장이 있지만, 자신을 압박하는 원심력을 체감하고 있다. 비록 1990년까지 EU의 역내무역이 눈에 띄게 증가하긴 했지만, 회원국이 27개국으로 늘었음에도 EU의 무역은 역내보다는 역외 수출에 더 기대는 실정이다. 심지어 유로존 내에서조차 거래가 크게 감소했다.[7]

EU 내부에서 정치적 관계는 크게 향상됐다. 1989년 베를린장벽이 무너지고 2004년 EU가 동유럽 국가로 확대된 이후, 독일은 옛 유럽 대륙의 전략적 요충지가 됐다. 독일은 이란 핵 문제 연락그룹 회원국[8]이 되면서 자국의 중요성을 상징적으로 부각했다. 독일 서부 공업 도시 카를스루에에 있는 헌법재판소는 "민주주의적인 (독일 국민의) 자체 의사 결정권을 보호하기 위해 (독일 국민의) 투표권을 보장하는"[9] 조치를 취하겠다는 단서를 달아 리스본 조약을 수락하며, 독일 국민의 존재와 존속을 공고히 하는 동시에 리스본 조약이 추구하는 (통합된) 유럽 국민의 존재를 인정하지 않겠

---

4   프랑스 경제사회위원회, 2004년 3월 24일 제출한 미셸 프랑크의 보고서, 파리.
5   2005년 10월 11일에 제출한 제2567번 보고서.
6   미국이 미사일방어체계(MD)를 포기한 것은 유럽보다 잃을 것이 적기 때문으로 풀이된다.
7   1990년 55%에 달하던 유로존 내 무역 점유율은 2004년 51%로 감소했다.
8   유엔안전보장이사회 상임이사국 5개국과 독일이 포함돼 있다.
9   2009년 6월 30일에 열린 리스본 조약의 위헌 여부에 관한 판결 내용.

다는 뜻을 분명히 밝혔다. 독일의 중요성에 법적 의미까지 부여한 것이다.

EU는 사실 허울뿐인 결속력 강화와 내부 모순 사이에서 유지되고 있다. 그래서 유럽 지도자들은 1990년대의 결실인 리스본 조약을 강제로 밀어붙이고 있지만, 동시에 전 독일 외무부 장관 요슈카 피셔는 "우리는 이제 더 이상 유로를 채택하지 않을 것이다. 우리는 드골주의[10]자가 되었고 (…) 갈수록 유럽을 프로젝트가 아닌 수단으로 보고 있다"는 선포와 함께 유로 시대에 종말을 고했다.[11]

이런 모든 사건 속에서 겨우 식별할 수 있는 것은 재편된 일부 권력뿐이다. 이를테면 EU 및 패권을 노리는 양대 강국인 미국과 중국, 나아가 주요 20개국G20으로 전환한 주요 8개국G8 등 일부 재편된 권력은 자신의 '훌륭한 거버넌스'에 대해 추호의 의심도 없이 세계를 다스리려 한다. 하지만 세계는 이미 이런 안정성을 유지하려는 시도와 이를 뒤엎으려는 반대 의견으로 나뉘어 있다. 상황에 따라 변하는 동맹 퍼즐이 옛 균형과 현재 구축되는 균형 간에 변수가 되고 있다. 금융 글로벌화에 직면한 독일이나 러시아는 민족주의 전략, 즉 경제적, 사회적 애국주의 전략으로 회귀하고, 심지어 라틴아메리카에서는 이보다 더 파장이 큰 반세계화 전략을 쓰고 있다.

국가 간 그룹이 공식 협약을 통해 잇따라 탄생하고 있다. 이런 식으로 EU와 북미자유무역협정NAFTA, 남미공동시장Mercosur, 동남아시아국가연합ASEAN 등이 출범했다. 중국은 지금 일본의 최대 무역 파트너다. 일본도 대외무역의 절반을 한국과 중국부터 호주를 잇는 지역에서 하고 있다. 때를 같이해 브라질, 러시아, 인도, 중국 등 브릭스BRICS 그룹에 속한 국가는

---

10   프랑스 제18대 대통령 드골의 정치사상으로, 외교 분야에서는 프랑스 민족자결에 기반한 '비동맹 외교정책'을 기초로 한다.
11   아르노 르파르망티에, 르몽드, 2009년 7월 16일 자 참조.

새로운 국제 균형을 공식적으로 요구하고 있다. 사람들은 "세계 전체에서 차지하는 브릭스의 총 경제 규모가 2004년 10%에서 2025년에는 25% 이상 증가할 것"으로 예상한다.[12] 이런 새로운 형태의 연대는 실패를 거듭하는 WTO 도하개발어젠다DDA 협상과 코펜하겐 기후변화회의에서처럼 기존 세계 질서를 비판한다. 세계 질서 자체에 반대하는 좀더 근본적인 경제 민족주의가 태동한 것이다. 상하이협력기구SCO[13]도 이런 맥락에서 생겼다. 물론 이 기구는 경제적 목적으로 탄생했지만, 대만 상륙작전을 방불케 하는 중·러 합동군사훈련까지 조직한 강한 정치색을 띤 기구다.

한편 중남미 좌파 블록 '아메리카를 위한 볼리바르 동맹ALBA'은 미국의 지배 전통에 반대하는 라틴아메리카와 카리브 해 국가를 규합하고 있다. 이들은 주권은 인민에게 있다는 인민주권의 원칙을 강조하며, 2009년 4월 16일 중남미 지역 단일 결제 체계를 세워 '수크레Sucre'라는 공동통화 사용에 합의했다. 특히 남미국가연합Unasur의 출범은 브라질의 자립심을 돋보이게 한 계기였다.

새로운 '다극성 세계'에는 한 사람의 배우가 동지와 적의 역할을 동시에 할 수 있다. 그래서 브릭스와 상하이협력기구 회원국인 러시아와 중국은 이란과 관계를 유지하며 미국의 반테러 담론에 동의한다. 중국은 미국 재무부가 발행한 미국채를 사들여 달러 가치를 보장해주며, 한편 위안화의 아시아 통합화폐 채택 가능성을 타진중이다. 브라질은 미국뿐 아니라 쿠바와도 좋은 관계를 유지하며, 민간 원자력 시설을 늘리는 이란을 지지하고 있다. 자국에서 세속주의의 기치를 내세워 가톨릭의 위계질서와 맞서는 우

---

12   「브릭스 II와 빅뱅의 성장」, Rediff.com, 2004년 11월 10일 참조.
13   상하이협력기구는 러시아와 중국, 그리고 많은 중앙아시아 국가를 규합하고 있다.

고 차베스 베네수엘라 대통령은 마무드 아마디네자드 이란 대통령의 신정체제를 지지하고 있다. 루이스 이나시우 룰라 다 시우바 브라질 대통령의 단짝 에보 모랄레스 볼리비아 대통령은 브라질이 몸담고 있는 G20의 역할을 비판하고 있다.

보수 세력은 이런 해방 의지에 대항하기 위해 온두라스 쿠데타 세력을 지원하고, 베네수엘라를 위협하거나 재집권에 성공한 칠레의 우파를 칭찬한다. 한편 좀더 도덕적, 사회적, 친환경적이고 균형 잡힌 세계화에 대한 환상도 커지고 있다. 비록 기존 질서가 더 유지될 수 있는 여력이 있더라도, 이념적 위기를 맞은 세계화와 이런 위기의 진원지인 미국은 세계화가 이전에 누렸던 신뢰도를 떨어뜨리고 있다. 2008년 발발한 미국발 세계 금융 위기가 그 단초가 됐다.

새로운 혹은 잠재적인 동맹관계가 우후죽순처럼 많아져 사람들이 이를 하찮은 것으로 치부할 정도가 돼버렸다. 미국 대외무역 전문기이지 칼럼니스트, 사학자이기도 한 윌리엄 패프William Pfaff가 일본 사회민주당의 총선 승리와 미국의 오바마 대통령 당선, 그리고 영국에서 열린 향후 대서양 양안 관계에 대한 토론 등을 비교 검토한 것도 그런 이유에서다.[14] 이 밖에 독일 외교의 변화, 러시아와 폴란드의 새로운 접촉, 터키[15]에 대한 EU의 전략적 재설정 등과 같은 변화도 같은 맥락의 한계를 지닌다. 그래서 주세페 페라리의 말처럼 새로운 세계성Mondialité, 즉 외견상 여기저기 흩어진 국가의 공평한 관계, 공동의 발전이 전개되는 것이다.

---

14   「저항의 시도에 관한 보고Notes sur une tentative de révolte」, www.dedefensa.org, 2009년 9월 5일 참조.

15   웬디 크리스티아나센, 「유연한 무슬림, 터키의 대담한 외교」, 『르몽드 디플로마티크』, 2010년 3월 호 참조.

묻노니,
인류에게
미래는
있는가

뤼시앵 세브 ▪ Lucien Sève

1926년생. 프랑스 고등사범학교 출신의 철학자로서 한평생 공산당 중앙위원으로 활동하며 인간의 본질과 개인의 소외 문제에 천착해왔다. 고등학교에서 20여 년 동안 철학 교사로 일하다 물질주의 세태를 비판한 『인류학적 관점에서 본 학교와 세속성 L'École et la laïcité』(1965)이라는 책을 펴낸 뒤 순식간에 주목받는 철학자로 떠올랐다. 이어 프랑스의 대표적 좌파 출판사인 '에디시옹소시알(Editions sociales)'의 편집장으로 활동하면서 『마르크스와 엥겔스의 이해 Introduction à Karl Marx et Friedrich Engels』(1974)를 비롯해 『공산주의의 재출발? Communisme, quel second souffle?』(1990), 『오늘날의 마르크스를 생각한다 1—마르크스와 우리 Penser avec Marx aujourd'hui, tome 1: Marx et Nous』(2004) 등 일련의 저서를 출간했다.

소비양식에 대한 반성이 생산양식의 변혁보다 더 쉬운 일일까? 우리는 인류가 직면한 환경문제의 심각성을 잘 알고 있다. 그러나 우리 문명이 위기에 처한 사실은 별로 심각하게 받아들이지 않는다. 인류학적 위기를 정확히 신단하고 그 심각성을 깨닫지 못하면 우리는 지금의 무력함에서 벗어나지 못할 것이다.

우리가 '지구 행성'이라고 부르는 인간의 자연 서식지는 지금 심각한 상태에 도달했다. 위기의식이 광범위하게 확산되면서, 거의 모든 정치 세력은 어떤 식으로든 '생태학적 입장'을 밝히지 않을 수 없게 되었다. 인류의 다른 이름인 '인간 행성' 역시 지구 행성 못지않게 심각한 문제에 직면해 있지만, 우리는 그 심각성을 충분히 자각하지 못한다. 최소한 생태학적 문제와 인류학적 문제를 동일선상에 놓고 사고하는 정치 세력은 없어 보인다. 이런 놀라운 대조는 어디서 연유하는 것일까?

정치에 아주 관심 없어 보이는 사람에게 '생태학적 입장'이 무엇을 뜻하는지 물어보라. 그는 망설임 없이 이렇게 대답할 것이다. "온실가스 증가로 발생한 온난화로 지구는 위기의 시대로 진입했다. 세계 곳곳의 토양과 공기, 물의 오염이 심각한 지경에 이르렀다. 재생 불가능한 자원들이 고갈되면서 지금의 생산, 소비 방식은 더이상 유효하지 않게 되었다. 원자력발전은 돌이킬 수 없는 재앙을 몰고 올 수도 있다……" 또 종 다양성이 위협받고 있으며, 과거 선진국들이 훼손한 생태계를 복원하는 일이 시급하다며 나름의 결론을 덧붙일지도 모른다. 정치에 관심 없는 사람이 어떻게 이 모든 것을 알고 있을까? 언론과 생태주의자들의 홍보를 통해서다. 주유소에서 기름을 넣을 때마다 직접 느끼는 문제이기도 하다. 단편적 지식을 세계적 비전으로 승화한 과학자들, 그것을 정치적 강령으로 탈바꿈한 정치인들이 했던 말을 기억한 것일 수도 있다. 이런 식으로 지난 수십 년간, 다양한 동기와 제안 들이 '생태학적 입장'이라는 거대 담론으로 수렴되어 하나의 문화를 형성하기에 이르렀다.

이번에는 그 사람에게 '인류학적 입장'이 무엇인지 질문해보라. 아마 질문 자체를 이해하지 못하는 경우가 대부분일 것이다. 그럼 이렇게 질문해보자. "당신은 우리 행성이 그렇듯 '인간성humanité'이 위험에 처해 있다고 생각합니까? 인류의 문명화된 차원이 사라질 위기에 처해 있다고 생각합니까? 즉 자연을 보존해야 하는 것(생태학적 입장)만큼, 본질적 의미에서 우리가 '인간성'이라고 부르는 무엇을 지키는 것(인류학적 입장)이 시급한 문제라고 생각합니까?" 사람들은 이 질문에 적잖이 당황할 것이다. 너무 과장된 질문이라고 생각하는 이들도 많을 것이다. 물론 그들은 이 질문에서 가혹한 삶의 조건, 갈수록 극심해지는 이기주의, 실종돼가는 공동 삶의 윤리, 미래에 대한 불안 등 심각한 주제를 연상할 수 있다. 하지만 이런 문제들 때문에 지구가 위험에 처해 있는 것과 마찬가지로 인간성이 말살될 위험에 처해 있다고 결론을 내리는 일은 지나친 비약이라고 생각할 것이다.

자본주의 공포정치의 인간성 말살

여기서 포기하지 말고 질문을 계속해보자. 우리는 지금 모든 측면에서 '인간적으로' 사는 것이 불가능한 세계를 향해 가는 것은 아닐까? "인간은 인간에게 늑대다"(플리우투스)라는 오래된 격언이 너무 많은 분야에서 그 어느 때보다 부정적 방식으로 현실화되고 있지 않은가? 대표적인 예로, 노동은 심각한 위기에 직면해 있다. 각자에게 만족을 주는 양질의 노동이 갈수록 불가능해지는 상황에서, 무한 경쟁에 내몰리는 노동자들은 책임감을 강요당하며 동시에 책임 있게 일할 권리를 박탈당하고 있다. 노동조합은 와해되고 '너 자신을 상품화하라' '경쟁자를 짓밟아라'라는 구호 아래, 기업 경영자들은 공포정치를 단행한다. 이런 환경을 더이상 견디지 못한 노동자들이 일터에서 자살하는 일이 잦아지고 있다. 두 자릿수 이윤에 대한 강요, 탐욕스러운 주주들에게 돌아가는 배당금, 양심과 법마저 내팽개치는 불량배 같은 기업주 등 신자유주의의 광기와 후기자본주의의 영악한 외피가 모든 곳을 뒤덮고 있다. 그런데도 인간성이 말살되고 있다고 말할 수 없는가?

사람들은 대답할 것이다. '인류학적 입장'이라는 이상한 말만 뺀다면 모두가 이미 아는 사실 아닌가? 온갖 사회문제에 대해 경고하고 연구하고 대안을 내놓는 사람들이 있지 않은가? 노동문제만 하더라도, 다양한 측면에서 비인간적 경영 방식을 고발하는 많은 영화와 마리 프제Marie Pezé나 이브 클로Yves Clot 같은 심리학자들의 책[1]이 있지 않은가? 우리를 지배하는

---

1   마리 프제, 『모두 죽는 것은 아니지만, 모두가 고통을 겪는다Ils ne mouraient pas tous mais tous étaient frappés』, Pearson, 파리, 2008 및 이브 클로, 『진심으로 하는 노동Le travail à cœur』, La Découverte, 파리, 2010 참조.

세계화된 시스템의 끔찍한 폐해에 대한 인식이 광범위하게 확산되고 있다. 좌파 연합으로 결집한 정치 세력들은 인류를 해방하려면 자본주의 체제를 극복해야 한다고 주장한다. 생태주의자들은 생태학적 관점에 민주주의와 연대에 기초한 사회적, 제도적 목표를 결합한다. 많은 경제학자들은 국내 총생산GDP이 효율성을 평가하는 유일한 기준이 되는 데 반대하며 생산주의적 관점이 배제하는 인간적 측면을 고려해야 한다고 주장한다. 세상을 인간적으로 바꾸려는 사회운동이 곳곳에서 활발히 일어나고 있다. 따라서 굳이 '인류학적 입장'이라는 말을 쓰고 싶다면, 그런 것은 이미 오래전부터 인식되고 실천돼오지 않았는가?

아니다, 결코 그렇지 않다. 만약 그렇다고 믿는다면, 인류학적 입장이 포괄하는 영역을 과소평가하는 실수를 범하는 것이다. 생태학과 마찬가지로 '문명'과 관련한 문제들은 정치와 관계를 맺지만, 정치에 선험적이다. 문명은 우리가 일반적으로 생각하는 정치적 선택의 문제보다 더 심오한 윤리적 선택의 문제이기 때문이다. '인류는 지금 어디를 향해 가고 있는가'라는 염려스러운 질문이 좌우의 대립을 무의미하게 만드는 것은 아니다. 그러나 이 질문은 좌파와 우파라는 말이 담보하지 못해 심각하게 평가절하되는 우리 문명의 미래라는 문제를 직시하게 해준다. 우리는 어떤 인류가 되기 원하는가? 이 엄숙한 질문은 인류학적 입장의 기초가 된다. 그러나 이 질문의 답을 찾기 위한 성찰이나 행동은 별로 보이지 않는다.

생태학적, 인류학적 위기의 동시성

예컨대 재화와 서비스 생산은 재앙의 시기를 제외하면 '인간의 생산'이라는 더 높은 차원의 고민 속에서 이루어지지 않고 있다. 지금 인류학적 사고가 긴급하게 요청되는 이유다. 생태적인 것과 마찬가지로 인류학적인 것은 올바른 행동으로 인도하는 참된 지식이 되어야 한다. 그러나 우리는 참된 지식을 얻기는커녕 '인간'이라는 혼란스러운 개념 앞에서 자주 길을 잃고 만다. 이 한 단어가 가리키는 현실은 실로 다양하다. 생물학적 종으로서 호모사피엔스, 역사적 진화의 결과인 인류, 사적 개인들, 프랑스어로 '남성'을 뜻하는 '인간homme'이라는 말에 포함되는 여성까지, 인간이라는 개념은 참으로 복잡해 보인다. 이처럼 원시적 개념을 사용하는 학문 영역은 아마 인류학밖에 없을 것이다. 심지어 우리가 수없이 인용하는 니체나 하이데거조차 인간이라는 개념을 거의 보편적 방식으로 사용함으로써 언어적 혼란에서 자유로울 수 없었다. '인간'에 대한 잘못된 추상개념을 급진적으로 비판한 근대의 유일한 사상가가 마르크스라는 사실은 과연 우연일까?

인류학적 문제는 생태학적 문제만큼 시급하지만 제대로 된 고민이나 성찰은 이루어지지 않고 있으며, 심지어 언급조차 하지 않는 경우가 대부분이다. 이처럼 심각한 상황 앞에서 나는 위기에 처한 인간성에 대한 성찰을 이루는 주요 주제들을 개략적으로나마 소개할 의무감을 느낀다. 뒤에 이어지는 글은 내 두꺼운 책 『오늘날의 마르크스를 생각한다 2 ─ 인간? Penser avec Marx aujourd'hui, tome 2: l'homme?』(2008)의 결론을 재구성한 것이다.

인간은 사물화, 사물은 인간화

문명의 심각한 탈선을 보여주는 대표적인 예는 '일반화된 인간의 상품화' 현상이다. 자본주의는 상품의 일반화를 통해, 대가를 지불하지 않는 노동시간이 자본가의 사적 이윤이 되는 체제다. 인간의 노동력을 상품화함으로써 자본주의는 인간을 사물화하고 사물을 인간화한다. 겉으로는 자본-나리가 '일꾼'들에게 일자리를 주는 것처럼 보이지만, 사실은 임금노동자들이 자본가들에게 일정한 무상 노동을 제공하는 것이다. 이에 덧붙여 모든 인간을 금융의 명령 아래 두는 현대 자본주의의 특성은 갈수록 파괴적인 결과를 초래한다. 기계 부품에서 병원 침상까지, 인터넷 쇼핑에서 과외수업까지, 의약품 개발에서 스포츠 스타의 트레이드까지 이제 그 무엇도두 자릿수 이윤이라는 무자비한 요구를 피해갈 수 없다.

기업의 경영 방식도 그만큼 가혹해졌다. 노동의 훼손은 수질오염만큼이나 심각한 문제다. 인간의 교육과 발전을 목적으로 하는 서비스 활동(의료, 스포츠, 교육, 연구, 창작, 여가, 정보, 소통)도 일반화된 금융화 현상에서자유롭지 못하다. 이런 종류의 서비스 수요가 급증하는 것은 인간 존재가결정적인 부가 되는 세계로 발전해가고 있다는 확실한 증거다. 그러나 자본주의는 이런 영역에도 어김없이 침투해 제 논리를 강요한다. 결국 돈의논리가 이 활동 본연의 목적을 대체한다. 광고는 문화와 연대의 훌륭한 매개가 되는 텔레비전을 단순히 '인간 두뇌 활동의 잉여 시간'을 광고주에게팔아넘기는 수단으로 만들어버린다. 이 과정을 통해 이윤율의 법칙에 복종하는 인간들이 양산된다. 범죄나 다름없는 이 상황을 우리는 언제까지 참아내야 하는가?

인간 존재가 무가치한 세계로 진입하다

이런 상품화의 광기와 더불어 그 자체로 치명적일 수 있는 또다른 경향이 존재한다. 이른바 '모든 가치의 경향적 저하' 현상이다. 칸트는 일찍이이 문제를 도덕적 측면에서 갈파했다. 인간의 존엄성을 인식한다는 것은 인간에게 '값을 매길 수 없다'는 사실을 전제한다. 모든 것을 돈의 가치로 환산하는 일은 인간의 존엄성을 일반적으로 부정하는 것과 같다. 도덕적 측면뿐 아니라 인식적, 미학적, 법적 측면으로 봐도 마찬가지다. 가치를 배제한 채 그 자체로 정언적 의미를 갖는 인류란 존재할 수 없다. 우리는 이제 참, 성의, 존엄성에 대한 고려가 무참히 짓밟히는 일이 일상이 된 시대를 살고 있다. 이윤의 독재는 값을 매길 수 없는 것, 이해관계와 동떨어진 것, 무상으로 이루어지는 것 들을 제거한다.

우리는 지금 인간 존재가 더이상 아무 가치도 띠지 않는 세계로 진입하고 있다.[2] 다시 말해, '없음'의 확산—체류 자격, 직업, 거주지, 미래의 부재—혹은 에메 세제르Aimé Césaire가 '일회용 인간의 생산'이라고 명명한 현상을 경험하고 있다. 한편에서는 '금값'을 받는—엄청난 연봉, 황금 낙하산, 캐비아 개 사료—일군의 사람들이 부를 축적하는 동안, 모든 가치 체계는 붕괴한다. 다른 모든 가치 위에 군림하며 오직 사신만을 척도로 삼는 '유일 가치'는 더이상 가치일 수 없기 때문이다. 가상적으로 몸집을 불려나가던 금융은 버블이 붕괴하면서 수조 원 단위의 뭉칫돈을 공중으로 날려버린다. 그 결과는 실물경제의 생산자들에게 고통으로 전가된다. 이 같은 가치 붕괴가 극지방 빙하 감소보다 덜 중요한 문제라고 말할 근거는 어디에 있는가? 지금 위기에 처한 것은 인간성 자체다. 우리는 진정으로 그 심각성을 깨닫고 있는가?

앞에서 언급한 두 가지 위기와 더불어 인류는 '불가항력적 의미의 소멸'이라는 위기에 직면해 있다. 오랫동안 자본주의가 나름의 의미를 내포

---

2   유명한 광고 카피 '나는 소중하니까요Parce que je le vaux bien'에 내재된 냉소주의. 여기서 여성은 마케팅 상품으로서만 '소중하다'.

3부   거세된 지식인의 불온성

하고 있었다는 사실을 고려한다면, 이는 인류가 쇠퇴하고 있다는 새로운 징후로 읽힌다. 자본주의는 착취를 기초로 한 체제임에도 인류의 진보에 기여해왔다. 그러나 극단적으로 비인간화된 부의 형태를 취하는 금융이 자본주의 체제의 정점에 등극함으로써 우리는 일반화된 '무의미'의 시대에 진입하고 있다. 자본의 축적은 프랑스어의 'sans fin'이라는 말의 이중적 의미대로, '무한하게' 그리고 '목적 없이' 진행된다. 문명화된 목적 없이 경제를 독점한 계급의 역사적 실패는 우리에게 '역사의 종말'을 받아들이라고 강요한다. 투자와 재투자를 반복하는 경제의 단기주의short-termism에 의해 도처에서 의미가 소멸하는 상황에서 인간적 계획을 실현할 길은 막막해진다. 이런 식으로 금융의 세계화를 통해, 부조리함이 종교적 환상과 공모해 모든 것을 압도해버리는 '비세계non-monde'가 급작스럽게 도래한다.

의미의 소멸, 인류 쇠퇴의 징후

인류가 소유하게 된 거대한 힘이 인류 전체의 존속을 위협하는 시대에 구조적인 근시안적 사고가 지배력을 넓혀가고 있다. 모든 것이 사유화되면서 공동의 통제를 위한 진정한 민주주의가 부재하는 상황에서, 우리가 창조한 물질적, 정신적 생산물이 우리 위에 군림하고 우리를 짓밟는 맹목적인 힘으로 화한다. G8 정상들이 모인다고 해서 심각한 소외 문제가 해결되는 것은 아니다. 방향을 잃은 인류가—생태학적이면서 동시에 인류학적 의미에서—막다른 길을 향해 돌진한다는 위기의식은 이런 상황에서 나온다. 이처럼 인류가 퇴행의 길로 접어들었음에도 우리는 호모사피엔스의 운명 따위에는 관심조차 없다. 내리막길로 굴러떨어지는 속도가 점점 빨라지는 지금, 고통에 찬 비명 소리에 귀를 막고만 있을 것인가?

인간의 상품화, 가치의 평가절하, 의미의 소멸은 감히 말하건대 '한계를 모르는 문명 파괴'의 징후이다. 그렇다고 사회적 비참과 학살로 얼룩진 지난 두 세기가 더 좋았다고 말하려는 것은 아니다. '자유기업'이 완전한 승리를 거둔 20세기 말, 사람들은 평화로운 민주주의가 완전히 정착됐다고 선언했다. 그러나 우리는 최익의 폭력인 '부드러운 폭력'의 독재를 경험하고 있다. 그 와중에도 곳곳에서 피 흘리는 전쟁이 계속된다―인종 청소, 가난한 나라에 대한 무력적 약탈, 고도화된 테러 기술, 고문의 합법화 등 앙드레 토젤André Tosel이 "글로벌화한 비非세계의 야만"[3]이라고 명명한 일들이 자행되고 있다. 깨끗한 폭력 혹은 상징적 폭력―사활을 건 기업 간 경쟁, 주가 상승을 위한 구조조정, 갈수록 고도화되는 기업과 도시의 감시 체계―과 더불어, 일상적으로 혹사당하는 인간 의식, 서서히 의식을 잠식하는 타자에 대한 온갖 혐오, 지배적인 냉소주의에 의한 시민 문화 소멸 등의 현상이 목격된다. 우리의 '계급의식'은 이세 지금의 세성이 어떻게 구조화됐고 그 속에서 자신의 자리가 어디인지 알 수 없는 지경에 이르렀다. 정신적 퇴행이 재앙 수준에 이른 것이다. 나치즘이 계급에 관한 마르크스의 사유를 "하나의 인민, 하나의 제국, 한 명의 지도자"[4]로―즉 '계급 없는 인간'이라는 이데올로기로―대체함으로써 지지를 얻어냈다는 사실을 잊어서는 안 된다.

지금까지 언급한 현대 자본주의의 네 가지 재앙을 곱절로 증폭시키는 다섯번째 재앙은 '대안의 체계적인 추방'이다. 지난 시절 혁명의 위험성을

---

3   앙드레 토젤, 「문명, 문화, 분쟁Civilisations, cultures, conflits」, Kimé, 파리, 2011, 139쪽과 제 4장의 탁월한 글들을 참조할 것.
4   뤼시앵 세브, 「오늘날의 마르크스를 생각한다 2―인간?」, La Dispute, 파리, 2008, 276~292쪽, 하이데거의 사상을 분석한 글 참조.

3부 거세된 지식인의 불온성

충분히 절감했던 지배계급은 혁명이 발생할 여지를 제거하기 위해 고심해왔다. '좌파 중의 좌파'를 다루는 언론의 태도를 보라. 이제 시스템의 논리가 자발적인 추방을 강요한다. 마르크스는 자본이 갈수록 거대한 프롤레타리아 대중을 생산함으로써 스스로 무덤을 판다는 사실을 갈파했다.

그러나 이런 역사적 낙관주의는 오늘날 더이상 유효하지 않다. 자본주의의 생산 혁명은 임금노동자들을 원자화하고, 성역화한 금융의 지배는 노동자계급을 무장해제한다. 냉혹한 현실 앞에서 노동자들은 싸울 의지를 잃고 만다. 모든 것을 바꿔야 한다는 광대한 열망은 현실적 출구를 찾지 못하고 무력감에 빠져버린다. 제도권 정치인들의 거짓말에 질린 유권자들은 투표 자체를 거부한다. 이윤 추구의 광기 앞에 어쩔 수 없다는 생각만 팽배하다. '자유'를 주창하는 시스템마저 마거릿 대처처럼 "대안은 없다There is no alternative!"는 말만 반복한다. 2008년 불어닥친 대규모 위기에도 시스템이 끄떡하지 않은 상황에서 우리는 금융시장과 신용평가사의 절대 권력에 어떻게 맞설 것인가? 핵무기와 인터넷의 시대에 경험하는 로마제국의 분위기는 종말을 예비하는 재앙의 전주곡처럼 느껴지지 않는가?

부드러운 폭력이라는 최악의 폭력

사람들은 물을 것이다. 이 글이 말하는 것처럼 인류학적 위기가 그토록 심각하다면 왜 생태학적 위기만큼 부각되지 못하는가? 여기서 중요한 한 가지를 지적할 필요가 있다. 인류학적 문제를 제기한다는 것은 자본주의가 구조적으로 인간에게 가하는 폭력을 직접적으로 고발하는 것과 같다. 따라서 자본주의 체제가 그런 질문을 탐탁지 않게 여길 것이다. 생태학적 사유는 인류학과 다른 문화에 기초한다. 비인간적 생산방식보다는 잘못된 소비

방식을, 이윤율의 독재보다는 테크노사이언스의 지배를, 계급의 이해관계보다는 사회관계의 무책임함을 비판한다. 따라서 생태학적 관점은 생산관계의 변혁보다는 소비의 올바른 개혁을 추구한다. 이렇게 축소된 생태학적 개혁은 프랑스 CAC40 증권시장에 어떤 위협도 되지 못한다. 심지어 그들은 사업이나 정책을 힘께 추진해갈 수도 있다. '생태학적 사고'는 전 세계적으로 쉽게 보편화될 수 있다.

그러나 인류학적 위기만큼 치명적인 생태학적 위기는 이윤 극대화를 위한 단기주의에서 비롯된 것이다. 다시 말해 두 가지 위기는 서로 '불가분하게' 연결되어 있다. 환경과 인류 중 한쪽만 살린다는 것은 불가능하다. 이윤 축적 시스템에 단호하게 반대하지 않는 생태주의에 미래는 없다. 이것이 '좌파 생태주의'라는 모호한 용어가 제기하는 질문에 대한 답이다.

큰 분노가 우리를 정치로 이끌 것

인류가 처한 상황이 앞에 묘사한 대로라면 실로 암울해 보인다. 너무 일방적인 묘사인가? 우리에게 지상명령이 된 자본주의 체제를 극복하기 위한 객관적 전제 조건과 주관적 제안이 얼마만큼 형성되는지도 주목해야 하지 않을까? 물론 그렇다.[5] 많은 기표가 세상이 불가피하게 '악화일로'로 빠지고 있다는 끔찍한 느낌을 주지만 그것에 굴복해서는 안 된다. 우선 경향을 바꾸는 일부터 시작해야 한다. 그러나 임무의 중요성을 제대로 파악하지 못하면 성공할 수 없다. 우리의 임무란 생태학적 입장과 동등한 차원에서 인류학적 입장을 온전하게 이해하는 것이다. 그래야만 행동으로 나

---

5   장 세브, 「현존하는 미래, 자본주의 이후」, La Dispute, 파리, 2006 참조.

아갈 수 있다. 성난 유럽의 군중과 월 스트리트에 대항해 들고 일어선 미국 시민을 보라.

오늘날 행동으로 표출되는 이들의 분노는 우리가 방어해야 할 문명의 윤리적 측면과 선명하게 일치한다. 깊숙한 곳에서 분출한 무엇인가가 정치를 뒤흔들고 있다. 장 조레스의 말처럼, 작은 분노는 우리를 정치에서 멀어지게 하지만 큰 분노는 우리를 다시 정치로 인도한다. 이 말을 달리 해석하면, 분노는 우리를 새로운 행동으로 인도한다. 이미 충분히 실패를 경험한, 지도부가 이끄는 과거식의 혁명이 아니라 혁신적인 시도와 조직 방식을 공동으로 고안해내는 '모든 층위'에서의 실천이 필요하다. 우리에게 지금 필요한 것은 발명이다. 이런 노력을 통해서만 악화일로에 빠진 세상을 바로잡을 수 있다. 가능한 것에 대한 가장 현실적인 인식에, 필연적인 것에 대한 가장 야심찬 청사진을 결합함으로써, 위기에 처한 인류를 지키는 일에 나서야 한다.

마르크스가 1843년 5월, 루게Arnold Ruge에게 보낸 편지를 인용하는 것으로 이 글의 결론을 대신한다. "제가 현시대를 과대평가한다고 생각지 말아주십시오. 제가 만약 현시대에 절망하지 않았다면 그것은 바로 절망적 상황이 저를 희망에 가득차게 해주기 때문입니다."

빚쟁이
혹은
시간의
도둑

마우리치오 라차라토 ■ **Maurizio Lazzarato**

파리에 거주하는 이탈리아 출신의 사회학자, 철학자. 파리 1대학과 프랑스 국립과학연구소가 공동 운영하는 마티스(Matisse) 연구소의 연구원으로, 현대의 지식 자본주의가 초래한 노동의 붕괴, 노동 윤리, 그리고 바이오 경제의 개념들에 관심이 많다. 주요 저서로는 『불평등 정부―신자유주의적 불안정에 대한 비판Le Gouvernement des inégalités : Critique de l'insécurité néolibérale』(2008), 『부채로 지배하라Gouverner par la dette』(2014) 등이 있다.

금융 위기가 지속되면서 새롭게 출현한 주체 형태가 이제 모든 공적 공간을 점령했다. 이른바 '채무자'라는 이들이다. '채무'라는 현상은 경제적 차원에만 국한되지 않는다. 이제 신자유주의 체제의 사회관계를 규정하는 중심 개념이 된 채무는 삼중의 박탈을 수행한다. 첫째, 대의민주주의에 의해 이미 약화된 정치적 힘을 박탈한다. 둘째, 과거 자본주의적 축적에 대항하는 투쟁을 통해 쟁취한 사회적 부의 점점 많은 부분을 박탈한다. 셋째, 무엇보다 미래, 즉 선택과 가능성의 담지자로서의 시간을 박탈한다.

민주주의, 사회적 부, 미래를 약탈하는 채무

채권-채무 관계는 다양한 방식으로 자본주의의 고유한 착취, 지배 메커니즘을 강화한다. 채무관계는 노동자와 실업자, 소비자와 생산자, 경제활동인구와 비활동인구, 퇴직자와 능동적연대소득$_{RSA}$[1] 수혜자 사이의 구분

---

1   실업수당보다 적은 급여를 받고 재취업하는 실업자에게 그 부족분만큼 정부가 보전해주는 제도.

을 완전히 지워버림으로써 모든 이들을 동일한 권력관계 안에 포섭한다. 개인대출을 받을 자격이 없는 사람들조차 공공 부채 이자를 갚는 데 참여한다. 사회 전체가 빚을 지고 있다. 그렇다고 평등한 것은 아니다. 오히려 심화되는 불평등은 이제 '신분적 차이'를 낳는다.

현재의 위기에서 분명히 드러나듯이, 신자유주의의 정치적 핵심은 '자산資産'이다. 채권-채무 관계는 유가증권의 소유자와 비소유자 간 힘의 관계를 나타낸다. 엄청난 돈이 채무자(대부분의 민중)로부터 채권자(은행, 연기금, 기업, 최고 부유층)에게로 흘러들어간다. 이자 축적 메커니즘에 의해 개발도상국의 부채 총액은 1970년 700억 달러에서 2009년 3조 5450억 달러로 불어났다. 그사이 개도국들은 초기 부채의 110배에 달하는 금액을 이미 상환했다.[2]

한편 채무관계는 노동 윤리를 보충하면서 동시에 그와 구별되는 새로운 윤리를 퍼뜨린다. '노력'과 '보상'이라는 노동 이데올로기는 이제 (빚을 갚겠다는) 약속과 (돈을 빌렸다는) 죄의식에 의해 두 배로 강화된다. 일찍이 독일의 철학자 프리드리히 니체는 '죄Schuld'라는 개념—도덕의 근본 개념—이 '부채Schulden'라는 지극히 물질적인 개념에서 연유됐음을 밝혔다.[3] 그리스를 '기생적'이라고 묘사하는 독일 언론의 행태 속에서 부채 경제에 숨겨진 폭력적 논리가 고스란히 드러난다. 언론, 정치인, 경제학자 모두 그리스에 전하려는 메시지는 오직 하나다. '당신들 잘못이다. 당신들은 죄인이다.' 한마디로 그리스인들이 지중해의 태양 밑에서 감언이설을 반복하는 동안 독일의 프로테스탄트들은 잿빛 하늘 아래서 유럽과 인류의 행

---

2   다미앵 밀레, 에리크 투생, 『빚 혹은 삶La dette ou la vie』, CADTM/Aden, 브뤼셀, 2011.
3   프리드리히 니체, 『도덕의 계보』, Gallimard, 파리, 1966.

3부 거세된 지식인의 불온성

복을 위해 죽도록 일했다는 것이다. 이런 식의 현실 묘사는 실업자를 '구호 대상자'로, 복지국가를 '자식을 과잉보호하는 엄마'로 묘사하는 것과 조금도 다르지 않다.

부채에서 비롯된 권력은 억압이나 이데올로기 없이도 작동한다. 채무자는 형식상 '자유롭다'. 그러나 자신이 직접 서명한 채무계약서의 규정대로 빚을 갚기 위해 스스로 행동과 선택을 제한할 수밖에 없다. 다시 말해, 채무자는 '계약 이행을 가능케 해주는' 삶의 방식(소비, 고용, 사회 지출, 세금 등) 속에서만 자유롭다. 가령 미국의 법학 석사과정 학생들의 80%는 졸업할 무렵이면 사립학교의 경우 평균 7만 7000달러, 공립대학은 5만 달러의 빚을 떠안게 된다. '월가를 점령하라' 인터넷 사이트에서 한 학생은 다음과 같이 증언한다. "학자금 대출액이 총 7만 5000달러에 달한다. 나는 빚을 갚을 능력이 없다. 대출 보증을 서준 아버지가 내 빚을 떠안게 될 것이다. 아버지 역시 빚을 갚을 능력이 없다. 나는 계층 상승을 꿈꾼 죄로 온 가족을 파멸로 이끌었다."[4]

이처럼 부채 메커니즘은 국가뿐 아니라 개인들 사이에서도 어김없이 작동한다. 아일랜드의 재무장관 브라이언 레니헌Brian Lenihan은 세상을 떠나기 몇 주 전 다음과 같이 고백했다. "2008년 5월 장관직에 취임하자마자 나는 우리가 거의 주권을 상실했다는 사실을 확인하고—은행 및 공공재정과 관련해—어려움을 실감했다." 그는 아일랜드가 유럽연합과 국제통화기금에 손을 벌림으로써 "공식적으로 자신의 운명을 스스로 결정할 권리를 포기했다"는 말을 덧붙였다.(아이리시 타임스, 2011년 4월 25일 자) 채권

---

4   「미상환 학자금 대출액 1조 달러 돌파Unpaid student loans top $1 trillion」, 2011년 10월 19일, www.politico.com에서 팀 마크(Tim Mark)가 인용.

자가 채무자를 지배하는 것은 권력에 대한 푸코의 마지막 정의를 떠올리게 한다. 즉 권력은 그 대상을 '자유로운 주체'로 유지하는 활동이다.[5] 채권자는 채무자를 자유롭게 내버려둔다. 그러나 (매우 강력한 방식으로!) 빚을 갚겠다는 유일한 목표 아래 행동하도록 유도한다(EU와 IMF가 부채를 이용해 '경기후퇴'를 초래하는 경제정책을 강요함으로써 '채무국'의 힘을 약화할 때도 마찬가지다).

죄의식 강요하는 자본과 부자 나라

채권-채무 관계는 현재를 사는 민중에게만 강요되는 것이 아니다. 채무가 부유층과 기업에 대한 증세로 흡수되지 않는 한—다시 말해, 채무관계를 만들어낸 계급 간 관계를 뒤집지 않는 한[6]—미래 세대 역시 그 관계에서 자유로울 수 없다. 자본주의는 피통치자들에게 채무변제를 약속받는 방식으로 미래에까지 영향력을 행사한다. 자본주의는 현재 행동과 미래 행동 사이의 등가관계를 예측하고 계산하고 측정하고 확립함으로써, 이를테면 현재와 미래 사이에 다리를 놓는다. 이런 식으로 자본주의 체제는 앞으로 도래할 것을 현재의 상태로, 미래와 그 가능성을 현재의 권력관계로 축소한다. 모든 단절의 가능성이 제거된, 시간도 가능성도 없는 사회에 살고 있다는 이 기묘한 느낌—지금 사람들은 바로 이 느낌에 분노하고 있다!—은 이 채무관계를 통해 설명할 수 있다.

시간과 빚의 관계, 즉 돈을 빌려준 사람이 시간을 탈취하는 것은 이미

---

5   미셸 푸코, 「주체와 권력」, 『말해진 것과 쓰인 것Dits et écrits』, 제4권, Gallimard, 파리, 2001.
6   로랑 코르도니에, 「불량 채무국가의 선량한 꿈」, 『르몽드 디플로마티크』, 2010년 3월.

수세기 전부터 잘 알려진 사실이다. 중세에는 폭리와 이자의 구분이 모호했다. 폭리는 단지 지나치게 높은 이자로만 여겼다(역시 우리 선조는 지혜로웠다!). 그러나 중세 사람들은 최소한 돈을 꿔주는 사람이 돈을 빌리는 사람에게 무엇을 강탈하는지, 어떤 의미에서 그가 죄를 짓는지 알고 있었다. 오직 신만이 시간을 소유할 수 있다고 본다면, 채권자는 자신이 소유하고 있지도 않은 시간을 파는 셈이 된다. 역사학자 자크 르고프Jacques Le Goff는 중세의 논리를 요약하면서 다음과 같은 질문을 던진다. "고리대금업자들이 파는 것이 돈을 빌려주고 이자와 함께 돌려받는 데까지 걸리는 시간이 아니라면 무엇이겠는가? 그러나 시간은 오직 신에게만 속하는 것이다. 고리대금업자는 신의 재산인 시간을 훔치는 도둑이다."[7] 카를 마르크스는 고리대금업이 역사적으로 중요한 것은 부를 소비해버리는 대신 자본과 마찬가지로(혹은 자본의 맹아로서) 돈이 돈을 낳는 과정을 포함하기 때문이라고 설명한다.

13세기에 쓰인 다음의 글은 채권자가 어떤 종류의 시간을 전유하는지 잘 설명해준다. "고리대금업자는 마치 말 한 마리로 다른 말 한 마리를, 노새 한 마리로 다른 노새 한 마리를 낳듯 돈으로 돈을 낳는 반자연적 죄를 범한다. 더욱이 이들은 도둑질까지 하는 셈이다. 소유자의 의사와는 무관하게 그에게서 시간을 빼앗아 기묘한 상품으로 판매하기 때문이다. 이는 명백한 도둑질이다. 이들이 파는 것은 돈에 대한 기다림, 즉 시간이기 때문에 낮과 밤을 파는 것과 같다. 낮은 빛의 시간이고 밤은 휴식의 시간이므로, 이는 곧 빛과 휴식을 파는 것이나 마찬가지다. 그러나 이들이 빛과 영원한

---

7   자크 르고프, 『재산 혹은 삶La bourse et la vie―중세 시대의 경제와 종교』, Hachette Littéra-
      ture, 파리, 1986, 42쪽.

휴식을 소유하고 있다는 것은 말이 되지 않는다."[8]

금융에서는 모든 선택과 결정이 '돈이 돈을 낳는다' '생산하기 위해 생산한다'는 동어반복 속에서 이루어지도록 강요한다. 산업자본주의 시대에 존재했던—진보 혹은 혁명이라는 형태로—'열린' 시간은 고도로 집중된 금융자본이 자본주의적 권력관계의 재생산에만 동원되는 오늘날 완전히 봉쇄됐다. 부채는 새로운 가능성을 창조하는 시간, 모든 정치적, 사회적, 미학적 변화의 원료가 되는 시간을 무력화하기 때문이다.

● 이 글은 마우리치오 라차라토의 저서 『채무자 공장 La fabrique de l'homme endetté—신자유주의적 조건에 관한 에세이』(2011)에서 발췌한 것이다.

---

8   같은 책.

3부 거세된 지식인의 불온성

지식인들은 무엇으로 사는가

자크 부브레스 ■ Jacques Bouveresse

분석철학, 과학철학, 언어철학을 전공했으며, 프랑스 철학계에서 독보적인 비트겐슈타인 전문가로 알려져 있다. 미셸 푸코, 장프랑수아 리오타르, 자크 데리다, 질 들뢰즈로 이어지는 일부 프랑스 현대철학의 경향에 대해서 비판적인 책을 출간하기도 했다. 소르본 대학 철학 교수를 거쳐 현재 콜레주드프랑스의 언어철학 및 지식철학 교수로 재직중이다.

최근 들어 20세기 초반 오스트리아 빈에서 활동했던 극작가 카를 크라우스를 프랑스에 소개하면서 미디어 및 미디어 지식인들에 대한 비판적 글을 발표해왔고(『풍자와 예언—카를 크라우스의 목소리Satire & prophétie: les voix de Karl Kraus』, 2007), 같은 대학 동료 교수였던 부르디외의 현실 참여를 옹호하기도 했다(『부르디외, 학자와 정치Bourdieu, savant et politique』, 2004).

언론과 유착한 채 사회문제 회피하며 특권층으로 군림

정당의 이념적 동반자, 비판적 사상가, 전문가, TV 토론의 대가, 정권의 자문위원······ 지식인의 세계에는 모순적이고 이율배반적인 참여 모델이 난무하고 있다. 현대 지식인 사회의 무대를 지배하는 자들은 인간의 사회적, 정치적 해방의 문제를 회피한다.

최근 우리 지식인 사회의 변화에 대해서, 프루스트가 살아 있다면 또다시 "무엇인가 변했다"[1]라고 언급할지도 모르겠다. 지성계가 오래전부터 정체의 과정, 심지어 쇠락에 들어섰다는 지적은 새로운 사실이 아니다. 이미 우리 대부분이 인정하기 때문이다. 심지어 역사학자인 피에르 노라는 페리 앤더슨Perry Anderson[2]이 개진한 현시대 프랑스 지성계의 지적 빈곤에 덧붙여 이렇게 푸념을 늘어놓은 바 있다. "나는 우리 사회가 지적 창조

---

1 마르셀 프루스트, 『잃어버린 시간을 찾아서』, 제1권, Bibliothèque de la Pléiade, 1954, 517쪽.
2 영국의 역사학자. 『뉴 레프트 리뷰』의 전 편집인.

성에서 무기력과 쇠약을 보인다는 그의 총체적 진단에 공감한다. 다만, 그가 우리 사회의 '추락'이라고 칭한 현상을 비웃기보다는 고통스럽게 바라볼 뿐이고 '재난'이라는 용어를 '변신'이라는 더욱 고백 가능한 언어로 가리고 싶을 뿐이다."[3]

그러나 우리는 과거에 이보다 더욱 심각한 사태를 경험해본 적이 없다는 것이 내 생각이다. 지식인들이 과거 찬란했던 '선배의 시대'와 비교할 수는 없지만 여전히 특권을 누리고, 언론과 유착해 '신반동주의적'인 시각을 서슴지 않고 공개적으로 표명할 수 있다는 점이 최근 지성계의 주요한 변화라고 한다면, 우리는 이를 재난으로 봐야 할까, 아니면 조금 부드럽게 표현해서 변신으로 봐야 할까? 더 나아가서 수십 년간 진보가 지성계를 지배한 이후, 변두리 이민자 집단 거주지의 진실을 밝힌다는 명분 아래 집권 세력의 일탈한 강경 조치를 지지하고 우리 사회의 문제를 더욱 악화시키는 신우파 지식인들의 출현[4]을 목도하면서 우리는 이를 지식 사회의 재난으로 이해해야 할까, 아니면 단순한 변신으로 받아들여야 할까?

롤랑 바르트, 자크 라캉, 레몽 아롱, 미셸 푸코, 페르낭 브로델, 기 드보르, 질 들뢰즈, 장프랑수아 리오타르, 피에르 부르디외 그리고 자크 데리다에 이르기까지 우리 사회의 지성계를 빛냈던 인물들이 이승을 떠난 사실을 적시한 페리 앤더슨은 현재 어떤 지식인도 이들에 비견할 만한 명성을 얻지 못하고 있다고 진단한다. 베르나르앙리 레비[5]와 같은 지식인들이 현재

3   페리 앤더슨, 『열기가 식은 사상―프랑스 문화에 대한 비판적 시선, 그리고 이에 대한 피에르 노라의 반론 「다시 뜨거워진 사상」La pensée tiède: Un regard critique sur la culture française, suivi de La pensée réchauffée, réponse de Pierre Nora』, Seuil, 파리, 2005, 101쪽.
4   로랑 조프린, 「신반동주의자들Les néoréacs」, 『르누벨 옵세르바퇴르』, 2005년 12월 1일.
5   'BHL'이란 이니셜로 프랑스 내에서 유명하며 철학자, 작가, 언론인, 수필가, 연출가, 영화감독, 사업가, 논설위원 등 다방면에서 활동하고 있다. 1970년대 중반부터 앙드레 글뤽스만, 뤼크 페리, 장

과도하게 얻고 있는 명성을 감안해보면, 이제 프랑스 지성계의 수준이 어디까지 내려왔는지 명확히 가늠할 수 있다.

"하나의 사실 혹은 하나의 개념까지도 정확히 파악할 능력이 없다는 점을 보여주는 증거가 수없이 많음에도 이 엄청난 멍청이에게 우리 사회의 공론장이 부여하는 관심을 보면, 취향과 시적 수준에서 우리 사회의 규범이 근본적으로 뒤바뀐 점을 인정하지 않을 수 없다. 희극 같은 이런 현실이 현재 다른 문명사회에 존재하기나 할까?"라고 페리 앤더슨은 개탄스러운 질문을 던진다.

진정성 없는 미디어 지식인

같은 시기에 두 기자가 『프랑스식 사기』[6] 라는 책을 통해 프랑스 지식인들의 허위의식을 폭로했다. 그런데 이 순간에도 이 사기의 주된 책임자, 심지어 거의 독점적인 행위자인 언론 권력의 대표자들이 오히려 사기를 폭로하는 모습을 보면, 아나톨 프랑스의 가상현실 풍자소설 『펭귄 섬』(1908)에서 펭귄 섬에 사는 오브뉘빌 박사가 현존하는 최고의 민주주의를 찾는답시고 뉴아틀란티스에 갔다가 귀환할 때 그를 대대적으로 환영하는 섬 주민들에게 그곳의 정치, 경제, 사회, 문화 시스템을 친절히 설명하는 장면이 상상된다.[7]

확실히 오브뉘빌 박사는 작금의 찬란한 시대에 부합하는 학자 유형이다. 그는 "오늘날 모두가 자본주의의 미덕을 찬양하는 것이야말로 기가 막

마리 브누아 등과 함께 '신철학'을 주창하고 공산주의·전체주의 비판, '68사상' 비판을 주도했다.
6   Nicolas Beau & Olivier Toscer, *Une imposture française*, Les Arènes, 파리, 2006.
7   『펭귄 섬』의 제4권 제3장 「오브뉘빌 박사의 여행」 참조.

힌 추잡함이다!"[8] 라고 1990년에 외친 철학자 힐러리 퍼트넘과는 다른 종류의 학자이다. 그러나 현재의 지식인들은 퍼트넘처럼 순진하지 않으며 이 사안과 관련해서 아무런 심리적 갈등도 못 느끼는 뻔뻔함을 보여준다. 고용 불안에 맞선 청년들의 시위에서도 지식인들은 시장과 자본을 비롯해 모든 기존 권력을 존중한다는 점을 드러냈다. 그들은 도덕적 문제에 대해서 끊임없이 말을 쏟아낸다. 그러나 사회정의와 사회문제 앞에서는 눈과 귀를 막으며 귀찮아한다. 대자본을 상대로는 말을 아끼지만 사회 밑바닥에서 헤매는 사람들에게는 기꺼이 뭔가를 가르치려고 한다.

현재 우리 사회에서 가장 인기 있는 몇몇 사상가의 저작에 언론이 주기적으로 쏟아내는 과도한 찬사 속에 진정성이 얼마나 배어 있는지 자문하지 않는 것이 좋다. 예전에 로베르트 무질[9]은 다음과 같이 갈파한 바 있다. "(언론의) 이러한 경배는 전혀 사실적이지 않다. 그 근저에는 오늘날 진정으로 경배할 만한 인물이 더이상 없다는 일반적인 확신이 숨어 있다. 언론이 입을 열 때, 진정성 때문인지 아니면 하품을 하려는 것인지 알기가 어렵다. 오늘날 한 인물을 천재라고 칭하고 덧붙여서 그 인물 말고는 이제 더이상 천재가 없다고 말하는 것은 죽은 자에 대한 숭배 혹은 모든 실제의 감정이 결핍되어 단지 구경거리로 전락한 히스테릭한 사랑을 연상시킨다."

---

8   힐러리 퍼트넘, 『정의Définitions』, 크리스티앙 부생옴 옮김, Éditions de l'Éclat, 콩바스, 1992, 90쪽.

9   Robert Musil, 1880~1942. 오스트리아의 소설가, 극작가. 산문적이고 분석적인 문제로 현실을 날카롭게 풍자한 작품들로 유명하다. 인용 부분은 그의 대표작 『특성 없는 남자』 1권의 프랑스어판 (Seuil, 1956) 358쪽. 이 작품은 프루스트의 『잃어버린 시간을 찾아서』, 조이스의 『율리시스』와 함께 20세기 모더니즘 소설의 대표작으로 꼽힌다. 독일에서 카프카와 토마스 만을 제치고 디차이트 (Die Zeit)지에 '20세기 가장 중요한 소설' 1위로 선정된 바 있다. 다양한 학문과 사상을 다룬 '사유 소설'이면서도 당대의 인물과 사회적 조건을 생생하게 그려냈다는 평가를 받고 있다. 우리나라에서는 2013년 번역, 출간되었다.

불행하게도 프랑스에서는 이 상황에 하나의 어려움이 더 추가된다. 이는 과거 구조주의가 승승장구하던 시절에도 분명하게 존재했으며 "놀라울 정도로 위축된 비평의 위상"이라고 페리 앤더슨이 칭한 것이기도 하다. "『라캥젠 리테레르La Quinzaine littéraire』『르누벨 옵세르바퇴르』『르몽드 데 리브르Le Monde des livres』와 같은 매체에 실리는 대부분의 서평 뒤에 흐르는 것은 오직 홍보에 대한 생각뿐이다. (…) 소설, 수필 혹은 역사책에 대한 진지하고 타당하며 솔직 담백한 비평은 이제 찾아보기 힘들어졌다"고 앤더슨은 확언한다. 결국 모든 사기의 근원이라고 할 수 있는 진정한 사기는 비평 감각, 거리 두기, 비평 의지 등이 결여된 작금의 비평 행태가 아닌지 자문해야 한다.

우리가 염려한 바대로 이 본질적인 문제에 대해서 피에르 노라는 앤더슨에게 아무런 대답도 못한다. 아니, 그는 이 문제 자체를 거론하지 않는다. 더군다나 언론이 현재 비평계의 상황을 최선이라고 믿으면서 이곳뿐 아니라 다른 나라에서도 비슷한 상황이라는 핑계를 습관적으로 대며 기존 행태를 바꿀 아무런 이유가 없다고 확신하는 모습을 보면 더욱 절망하지 않을 수 없다. 언론이 내세우는 두 가지 허위적 단정에 대해서는 여기에서 구태여 논박하지 않겠다.

전향자의 모순된 자기변명

현재의 지배적인 지적 분위기에서 지식 사회는 이제 '좌파'임을 포기했을 뿐 아니라(물론 '혁명'은 이미 오래전에 포기했다) 심지어 '진보'와 '민주주의'까지 포기하는 단계로 접어든 것일까? 이것이 만약 사실이라면 우려스럽다. 이 문제에 관해서라면 프랑스 철학은 제2차세계대전 이후에야 민

3부   거세된 지식인의 불온성

주주의와 예외적으로 뒤늦게 화해했으며, 이후 짧은 기간만 민주주의를 옹호했다(우리는 이를 신참자의 열성으로 칭할 수 있다). 그러나 불행하게도 민주주의를 다시 외면하는 데는 오랜 시간이 걸리지 않을 것 같다.

이러한 경향에 대해서 자크 랑시에르는 주저 없이 "민주주의에 대한 새로운 증오"라는 표현을 썼다. 그는 '민주적'이라고 칭하는 사회와 국가에서 "지배적인 지식인 계급이 제 상황은 결코 절망적이지 않고 다른 체제하에서 살기를 진정 원하지도 않으면서, 매일매일 벌어지는 인간의 모든 불행의 원인을 민주주의라 불리는 유일한 해악에 돌리는 실상"[10]을 어떻게 설명해야 할지 자문한다. 민주주의에 이러한 종류의 비난을 퍼붓는 지식인들 중에서 그들이 결국 비난하는 대상이 민주주의 자체임을 인정하는 자들이 드물다는 점은 자명하다.

어떤 측면에서 이들이 민주주의의 가장 확신에 찬 지지자들일 수도 있다. 미국이 민주국가의 가치, 원칙, 안전을 보호한다는 명분을 내걸고 전쟁을 일으킬 때 이들은 미국의 행동을 거리낌없이 승인할 준비가 되어 있다는 자세를 보여주었다. 이 지식인들이 불평하는 것은 민주주의 정부와 제도가 아니라 민주주의 문명이며 국민이고 또 국민들의 관습이다. 이들의 반민주적 감정은 랑시에르에 따르면 이렇게 요약할 수 있다. "민주주의 문명이라는 재난을 억압하는 민주주의만이 좋은 민주주의다."

이 지식인들의 모든 논의에서 사회 현실, 사회적 불의와 불평등의 이슈는 거의 제외된다. 그러나 이러한 사회문제들은 우리가 정치에 무관심하다고 여겼던 젊은 청년들, 우리 사회가 제시하는 미래상(더욱 정확히 말하면

---

10   자크 랑시에르, 『민주주의에 대한 증오La haine de la démocratie』, La Fabrique, 파리, 2005, 79쪽.

미래상의 부재) 앞에 무기력해진 바로 그 청년들의 시위처럼 다소간 거친 방식으로 이들 지식인의 망각을 주기적으로 일깨운다. 바로 앞선 선배들이 사회적 빈곤에 대한 저항의 정당한 방식으로 이해하고 동조할 만한 사안에 대해서 신지식인들은 대개 침묵한다. 간혹 그들의 '신반동적' 사고는 그들이 청년들의 십난 저항에서 자유방임의 폐해 혹은 민주 사회의 병폐의 징후를 읽고 정치 지도자들의 우유부단한 리더십을 나무랄 때 드러난다. 카를 크라우스[11]는 지식인들에 대한 회의감을 이렇게 표명했다. "오늘날 지식인들의 판단력에 대해서 느끼는 근본적인 회의로 인해 나는 그들 각자가 받드는 이상의 수준에 맞춰 그들 앞에 내 몸을 낮출 필요가 없다는 점을 확인하게 되었다."[12]

그들이 다양한 '이상'(사상, '진정한' 문화, 공화주의적 보편성, 초월 등)을 내세워 악화일로의 사회적 불의와 불평등 앞에서 무관심으로 일관하며 마음 편하게 살아가는 방식을 은폐하는 작태에 대한 내 반응은, 치욕스러운 방식으로 정치 스캔들을 옹호했던 한 저명한 지식인에 대해 과거 크라우스가 보인 위의 반응과 거의 같을 것이다. 이러한 반응에 '반지성주의' 딱지를 붙이는 것은 진지한 태도가 아니다. 진정한 문제는 우리가 지성 사회, 특히 가장 특권적인 지위를 대표하는 지성계를 거부할 만한 정당한 이유를 가지고 있는가, 그리고 반대로 보통 사람들에 대해서는 이해와 관용의 자세를 갖추고 있느냐일 것이다.

---

11   Karl Kraus, 1874~1936. 오스트리아 태생의 시인, 수필가, 극작가. 특히 풍자 작가로 유명하며 『디파켈Die Fackel』(횃불)이라는 '1인 저널'을 창간해 사망 직전까지 40년 동안 이 저널의 유일한 편집인을 맡았다. 이 저널을 통해 그는 오스트리아 지배층의 부패와 야합을 폭로하고 비판했다. 특히 거대 보수 언론 및 이 언론과 유착한 빈의 지식인들이 주된 풍자와 비판의 대상이었다.

12   카를 크라우스, 「프리드융 소송Prozess Friedjung」, 『디파켈』, 제293호, 빈, 1910년 1월 4일.

3부 거세된 지식인의 불온성

보통 사람 이상의 규범 필요

오웰의 전기 작가인 버나드 크릭Bernard Crick은 "오웰이 불의와 불관용 때문에 분노를 표현할 때는, 평범한 사람에게 너무 많은 것을 요구하지 않았다. 그의 분노는 지식인들을 향했다. 왜냐하면 이들이 권력을 잡거나 권력에 영향을 미쳤으며, 따라서 결과에 책임져야 한다고 생각했기 때문이다"[13]라고 설명한다. 이는 부르디외와 크라우스의 태도이기도 했다. 책임감과 자신의 한계를 동시에 인식하는 지식인이 이 상황에서 어떤 다른 행동을 취할 수 있는지 나는 모른다. 오웰은 영국 지식인들의 행태에 대해서 "자유를 두려워하는 자들은 바로 자유주의자들이며 이들은 사상에 대해 추잡한 작태를 보여주는 작자들"[14]이라고 혹평했다. 두번째 논점에 대해서는 첫번째와 마찬가지로 시간이 흐를수록 나도 그의 의견에 동의하지 않을 수 없다.

랑시에르는 조제프 에르네스트 르낭Joseph Ernest Renan이 『지적·도덕적 개혁』에서 표명했던 논거를 상기시킨다. "보편 선거 때문에 프랑스는 완전히 속물로 변해버렸다. 과거 프랑스를 걱정했던 귀족들의 애국주의, 미에 대한 열정, 영광에 대한 열망은 프랑스의 영혼을 대표했던 귀족계급의 실종과 함께 사라졌다."[15] 과거 르낭과 같은 지식인들은 보편 선거를 비난하면서 "현재의 프랑스가 과학의 필요성, 그리고 귀족과 학자의 우월성을 이

---

13 버나드 크릭, 『조지 오웰의 삶』, 스테파니 카레테로와 프레데리크 졸리 옮김, Climate, 카스텔노르 레즈, 2003, 420쪽.
14 같은 책, 501쪽.
15 조제프 에르네스트 르낭, 『지적·도덕적 개혁La Réforme intellectuelle et morale』(1871), Calmann-Lévy, 파리, 재판본, 18쪽.

해하지 못한다"는 점을 지적했다. 나는 이런 표현이 당시 시대적 상황을 감안할 때 어느 정도는 변명의 여지가 있다고 생각한다. 그러나 지금, 르낭의 주장과 같은 일관성을 보여주지도 못하고, 또 민주주의를 다른 체제로 대체해야 한다고 명확히 밝히지도 않은 채, '우리 사회의 영혼'을 대표한다는 근거 없는 확신 아래 르낭과 동일한 언어를 구사하는 우리 사회 지식인들의 행태에서 어떤 정당성을 찾을 수 있을지 의문이다.

진리를
조작하는
지식인들

피에르 부르디외 ■ Pierre Bourdieu

2002년 71세를 일기로 삶을 마감한 피에르 부르디외는 이 시대의 진정한 지식인으로 평가받는다. 그는 사르트르, 바르트, 푸코, 데리다와 함께 프랑스 사상의 보루였으며, 사회철학이 독일의 하버마스와 영국의 기든스에 의해 양분된 상황에서 가장 프랑스적이라고 할 수 있는 문화의 문제를 끌어들임으로써 사회학의 지평을 넓혔다.

부르디외가 일생 동안 천착한 연구 과제는 문화이며, 대표적인 이론의 핵심은 '아비튀스(Habitus)'라는 개념이다. 이는 개인과 구조를 연결하는 특정한 성향의 무의식적 구조라고 할 수 있다. 어려서부터 가족에게 배운 행위, 규칙, 취향이 내재화되고, 이렇게 체화된 성향은 지속적으로 전이되어 훗날 성장 과정에서 나타나는 모든 사회적 경험의 판단 근거가 된다는 것이다. 아비튀스는 환경의 산물이긴 하지만, 그렇다고 계급에 의해 미리 결정된 고정적 개념은 아니다. 오히려 습득된 성향은 경우에 따라 창조적 변화를 가져올 수 있다는 것이 부르디외의 생각이다. 사회적 관계는 경제와 문화적 요인을 동시에 살펴봤을 때 제대로 이해할 수 있다는 것이다. 문화적 자본의 차이가 취향의 차이를 낳고, 결국 사회적 구별짓기를 초래한다는 것이다.

잘 알려진 대로 부르디외는 철저하게 '행동하는 지식인'이었다. 사르트르 이후 현실 참여에 가장 적극적이었던 프랑스 지식인으로 꼽힌다. 그런 만큼 국내외적으로 큰 문제가 발생할 때마다 개입하곤 했으며, 노동자 파업의 후원자로 활동하기도 했다. 그러나 무엇보다 '성찰적 사회학'을 주장한 부르디외는 지식인들의 위선과 기만에 더욱 주목했다.

모든 걸 미국에 맞추라는 '문화제국주의'에 동조하는 지식인들

아직도 자신을 진보주의자라고 여기는 지식 활동가들이 이번에는 '소외' '소수자' '정체성' '다문화주의'란 애매한 용어들을 과도하게 사용하고 있다. 이들은 거의 모든 담론에서 미국식 수사법을 그대로 동원해 세상을 분석하려 든다. '세계화'도 이들의 수사법에서 빠지지 않는다. 그들은 어떤 지식인인가?

선진국의 경영자, 외교 담당 고위 공무원, 미디어에 능한 지식인, 높은 지위의 언론인 들이 하나같이 희한한 '노블랑그Novlangue'를 말하기 시작했다. 노블랑그는 조지 오웰의 소설 『1984』에 나오는 조어로,[1] 지식인들이 애매한 표현을 통해 여론을 조작하는 것을 의미한다. 노블랑그가 대상으로 하는 어휘는 모두 사람들의 입에 심심치 않게 오르는 '세계화' '유연성' '관할권' '채용 가능성' '하위 계급' '소외' '신경제' '톨레랑스 제로' '공동체'

---

1   영어 원문에서는 'Newspeak'로 쓰였다.

'다문화주의' '포스트모던' '민족성' '소수자' '정체성' '세분화' 등이다.

이처럼 퍼져나가는 노블랑그는 상징적인 제국주의의 산물이다. 노블랑그는 신자유주의 지지자들뿐만 아니라 연구가, 작가, 예술가 등 문화 생산자들과 좌파 활동가들도 전파하고 있기에 그 영향력이 더욱 강력하고 위험하다고 할 수 있다. 신자유주의 지지자들은 세계화란 명분을 내세우며 100년간의 사회 투쟁으로 얻어낸 사회적, 경제적인 성과를 아무것도 아닌 것으로 만들어 세상을 다시 구성하려 하고, 이것들을 시대의 흐름에 맞지 않는 낡은 부산물, 새로운 질서를 훼방하는 성가신 존재로 묘사한다. 반면에 좌파 활동가들은 대부분 자신이 늘 진보주의자라고 믿는다.

'노블랑그'는 상징제국주의의 산물

인종 혹은 민족을 지배하는 일과 마찬가지로 문화제국주의는 상징적인 폭력이다. 개별적인 특성을 모두 억지스럽게 하나로 보편화해놓고 복종을 강요하는 구속적인 커뮤니케이션 관계를 기본으로 하는 폭력인 셈이다. 19세기에는 많은 철학 문제가 독일 대학교수들 사이의 이견에서 나와 마치 보편적인 철학 문제인 것처럼 전 유럽으로 퍼졌다면, 지금은 많은 토론 문제가 미국 사회와 미국 대학들 사이의 이견에서 나와 보편적인 문제인 것처럼 전 세계로 퍼져나가고 있다.

미국식 노블랑그는 강력한 설득력을 내세우며 베를린에서 부에노스아이레스, 런던에서 리스본으로 퍼져간다. 나름대로 중립적인 사상을 내세우는 거대 국제기구들, 즉 세계은행, 유럽의회, 경제협력개발기구. 보수적인 사상을 고수하는 집단이라 불리는 뉴욕 맨해튼연구소, 런던 애덤스미스연구소, 프랑크푸르트 도이체방크재단, 파리의 생시몽재단. 자선단체들과 권력을 가진 학교들(프랑스 시앙스포, 영국 런던정치경제대학, 미국 하버드 정치대학 등). 그리고 성급한 논설가들과 문화 수출입에 열성적인 전문가들. 이 모든 이들에게 극도의 현대화라는 환상을 심어주는 거대 미디어들 덕분에 노블랑그는 열심히 여기저기에 전파된다.

이처럼 미국식의 상투적인 노블랑그는 미리 정해진 정의와 현학적인 결론으로 원래의 의미는 숨긴 채 교묘한 논리로 사상을 전 세계에 전파한다. 그리하여 논리는 필요가 없어지고, 여러 문제와 개념은 본래 의미를 교묘하게 잃어버린 채 그럴듯하게 포장된다. 가령 자유 시장의 효율성, 문화 정체성의 필요성, 개인의 책임 등의 강조가 때와 장소에 따라 철학적, 사회적, 경제적 혹은 정치적인 옷을 입게 된다.

미국의 노블랑그는 지리적으로 전 세계에 퍼져나가 '세계화'를 이루고, 동시에 개별적인 특수성을 제거한다. 나아가 반복되는 미디어의 힘을 빌려 마치 보편적으로 모두가 함께 추구해야 하는 방향인 것처럼 바꾼다. 그 결과 미국의 노블랑그를 전하는 사람들도 사회마다 역사적으로 특수한 상황이 있다는 사실을 간과한 채 복잡한 현실을 '포스트 포드 시대' '포스트 케인스 시대'의 미국 사회라는 모델로 단순화한다.

세계 유일의 막강한 파워, 지구상의 상징적인 메카인 미국의 노블랑그에서는 사회복지 국가가 붕괴되고, 대신 형벌에 의존하는 국가가 강해지고, 노조운동이 억압받고, 오직 '가치-주주'만을 기반으로 한 기업 개념이 독재처럼 횡포를 부리며, 고용은 불안정해지고, 사회의 불안감도 커지는 상황이 경제 성장이란 이름으로 포장된다.

마찬가지로 '다문화주의'에 대한 토론도 모호하고 수박 겉핥기식으로 이루어진다. 유럽에서 도입한 다문화주의란 용어는 원래 시민의 문화다원주의를 의미한다. 그러나 미국에서 다문화주의는 계속되는 흑인의 소외,

'모두에게 기회가 열려 있다'는 아메리칸드림 신화의 위기(대신 경제적인 위기가 공교육 시스템에도 영향을 끼쳐 문화 자산을 차지하기 위한 경쟁이 치열해지고 사회계층의 불평등이 심각해진다)를 이야기할 때 사용된다. 이처럼 '다문화주의적'이란 형용사는 미국 사회가 안고 있는 위기를 감추며 단순히 대학 문제와 인종 문제의 관점으로만 생각을 유도한다. 그러므로 미국의 다문화주의는 소외된 문화를 인정하는 것과는 거리가 멀며, 개념도, 이론도, 사회적 혹은 정치적 운동도 아니다. 오히려 교육과 직업에서 계층을 나눈다.

다문화주의는 미국의 사상에서 '악덕 세 가지'라 할 수 있는 것을 낳는다. 첫째는 집단주의, 둘째는 포퓰리즘, 셋째는 도덕주의다. 집단주의는 사회 분열을 고착시키고, 포퓰리즘은 지배 구조와 메커니즘을 분석하기보다는 지배당하는 사람들의 문화와 관점을 찬양하며 인기에 영합한다. 도덕주의는 사회와 경제계를 합리적으로 분석하는 데 방해가 되며, 정체성을 인정할 필요가 있다는 주제로 결론도 없는 토론을 양산한다. 하지만 일상의 문제는 이런 것이 아니다.

철학자들은 '문화적 인정'을 현학적으로 다루며 자기만족에 빠지지만, 일상에서는 사람들이 다른 문제로 고민하고 있다. 가령 비주류 계층과 비주류 인종 출신인 수천 명의 아이들이 자리가 없어서 초등학교에 들어가지 못하는 게 문제다(로스앤젤레스만 해도 2000년 기준 이런 학생이 2만 5000명이다). 가계 연간 수입이 1만 5000달러 미만인 젊은이들의 경우 10명 중 1명만이 대학에 들어가 캠퍼스 생활을 즐기지만, 가계 연간 수입이 10만 달러 이상인 젊은이들의 경우 94%가 대학에 들어가는 것도 문제다.

세계화의 야만성 교묘히 포장

'세계화'라는 개념도 여러 가지 의미를 지녔지만 실질적으로는 획일화에 이용된다. 가령 세계화는 미국의 제국주의로 인해 나타난 결과를 문화 통합 내지 경제석인 운명으로 포장하며 국가 간 힘의 관계를 피할 수 없는 숙명인 것처럼 교묘히 속인다. 보수적인 두뇌 집단과 이에 동참하는 정치권과 언론의 도움으로 신자유주의 사상이 20년 전부터 주류 사상으로 자리를 공고히 다지고 있다. 상황이 이렇게 되면서 미국식 노사관계와 문화정책이 선진국으로 퍼져나갔다.

그 결과 공공재는 상품으로 전락하고 월급쟁이의 위치가 불안정해졌다. 그럼에도 이를 국가가 발전하면서 어쩔 수 없이 겪는 과정으로 받아들이는 게 문제다. 하지만 장기적으로 경제가 발전한 과정을 분석해보면 세계는 자본주의의 새로운 단계가 아니라 정부들이 금융시장에 자발적으로 맞춰가는 게 당연하다며 내세우는 미사여구라는 사실을 알 수 있다. 대외무역이 늘어나면서 어쩔 수 없이 불평등이 심화되고 복지정책이 축소되는 것이 아니라, 자본가들에게 유리한 상황을 조성해가는 내부 정치의 결정 때문에 불평등이 늘어나고 복지정책이 줄어들게 된 것이다.

미국은 다른 국가들에도 사회구조를 미국식으로 바라보도록 강요하면서 세상을 자국처럼 바꿔간다. 이는 결국 정신적인 식민지화를 불러온다. 실제로 요즘 경제, 경영 교육은 미국식을 보편적인 것처럼 받아들이고 있다. 이렇게 새로운 지구상의 성서처럼 미국의 원칙이 선진국 사회를 변모시키고 있다. 즉 국가가 경제에 개입하지 않고 공권력과 사법이 강화되며, 자본이 규제 없이 자유롭게 흐르고 고용 시장이 유연해지며, 사회보장이 축소되고 개인의 책임을 강조하는 방향으로 다른 선진국 사회들이 변하고 있는 것이다.

우리의 유토피아 vs. 그들만의 유토피아

세르주 알리미　■　Serge Halimi

『르몽드 디플로마티크』 프랑스판 발행인. 미국 버클리대 정치학 박사 출신으로 파리 8대학 정치학과 교수를 지냈으며, 1992년 『르몽드 디플로마티크』에 합류한 뒤 2008년 이그나시오 라모네의 뒤를 이어 발행인 겸 편집인 자리에 올랐다. 라모네가 주로 중남미와 아랍 등 제3세계 문제에 관심을 기울인 것과 달리, 알리미는 신자유주의 문제, 특히 경제와 사회, 언론 등 다양한 분야에 신자유주의가 미치는 영향과 그 폐해를 집중 조명해왔다. 그가 이끄는 『르몽드 디플로마티크』는 권력과 자본으로부터 가장 독립적인 매체로 평가받고 있으며, 종종 본지인 르몽드의 편집 방향에 대해서도 날선 비판을 가해 신선한 주목을 받고 있다. 언론인으로서 널리 이름을 알린 것은 1997년 르몽드 등 제도권 언론의 탐욕과 순응주의를 정면 비판한 저서 『새로운 감시견 Les Nouveaux Chiens de garde』을 내면서부터다. 주요 언론의 비판적 평론에도 불구하고 이 책은 15만 부 이상 팔렸으며, 르몽드의 당시 편집국장 에드위 플뤼넬(Edwy Plenel)은 이례적으로 『르몽드 디플로마티크』에 이 책을 비판하는 반론을 기고하기도 했다. 신자유주의의 병폐뿐 아니라, 이른바 무늬만 좌파인 정치 세력의 위선에 대해서도 그의 비판은 거침이 없다. 주요 저서로는 『시시포스는 지쳤다―집권 좌파의 실패 Sisyphe est fatigué: Les échecs de la gauche au pouvoir』(1993), 『좌파의 시험 Quand la gauche essayait』(2000) 등이 있다.

완전히 다른 세상을 상상하는 것에서 시작하자

초현실주의 시인 루이 아라공은 "모두가 꿈을 꾸고 있는 기나긴 꿈을 꾼다"(1924)고 말했다. 소설가 앙드레 지드는 다음을 상기했다. "얼마나 많은 의지박약한 젊은이들이 스스로가 용맹으로 충만한 줄 알다가 '유토피아'라는 말만 듣고도 지레 겁을 먹고는, 분별 있는 이들의 눈에 공상가로 비칠까 두려워했던가. 인류가 이룩한 모든 위대한 발전이 다름 아닌 유토피아를 실현하는 길인데 말이다."(1935)

그러나 세상을 바꾸려면 인류학자, 경제학자, 역사가, 투사 들이 몽상적인 광대 구실에 스스로를 가두어서는 좋을 게 없다. 성격만 좋고 실속은 없으며, 현실 기틀의 구축자라는 유리한 처지를 상대편에게 넘겨줄 가능성이 농후한 그런 광대 말이다. 이런 얘기를 하는 이유는, 신자유주의도 마찬가지로 어떤 유토피아의 구현이기 때문이다. 즉, 과거에는 유토피아적 영감에 불과하던 것들이 이제 위정자들의 정책으로 자리잡았다.

칼 폴라니, 시장의 자가 조절 기능 부정

경제역사학과 사회인류학을 넘나드는 분석에서 출발한 칼 폴라니는 1944년 발표한 저서에서, 세계는 "거대한 전환"을 통해 "자가 조절 시장이라는 유토피아"를 벗어던졌다고 보았으며(즉 사회의 제도적 규제 없이 자가 조절이 가능한 시장은 불가능함을 깨달았으며), 이제 그 전환 과정이 완료됐으므로 "전례 없는 자유 시대가 시작"돼 "사회 현실과 직접 조우"할 수 있게 되리라 기대했다.[1]

그로부터 반세기 이상의 시간이 흘렀다. 폴라니가 이미 지나간 과거라고 보았던 것은 다시금 우리의 일상이 되어버렸다. 거대한 전환의 자리를 거대한 복원이 대신했다. 그리고 이 거대한 복원은 다시 "사회의 자연적인 상태"[2]로 소개되면서 세력을 구축하려 든다. 여전히 자유라는 이름으로 이의 제기를 하는 것이 금지된 채 말이다. 자본주의자들이 형성한 '이성의 클럽'은 반대자들, 즉 '유토피아주의자'들과 광인들에게 좀처럼 설 자리를 내주지 않는다.

하지만 정작 광기란 다른 데에 있다. 1776년부터 애덤 스미스는 자본주의의 철학적 영구성을 이론으로 정립했다. 그는 "무언가를 다른 무언가와 교환하려는 인간의 본질적인 어떤 성향"이라는 이름으로, 집단적 최적점과 경제적 이기주의의 접점을 동일시하는 보편적 법칙을 상정했다. "도축

---

1   칼 폴라니, 『거대한 전환—우리 시대의 정치·경제적 기원』, Gallimard, 파리, 1984. 이 위대한 사회과학 고전은 원서 출간 후 40년 만에 프랑스에서 번역, 출판됐다. 별도의 주석이 있는 경우를 제외하고, 이 글의 인용문들은 모두 이 번역서에서 발췌했다. 장미셸 세르베, 제롬 모쿠랑, 앙드레 티랑, 『칼 폴라니의 현대성La modernité de Karl Polanyi』, L'Harmattan, 파리, 1998 참조.
2   투기자들의 독재를 중력의 법칙에 비유한 알랭 맹크의 표현. 그는 자신이 사업가이면서도 지식인 행세를 하고 있다는 사실을 망각하고 "시장에 대항하는 사고는 할 수 없다"고 단언하기도 했다.

업자, 양조업자, 제빵업자 들이 우리에게 먹을거리를 마련해주는 건 자비로워서가 아니라 자신의 이익을 고려해서이다. 우리는 그들의 인정이 아닌 자기애에 호소하는 것이며, 여기서 관건은 결코 우리 자신의 필요가 아니라 그들이 얻는 이익이다."[3]

애덤 스미스, 공리주의적 유토피아 주장

애덤 스미스는 예언자다운 실수를 범했다. 그는 보편적이고 지속적인 자유를 논하는 인류학자이고 싶어했지만, 실은 산업적, 상업적 맷돌을 논하는 미래예측학자였다. 폴라니는 이렇게 지적했다. "과거의 그릇된 해석 가운데 이토록 미래를 제대로 예고한 것은 없었다."

"런던의 주식중개인이나 아이오와 곡물상의 행동을 결정하는 시장 법칙이 잉카의 수도사, 영주, 사제와 트로브리앙 섬 주민의 생활상에도 똑같이 적용된다고 생각하는 애덤 스미스의 놀랄 만한 자민족 중심주의"[4]는 다른 이들도 강조한 바 있다. 인간을 영원히 계산적인 경제 동물로 간주하는 이러한 공리주의적 유토피아는 어쨌든 훗날 시장 사회로, 그리고 그것의 세계화로 나아가는 길을 열어주게 된다.

지금으로부터 160년 전에 이미 카를 마르크스와 프리드리히 엥겔스는 새로운 신념과 새로운 법칙의 성질이 별로 '자연적인' 것이 아님을 이렇게 요약했다. "봉건영주와 그의 자연적인 상급자들을 결합해준 복잡하고 다양한 모든 관계를 부르주아지는 가차없이 끊어버렸고, 오로지 냉혹한 이

---

3   애덤 스미스, 『국부론』, 1~2권, PUF, 1995, 15~16쪽.
4   칼 폴라니, 『원시, 고대, 현대 경제 Primitive, Archaic, and Modern Economies — 칼 폴라니 에세이』, 제28장, 조지 돌턴 엮음, Beacon Press, 보스턴, 1971, XXVIII쪽.

해관계, 매정한 현금결제 요구라는 연결 고리만을 남겼다. 부르주아지는 종교적 희열, 기사도적 열정, 소시민적 감수성에서 비롯된 신성한 전율을 이기적 계산이라는 얼어붙은 강물 속으로 빠뜨려버렸다. 부르주아지는 개인의 존엄성을 단순한 교환가치로 삼아버렸다. (…) 마침내 인간은 스스로의 존재 조건과 상호관계를 환멸스러운 눈빛으로 바라볼 수밖에 없게 되었다. 부르주아지는 늘 새로운 판로에 대한 욕구에 떠밀려 전 세계를 공략한다. 그들은 곳곳에 진출해 곳곳을 착취하고 곳곳에서 관계를 구축해야 한다."[5]

마르크스와 엥겔스, 시장 중심 논리 비판

분명 시장경제가 있기 전부터 시장들은 존재했다. 하지만 서로 고립돼 있던 이들은 주변적인 동시에 기존 사회관계의 복잡성 속에 파묻혀 있었다. 그리고 이들 시장에서는 "용기가 기사의 특성이고 신앙심은 사제의 특성이며 기술이 장인의 특성인 것과 마찬가지로 이익 추구의 동기란 상인 고유의 특성이었다".[6] 과거에는 세 가지 의무에 따라 삶이 흘러갔다. 주기, 받기, 되돌려주기가 바로 그것이다. 이러한 '증여의 논리'가 새로운 학문의 이름으로 무효화되면서 계약이 지위를 대신하고 "재화가 관계를 대체"[7]하게 되었다. 폴라니는 "이러한 모험이 인류의 역사에서 결코 유례를 찾아볼 수 없는 성질의 것"임을 강조한다. 이제는 굶주림에 대한 누군가의 두려움과 이익에 대한 또다른 누군가의 갈증만이 인간을 경제생활에 참여시키는

---

5   마르크스, 엥겔스, 『공산당 선언』, Éditions sociales, 파리, 1970, 34~35쪽.
6   칼 폴라니, 「우리의 낡은 시장 정신」, 『원시, 고대, 현대 경제』, 67쪽.
7   사회학자 마르셀 모스(Marcel Mauss)의 표현.

원동력이 된다. 사람들은 더이상 "판매가 아닌 다른 방식으로 수입이 형성되는 것을 용납"하려 들지 않는다. "아울러 시장 조건 변화에 따르는 가격 변동에 대해 어떠한 개입도 이루어져선 안 된다."

비극으로 끝난 자유주의적 유토피아

이러한 "자유주의적 유토피아" "인간을 짓이겨 덩어리로 만드는 악마의 공장" "수그러들 줄 모르는 잔혹한 공격" "과학만이 줄 수 있는 확신에 힘입어 작업에 단련된 이들이 사회라는 몸체에 가하는 생체 해부 행위"가 가장 먼저 맹위를 떨친 곳은 영국이다. 최저임금이란 존재하지 않았다. 인간이 알아서 자신에게 적절한 대가를 시장에서 찾아야 했다. 때로는 굶주림이라는 대가가 주어지기도 했다. 1847년 아일랜드를 황폐화한 기아 사태처럼 말이다. 한 해 동안 사망한 주민이 5명 중 1명꼴이었다.[8]

자유무역을 주장한 이론가인 데이비드 리카도는 "중력 법칙만큼이나 확실한 것"이라고 밝히면서, 사회보장이 "부와 힘을 빈곤과 약함으로" 바꾸어놓는다고 설명했다. 그런데 때마침 태평양의 어느 섬에서 염소와 개를 대상으로 실시한 실험 결과에서 깨달음을 얻은 윌리엄 타운센드William Cameron Townsend는 특정한 자극이 지니는 실효성을 증명해 보였다. "굶주림은 가장 난폭한 동물도 길들인다. 가장 사악한 이들도 정숙함과 세련됨, 순종과 복종을 배우게 된다." 이러한 자유주의적 학설은 즉시 영국의 1834년 신빈민법에 적용된다.

---

8   이브라임 바르드, 「자유무역으로 아일랜드가 굶주릴 때Quand le libre-échange affamait l'Irlande」, 「르몽드 디플로마티크」, 1996년 6월 호 참조.

3부   거세된 지식인의 불온성

한마디로 더이상 빈민들을 도와주지 않겠다는 것이다. 들쥐에 비유한 것으로 모자라, 이들을 궁핍한 지경으로 내몰면 그 수가 줄어드리라는 것을 증명까지 해 보이지 않았던가! 미국 헌법의 아버지 중 하나인 벤저민 프랭클린은 이보다는 좀더 온건한 분위기로 1766년 이렇게 기록한 바 있다. "가난한 이들을 보살피기 위해 공적 지원을 늘릴수록 이들은 스스로를 돌보는 노력을 덜 하게 되며, 당연히 더욱 가난해지고 만다. 반면, 이들을 위한 도움을 줄일수록 스스로를 위해 더 많이 노력하고 빈곤에서 벗어나게 된다." 그후로 표현 방식은 바뀌었지만 미국, 영국, 프랑스에서 최근 결정된 사항들(사회 지원 일부 폐지, '위험 계층'에 대한 감시 강화)을 보면 기본 정신은 그다지 달라진 것 같지 않다.[9]

신자유주의적 유토피아가 제아무리 자연적이고 과학적임을 자처하더라도 공적 개입이라는 구명조끼가 없었다면 살아남지 못했을 것이다. 국가는 노동과 토지에 관해 규제를 완화했고 금융시장을 창설 또는 확대했으며 질서를 확립했다. 폴라니도 이러한 모순을 역설했다. "애덤 스미스가 말하는 '단순하고 자연적인 자유'를 인간 사회의 필요와 양립시키는 것은 무척 까다로운 일이다. (…) 정부 개입이라는 성벽을 세운 것은 토지, 노동, 지방 행정 등의 단순한 자유를 일부 조정하려는 의도에서이다. (…) 이리하여 국가의 활동을 제한해야 한다는 철학을 전적으로 따르는 이들조차 자유방임 구축에 필요한 새로운 권한과 기관, 도구를 바로 그 국가에 부여해줄 수밖에 없었다."

오늘날에도 유럽의 행정 및 정부라고 하는 기계는 단일 통화와 시장을

---

9   로랑 와캉, 「클린턴 대통령이 빈곤을 '개혁'할 때Quand le président Clinton "réforme" la pauvreté」, 「르몽드 디플로마티크」 각각 2006년 12월 호, 1996년 9월 호 참조.

창출하기 위해 전력 가동되고 있다. 북미자유무역협정은 각종 규제 사항으로 빼곡한 2000쪽에 달하는 문서다. 민족국가를 마비시키고 복지국가를 파괴하며 투자자들의 신성한 권리를 보장하기 위해 경제협력개발기구는 귀중한 상상력과 재치를 총동원했다. 신자유주의의 '본질'이란 참으로 희한하기 그지없다. 늘 누군가의 지원을 필요로 하니 말이다.

1873년의 경제 위기와 보통선거의 확대로 경제가 다시 사회 속에 닻을 내릴 당시 "유럽에서는 자유무역이 한창이었다. 국가와 국민들은 더이상 공연의 주최자가 아닌 꼭두각시 인형에 불과했다. 이들은 실업과 불안으로부터 스스로를 보호하기 위해 중앙은행과 관세를 이용했고, 이민법도 이를 보완하는 도움을 줬다". 바로 여기에서 두번째 모순이 드러난다. 자유방임 경제가 국가의 의도적인 행위로 생겨난 반면, 이후의 제한 조치들은 자발적으로 시작됐다. 자유방임주의는 계획적으로 이루어졌지만 계획 수립 자체는 그렇지 못했던 것이다. '시장 유토피아'의 실패, 그리고 경제의 탈사회화에서 비롯된 혼란의 위험으로 인해 산업국가들은 그 국민성과 역사를 막론하고 모두 대응책을 마련하지 않을 수 없게 됐다. 비록 규모의 차이는 있으나 어찌 보면 2008년 가을의 상황과도 닮지 않았는가?

영국의 보수주의자와 자유주의자, 독일의 로마가톨릭교도와 사회민주주의자, 프랑스의 교회 반대자와 성직자가 "사회의 전반적인 와해를 막기 위한 노력을 공격 전선만큼이나 광범위하게 펼쳤다". 이것이 바로 '거대한 전환'이다. 이로써 근로계약을 규제하고 사회화했으며, 아동보호법을 제정하고 위생 규정을 마련하고 기초 생필품 가격을 통제하고 투자 방향을 정해주었으며, 재분배 경제 영역을 확대하고 시장에서 통화 주도권을 빼내어왔다. 이리하여 19세기 말의 '현대성'은 이러한 기득권들을 되찾으려는 집요한 의지를 보여주었다. 이는 아울러 사회 해체를 유발한 후 이미 산산

조각 나버린 신고전주의적 유토피아를 복원하려는 의지이기도 했다.[10]

그렇다면 도그마가 한번 더 파열함으로써 지난 30년간 차례로 폐쇄된 민주적 공간들이 다시 뚫리기만을 기다리면 될까? 그러한 기대가 위험한 만큼 새로운 유토피아의 제시가 시급해 보인다. 실제로 두 차례에 걸쳐 자가 조절 시장이 와해되면서(1873~1896년과 1929~1935년) 여러 유형의 대응 방안이 등장했다.[11] 그중 하나는 권위적이며 파시스트적인 것으로서 봉건영주들의 위협받던 권력을 강화해주었다. 봉건영주들은 혼돈에 맞서 본성의 미덕과 본성을 가꾸는 자들의 미덕을 옹호하는 역할을 자처한 이들이다. 그다음으로는 "자유주의적 자본주의가 봉착한 막다른 골목이 모든 민주적 제도를 제거하는 대가로 구현한 시장경제 개혁"을 통해 출구를 확보했다. 이탈리아와 독일의 경우가 그렇다.

그러나 다행히도 또다른 유토피아가 있었다. 전통적 지배체제를 복원하지 않으면서도 사회적 관계를 회복하는 상호부조 시스템을 꿈꾸던 유토피아다. 이는 철학자 자크 랑시에르가 그의 저서 『프롤레타리아의 암흑 La nuit des prolétaires』(1981)에서 끄집어낸 '이카리아', 즉 정치 이론가 에티엔 카베의 철학소설 『이카리아 여행 Voyage en Icarie』(1840)에 등장하는 공산적 유토피아와 같은 것이다. 기존의 것을 수호하는 임무를 거부하며, 늘 같은 이들에게 순종과 감내를 강요하는 숙명의 메커니즘을 해체하는 유토피아다.

---

10   피에르 부르디외, 「신자유주의, (실현 도중에 있는) 끝없는 착취의 유토피아」, 『맞불 Contre-feux』, Liber-Raisons d'agir, 파리, 1998 참조. 아울러 세르주 알리미, 「뉴질랜드, 완전 자본주의의 시험관 La Nouvelle-Zélande éprouvette du capitalisme total」, 『르몽드 디플로마티크』, 1997년 4월호 참조.

11   피터 구레비치의 명쾌한 저서 『고난기의 정치 Politics in Hard Times―국제 경제 위기에 대한 비교 대응책』, 코넬 대학 출판부, 이타카, 1986 참조.

역사를 살펴보면 이러한 유토피아 덕분에 수많은 사람들이 1936년 6월, 1944년 8월, 혹은 1968년 5월의 어느 날 변함없이, 꿋꿋이 서서 버틸 수 있었다. 실제로 승리를 거둔 적도 있었다. 더이상 자신에게 천부의 권리가 있다고 믿지 않게 된 고용주, '돈의 장벽'에 덜 예속된 국가, 이와 같은 사회적 쟁취들은 필연적으로 따라온 것이 아니다. 현재 이런 것들을 무효로 돌리려는 의지가 존재함을 보면 충분히 알 수 있다. 이 유토피아도 나머지 다른 유토피아만큼의 가치는 있다. 또한 이 유토피아 덕분에 우리가 배운 점이 있다. 함께 모여 있으면서도 홀로라고 느끼는 사람들이 이토록 많은 시대이지만, 지금 우리가 살고 있는 이런 세상에만 살라는 법은 없다는 사실이다.

'왜'라고 묻는 법 배우기 _ 파울루 프레이리

부와 가치를 혼동한 자본주의 _ 장마리 아리베

4부

지식인이여,

왜 두려워하나

'왜'라고 묻는 법 배우기

파울루 프레이리 ■ Paulo Freire

브라질의 교육학자(1921~1997). 브라질 페르남부쿠 주 헤시피의 중산층 가정에서 태어난 그는 1929년 대공황을 계기로 빈곤 및 기아를 경험한 뒤 빈민 문제와 대중 교육에 관심을 가지게 되었다. 1943년 헤시피 대학에서 법학을 전공하고 변호사가 되었으나, 단 한 사건만 맡은 후 은퇴했다. 이후 교육의 혜택을 받지 못한 농부들에게 자신의 처지를 생각하고 삶과 생활을 바꾸는 의식화의 수단으로 읽기, 쓰기를 가르친다는 참신한 교육운동을 펼쳐 큰 성공을 거둔다. 그의 교육 사상은 1970년대 중반부터 1980년대 중반까지 근 10년간 우리나라 대학가를 중심으로 많은 영향을 끼쳤다. 주요 저서로는 대표작인 『페다고지』(1968) 외에 『자유의 교육학』(1964), 『교육과 의식화』(1973) 등이 있다.

우리가 학교 안이든 밖이든 모든 층위에서 교육자와 학생의 관계를 분석해보면 볼수록, 그 관계는 특별하고 두드러진 어떤 특성을 보여주는 것 같다. 즉 교육자와 학생의 관계는 본질적으로 이야기하고 장황하게 설명하는 관계다. 이야기하는 것과 장황하게 설명하는 것은 이야기하는 사람이라는 주체와 청취자라는 수동적 대상인 학생을 전제로 하고 있다. 수다를 떠는 이런 교육의 특징들 중 하나는 문장의 '울림'만 있을 뿐이지 변화를 일으키는 힘을 내포하고 있지 않다는 것이다. 4 곱하기 4는 16이고, 파라Para 주州의 주도는 벨렝Belém이다.

4 곱하기 4가 실제적으로 의미하는 바를 알지 못한 채, 주도라는 말의 진정한 의미가 무엇인지 모른 채, 파라 주에 대해 벨렝이 표상하는 것과 브라질에 대해 파라 주가 표상하는 것도 모른 채, 학생들은 응시하고 기억하고 반복할 뿐이다. 이야기하는 사람이 전개하는 담화는 학생들로 하여금 이야기된 내용을 기계적으로 기록하게 만든다. 한술 더 떠서 이야기는 학생들을 '빈병'으로, 다시 말해 교육자가 '채워야' 할 그릇으로 바꿔놓는다. 교육자는 구좌에 입금하듯 빈 그릇을 채우면 채울수록 더 훌륭한 교육자가

된다. 학생들은 온순하게 자신의 그릇을 채우면 채울수록 더 좋은 학생이
된다.

이것이 바로 교육에 대한 '은행 저금식' 개념이다. 이 개념에 따르면 학
생들이 할 수 있는 유일한 행동은 입금되는 이야기 내용을 받아들여 간직
하고 기록보관소에 보존하는 것이다. 수집가나 기록보관소 직원이 될 수
있는 자유밖에 없다. 그러나 본질적으로 이런 은행 저금식 교육 개념에서
기록보관소에 들어가는 것은 바로 인간 자체다. 연구도 할 수 없고 활동도
할 수 없는 인간은 존재할 수 없기 때문에 기록보관소에 처박혀 있는 것과
같다. 교육에 대해 이런 결정론적 시각을 견지하면 창조성도 변화도 지식
도 존재하지 않게 되므로, 교육자와 학생들 스스로가 기록보관소에 처박
히는 셈이 된다. 지식은 발명에 의해서만, 재발명은 인간이 세상 속에서 세
상과 더불어 그리고 다른 사람들과 더불어 수행하는, 영속적으로 긴장하고
안달하는 연구에 의해서만 얻을 수 있다. 이런 연구는 당연히 희망으로 가
득찬 연구다.

학생의 무지가 교육자의 존재 이유?

교육에 대한 은행 저금식 시각에서 '지식'이란, 스스로 안다고 판단한
사람들이 무식하다고 판단한 사람들에게 주는 기부인 것이다. 자신의 학생
들이 무식하다고 생각하는 교육자는 변함없는 태도를 견지한다. 교육자는
항상 아는 사람이 될 것이고 반면에 학생들은 항상 모르는 사람들이 될 것
이다. 이런 완고한 태도는 연구 과정으로서의 지식과 교육을 부인하고 있
다. 교육자는 학생들과 직면할 때 스스로 이율배반적 인물을 자처한다. 교
육자는 학생들의 무식을 절대화함으로써 자신의 존재 이유를 찾는다. 헤겔

4부 지식인이여, 왜 두려워하나

의 변증법에서 노예처럼 소외된 학생들은 역으로 자신들의 무지 때문에 교육자가 존재한다고 생각하지만, 헤겔의 이론에서 노예가 그랬던 것처럼, 스스로를 자기 스승의 스승으로 간주하지는 않는다. 해방 교육의 존재 이유는 교육자와 피교육자를 통합해 비약적인 발전을 이루기 위한 것이다.

해방 교육은, 교육자와 학생들이 각각 동시에 교육자이며 학생이기 때문에, 교육자-학생이란 틀의 모순을 넘어선다. 교육에 대한 은행 저금식 시각에서는, 인간을 순응하고 조종할 수 있는 존재로 여긴다는 것이 '놀라운 일'이 아니다. 자신에게 맡겨진 '예금'을 보관하는 일에만 신경쓴다면, 학생들은 변화의 인자나 주체로서 세상에 뛰어들 수 있는 비판의식을 내부에서 기를 수 없게 된다. 사람들이 그들에게 수동성을 강요하면 할수록, 그들은 세상을 변화시키는 대신에 받은 '예금' 속에 포함된 단편적인 현실에 순응하려고 한다. 은행 저금식 시각은 학생들의 창의력을 말살하거나 비판의식 대신 단순한 측면을 두둔하면서 창작력을 최소로 축소하기 때문에, 압제자들의 이익에 도움이 된다. 압제자들에게 중요한 것은 세상에 대한 발견이나 세상의 변화가 아니다. '인도주의'라고 할 수 없는 압제자들의 인도주의는 자신들이 수익자가 되고, 우리가 앞에서 이미 이야기했던 가짜 자비를 영속시키는 상황을 계속 유지하는 것이다. 그들은 본능적으로, 진짜 사고를 자극하고, 한 항목을 다른 항목과, 한 문제를 다른 문제와 연관짓는 관계들을 끊임없이 찾으면서 현실의 부분적 양상들에 속지 않게 해주는 모든 교육에 반대한다.

압제자들이 바라는 것은 억압당하는 사람들의 정신 상태를 비꾸는 것이지, 억압낭하는 사람들이 억압하는 상황을 바꾸는 것이 아니다. 또한 그런 상황에 잘 적응한 억압당한 사람들을 더 잘 종속시키는 것이다. 이런 목적 아래 압제자들은 은행 저금식 교육을 구상하고 실천한다. 이런 교육과 더불어 간섭적인 성격을 띤 사회활동을 펼친다. 그런 사회활동에서 억압당하는 사람들은 '구호 대상자들'이라는 동정적인 명칭을 부여받는다. 사회의 일반적인 모습에서 예외가 되는 완전히 '주변부화된' 개인들이 바로 그들이다.

"사회는 선하고 조직되어 있고 정당하다. 억압받는 사람들은 독특한 개인들로서 건강한 사회의 암적 존재다. 결과적으로 건강한 사회는 그들의 게으르고 무능한 정신 상태를 바꿔 그들을 사회에 적응시켜야 한다." '외부 혹은 경계선에 있는' '주변부화된 사람들'에 대한 해결책은, 행복한 삶을 포기한 이탈자들이 스스로 배척한 사회에 '합병되고' '재통합되는' 것일 터이다. 그들이 구원받는 방법은 '내부에 있는' 존재 조건을 수용하기 위해 '외부에 있는' 자신들의 존재 조건을 거부하는 것이 될 터이다. 그러나 사람들이 소외된 이들이라 부르는 억압받는 사람들은 결코 사회 외부에 있지 않았다. 그들은 항상 내부에 있었다. 그들을 '타인을 위한 존재'로 탈바꿈한 구조의 내부에 있었다. 그러므로 그들이 구원받는 방법은 그들을 억압한 이 구조에 합병되거나 통합되는 것이 아니라, 그들이 '자신을 위한 존재'가 될 수 있도록 이 구조를 바꾸는 것이다. 구조 변형은 당연히 압제자들이 원하는 것이 아니다. 압제자들에게 봉사하는 은행 저금식 교육 역시 학생들을 의식화하는 쪽으로 방향을 틀지는 않을 것이다.

학생이 자기 교육의 주체가 되어야

보수적이고 비진화론적인 은행 저금식 교육의 구상과 실천은 역사적인 존재로서 인간을 인식하는 일을 방해한다. 반면에 의식화 교육은 태생적으로 정확히 인간의 역사적 특성에서 출발하고, 인간을 변화하는 존재로, 역사적이기 때문에 마찬가지로 완성되지 않은 현실 속에서 인간 또한 미완성인 불완전한 존재로 인식한다. 단순히 불완전하고 또 비역사적인 다른 생물들과 달리, 인간은 스스로 불완전하다는 사실을 알고 있다. 인간은 자신의 불완전성을 인식하고 있다. 완전히 인간적인 교육의 뿌리는 바로 여기에서, 다시 말해 인간이 불완전하고 그 불완전성을 인식하고 있다는 사실 속에서 찾을 수 있다. 이처럼 교육은 실천 속에서 끊임없이 변화하는 것이다. 존재하기 위해서는 변화해야 한다.

베르그송의 의미에서 이런 과정의 '지속'은 영속-변화라는 대립의 놀이에 달려 있다. 은행 저금식 실천은 반동적인 것이고, 반면에 '잘 조직화된' 현재도 '미리 결정된' 미래도 받아들이지 않는 의식화 교육은 역동적인 현재에 그 뿌리를 두고 있으므로 혁명적인 것이다. 은행 저금식 교육에서 본질적인 것은 기껏해야 상황 속에서 의식이 떠오르지 않게 유지하면서, 억압받는 사람들의 상황을 달래주는 것이다. 인간적이고 해방적인 작업인 의식화 교육에서 중요한 것은 지배받는 사람들이 자신의 해방을 위해 투쟁하는 것이다. 교육자들과 학생들이 자기 교육의 주체가 되는 교육은 비인간적 지성주의를 넘어서고, 은행 저금식 교육자의 전제주의를 넘어서고, 세상에 대한 잘못된 시각도 넘어선다. 그때 세상이란 것은 더이상 사람들이 불순한 언어로 말하는 어떤 것이 아니라, 교육 주체들의 중개인이 되고 인간의 인간화를 이루어내는 변화의 기회가 된다. 그래서 의식화 개념은 압제자들을 위해 사용될 수 없는 것이다. 억압받는 모든 사람들이 '왜'라고 말하기 시작하면 어떤 압제적 명령도 통하지 않을 것이다.

● 이 글은 프레이리의 대표작인 『페다고지 Pedagogia do Oprimido』(1968)에서 발췌한 것이다.

부와
가치를
혼동한
자본주의

장마리 아리베 ■ **Jean-Marie Harribey**

보르도 4대학의 경제학 교수. 국제 투기자본 감시 시민연대인 국제금융관세연대(ATTAC) 프랑스 지부의 공동 회장으로 활동하고 있다. ATTAC에서 펴낸 『발전에 미래는 있는가 Le développement a-t-il un avenir?—절약과 연대의 사회를 위하여』(2004)를 편집하고, 『노망든 자본 Le Démence sénile du capital—경제학 비판 단상』(2002)을 썼다.

모든 것을 자본화하는 데 혈안이 된 자본가들은 지식을 사유화하고 자연 개발을 한계 이상으로 밀어붙이려고 한다. 그들의 신조는 간단하다. '모든 것은 돈이 될 수 있다.' 심지어 어떤 명석한 경제학자는 "자연이 제공한 서비스"의 가치가 16~54조 달러에 달한다고 주장한다! 가치와 부를 혼동한 것이다.

"노동을 통해 생산되는 사용가치가 부의 유일한 원천은 아니다. 윌리엄 페티가 말했듯이, 노동은 부의 아버지이고 땅은 그 어머니이다."

—카를 마르크스, 『자본 1』

혹시 알고 있는가? 미국에서 박쥐들이 제공하는 서비스의 가치는 매년 229억 달러에 달한다고 한다. 이 엄청난 금액은 어떻게 산출되었을까? 박쥐들이 해충을 처리해주는 덕분에 절약 가능한 살충제의 양으로 계산한 것이다. 또한 수분 매개 곤충들이 하는 일은 연간 1900억 달러의 가치를 생산한다고 한다. 그중 꿀벌의 몫은 1530억 달러에 달한다. 프랑스의 숲에서 이루어지는 광합성 작용의 가치는 탄소 배출권 시장 가격으로 측정된다.

이처럼 자연이 인간에게 주는 혜택을 기준으로 자연에 경제적 가치를 부여하는 방식은 어디서 비롯되었을까? 천연자원 파괴와 고갈이 심각한 수준에 도달하자, 거대 재앙에 대한 공포와 새로운 열정에 동시에 사로잡힌 자유주의 경제학자들은 과거에는 자연의 무한함만 믿고 무시하던 환경적 요소를 신고전파 경제 모델에 도입하자고 주장했다. 세계화된 현 자본주의의 위기는 단순한 경제 위기라기보다는 신자유주의 시대의 사회·생태적 모순이 극대화된 결과다. 생산력 대비 노동력의 가치 하락은 대부분의 산업 부문에서 과잉생산을 야기한다. 그럼에도 유산계급은 세금 감면 혜택과 엄청난 금융 소득 덕분에 지나치게 많은 재산을 축적한다. 그 결과로 만성적인 실업, 불안정 고용, 사회보장제도의 약화, 불평등 증가가 뒤따른다. 다른 한편, 자본의 무한 축적은 지구적 한계에 부딪칠 수밖에 없다. 끝없는 자본축적은 생태계 균형 파괴, 천연자원 고갈, 생물다양성 감소, 각종 오염, 기후변화 등을 초래한다.

모든 것을 경제적 가치로 환원

노동력이 점점 더 큰 가치를 생산하고 시장에서 그 이윤을 실현하도록 강요하는 게 갈수록 어려워지고 종국에는 불가능해지는 것은 다음의 두 가지 모순 때문이다. 다시 말해, 자본주의는 스스로의 확장 가능성을 파괴하지 않고는 인간에 대한 착취의 한계를 돌파할 수 없으며, 축적의 물적 기반을 파괴하지 않고는 자연 개발의 한계 이상으로 발전할 수 없다. 사회적, 물적 제약에서 벗어난 금융이 이제 가치의 자생적, 자족적 원천이 되었다는 환상은 2007년 시작된 금융 위기로 산산조각 났다. 사회적, 물적 제약에서 완전히 벗어나기는 불가능하다.

세계화와 자본의 위기라는 맥락 속에서 발생한 두 가지 중대한 변화가 부와 가치에 대한 이론적 논쟁을 되살렸다. 전 지구적 차원에서 파괴적인 생산주의 양식이 일반화되었고, 생산과정에서 지식이 차지하는 역할은 갈수록 커지고 있다. 이 두 현상으로부터 다음의 두 가지 질문이 도출된다. 어떤 종류의 부가 파괴되었는가? 그리고 이제 무엇이 가치의 원천인가? 경제학자들이 환경을 '자연자본'으로 간주하여 보호해야 한다고 나설 정도로 자연은 도구화되었다. 이제 '생명의 가치화' '자연의 경제적 실질 가치' '자연이 제공한 서비스의 가치' 등은 세계은행, 유엔환경계획UNEP, 경제협력개발기구, 유럽연합의 중요한 연구 주제가 되었다.

모두들 인간 노동 산물의 생산 비용으로 측정 가능한 요소와 인간이 생산하지 않은 요소, 값을 매길 수 없는 질적인 것, 윤리적 가치와 관련된 요소를 합산하는 것이 가능하다고 믿는다. 모든 것의 경제적 가치를 측정할 수 있다면 모든 것은 자본으로 간주할 수 있다. 신고전파 경제학자들은 경제적 자본, 인적 자본, 사회자본, 자연자본이라 이름 붙인 것들의 총합으로 부를 정의한다.

이런 분석 방식의 문제점은 자연 생태계 내의 물질대사를 고려하지 않는다는 점이다. 비용, 가격, 심지어 유용성을 계산하기 위해 각 요소를 분리해서 분석하는 방식은 가장 중요한 것, 즉 재생산과 균형을 위해 필수적으로 유지되어야 하는 생명의 상호작용을 포착하지 못한다.

'경제'와 '자연'은 함께 측정할 수 없다

이런 분석 방식은 1997년 환경 전문가 로버트 코스탄자Robert Costanza가 진행한 연구에서 처음 등장했다. 그의 연구에 따르면, 자연이 매년 제공하는 서비스의 가치는 1994년 기준으로 16~54조 달러에 달한다. 그후 비슷한 연구가 줄을 이었다. 그러나 가령 프랑스 숲의 가치를 계산하는 데 기준이 된 가격은 급격한 가치 변동과 투기가 특징인 금융 영역의 고유한 범주에 속한다. 자연 영역에는 존재하지 않는 범주다. 다시 말해 이 두 영역에 공통적으로 적용할 수 있는 측정 기준은 없다. 경제와 자연은 함께 측정할 수 없다.

여기서 아리스토텔레스, 애덤 스미스, 데이비드 리카도, 카를 마르크스가 사용가치와 교환가치를 구분한 것에 주목할 필요가 있다. 천연자원은 경제적 실질 가치가 없는 부이면서 인간 노동으로 창조되는 경제적 가치 생산과정에 없어서는 안 될 요소다. 간단히 말해, 전체 부 중에 자연에서 비롯되는 부분은 그 자체로 경제적 가치를 지니지 않는다. 가치는 자연의 범주가 아니라 사회적 범주에 속하기 때문이다. 지속 가능한 발전 전략을 위해 이런저런 자연 재화의 가격을 산정할 때, 이 가격은 우리가 설정한 생태적 규범에 맞춘 정치적 가격이지 경제적 가격이 아니다.

부존 천연자원의 가치는 경제적 기준으로 측정할 수 없다. 천연자원은 무한하다. 그것이 인간 삶의 조건이 되기 때문이다. 따라서 단순한 경제적 범주로 환원될 수 없다. 한편, 자원을 개발함으로써 생산된 경제적 가치는 그 속에 투입된 노동으로 환원될 수 있을지언정 자원 자체의 유사 경제적 실질 가치와는 아무 관계가 없다. 정치경제학과 마르크스의 정치경제학 비판을 떠나서는 이해하기 힘든 역설이다. 인간은 자연 없이 아무것도 생산하지 못한다. 물질적인 차원에서도 그렇고 경제적 가치 차원에서도 그렇다. 경제적 활동은 필연적으로 사회적 관계와 생물권biosphere 속에서 이루어진다. 인간은 자연을 떠나 집단적으로 사용가치를 생산할 수 없다. 인공물로 자연을 무한히 대체할 수 없다는 말이다. 하지만 자연이 가치를 생산하는 것은 아니다. 가치는 정의상 사회·인류학적 범주에 속한다.

한편 지식은 정보 기술 혁명으로 부의 창조를 위한 결정적인 요소가 되었다. 이른바 '인지자본주의' '지식 경제' '정보 경제' '비물질 경제'가 등장하여 전후의 포드주의 대량생산에 바탕을 둔 자본주의를 밀어냈다. 새로운 자본주의는 어떤 변화를 가져올까? 점진적으로 가치의 원천인 노동이 없어질 것이라고 보는 이들도 있고, 인간의 삶 전체가 노동으로 포섭될 것이라고 보는 이들도 있다. 어떤 경우든, 새로운 변화는 포드주의 시대에 전성기를 누렸던 마르크스의 이른바 '노동가치론'을 포기하도록 강요한다.

이제 노동은 "기본적으로 자본의 순환 속에서 형성되는 가치"를 더이상 생산하지 않게 될지도 모른다. 유일한 해결책은 각 노동자에게 '스스로 자신을 생산할' 가능성을 보장하는 동시에, 이미 불가능해졌을뿐더러 노동으로부터의 해방이라는 목표에도 배치되는 완전고용을 단념하고 시스템에서 배제된 모든 이들에게 생활 소득을 제공하는 방향으로 자본주의의 변화를 유도하는 것이다.

그러나 인지자본주의 개념은 몇 가지 질문을 제기한다. 그중에서 부와 가치의 구별 혹은 사용가치와 교환가치의 구별이 가장 중요한 문제다. 노동생산성이 증가하고 마르크스가 '산 노동'이라고 부른 노동이 감소하면서—마르크스의 관점에서는 '동어반복'이다—가치법칙에 따라 상품의 교환가치 역시 감소한다. 그 결과 노동과 노동이 창조한 부 사이의 괴리, 다시 말해 노동과 사용가치 사이의 괴리가 갈수록 커진다. 그렇다고 노동과 교환가치의 괴리가 함께 커지는 것은 아니다.

'자본 이익'을 위한 위험한 충성

현 자본주의의 새로운 모순은 지식을 자본으로 가치화하려는 시도에서 비롯된다. 이 과정에는 최소한 두 가지 장애물이 존재한다. 첫째, 지식 자체를 소유의 대상으로 삼기 어렵다는 문제가 있다. 인간 정신에서 탄생한 지식을 따로 분리해내기는 불가능하다. 지식의 사용에 대해 소유권을 주장하는 이유다. 특허권을 통해 사용을 금지하거나, 사용료(지대)를 요구하는 방법이 있다. 이런 경우를 제외한다면, 지식이야말로 집단적이고 공통적인 재화의 대표적인 예다. 심지어 신고전파 경제학자들의 정의에 비추어 봐도 이 사실은 변하지 않는다. 지식은 비배제(가령 누구도 밤거리의 가로등에서 배제되지 않는다)와 비경쟁(누군가가 지식을 사용하는 동안 다른 사람이 사용하지 못하는 것은 아니다)의 원칙을 만족시키는 재화다. 두번째 장애는 자본의 지식 소유가 지식의 전파와 확장을 방해한다는 점이다.

지식의 생산과 전파가 사회화되면 사적 소유와 대립하게 된다. 이 모순은 현대 자본주의 위기의 핵심을 이룬다. 지식을 자본처럼 기능하게 하는 것, 즉 이윤의 대상으로 만드는 것이 갈수록 어려워지고 있기 때문이다. 지식을 자본화할 수는 있지만 지식을 담지한 노동력을 완전히 없애는 것은 불가능하다. 자본에 충분한 이익을 가져다주어야 한다는 의무에서 벗어나 새로운 차원의 규범에 따라 가격을 결정하는 것이 가능함을 인정할 때, 우리는 화폐가격은 존재하지만 상품경제를 넘어선 차원에 진입하게 될 것이다. 이런 관점에서 교육이나 공공의료처럼 비非상품 서비스의 생산은 그 서비스를 수행하는 이들의 생산적 노동으로 간주해야 한다. 따라서 상품이 아닌 부는 상품생산 활동에서 공제되는 부분이 아니다. 이는 노동력, 설비, 가용 자원을 비영리적 목적에 사용하겠다는 공공의 결정에서 비롯된 추가적인 부다. 이 부는 이중적으로 사회화된다. 첫째로 집단적으로 생산력을 사용하겠다는 결정에 의해, 둘째로 세금을 통해 비용 부담을 사회적으로 할당하겠다는 결정에 의해 사회화된다.

자유주의 이론은 부와 가치를 혼동하며, 모든 가치를 자본을 위한 가치로 환원한다. 상품생산의 가치는 시장에서 값이 매겨진 필요노동에 의해 결정된다. 그러나 비상품 부문에서 실현된 노동의 생산적 특성을 인정하면 사회의 상품화 과정을 막기 위해 필수적으로 요구되는 부와 가치의 재정의를 위한 길이 열린다. 이런 작업을 통해 우리는 상품 영역 밖에서 제기되는 사회적 필요에 응답할 수 있다. 더불어 웰빙의 증진에도 기여할 수 있다. 웰빙은 경제적 가치의 차원을 넘어서는 부라고 할 수 있다. 이런 관점에서, 사회화된 부는 사유화된 부에 비해 결코 부족하지 않다. 오히려 그 반대다. 상품 영역의 제한은 사회적으로 마련한 무상 영역, 즉 비용은 계산되지만 시장가격이 매겨지지 않는 인간 활동의 확장을 가능케 해준다. 이것이 값을 매길 수 없는 자연 재화와 사회관계를 보존할 수 있는 길이다.

낯설게,
그러나
다시 만나야 할
계몽과 이성

자크 부브레스 ■ Jacques Bouveresse

분석철학, 과학철학, 언어철학을 전공했으며, 프랑스 철학계에서 독보적인 비트겐슈타인 전문가로 알려져 있다. 미셸 푸코, 장프랑수아 리오타르, 자크 데리다, 질 들뢰즈로 이어지는 일부 프랑스 현대철학의 경향에 대해서 비판적인 책을 출간하기도 했다. 소르본 대학 철학 교수를 거쳐 현재 콜레주드프랑스의 언어철학 및 지식철학 교수로 재직중이다.

최근 들어 20세기 초반 오스트리아 빈에서 활동했던 극작가 카를 크라우스를 프랑스에 소개하면서 미디어 및 미디어 지식인들에 대한 비판적 글을 발표해왔고(『풍자와 예언―카를 크라우스의 목소리Satire & prophétie: les voix de Karl Kraus』, 2007), 같은 대학 동료 교수였던 부르디외의 현실 참여를 옹호하기도 했다(『부르디외, 학자와 정치Bourdieu, savant et politique』, 2004).

포스트모더니즘에 대해 왈가왈부한 지 30년이 지난 지금, 이제는 인간의 이성과 자유에 대한 믿음으로 18세기를 지배하며 세상을 밝혀주던 계몽주의 유산과 다시 손잡을 때가 되지 않았을까? 하지만 계몽주의에 다시 손을 대려면 먼저 이에 대한 재고찰이 필요하고, 따라서 이 시대를 살아가는 사람들이 생각하고 행동하는 방식 또한 크게 변해야 할 것이다.

인간은 합리적일 뿐 아니라 이성적이기도 한 존재지만, 우리는 인간에 대해 거의 무제한적인 이해와 관용을 기대한다. 맹신, 미신, 광신 등 비인간적 가치를 허용하면서도 이성에는 결코 이를 용납하지 않는다. 이성 자체의 가능성에 대해서도 회의주의적 정신을 발휘해야 하고, 이성에 대한 찬양을 새로운 장르의 미신으로 변모시켜서도 안 되며, 이성에 대한 각종 맹신 또한 삼가야 하는 것이다. 그렇게 해서 우리는 아마도 지금의 우리가 이르렀을 것이라고 생각되는 어느 한 단계에 도달했다. 지금 봉착한 난관도 거기에서 비롯됐다. 즉, 스스로에게 부여된 (이성적) 힘을 남용한다는 의심을 받지 않으면서 상반된 개념들을 조심스럽게 다루려고 고심한 나머지, 이성은 계몽주의 시대에 시작됐던 전쟁을 계속해갈 수 있을지, 또 이를 계속해나가야 하는지 알 수 없게 돼버렸다.

언제 이성이 독재한 적이 있었나

분명 계몽주의는 지식의 가치와 권위에 대한 믿음에서 동떨어질 수 없다. 하지만 지식의 개념만큼이나 문제가 많은 이 개념을 우리는 정확히 어느 정도까지 신뢰할 수 있는가? 미국의 철학자 쿼인Willard Van Orman Quine은 실용적 관점에서 보면 유용하기도 하고 나아가 필수적이기까지 한 실용주의가 과학적, 철학적 관점에서 보면 실질적으로 이용할 수 있을 만큼 그렇게 일관적이지도 명확하지도 않다고 생각했다. 쿼인은 본질적으로 이런 상황이 누구에게 이로운가를 비판적으로 바라봤다. 그리고 "진화론자들이 진화에 관한 절대적 확실성에 매달리려 하지 않았던 까닭에 창조론자들은 더욱 쉽게 진화론자들에게 도전장을 내밀 수 있었다"고 날카롭게 꼬집었다. "그때부터 창조론자들은 자신들의 이론도 진화론만큼 관심을 받을 가치가 있다는 주장을 펼 수 있었다. 진화론이 맞는지 확실히 알 수 없었기 때문이다. 종교계나 신비론자들 또한 자신들의 진영을 띄우기 위해 같은 방법을 사용한다."[1]

사실 진화론자조차 진화론이 하나의 가설일 뿐이라 인정했고, 진화론 이외의 다른 이론을 주장할 수도 있다는 점을 시인했다. 물론 종교의 경우는 예외다. 종교는 가설이 아니며, 따라서 실험과 확인 과정이 필요 없다. 종교는 확신이다. 그것도 절대적 확신이다. 그 결과, 자신들의 이론도 똑같

---

1   윌러드 밴 오먼 쿼인, 『본질—간헐적 철학 사전Quiddités: Dictionnaire philosophique par in-termittence』, 도미니크 고블랑케와 티에리 마르샤이스 옮김, Seuil, 파리, 1992.

이 대우해달라고 소란스럽게 주장해대던 사람들이, 그러나 그 이론에 어떤 가설적 측면이 담겨 있으리라고는 결코 생각할 수 없을 그런 사람들이, 이성과 과학의 수호자들에게 대고 이들이 제시하는 건 오직 가설뿐이며 진정한 지식은 아니라는 주장을 마음껏 펼 수 있게 됐다.

오늘날 이성이 지나칠 정도로 겸손해야 하는 상황에 처한 이유를 두고, 일각에서는 계몽주의 시대 이후 이성이 통용됐던 시기 동안 이성이 나 홀로 승승장구해 독재 형국을 조성해놓았기 때문이라고 주장한다. 또한 이성의 독재는 이성의 입장에서 보면 과거에 제 자리를 빼앗겼던 때만큼이나 위험하고 끔찍했다고 주장하기도 한다. 하지만 내게 이런 주장은 동시대인들, 특히 다수의 철학자들이 그저 입에 담기 좋아했던 얘기로밖에 들리지 않는다. 제대로 살펴보자고 들면 단 한순간도 버티지 못할 그런 얘기들 말이다.

흔히들 생각하는 바와 달리 과학기술이 진보한 만큼 사람들이 생각하는 방식도 다양하고 합리적으로 바뀌지는 않았다. 리히텐베르크Georg Christoph Lichtenberg가 "인간이 자신의 이성을 적용해 했던 일들 가운데 가장 신기한 것은 이성을 사용하지 않음으로써 태어날 때부터 갖고 있던 날개를 스스로 잘라버리고, 원래 있던 우물 안에 스스로를 방치해둔 게 아닐까 싶다"[2]고 한 말은 지금 상황에 가장 잘 들어맞는 표현처럼 보인다.

---

2   게오르크 크리스토프 리히텐베르크, 『저술과 서한Schriften und Briefe』, Carl Hanser Verlag, 뮌헨, 1968.

출발부터 박해받은 계몽주의

과학과 이성의 승리가 가져온 변화가 이 시대 사람들의 사고방식과 동시대 지성의 운영 방식에 미친 영향이 얼마나 보잘것없는 수준인지 알고 나면 놀라움을 금치 못할 것이다. 많은 이들이 이성이 주도권을 쥐고 독재를 한다며 불만을 늘어놓지만, 설령 이성이 권력 장악을 갈구했거나 적어도 한순간 꿈이라도 꾸었다 할지라도, 실제로 그 같은 장악이 이루어진 적은 단 한 번도 없었다. 도덕 분야든 지식 분야든 주요 사안을 결정할 때 전적으로 이성의 해석에 맡겨야 한다는 주장이 실질적으로 적용된 적은 없었으며, 어떻게 보면 이성은 완전히 몰상식한 것으로 치부되거나 거의 이해 불가능한 것으로 여겨졌다.

1787년 리히텐베르크가 윌리엄 호가스William Hogarth의 유명한 판화인 〈맹신, 미신 그리고 광신Credulity, Superstition, and Fanaticism〉(1762)을 보았을 때, 그 무렵 겨우 태동한 이성이 몰상식과 부조리, 불합리의 위협적 힘에 밀려 이미 고사 지경에 이르렀음을 직감했다. 또한 리히텐베르크는 안타깝지만 그 판화 속 풍경이 새롭게 사람들을 이성의 영역으로 끌어들일 가능성은 희박하다는 점을 인정했다. "과거에도 그랬고, 현재에도 그러하고, 앞으로도 그럴 것이다. 두려움과 공포가 일지만 (⋯) 모든 풍자도 마찬가지다. 풍자란 안에 있는 사람들의 개선을 위한 것이라기보다는 밖에 있는 사람들에게 경고하기 위한 것이다."[3] 이는 계몽주의가 내지르는 좌절의 외침이라고 볼 수 있다. 리히텐베르크에게 계몽주의는 이미 게임에서 진 거나

---

3   볼프강 프로미스, 『리히텐베르크의 호가스Lichtenbergs Hogarth』, Carl Hanser Verlag, 뮌헨, 1999.

다름없었다. 계몽주의는 오직 밖에 있는 사람들에게 경고하는 데 그치지 않고 그들을 안으로 끌어들일 수 있을 때에만 승산이 있기 때문이다.

로베르트 무질이 소설 『특성 없는 남자』(1930~1932)에서 '막연한 남자' 또는 '불명확한 남자'라고 일컬은 존재는 개성 없는 사람이 아니라, 막연한 개념과 불명확한 관념을 가진 사람이었다. 오늘날 수와 측량의 언어가 모든 분야를 석권함에 따라 불확실, 불분명, 허무의 입지가 점점 줄어들고 있다지만, 무질은 일찍이 시작된 이것들의 복수에 더욱 충격을 받았던 듯하다. 우리는 보통 부정확한 사람이 정확한 사람에게 어느 한순간 자신의 자리를 내주었다고 생각한다. 그리고 이를 개탄하듯 후자가 세상을 지배하고 있다고 반복해서 얘기한다. 이는 분명 착각이다.

오늘날 거의 모든 분야에서 정확함이 요구되고 있으며, 명확한 사람이 결국 곳곳에서 스스로의 원칙을 부과(혹은 강요)하게 됐다는 주장도 내게는 이 시대 사람들이 혼자 두려움을 느끼려고 지어낸 전설 같은 얘기로 들린다. 현실을 제대로 묘사하기보다는 주인공이 이전에 갖고 있던 모든 것, 특히 좀더 소중했던 것들을 잃어버리는 끔찍한 이야기를 읽었을 때의 소름 끼침 같은 감정을 자아내는 것이다. 물론 부정확한 사람들이 추방될 위험은 영영 없다. 이들은 동시대 문화의 상부를 확고히 차지하고 있기 때문이다. 사람들이 추구하는 게 우리가 결코 포기할 수 없는 인간적 면모라면, 무질이 말했듯 확실한 일반 논거는 새로운 발견, 특히 과학적 발견보다는 언제나 좀더 인간적인 논거가 아니겠는가?

과학은 본질적으로 모든 종류의 이상주의에 체계적이고도 단호한 공격을 가한다. 그러나 무질은 과학뿐 아니라 또다른 이상주의적 구상이 언젠가 과학과 이상을 묶어줄 수 있으리라고 확신했다. 그렇게 과학과 이상이 손을 잡으면 전문가의 경험과 문외한의 경험 사이에 불가능하다고 생각됐던 공통분모가 형성될 터였다. 하지만 과학과 이상은 너무나도 극단적으로 갈라섰고, 더욱이 전문가들 스스로 이 둘의 결별을 다양한 방식으로 받아들인 것은 물론 장려하기까지 했다. 사실 이성주의, 회의주의, 실용주의 내부에서도 입증되듯 이들 사이에 방법론적이고 인식론적 차원의 극단적 부조화가 존재한다는 말이 나올 수도 있다. 관용과 배려의 제스처는 고유 영역의 비좁은 경계에서 나오는 순간, 보통 사람들의 가장 근거 없고 비합리적인 확신, 믿음, 사고방식에 대한 일종의 보상으로 변질된다. 과학이 자기보다 더 많은 것을 알고 있다고 주장하는 사람에 대해, 자신 또한 별로 아는 게 없다며(동시에 어떻게 보면 이미 너무 많은 것을 알아버렸다며) 어떤 식으로든 사과하려는 것과 같은 꼴이다.

이미 어느 순간부터 지식은 더이상 우리에게 갈망의 대상도, 그 자체를 위해 발전시켜가는 대상도 아니었다. 그보다는 우리가 더욱 중요하다고 생각하는 무엇, 넓은 의미로는 '편안하게 살기 위한' 다른 무엇을 위해 애써 피하고 싶어하는 무언가가 되어버린 것 같다. 그렇지 않다면 이성과 과학의 시대라 일컫던 한 시대가 그토록 자연스럽고 쉽게 각종 (지적) 독재자, 선도자, 지도자, 영적 지도자, 선지자, 구원자에 대한 숭배를 조장한 사실을 어떻게 설명할 수 있겠는가? 무질은 제1차세계대전 직전의 시기를 실로 메시아를 기다리는 시기라고 보았다. 21세기가 시작될 무렵에도 메시아적 시각이 득세했다. 세상이 더욱 악화일로로 치닫고 있는 위기 상황에서 사람들은 미래 또한 더하면 더했지 덜하진 않을 거라는 두려움을 느낄 수밖에 없다.

포스트 포스트모더니즘 시대?

그러나 우리는 지금 21세기 초에 살고 있고, 계몽주의 시대의 유산을 이 시대에 맞게 받아들이자는 주장을 수용할 수 있는 국면에 접어들었다. 독일 사회학자 볼프 레페니스Wolf Lepenies는 1992년 '유럽의 지식인'이라는 주제로 콜레주드프랑스에서 한 강의에서 이렇게 결론을 내렸다. "포스트 모더니즘이 주어진 기회를 놓치고 그에 대한 논의마저 정당성을 모두 잃어 버린 이 상황에서, 우리에게 남은 건 무엇인가? 그건 바로 우리가 그 이름을 입에 담을 수 없던 계몽주의의 유산을 기억하는 것이다. 단순히 계몽주의를 되살려야 한다는 것이 아니라 계몽주의에 대해 다시 생각해봐야 한다는 것이다."[4]

나는 우리에게 다른 선택의 여지가 없었다고 늘 확신해왔다. 하지만 안타깝게도 레페니스처럼 그렇게 낙관적인 입장은 아니다. 먼저 포스트모더니즘을 들먹이는 일이 그 정당성을 거의 잃어버렸다고는 하지만, 앞으로도 오랫동안 우리는 귀가 닳도록 이를 들을 것이다. 그러나 일부 지성계를 끌어들이기 위해 계몽주의로 회귀하는 것과 오늘날의 사람들이 현실을 깨치도록 이들의 생각과 행동을 새롭게 변화시키려는 것은 불행하게도 별로 관계가 없어 보인다.

---

[4] 볼프 레페니스, 『유럽의 지성이란 무엇인가?—유럽 역사 속 지성적, 정치적 사유, 콜레주드프랑스 유럽 강연 1991~1992 Qu'est-ce qu'un intellectuel européen? Les intellectuels et la politique de l'esprit dans l'histoire européenne: Chaire européenne du Collège de France 1991~1992』, Seuil, 파리, 2007.

부르디외는
없다

피에르 랭베르 ■ **Pierre Rimbert**

『르몽드 디플로마티크』 부편집장. 미디어비평행동 단체인 Acrimed에서 활동중이며, 별도로 대안 언론인 『르플랑 베』를 발행하고 있다. 주요 저서로 『해방, 사르트르에서 로스차일드까지 Libération, de Sartre à Rothschild』(2005) 등이 있다.

경제 시스템이 온갖 폐해의 주범으로 몰리며 갈수록 거센 비난을 받는 가운데, 이와 관련해 대중은 시위를 벌이고 학자들은 분석을 내놓고 있다. 하지만 어떤 총체적 이론도 두 요소를 연계해 사회변혁을 위한 정치 프로젝트를 구축할 역량은 갖추지 못했다. 비판적 지식인들은 여전히 존재하는데도 말이다. 그렇다면 대체 이들은 무엇을 하고 있을까? 이들이 구성하고 활용하는 기관들은 지금도 학술적 문화와 투쟁적 실천의 조화를 이뤄낼 능력이 있는가?

거리는 인파로 가득하고 구호는 더할 나위 없이 공격적이다. 사람들은 주먹을 불끈 쥐며 노래를 부른다. 노조원들의 기세에 지도부마저 압도당한 듯하다. 2010년 가을 연금 개혁 법안에 대한 사회적 투쟁에는 1995년 11~12월보다 많은 시위자들이 참여했다. 그러나 이번에는 지식인을 친親권력파와 친시위대파로 양분해 투쟁을 방해할 만한 논제가 전혀 없었다. 15년 전의 모습은 이와 달랐다.

파리 리옹 역 로비는 발 디딜 틈이 없었고 곳곳에 현수막이 보였다. 사람들의 시선은 어느 연사를 향해 있었다. 그의 목소리는 별로 크지 않았다.

바로 사회학자 피에르 부르디외가 철도 노동자를 상대로 연설하는 중이었다. "제가 이곳에 온 이유는 공공서비스의 존립을 위태롭게 하는 세력에 저항하며 3주 전부터 투쟁해온 모든 분께 우리의 지지를 전달하기 위해서입니다." 세계적 명성을 지닌 프랑스 지식인이 노동자 곁에 선 모습은 1970년대 이래 보기 드문 광경이었다. 1995년 12월 12일 화요일, 알랭 쥐페 총리가 주도한 사회보장 및 연금에 관한 이른바 '개혁' 법안에 반대하는 200만 명이 거리 시위를 벌였다. 파업이 시작되자 낯선 모습과 낯익은 모습이 오버랩됐다. 한편에는 임금노동자들이 있었다. 1980년대 산업 구조조정 당시 철학자, 언론인, 정치인 들은 자신들이 이들을 골방에 꽁꽁 가둬버렸다고 생각했지만 오산이었다. 다른 한편에서는 비판적 연구자들이 다시금 등장했다. 이들은 사회문제뿐만 아니라 경제 현장에 관해서도 사상적 투쟁을 전개하겠다고 다짐한 터였다.

상반되는 어조의 탄원서 두 건이 프랑스 지성계의 분열을 드러냈다. '사회보장의 근본적 개혁을 위하여'라는 제목의 첫번째 탄원서는 쥐페 총리의 법안이 "사회정의와 맥을 같이한다"며 긍정적으로 평가했다. 가톨릭 좌파 평론지인 『에스프리』, 생시몽재단, 프랑스민주노동동맹CFDT을 위시해 시장에 동조하는 좌파가 탄원서 서명의 주축이었다. 또다른 탄원서의 제목은 '파업 노동자를 지지하는 지식인의 호소'로, 이때까지 뿔뿔이 저항 운동을 벌이던 대학교수, 노조 및 협회 운동가 들이 뜻을 함께했다.

부르디외가 철도 노동자들 앞에서 연설한 지 15년이 지난 오늘날, 저항적 사상의 생산자들과 이들이 몸담은 기관, 그리고 사회운동의 관계는 어떻게 변했을까? 서점이나 각종 집회, 사회과학 세미나 등을 보면 모순된 두 가지 움직임이 공존하는 듯하다. 한편에서는 비판 사상이 예리해지는 동시에 확산되고 있고, 다른 한편에서는 전문성을 띠며 학자들 사이에서 통용되는 규범을 따르는 추세다.

1995년 시위는 독립 출판의 쇄신을 알리는 신호탄이었다. 이후 레종다
지르Raisons d'agir(1996), 아곤Agone(1997), 라파브리크La Fabrique와 에그질
Exils(1998), 막스밀로Max Milo(2000), 암스테르담(2003), 레프레리오르디네
르Les Prairies ordinaires(2005), 린뉴Lignes(2007) 등 출판사 30여 곳[1]이 탄생해
비판적 저작의 보급에 힘쓰고 있다. 이들의 간행물은 여러 가지 차이와 다
양성을 뛰어넘는 공통적 특성이 있다. 바로 번역물의 비중이 크다는 점이
다. 과거 산업적 출판 업계에서 거들떠보지 않던 저작들을 프랑스어로 읽
을 수 있게 된 것은 이 출판사들이 재정난을 겪으면서도 고집을 부린 덕분
이다. 오늘날 쉽게 접할 수 있는 역사학자 하워드 진이나 놈 촘스키의 저서
들이 대표적 사례다. 뿐만 아니라 1960~1970년대 영국 신좌파가 내놓은
문화·역사·사회 분석(스튜어트 홀, 레이먼드 윌리엄스, 페리 앤더슨), 경제
학자 조반니 아리기Giovanni Arrighi, 지리학자 데이비드 하비의 신마르크스
주의 저서, 남성과 여성, 성性, 피지배층 정체성에 관한 연구, 지금은 이름
이 잘 알려진 주디스 버틀러, 마이클 하트, 안토니오 네그리, 슬라보이 지제
크의 글들도 마찬가지다. 이와 동시에 대여섯 종의 평론지가 출판사의 지
원으로 등장해[2] 이런 텍스트들을 소개하고 논하고 프랑스의 상황에 맞게
적용하는 역할을 수행했다. 이들 텍스트의 저자 및 평론가 사이에는 공통

---

1   소피 노엘, 「도서 산업의 세계화에 맞선 소규모 독립 출판—'비판적' 에세이 출판사들의 사례La
    petite édition indépendante face à la globalisation du marché du livre: le cas des éditeurs d'
    essais "critiques"」, 지젤 사피로, 『출판 세계의 모순들Les Contradictions de la globalisa-
    tion éditoriale』, Nouveau Monde, 파리, 2009 참조.
2   『아곤』『콩트르탕Contretemps』『린뉴』『무브망Mouvements』『뮐티튀드Multitudes』『바카름
    Vacarm』『서적·사상 국제 리뷰La Revue internationale des livres et des idées』(2010년에
    발행 중단) 등이 대표적이다.

점이 있었으니, 거의 대부분 고등교육 및 연구 기관에 몸담고 있다는 사실이다.

영국 역사학자인 페리 앤더슨은 이렇게 밝힌 바 있다. "마르크스주의의 위기는 근본적으로 라틴계 국가에서 나타나는 현상이다. (…) 영국, 미국, 독일, 스칸디나비아 국가에는 전후 시기에 (라틴계 국가 같은) 기대와 희망을 불러일으킬 법한 대중적 공산당이 존재하지 않았다."[3] 1970년대 중반 많은 프랑스 마르크스주의자들이 자신의 신념을 포기했을 때, 영국과 미국 등지의 대학교수들은 『뉴 레프트 리뷰』 등 평론지를 중심으로 새로운 마르크스주의의 초석을 깔았다. 하지만 여전히 학계의 성채 안에 갇혀 있던 터라 이들의 번역 저작을 이해하기는 그리 쉽지 않았다.

왼쪽으로, 다만 상업적으로

1997년 갈리마르 출판사의 '역사의 서재Bibliothèque des Histoires' 총서 총괄 담당이었던 피에르 노라는 영국 역사학자 에릭 홉스봄이 아직도 "혁명적 대의에 멀리서나마 애착"을 표하고 있다는 이유로 그가 쓴 『극단의 시대』의 출간을 거부했다.[4] 노라는 "오늘날 프랑스에서는 안 먹힌다. 그게 현실이고 우리도 어쩔 수 없다"고 말했다.[5] 하지만 자본주의가 격변을 겪고 대안세계화운동이 국제적으로 발전하면서 1980년대 오른쪽으로 치우

---

3   페리 앤더슨, 「역사적 유물론의 궤적In the Tracks of Historical Materialism」, Verso, 런던, 1983, 76~77쪽.

4   결국 1999년 『르몽드 디플로마티크』와 콩플렉스 출판사에서 번역, 출간됐다.

5   세르주 알리미, 「출판의 매카시즘Maccarthysme éditorial」, 『르몽드 디플로마티크』, 1997년 3월호 참조..

첬던 이념의 추도 중심을 되찾았다.[6] 시대는 변했고, 투쟁은 결실을 거두었다. 그 결실을 장사꾼들이 거두기도 했지만 말이다. 독립 출판사들의 주도로 발간된 비판적이면서 까다로운 내용의 서적들이 상업적으로 성공을 거두자, 대형 출판사들은 다시금 저항을 유망 분야로 인식했고, 투쟁가들의 시선(과 지갑)을 유인하기 위해 공들여 준비한 각종 총서를 대거 선보였다. 레종다지르 출판사가 내놓은 투쟁 총서의 초기 작품들이 성공을 거두자 이를 무시하려 안간힘을 쓰던 『르몽드 데리브르』(일간지 르몽드가 주 1회 발행하는 도서 섹션)도 2010년 11월 26일 자에서 '저항적 글'을 비중 있게 다루며 그러한 문체를 높이 평가했다. 그동안 변방에 머물렀던 미디어, 고삐 풀린 금융, 서구 질서에 대한 비판이 이제는 상업적으로 각축을 벌이는 분야가 된 것이다.

1930년대 초, 폴 니장은 보수적인 대학에 '감시견들'이 우글대는 모습을 묘사했다.[7] 1960~1970년대 급진적 격변기에는 인문과학, 사회 비판, 혁명이 함께 발맞춰 나가는 듯했다. 두 시대를 나란히 놓고 보면 대학은 제도권에 주춧돌을 마련해주고 의지하는 동시에 맹렬한 혁명가들을 배출하는 역량을 갖춘, 한마디로 갈등이 도사리는 기관임을 알 수 있다. 비판적 출판 부문이 학계의 교수 및 연구자 들과 맺는 매료와 거부의 이중적 관계도 바로 이런 모순에 힘입어 증폭된다. 인문과학 박사과정을 밟고 있거나 이미 학위를 취득했지만 지적 작업과 저항 활동을 병행할 수 있게끔 고등교육이나 연구 분야에서 자리를 차지하지 못한 30~40대 남성이 전형적

---

6   프랑수아 쿠세, 『10년—1980년대의 엄청난 악몽 La Décennie: Le grand cauchemar des an-nées 1980』, La Découverte, 파리, 2006.

7   폴 니장, 『아덴 아라비 Aden Arabie』, Maspero, 파리, 1960(초판 1931) 및 『감시견 Les chiens de garde』, Agone, 마르세유, 1998(초판 1932) 참조.

이상으로 삼는 것이 '투쟁적' 출판자다. 물론 실제로는 종사자들의 이력이 다양하지만, 아무튼 이는 '학자'와 '정치인'이라는 두 개의 의자에 걸쳐 앉은 이들의 세계에 퍼져 있는 본질적 갈등을 명확히 보여준다.

출판자는 과학적 방식의 견고함과 명성을 지닌 저자들을 대학에서 찾는다. 그러면서도 그들의 연구 대상 폭이 여전히 협소하고 난해함을 즐긴다는 점에는 불만을 토로한다. 쉼표 하나만 위치를 바꿔도 당장 소송이라도 걸 기세인 까다로운 학자들의 요구 앞에서는 머리를 쥐어뜯지 않을 수 없다. 출판자는 사회 비판 총서의 책임자로 교수나 연구자를 내세우거나 적어도 학문과 정치(즉 사상의 생산과 소비)에 양다리를 걸친 후보자를 기용하는 편이 안전하고 이롭다는 것을 안다. 마찬가지 논리로, 사회 비평지 대표는 독자위원회를 기왕이면 대학 강사, 박사과정생, 권위 있는 저자로 채우려는 경향이 있다. 이 과정에서 노조, 정치단체, 협회 등에 참여하는 등 사회운동과 유기적 관계를 맺은 지식인은 종종 배제된다.

단체 몸담은 지식인은 찬밥

'참여' 전문지들의 편집위원회가 대중에게 전달할 저항적 글을 고르는 과정에서 학술지의 자문위원 같은 '반열'의 이름들만 찾아내려고 한다면, 과연 모든 비판 사상들이 선별의 체를 통과할 수 있을까? 물론 박사 교육을 거친 학위 취득자들은 견고한 분석 방법, 폭넓은 지식, 그리고 비판력까지 갖추었다. 그러나 박사과정에서는 이와 동시에 포기하는 방법을 배우고, 품위와 우월성을 지향하는 교육을 받으며, 책임 전가의 성향도 얻게 된다. 또한 과도한 학문적 전문화의 영향으로 사물을 좀더 복잡하게 진단하려고 한다. 아울러 이 과정은 비판은 허용하되 정치는 거부하며 진지함과 허세의 경계를 자발적으로 모호하게 만든다. 기존 질서에 문제를 제기하는 글의 운명을 편집 과정에서 봉인해버리는 '호모아카데미쿠스'라면 이미 중립적인 관찰자가 아니다. 자신의 입장과 연계된 편견을 동원하니 말이다.

저자들에게서도 유사한 현상이 관측된다. 1960년대 독일, 미국, 프랑스, 이탈리아, 영국에서 대학은 급진 청년들의 정치적 사회화를 위한 구심점으로 작용했다. 그러다 보수주의 물결이 다시금 거세지고 각종 집단이 해체되면서 많은 혁명 투사가 당시 선발 인원이 대폭 늘어난 사회과학 고등교육 및 연구 쪽으로 몰려들었다. 이들의 활동이 막을 내릴 즈음, 이번에는 1995년 11~12월 파업 시위를 보며 급진화된 일련의 학생들이 학계에 발을 내디뎠다. 물론 대학 전체에서 이들은 소수에 불과하다. 그러나 라즈미그 쾨셰양Razmig Keucheyan은 현대 비평 이론들의 세계적 파노라마를 다룬 기고문에서 이렇게 지적한다. "오늘날에는 어느 때보다 많은 비판 사상가들이 대학에 몸담고 있다. (…) 대학에서 생산하는 이론들은 여기에 영향을 받을 수밖에 없다." 또한 이렇게 덧붙인다. "대학 시스템에 온전히 편입된 이들은 결코 반反지성 사회를 형성하지 않는다. 이는 20세기 초 독일 사회민주주의간부학교나 프랑스 공산당학교와 다른 점이다."[8] 이들 학교는 정치 지도부, 사상 생산자, 사회참여 세력 사이를 상시적으로 연결하는 역할을 했다. 19세기 말에는 노동회관Bourse du travail에서 활동하는 무정부주의적 노동조합주의자들이 이들 세 개의 톱니바퀴를 하나의 축으로 규합하려 했다.

제2차세계대전 뒤, 프랑스 공산당의 영향력은 고등교육의 움직임에 따라 굴절됐다. 대학에서 자리를 꿰찬 공산주의 철학자, 역사학자, 경제학자

---

8   라즈미그 쾨셰양, 『좌반구—새로운 비판 사상의 지도Hémisphère gauche: une cartographie des nouvelles pensées critiques』, Zones 총서, La Découverte, 파리, 2010, 28~29쪽.

들은 마르크스주의적 문제와 개념, 용어를 도입했다. 이들은 당시 상당한 지적 구심력을 행사하던 공산당에 새로운 당원들을 끌어들였다. 좌파 조직들이 취약해지고 노조 내부 교육기관들이 쇠퇴하면서 노동운동과 유기적 관계를 맺던 지식인들의 마지막 피난처도 훼손됐다. 사회적 열기가 사그라든 시기에 이를 다시 이어나가기 위해 각종 재단과 상설 조율 기구, 공개 토론회, 구상위원회 등 여러 해결 방안이 마련됐지만 성공하지 못했다. 그러는 사이 인력의 방향은 역전됐다. 독학으로 교양을 쌓은 이들(프랑스 정치사의 중심적 인물들)마저 학자의 권위에 매료된 나머지, 심지어 자유주의적 평론지조차 경찰 탄압에 관한 특집 기사의 신뢰를 담보하기 위해 대학 강사에게 해설을 의뢰할 정도였다. 이들의 지위가 논지에 정당성을 실어줬던 것이다.

비판은 허용하되 정치는 거부하다

1995년 11~12월 파업 시위를 계기로 결집한 지식인들은 엄격하면서도 손쉽게 사용할 수 있는 분석 도구를 갈구하던 이들에게 세계를 자신들이 원하는 대로가 아닌 있는 그대로 보는 방법을 제공해줬다. 이는 비판 이론과 사회운동 간의 직접적 관계를 회복하려는 노력의 일환이었다. 이런 동력이 대안세계화운동의 성공과 결합하면서 2000년대 초에는 투쟁 문화와 학술 문화를 넘나드는 저작이 쏟아져나왔다. '참여적' 대학교수, 연구원인 저자들은 새로운 저항의 흐름을 세밀히 파고들었다. 이들이 사회 투쟁의 거창한 비전을 '따끈따끈한 상태로' 제시하거나 이런 투쟁의 정당성을 언론인에게 보여준 것은 사실이다. 덕분에 언론인은 전문가의 견해에 기대어 투쟁을 해설하고 논의를 개시할 수 있었다. 하지만 이들 학자의 작업은 머지않아 학술적 비평의 한계에 부딪히고 말았다. 이들의 맹점은 바로 전략적 문제였다. 가령 독일 마르크스주의 혁명가 로자 룩셈부르크가 어느 정치·경제학 전문지의 독자위원회에 자신의 글을 보여주고 승인을 받아야 했다면, 그는 아마 독자층과 목표를 달리 설정해야 했을 것이다. 대중을 조직하고 기존 질서를 전복하며 '지금 여기서' 권력을 잡는 등 20세기 혁명가들에게나 21세기 '볼리바르적' 사회주의자[9]들에게나 똑같이 제기되는 문제를 대학 연구의 틀에서 풀 수는 없었다. 이 문제들을 해결하려면 최신 지식으로 무장했을 뿐 아니라 학술적 인정 기준과 학문 간의 벽에서 자유로운 지식인이 필요하다.

지위가 곧 논지의 정당성

경제학, 역사학, 사회학, 철학, 인구학, 정치학 등 사회 비판도 학술 활동의 영역 구분을 고스란히 반영하고 있다. 자신의 분야에서 배운 바를 이용해 테크노크라트들의 권위에 맞설 능력을 갖추고 저항에 참여하는 전문가들은 적지 않다. 하지만 이런 전문성과 비전문성의 논리 때문에 놈 촘스키나 에드워드 W. 사이드[10]처럼 합리성, 평등, 해방 등 보편적 범주를 기반으로 정치적 활동을 펼치는 지식인은 점차 공적인 무대에서 배척됐다. 이들이 거의 사라짐과 동시에 프랑스 사상의 거장들(피에르 부르디외, 자크 데리다, 피에르 비달나케, 장피에르 베르낭)까지 세상을 떠나자, 결국 지성을 이용한 마케팅과 군주를 상대로 한 자문이라는 두 가지 활동에 보편성을

---

9   베네수엘라의 독립운동가 시몬 볼리바르(Simón Bolivar, 1783~1830)의 사상을 추종하는 그룹.
10   에드워드 사이드, 『지식인과 권력』, Seuil, 파리, 1994 참조.

예속시키며 매스컴을 타는 에세이스트들이 활개를 치게 됐다.[11]

첫눈에 보기에 고등교육 및 연구 기관들이 비판 사상에 상당한 영향력을 행사하는 것은 정치화된 학생들의 갈망이 그만큼 크기 때문인 듯하다. 개인적인 학술 활동과 사회참여를 지속적으로 조화롭게 꾸려나간다는 것은 도박이라 할 만큼 쉽지 않다. 선택의 순간을 늦추기 위해 학생 겸 투사는 사회참여를 뒷전으로 미루기보다 별도의 대상으로 부각한다. 즉 각종 참여 활동과 시위를 분석하는 동시에 직접 시위를 하기도 한다. 하지만 논문을 쓰는 시점에는 연구 대상이 돼버린 신념과 거리를 둬야 한다. '더 객관적으로' 보이려면 덜 참여적으로 보여야 하며, 급진성은 단순성과 일맥상통한다는 시각이 있기에 '더 섬세하게' 보이려면 더 온건해 보여야 한다. 눈에 띄지 않게 경계선을 넘어야 한다. 민중의 세계에서 학문의 세계로 자리를 옮긴 소설가 아니 에르노의 글에 이런 구절이 나온다. "나는 세계의 반쪽으로 슬그머니 넘어왔다. 여기서 나머지 반쪽 세계는 배경에 불과하다."[12] 자신도 모르는 사이에 에르노 같은 경로를 거친 이도 여럿이다.

학우들에게 사회운동에 관한 사회학 서적을 홍보하면서 자신이 인간해방에 기여한다고 믿기도 한다. 같은 맥락에서 어느 '비판적' 잡지 편집위원회에 참여하기도 한다. 기왕이면 나중에 자신의 논문 심사위원이 될지 모르는 인물들이 몸담고 있는 곳이면 더 좋으리라. '글로벌 위기─경제와 사회의 재조명'에 관한 고찰을 교수들이 다른 교수들 앞에서 발표하는 세미나가 미국 시카고에서 열린다는 소식을 지인들에게 전체 전자우편으로 알리기도 한다. 독일 프랑크푸르트 괴테 대학에서 "각종 사회과학 학문의

---

11   베르나르앙리 레비, 자크 아탈리, 알랭 맹크가 1995년부터 2010년까지 발표한 서적은 모두 합하면 63권에 달한다.
12   아니 에르노, 『장소La Place』, Gallimard, 파리, 1983, 96쪽.

식민 통치 이후 (페미니즘적) 관점의 인식론적, 방법론적 타당성을 설명"하기 위해 열리는 학술대회의 들머리를 장식할 '식민 유산과 식민 통치 이후 저항―인문사회과학의 식민 해방'이란 주제의 발제자 모집에 응하기도 한다.[13] 이런 과정을 끝내고 투쟁가에서 투쟁 이론가로 변신한 이들은 거리로 나서기보다 원고지 채우기를 더 편하게 느낀다. 혹은 자신들의 연구법을 사물의 질서보다 말의 질서를 위협하는 정치적 명분으로 승화하는 작업에 매진한다.

엘리트 교육기관인 소수의 그랑제콜들과 개혁으로 취약해진 다수의 교육기관들로 양분된 교육 시스템을 뒤흔드는 변화의 물결 속에서, 과연 정치적 투쟁과 대학 연구 활동이 결국은 하나라는 신념이 살아남을 수 있을까? 대다수 교육기관에서는 학생들의 현실이 불안정해짐과 더불어 교육 여건도 악화되고 있다. 1960~1970년대에 절정의 인기를 구가한 사회과학 학문들도 지금은 가치가 급격히 하락해, 비싼 대가를 치르고 박사들이 거머쥐는 것은 빛바랜 학위증에 불과하다. 학위 취득을 위해 이들은 많은 것을 배웠을 뿐만 아니라 많은 것을 포기했다. 수당 수혜 자격이 없는 많은 이들이 실업 상태에서 아르바이트를 전전했다. 세미나에 참석하기 위해 교통비를 냈으며, 연구실이나 지도교수를 위해 무료 봉사도 했을 것이다. 그뿐인가. 심사위원 교수들의 '기고문' '원론서' '기본서' 등을 인용하며 부랴부랴 논문 초고에 깨알같이 각주를 삽입했을 것이다. 비록 그 교수들이 자신의 논문 주제와 상관없는 분야 출신일지라도 말이다.

---

13   2010년 가을 메일링 리스트 historicalmaterialism@yahoogroups.com을 통해 발송된 전자우편 중 수집된 사례.

촘스키와 사이드를 배척하다

장애물경주에서 점점 힘이 달리더니 결국에는 낙오하고 만 유수 대학 출신자들을 결승 라인에서 기다리는 것은 물거품이 된 커리어와 명성뿐이다. '사회학, 민족학 전공으로 박사 예비과정 학위를 취득하고 뛰어난 과학적 감수성을 보유'한 학생의 미래가 과연 어떤 모습일지는 2010년 9월에 그가 받은 다음과 같은 인턴십 공고 전자우편을 보면 짐작할 수 있다. "그루프 세브[14] 자회사 칼로르에서 근무할 인턴을 모집합니다. 직무―머리카락의 민족학적 분석. 성별―불문. (…) 상세 업무―미용 본부에 배속돼 대상 국가들에서 나타나는 머리카락, 체모, 피부의 주요 유형(지름, 두께, 형태 등의 특징), 근본적 차이, 관련 습관(제스처, 화장품 사용법), 기타 문제점 등을 종합적으로 조사." 스스로 에밀 뒤르켐의 후계자라고 생각한 이가 헤어드라이어 조사관 노릇이나 하게 된 것이다.

빛바랜 학위증, 포기냐 저항이냐

대학 교육을 받으며 키워온 열망과 실제로 제공되는 직업의 기회가 불일치하면 결국 포기를 하거나, 아니면 저항을 하게 된다. 2006년 겨울, 학생들이 불안정성과 최초고용계약법CPE에 반발해 벌인 급진적이고 단호한 시위는 이미 노선의 변화를 예감케 했다. 대학 학부부터 박사과정에 이르기까지 고등교육의 혜택에 대한 믿음이 갑자기 요동친 것처럼 모든 상황이 전개됐다. 겨울 한철 동안 대학 캠퍼스들이 '정치적 사회화'라는 기능을 되

---

14   Groupe SEB, 테팔 등 소형 가전제품을 주로 생산하는 프랑스 다국적기업.

찾은 듯했다. 일부 모임은 언론의 압력에도 끄떡없이 사회과학의 도구들을 이용해서 노조 운동가들과 연계해 사회 전반에 걸친 요구 사항들을 마련했다. 부르디외가 그토록 추구하던 '집단적 지식인'의 예기치 않은 변종이 등장했다고 봐도 무방할까?

지식인이여, 분노하라

피에르 부르디외 ■ Pierre Bourdieu

2002년 71세를 일기로 삶을 마감한 피에르 부르디외는 이 시대의 진정한 지식인으로 평가받는다. 그는 사르트르, 바르트, 푸코, 데리다와 함께 프랑스 사상의 보루였으며, 사회철학이 독일의 하버마스와 영국의 기든스에 의해 양분된 상황에서 가장 프랑스적이라고 할 수 있는 문화의 문제를 끌어들임으로써 사회학의 지평을 넓혔다.

부르디외가 일생 동안 천착한 연구 과제는 문화이며, 대표적인 이론의 핵심은 '아비튀스(Habitus)'라는 개념이다. 이는 개인과 구조를 연결하는 특정한 성향의 무의식적 구조라고 할 수 있다. 어려서부터 가족에게 배운 행위, 규칙, 취향이 내재화되고, 이렇게 체화된 성향은 지속적으로 전이되어 훗날 성장 과정에서 나타나는 모든 사회적 경험의 판단 근거가 된다는 것이다. 아비튀스는 환경의 산물이긴 하지만, 그렇다고 계급에 의해 미리 결정된 고정적 개념은 아니다. 오히려 습득된 성향은 경우에 따라 창조적 변화를 가져올 수 있다는 것이 부르디외의 생각이다. 사회적 관계는 경제와 문화적 요인을 동시에 살펴봤을 때 제대로 이해할 수 있다는 것이다. 문화적 자본의 차이가 취향의 차이를 낳고, 결국 사회적 구별짓기를 초래한다는 것이다.

잘 알려진 대로 부르디외는 철저하게 '행동하는 지식인'이었다. 사르트르 이후 현실 참여에 가장 적극적이었던 프랑스 지식인으로 꼽힌다. 그런 만큼 국내외적으로 큰 문제가 발생할 때마다 개입하곤 했으며, 노동자 파업의 후원자로 활동하기도 했다. 그러나 무엇보다 '성찰적 사회학'을 주장한 부르디외는 지식인들의 위선과 기만에 더욱 주목했다.

지식인들, 신자유주의적 폭압에 저항해야

세계화 정책에 맞서기 위해서 독립적인 연구자들 중 일부라도 반세계화 사회운동에 참여하는 것이 중요하고 또 필요하다고 봅니다. 여기서 나는 '세계화'라는 말 대신 군이 '세계화 정책'이라고 말하겠습니다. '세계화'라는 용어에는 자연적이고 거스를 수 없는 추세라는 의미가 내포되어 있기 때문입니다. 세계화 정책이 어떻게 만들어지고 전파되는지에 대해선 대부분이 비밀에 붙여져 있습니다. 따라서 이 정책이 실현되기 전에 그 실체를 간파하기 위한 연구 활동이 우선 필요합니다. 그런 다음 사회과학적 자료를 바탕으로 이 정책이 어떤 결과를 내는지 예측할 수 있습니다.

그러나 단기적으로는 일반 사람들 대부분은 이런 연구 결과를 알아차리지 못합니다. 세계화 정책의 일부분은 연구자들이 만들어내기도 합니다. 이제 문제는 자신의 과학적 지식을 동원해서 이 정책의 해악적인 결과를 예측할 수 있는 연구자들이 과연 계속 침묵을 지킬 수 있고 지켜야 하는가입니다. 아니, 오히려 여기에서 연구자는 위험에 처한 사람들을 구해야 할 의무가 있는 것은 아닐까요? 지구가 심각한 자연재해의 위협에 처하면 이 재난을 미리 알게 된 사람은 학자들에게 전통적으로 강요되는 자기 절제를 벗어날 책무가 있지는 않을까요?

학문과 사회참여는 분리될 수 없다

대부분의 교양인, 특히 사회과학 연구자들의 머릿속에는 학문과 사회참여를 분리하는 이분법이 존재합니다. 즉 학문 고유의 방법론에 따라 다른 학자에게 보여주기 위한 연구에만 몰두하는 것과 사회참여를 하면서 학계의 지식을 학계 밖으로 옮기는 일에 전념하는 것을 상호 배타적인 행동으로 인식하는 일이 그것입니다. 하지만 나는 이를 완전한 해악으로 생각합니다. 이러한 이분법적 사고는 인위적입니다. 독립적인 연구자로서 학계의 규범에 맞추어 연구를 진행하면서 얼마든지 참여적 지식을 생산할 수 있기 때문입니다. 즉 진정한 참여적 학자가 되기 위해서는, 또 참여의 정당성을 확보하기 위해서는 학문 공동체의 규범에 따른 학문 연구 안에서 얻은 지식을 현장에 적용해야 합니다.

다른 식으로 말하자면, 우리의 머릿속에 안주하면서 현실에 눈을 감는 일련의 이분법적인 틀을 깨야 합니다. 학문 대對 현실 참여의 이분법은 학문 연구를 구실로 사회 현실에 눈을 감는 연구자의 의식을 편안하게 해주고 학문 공동체는 이러한 태도를 승인합니다. 더군다나 학자들은 자신의 학문을 이용해 아무것도 하지 않기 때문에 오히려 자신이 더욱 학자답다고 여기기까지 합니다. 그러나 생물학자인 경우에 이런 태도는 죄악이 될 수도 있습니다. 범죄학자인 경우에도 마찬가지로 심각한 결과를 초래할 수 있습니다. 나와 같이 국가에서 돈을 받으며 연구에 전념하는 사람들은 자신의 연구 결과를 오직 동료들에게만 보이도록 꼭꼭 숨겨야만 할까요? 물론 학자는 하나의 발견이라고 자신이 믿는 것을 우선적으로 동료 집단의 비판에 맡기는 일이 절대로 중요합니다. 그러나 학계 공동으로 획득되고 통제된 지식도 학계 내부에서만 머물러야 하는 것일까요?

오늘날 연구자에게 선택의 여지는 없다고 생각합니다. 신자유주의 정책과 범죄율, 신자유주의 정책과 뒤르켐이 '아노미'라고 칭할 만한 모든 징후 간에 상호관계가 있다는 확신이 든다면 이에 대해서 어떻게 침묵할 수가 있을까요? 이 상황에서 사회적 발언을 하는 학자를 비방할 아무런 이유도 없으며 오히려 그의 용기를 칭찬해야 합니다. (여기서, 내가 나의 현재 위치에 대한 변론을 하는 것 같습니다.)

지식인들, 반세계화 논리 개발에 적극 나서야

이제 반세계화 사회운동권 내에서 연구자는 무엇을 해야 할까요? 우선 그는 무엇인가를 가르치려 들면 안 됩니다. 경쟁이 치열한 학계에서는 변변한 연구 실적 하나 없이 대중을 상대로 지식인은 존재하지 않는다고 설파하면서도, 정작 자기 자신은 지식인으로 행세하는 과거 일부 유기적 지식인들이 이러한 태도를 보여준 바 있습니다. 연구자는 예언가도 아니고 거창한 사상가도 아닙니다. 연구자는 새롭고도 어려운 역할을 창조해야 합니다. 우선 사람들의 말을 듣고, 연구하고, 새로운 것을 고안해야 합니다. 무기력에 빠진 노동조합을 비롯해서 신자유주의 정책에 저항하는 책무를 맡은 시민단체를 돕도록 노력해야 합니다. 특히 다국적 대기업의 이익에 종사하는 '전문가 그룹'의 파괴적인 공세에 맞설 수단을 강구하도록 협력해야 합니다.

연구자들은 더욱 새롭고 더욱 어려운 일도 할 수 있을 것입니다. 하나의 정치적 기획을 공동으로 고안하기 위한 조직의 기틀을 마련하고, 이러한 정치적 기획의 성공을 담보할 조직적 조건을 갖추는 데 공헌할 수 있습니다. 무엇보다도 1789년 프랑스대혁명 당시의 제헌의회와 미국혁명 당시의 필라델피아 의회는 여러분과 서와 같은 사람으로 구성되어 있었으며, 이들이 법학 지식을 갖추고 몽테스키외를 읽고 민주적 구조를 고안해냈다는 점을 생각해야 합니다. 마찬가지로 오늘도 우리는 무엇인가를 고안해내야 합니다. 물론 혹자는 "의회, 유럽노조연맹과 같이 이런 일을 당연히 해야 하는 모든 종류의 기구가 있다"고 대답할 것입니다. 그러나 이들 기구가 어떤 대안적인 정치적 기획을 가지고 일을 하지 않는다는 점을 여기서 길게 논하지는 않겠습니다. 결국 새로운 정치적 기획을 고안하고 실현하는 데 가로놓인 장애물을 제거하면서 유리한 조건을 만들어나갈 수 있도록 협력해야 합니다. 이 장애물의 일부분은 이것을 제거해야 할 임무를 띤 사회운동 안에, 특히 노조 안에도 존재합니다.

지식인들의 현실 참여는 지금이 적기

왜 우리는 낙관적일 수 있을까요? 성공의 시기를 따진다면, 나는 지금이 적기라고 생각합니다. 우리가 이런 말을 1995년 무렵에 했다면 우리의 호소는 제대로 먹히지도 않고 미친놈 취급을 받았을 것입니다. 당시 카산드라처럼 재난을 선언하는 사람들은 비웃음을 샀습니다. 언론은 이들을 공격하고 모욕했습니다. 이제는 상황이 바뀌었습니다. 왜 그럴까요? 그동안의 노력이 차츰 결실을 맺기 시작했기 때문입니다. 1999년 시애틀을 필두로 일련의 반세계화 시위가 일어났습니다. 그리고 우리가 이전에 추상적으로 예견한 바 있는 신자유주의 정책의 재앙적 결과들이 명확해지기 시작했습니다. 사람들은 이제 이해하기 시작했습니다. 심지어 가장 근시안적이고 덜 떨어진 기자들도 기업이 15% 이상 수익률을 내지 못하면 가차없이 대량 해고를 감행한다는 사실을 알게 되었습니다. 사실, 불행을 예언하는 자들은 다른 사람들보다 정보를 더 많이 갖고 있을 뿐입니다. 이 가운데, 가장 재난적인 예언도 실현되기 시작했습니다. 이는 너무 빠른 것이 아닙니다. 그렇다고 너무 늦은 것도 아닙니다. 지금 재난은 시작에 불과합니다.

유럽 사회운동은 노조, 사회운동, 연구자, 이 세 가지 구성 인자가 모여야 효과적일 수 있다고 생각합니다. 특히 이 세 요소를 단순히 병치하는 것이 아니라 통합해야 합니다. 나는 어제 노동조합원들에게 유럽의 모든 나라에서 사회운동과 노조가 행동의 내용과 수단 면에서 매우 차이가 크다고 말했습니다. 반세계화 사회운동은 노조와 정당이 포기했거나 잊어버린, 혹은 제쳐놓은 정치적 목표를 존재하게 했습니다. 사회운동은 또한 노조들이 점차 잊고 무시하고 제쳐놓은 행동 방식도 되찾아왔습니다. 사회운동은 상징 효과를 이용합니다. 상징 효과는 한편으로 시위자들의 개인적 참여와 육체적 참여를 통해 나타납니다.

지식인의 현실 참여에는 상상력과 용기가 필요하다

또한 위험도 감수해야 합니다. 노동절 가두집회에서 노조원들의 전통적인 몸짓처럼 팔을 들었다 내렸다 하면서 행진하는 것이 전부가 아닙니다. 적극적 행동, 즉 점거 농성과 같은 행위가 필요합니다. 이는 상상력과 용기를 동시에 요구합니다. 또한 '노조 혐오증'을 갖지 마십시오. 우리가 이해해야 할 노조 조직 특유의 논리가 있습니다. 왜 내가 노조원들 앞에서는 사회운동이 노조를 바라보는 시각과 비슷한 것을 말하고, 사회운동원 앞에서는 노조원들이 시민사회운동을 바라보는 시각과 비슷한 말을 하는 줄 아십니까? 왜냐하면 서로가 상대방의 시각으로 자신을 봐야 운동 내부의 분열을 극복할 수 있기 때문입니다. 신자유주의 정책에 대항하는 현재의 운동은 매우 허약한데 그 이유는 바로 내부 분열에 있습니다. 운동 진영의 내부 분열은, 생산하는 에너지의 80%를 열로 소비하는 엔진과 같습니다. 내부 분열만 극복하더라도 운동은 더욱 빨리, 더욱 멀리 전진할 수 있습니다.

통일된 유럽 사회운동을 가로막는 장애물은 여러 가지가 있습니다. 우선 언어적 장애가 있습니다. 기업가나 경영진은 외국어를 능수능란하게 구사합니다. 그러나 노조 혹은 사회운동 간의 의사소통은 상대적으로 더욱 힘듭니다. 때문에 사회운동 혹은 노동운동의 국제화가 더욱 어려운 것이 사실입니다. 다음으로는 관습, 사고방식, 각국의 사회구조, 그리고 상이한 노조 조직과 관련된 장애가 있습니다. 이러한 난관에 대처하기 위한 연구자의 역할은 무엇일까요? 그것은 연구자들이 공동 운동 조직의 집단적 창안을 위해 노력함으로써 마침내 새로운 내용, 새로운 목표 그리고 새로운 행동의 국제적 수단을 지닌 새로운 사회운동이 탄생하는 데 기여하는 일일 것입니다.

● 이 글은 2001년 5월 아테네에서 유럽, 문화, 언론을 주제로 열린 사회과학 연구자와 노동운동가의 만남에서 발표되었으며, 피에르 부르디외가 죽기 직전 『르몽드 디플로마티크』 2002년 2월 호에 기고한 내용이다.

5부

상상을
넘어
행동으로

탈성장주의, 경제 위기 구할 새로운 대안인가 _ 에리크 뒤팽

'아나키즘'과 '리베르테르'에 대한 오해와 이해 _ 장피에르 가르니에

지구는 북적대지 않는다 _ 조르주 미누아

움직이지 않으리라, 모두의 공간을 되찾으리라 _ 막스 루소

다중의 공유로 자본주의의 위기와 모순 극복하기

마이클 하트 ▪ **Michael Hardt**

1960년생. 1990년 워싱턴 대학에서 이탈리아 출신 정치철학자인 안토니오 네그리의 지도 아래 질 들뢰즈 연구로 박사 학위를 받았고, 현재는 미국 듀크 대학의 문학부 교수로 재직중이다. 세계 지성계의 샛별로 평가받으며, 네그리와 함께 『디오니소스의 노동』(1994), 『제국』(2000), 『다중』(2004), 『공통체』(2009), 『선언』(2012) 등을 썼다.
또한 네그리의 『야만적 별종』(1981)을 영어로 옮겼으며, 파올로 비르노와 함께 『이탈리아의 급진 사상』(1996)을 편집하는 등 이탈리아의 아우토노미아 사상을 영어로 소개하는 데 많은 힘을 쏟고 있다. 미네소타 대학교 출판부에서 발행하는 기획 시리즈 '경계 너머의 이론Theory Out of Bounds'의 책임 편집자로서, 조르조 아감벤의 『도래하는 공동체』(1990) 등을 영어로 옮기기도 했다. 대학에서 '마르크스주의와 사회'라는 강의를 개설하고 있으며, 20세기 문학의 모더니즘과 리얼리즘에도 관심을 가지고 있다.

레미 닐센 ▪ **Remi Nilsen**

『르몽드 디플로마티크』 오슬로판 발행인.

레미 닐센_ 안토니오 네그리와 함께 쓴 책에 얼마 전에 '코먼웰스Com-monwealth'[1]란 제목을 붙였다고 들었습니다.

마이클 하트_ 그렇습니다. 어떤 책이 마무리가 되면 비판적 안목으로 보는 것이 올바른 접근법일 겁니다. 『제국』을 끝냈을 때도, '다중'이란 개념이 그 책이나 우리의 핵심이었는데, 그 개념을 충분히, 또 우리가 의도한 방향으로 전개하지 못했다는 기분이었습니다. 그래서 『다중』이란 책을 발표했던 겁니다. 그 책을 쓴 후에 우리는 '공화'의 개념이 핵심이라 생각했지만, 지금껏 제대로 전달하지 못했습니다.

우리가 지금까지 발표한 책들에서 많은 이야기를 했지만, 출발점은 '공유', 즉 '코먼웰스'였습니다. 흔히 세상을 사유재산과 공공재산으로만 분석하려 합니다. 마르크스는 1844년에 쓴 한 원고에서 "사유재산이 우리를 바보로 만들었다"고 썼습니다. 공유를 인정하지 않음으로써 스스로 바보가

---

1   우리나라에서는 '공통체'란 제목으로 번역, 출간되었다(사월의책, 2014).

되었다는 뜻입니다. 우리는 사유재산만이 아니라 공공재산도 우리를 바보로 만들지 않았을까 생각해보았습니다. 사유재산이나 공공재산만이 서로의 대안이라고 믿는다는 점에서 그렇게 생각할 수 있을 겁니다. 하지만 세상의 많은 부분이 아직까지 공동의 재산입니다. 지금 이에 대한 논의가 활발히 진행되고 있지만, 공동식탁, 공유지, 공공숲 등에서 보듯이 그 개념은 아직 절대적 의미로 사용되는 듯합니다. 하지만 우리는 사상, 이미지, 사회적 관계 등 인위적으로 만들어진 공유재에 더 관심이 있습니다. 결국 다중이 공유하는 것, 예컨대 언어처럼 사유화되기 어려운 것을 말합니다.

공유적인 정치·사회제도 고민

닐센_ 만약 사유화되면 그 가치가 크게 떨어지는 것도 포함되겠군요. 언어가 사유재산이라면 의사소통의 도구로서 역할을 못할 테니까요. 국가가 관리해서 혁신력이 떨어질 때도 마찬가지일 겁니다.

하트_ 언어가 좋은 예입니다. 사유재산이나 공공재산이 되면 급속히 생산력이 떨어질 테니까요. 또하나, 소수이지만 중요한 예는 인터넷, 암호, 정보에 관련된 것입니다. 이를 공개하자는 운동은 오래전부터 있었습니다. 누구나 암호와 정보에 접근할 수 있던 시대에는 인터넷 관련 테크놀로지가 창의력을 발휘하며 눈부시게 발달했습니다. 그런데 정보와 암호가 사유화되면서 창의성이 크게 떨어졌습니다.

네그리와 제가 '삶정치biopolitics'라 칭하는 것, 때로는 어색하긴 하지만 '비물질적 재화immaterial production'라 칭하는 것은 정확히 말하면 아이디어, 정보와 암호, 이미지, 정서와 사회적 관계입니다. 그래서 우리는 '과거에 산업 생산이 지배적이었다면 이런 식의 생산이 여전히 유효한지'를 따져보려 했습니다. 이런 비물질적 재화는 공유라는 특징이 있습니다. 물론 정보나 지식을 사유화할 수 없는 것은 아닙니다. 다만 정보와 지식은 무한히 재생산이 가능해 사유화하거나 공공화하기 어렵고, 사유화할 때 생산성이 크게 떨어집니다.

이렇게 우리가 공유재를 사유재산이나 공공재산과는 다른 식으로 생각하듯이, 그런 공유적 제도를 제시해보려는 겁니다. 자본주의(사유재산)나 사회주의(공공재산)의 대안으로서 공산주의가 근간으로 삼는 공유적인 사회·정치적 제도를 제시해보고 싶었습니다. 따라서 곧 출간될 책에서는 우리가 지금까지 연구해온 주제, 즉 생산이 어떻게 변했는가를 분석했습니다. 전통적인 용어를 빌려 '계급 구성class composition' 분석이라 해도 상관없습니다. 일터에서 무엇을 하고, 오늘날의 노동은 무엇이며 어떻게 조직되고 구조화되는가를 살펴봤으니까요.

닐센_ 그렇다면 곧 출간될 책은 마르크스가 『정치경제학 비판 요강』에서 언급한 '일반 지성'이란 개념을 심도 있게 분석한 듯하면서도 '다중'보다는 '공유'와 '개체들의 관계'로 방향을 전환한 듯한 느낌도 듭니다.

하트_ 어떤 점에서는 우리가 발표한 모든 책에서 새로운 방향을 제시했다고 생각합니다. 하지만 이 책은 3부작 중 하나일 수 있습니다. 네그리와 저는 15년이란 긴 시간 동안 여러 책을 함께 썼습니다. 우리는 혁신적인 시도를 추구하기보다는 기존의 것에 의문을 제기하는 형식을 취했습니다.

다중성과 공유가 어떻게 양립할 수 있고, 어떻게 대립하지 않고 상호보완적일 수 있는가를 논리적으로 설명하기는 쉽지 않습니다. 대체로 많은 사람이 통일성과 다양성은 대체관계라고 생각하기 때문에 둘 중 하나를 취합니다. 하지만 우리는 공유성과 다중성이 철학적으로 상호보완적 관계라고 생각합니다.

사유재산화 또는 공공재산화는 해결책이 될 수 없다

닐센_ 요즘에는 산업적 생산보다 비물질적 생산방식이 지배적으로 변해간다고 말씀했습니다. 이런 생산방식과 기존의 생산방식 간에 충돌이 있다고 생각하십니까? 그렇다면 그 충돌이 주로 기존의 생산방식인 자본주의적 생산방식과의 충돌일까요?

하트_ 저는 그렇게 봅니다. 사유재산과 공공재산은 쌍둥이와 같고, 자본은 그 메커니즘의 일부로 국가가 필요합니다. 자본주의국가와 사회주의국가는 사유재산과 공공재산을 다른 식으로 뒤섞어놓은 체제에 불과합니다. 이런 관점에서 보면, 두 체제는 무척 가깝다고 할 수 있습니다.

당신은 제가 자본과의 갈등을 경시하지 않았느냐고 지적했습니다. 하지만 저는 우리가 유일한 해결책을 공공재산화에서 찾았기 때문에 정치적 대안이 빈곤해진 것이라 생각합니다.

구체적인 예로, 신자유주의에 대한 일반적인 분석을 생각해볼까요? 민영화라는 악마를 극복하기 위해서는 케인스나 사회주의 모델을 받아들여 국가가 발 벗고 나서야 한다고 생각합니다. 저는 지금도 가장 높이 평가하는 나오미 클라인Naomi Klein의 『쇼크 독트린The Shock Doctrine』(2007)과 데이비드 하비David Harvey의 『신자유주의의 간략한 역사A Brief History of Neo-liberalism』(2005)를 꼼꼼히 읽어봤습니다. 하지만 누구도 대안이 무엇인지 명확히 말하지 못했습니다. 신자유주의를 비판하려면 어떤 대안이 있고, 그 대안은 신자유주의와 어떻게 다른지 말해야 되지 않겠습니까? 그런데 두 책 모두 국가의 규제와 관리가 대안이라고 말하는 듯합니다. 하지만 그런 대안은 별로 설득력 없이 들렸고, 따라서 다른 대안이 필요하다고 생각합니다. 더 나은 대안이어야 합니다. 그렇다고 '우리가 내일 국가를 폐지할 수 있다면……'이라는 절대주의식의 방법이 필요하다는 뜻은 아닙니다. 우리는 정치적 지평을 넓힐 필요가 있습니다.

민족국가, 주권 개념의 '새로운 틀'이 필요하다

닐센_ 『제국』과 『다중』에서 당신은 주권이란 개념을 비판했습니다. 많은 평론가가 이라크와 아프가니스탄의 전쟁은 두 책의 핵심 전제가 잘못됐음을 입증하는 대표적 사례라고 주장합니다. 특히 이라크 내의 저항은 국가 주권이란 개념을 바탕에 두고 있다는 점에서 그렇습니다. 당신은 이라크와 아프가니스탄에서 빈발하는 그런 구체적인 저항 행위에 대해 어떻게 생각하십니까?

하트_ 우리 적의 적이 반드시 우리 친구는 아닙니다. 그런 저항이 미제국주의에 대한 실질적이고 효과적인 저항이라는 사실만으로 그 행위가 정당화되지는 않습니다. 또 제한된 정보이긴 하지만 제가 알고 있는 정보에 따르면 지극히 야만적인 저항도 있는 듯합니다.

『제국』에서 민족국가가 더이상 중요하지 않다거나, 민족국가의 역할이 크지 않다고 가정한 게 아닙니다. 민족국가가 더 큰 틀에서 중요한 역할을 해야 한다고 가정했던 겁니다. 그래서 미국이 더이상 세계 질서를 좌지우지할 수 없으리라고 가정하게 됐던 겁니다. 중국, 러시아, 이슬람 국가도 다를 바가 없습니다. 주권, 정치 질서라는 개념이 바뀌었습니다. 부시의 주변 사람들은 제국주의자처럼 굴면서 세계 질서를 좌지우지할 수 있으리라고 생각했습니다. 하지만 그들이 실패하고, 일방주의가 결국 무덤 속에 들어가는 걸 우리는 조금씩 목격하지 않았습니까. 저는 여기에서 국가 주권이 세계 질서를 좌우할 순 없다는 증거를 봅니다.

따라서 새로운 개념의 국가 주권을 확립해가야 합니다. 정치적, 경제적으로 이 단어가 강한 국가와 기업 및 국제 경제기구의 결탁을 떠올리게 되는 주권과는 다른 개념이라도 상관없습니다. 그렇다고 국가 주권이 중요하지 않다는 뜻은 아닙니다.

미국이 지배적인 국가로서 중요하지 않고, 볼리비아의 국경선이 중요하지 않다는 것도 아닙니다. 다만 국가 주권을 더 큰 틀에서 생각해야만 한다는 뜻입니다.

2000년 겨울, 세계은행은 볼리비아 정부에 적자만 보는 수도 사업을 민영화하라고 권고했습니다. 그래서 볼리비아 정부는 수도 사업을 외국의 대기업에 팔았고, 서비스 가격을 합리화했습니다. 말하자면 수도 요금을 올렸습니다. 그 결과 대대적인 저항이 있었죠. 그 저항이 누구를 향한 저항이었습니까? 그들은 볼리비아란 국가에 저항했지만, 볼리비아란 국가를 반대하지는 않았습니다. 요컨대 IMF나 세계은행 및 신자유주의 정책을 휘두르는 미국의 손아귀에서 놀아나는 볼리비아에 저항했던 겁니다.

제국주의가 불가능하며 죽었음을 보여준 미국

닐센_ 『제국』과 『다중』이 발표된 후, 이라크 전쟁은 고전적인 제국주의라는 비판이 적지 않았습니다. 이라크 전쟁으로 당신의 생각이 바뀌었습니까?

하트_ 천만에요. 제가 고집스럽기도 하지만 오히려 제 생각을 더욱 굳히는 계기가 되었습니다. 부시, 체니, 월포위츠는 권력에 취했습니다. 그들이 실제보다 더 강하다고 착각했던 걸 당신도 인정할 겁니다. 따라서 부시, 체니, 월포위츠가 실제보다 강하다고 인정했던 좌파 인물들은 비난받아 마땅합니다. 제 생각이지만, '우리는 새로운 개념을 생각할 필요가 없어. 모든 게 우리가 생각한 대로야. 모든 게 미 제국주의 때문이잖아'라는 어떤 안도감도 있었을 겁니다. 이제 그들도 그렇지 않았다는 사실을 인정할 겁니다. 이라크 전쟁이 고전적 제국주의자의 시도였다는 데는 동의합니다. 실은 제국주의자라고 착각한 어릿광대가 저지른 행위였습니다. 그렇다고 그들이 위험하지 않다는 건 아닙니다. 오히려 더 위험합니다.

부시가 이끈 미국은 제국주의가 죽었다는 걸 입증해 보였습니다. 제국주의가 왜 불가능한가를 보여주었습니다. 저는 제국주의가 여전히 살아 있다고 생각하기보다는, 새로운 동인을 필요로 하며 그 형태 자체도 바뀌었다고 생각합니다.

닐센_ 조지아의 상황은 19세기 고전적 제국주의의 재현인 듯합니다. 캅카스를 주 무대로 네다섯 세력이 싸움을 하고 있으니까요. 하나의 초강대국이 물러나고 다수의 강대국이 대두하면 제국주의가 되살아나지 않을까요?

하트_ 유사한 역사가 많기는 합니다. 하지만 죽은 유령을 걷게 하고, 과거의 망령을 되살려내면서 현 상황을 제대로 파악하지 못하는 것이라 생각합니다. 우리가 '제국'을 말한다고 해서, 세계 질서를 좌우하는 특권계급 간에는 갈등이 없고 자본주의자나 정치적 파벌이 더 큰 몫을 차지하려고 싸우지 않으리라는 뜻은 아닙니다.

닐센_ 현재의 금융 위기에도 사유재산과 공공재산이 아주 흥미롭게 관련돼 있습니다. 최근에 국가가 민간 기업에 간섭하는 행위를 어떻게 생각하십니까?

하트_ 그동안 신자유주의를 선전하던 미국이 최근에 완전히 바뀐 것이 특히 흥미롭습니다. 미국이 다른 나라들에 선전하며 강요하던 처방을 자국의 위기에는 적용하지 않은 셈입니다. 미국 경제만이 아니라 자본주의자의 이익과 자본주의 체제를 지키기 위해서 국가가 개입했습니다. 여기에서 사유재산과 공공재산의 상호관계가 다시 확인됩니다. 자본이 주권의 지원에 의존한다는 사실까지요.

이런 현상이 지금 우리에게 무엇을 의미하는지 말하기는 어렵습니다. 이른바 '총체적 붕괴 이론'으로 현 상황을 제대로 설명할 수 있는지도 모르겠습니다.

최근 위기는 파시즘과 무관, 지배계급 실체 주목해야

닐센_ 현재의 위기 상황에서 당신이 『제국』에서 언급한 대로 '다중의 실현'이 가능할까요? 말하자면, 다중이 하나의 계급을 구성해 정치적 주체가 될 수 있을까요?

하트_ 마르크스적 개념에 따르면 객관적 위기와 주관적 위기가 구분됩니다. 객관적 위기는 순환적 위기 등 자본의 기능 작용에서 비롯되기 때문에 자본주의 전체에 대한 위협이 되지 못합니다. 반면에 사회보장, 복지 등 프롤레타리아의 욕구가 커지며 노동자계급의 압력에 따른 위기는 돌파구가 될 수 있습니다. 하지만 월 스트리트의 금융 위기가 노동자계급의 욕구 확산에서 비롯됐다고 말하기는 힘듭니다.

닐센_ 지난 수주 동안, 우리는 뉴스에서 정치 지도자들이 자신의 이해관계를 노골적으로 드러내는 모습을 보았습니다. 현대사에서 자본과 지배계급의 이익이 직접적으로 위협받을 때 끔찍한 일들이 일어났습니다. 그런 조짐이 보이지는 않습니까?

하트_ 앞에서도 말했듯이 미국은 더이상 세계 질서를 좌지우지할 수 없습니다. 그렇다고 이런 상황이 위험하지 않다는 건 아닙니다. 상처 입은 코끼리는 사람까지 짓밟는 법입니다.

1930년대와 오늘날의 눈에 띄는 차이는 유럽과 미국에 공산주의의 위협이 없다는 겁니다. 저는 파시즘의 발흥이 이번 위기의 주된 특징이라 생각지도 않습니다. 많은 동료가 미국을 파시스트라 부르고 있습니다. 이들의 주장에는 아부그라이브 교도소 내의 고문 행위나 국내 문제 회피를 위한 전쟁 등 근거가 없지는 않지만, 제 생각은 다릅니다. 이런 비난이나 두려움은 법의 지배, 어찌 보면 자본주의의 지배를 포기한 현상을 간과한 것입니다. 또 어떤 의미에서는 사회적 영역 밖에 있는 주권을 주장하는 겁니다. 최근 들어 정치 현안이나 정치 이론의 토론은 주권이란 부분을 지나치게 강조하는 경향을 띱니다.

특히, 예외적인 국가에 분석이 집중됩니다. 따라서 제가 보기엔 일상의 삶에서 평범하지만 중심이 돼야 할 부분에 대한 분석이 부족합니다. 달리 말하면, 관타나모와 아부그라이브 교도소를 집중적으로 다루면서 지배계급의 실체에 대한 관심은 멀어지고 말았습니다. 우리가 정말로 파시즘으로 가고 있다면, 자본과 국가권력이 일상의 삶에서 제 기능을 못하는 현상이 두드러지게 나타날 겁니다. 하지만 자본과 국가권력은 상당히 튼실합니다.

'제국의 도시' 메트로폴, 생산 및 착취의 현장

닐센_ 지난 수년 동안, 당신과 네그리는 정치적 사유를 제국의 중심, 즉 제국의 도시에 비유하는 은유인 '메트로폴metropole'을 자주 언급했습니다. 저항의 정치적 지평이 주변에서 중심으로 이동했다는 뜻입니까?

하트_ 『코먼웰스』의 중심 개념이 메트로폴입니다. 메트로폴과 다중의 관계가 공장과 산업 노동자의 관계와 똑같다는 전제에서 출발합니다. 이 비유는 다음과 같이 여러 차원에서 적용됩니다.

첫째, 메트로폴의 경우 생산이 공장에만 국한되지 않고 도시 전체, 사회적 관계 등으로 확대된다는 점에서 생산의 현장이 된다는 것입니다. 둘째, 한때 공장이 그랬듯이, 메트로폴은 착취의 현장이기도 합니다. 예컨대 부동산의 가치는 집안에 무엇이 있느냐로 결정되지 않고, 그 도시에서 사람들이 생산하는 공유재로 결정됩니다.

셋째, 고대 그리스와 프랑스 식민지주의자에게 메트로폴리스가 그랬듯이, 메트로폴은 계급 구조의 중심입니다. 마지막으로, 메트로폴은 대립과 봉기의 현장이기도 합니다. 대도시에서 일어나는 봉기는 자본주의에 대한 저항이며, 도시 형태 자체에 대한 봉기이기도 합니다. 2000년 이후 아르헨티나의 '피켓 시위자들'이 대표적인 예입니다. 실업 노동자들은 일할 공장이 없기 때문에 공장에서 시위를 할 수 없습니다. 그래서 도시에서 길을 차단하고 시위를 벌일 수밖에 없습니다. 2005년 파리 교외의 폭동은 더 복잡한 예입니다. 물론 교외 지역의 청년들은 인종차별, 신노동법, 전반적인 불안정에 대한 반발로 폭동을 일으켰지만 도시에 대한 폭동이 어떤 건지 구체적으로 보여주었습니다. 그들이 무엇을 불태웠습니까? 자동차, 교통수단, 학교 등은 도시가 그들을 배척하고 순종시키는 도구로 지닌 핵심적 상징물이었습니다. 그렇다고 시골 사람들이 어리석다는 뜻은 아닙니다. 오히려 전 세계가 메트로폴화되고 있습니다. 시골과 도시는 이제 과거의 기준으로는 구분되지 않습니다.

닐센_ 그러나 당신의 이론은 서구 사회에만 적용되는 것이 아닐까요? 동남아시아에도 당신의 이론이 적합할까요?

하트_ 동남아시아 국가들, 적어도 제가 아는 국가들에는 모든 거리에 인터넷 카페가 있습니다. 유럽이나 미국보다 훨씬 많습니다. 물론 통제를 위한 메트로폴화가 있기는 합니다. 하지만 커뮤니케이션 관점에서는 전 세계가 하나의 메트로폴이라 할 수 있습니다. 마르크스는 1850년대 프랑스 농부들을 어리석다고 비난했습니다. 자기들의 의사를 드러내지도 못한다고 말입니다. 하지만 그들은 소외됐고 서로의 생각을 주고받을 수단도 부족했습니다. 요컨대 정보가 없었습니다. 반면에 노동자들은 매일 공장에서 만나 각자의 생각을 교환했습니다. 이제 도시와 농촌 간에 이런 차이는 없습니다.

자유시간,
진정한
해방의
조건

앙드레 고르 ▪ **André Gorz**

오스트리아 출신의 사상가이자 언론인(1923~2007). 불치병에 걸린 아내를 20여 년간 간호하다 생전에 아내와 함께 약속한 대로 파리 교외 시골 마을의 작은 집에서 잠자듯 침대에 나란히 누워 오랜 삶을 자유의지로 마감했다. 1949년 파리로 이주해 『렉스프레스』의 경제 전문 기자이자 탐사 취재로 뛰어난 성과를 낸 후 당시 유명하던 『레탕모데른』에서 사르트르의 뒤를 이어 주간을 역임했고, 이후 『르누벨 옵세르바퇴르』를 창간했다. 1960년대 이후 신좌파의 주요 이론가로 활동하며 '68혁명'에 큰 영향을 끼쳤다. 일자리 나누기와 최저임금제의 필요성을 역설한 선구적인 노동 이론가이자 생태주의를 정립한 대표적 사상가이다. 1980년대 이후 산업 시대의 노동 중심성이 종말을 고하고 글로벌 경제, 정보화 시대가 도래할 것임을 예견했다. 사르트르는 그를 '유럽에서 가장 날카로운 지성'이라고 평가했다. 대표작으로 『배반자 Le Traître』(1957), 『생태학과 정치』(1975), 『생태학과 자유』(1977), 『D에게 보낸 편지』(2006), 『에콜로지카』(2008) 등이 있다.

경제의 임무는 일자리 제공이나 창출이 아니다. 가능한 한 효과적으로 생산요소들을 작동하는 것이다. 이를테면 최소의 자원 및 자금과 노동을 투입해 최대의 부를 창출하는 것이다. 산업화 사회는 날이 갈수록 이 임무를 탁월하게 해낸다. 따라서 1980년대 말 선진국 경제는 각국이 필요로 하는 노동량을 연간 12% 감축하면서도 부의 창출을 연간 30% 끌어올렸다. 경제적 부를 창출하는 활동은 노동 투입 시간을 점점 감축했다.[1]

즉 자유시간이 노동시간을 크게 초과한 것이다. 1946년에 20세의 샐러리맨은 향후 활동 시간의 평균 3분의 1을 노동으로 보내야 했던 반면, 1975년에는 4분의 1, 그리고 요즘은 5분의 1에도 채 못 미친다. 최근의 일이지만 심각한 이 단층들은 지속될 테니, 생산과 무역에 다른 논리들을 도입해야 한다.[2]

설상가상으로 재산과 서비스의 규모가 커져, 요즘 경제는 대량으로 이

---

1   기 루스탕, 『직업—사회의 선택 L'emploi: un choix de société』, Syros, 파리, 1987.
2   자크 들로르, 클리스텐, 『유럽을 통해 보는 프랑스 La France par l'Europe』, Grasset, 파리, 1988.

핵심 자원(자유시간)을 생산해내고, 근대 이론의 창시자들은 이 자원, 즉 경제적 필요와 구속에서 해방된 시간을 지표로 '진정한 부를 측정'하고 있다.

경제학자 데이비드 리카도의 한 제자는 1821년 다음과 같이 언급했다.

"사람들이 12시간 일하던 곳에서 6시간만 일한다면, 그것이 바로 국가의 부, 국가의 번영이다. (…) 부는 자유나. 부는 마음대로 쓸 수 있는 시간, 그 이상 아무것도 아니다."

이렇듯 새로운 청사진이 우리 앞에 다가오고 있다. '자유시간'이라는 문명이 그것이다. 하지만 우리 사회는 이를 고무적인 시각으로 보지 않고, 그러한 장래에 등을 돌린 채 자유시간을 마치 재앙처럼 소개하고 있다. 대부분의 지도자들은 어떻게 하면 향후 모든 이들이 사회적으로 창출한 부에서 각자의 몫을 가지면서도 일을 더 많이 줄일 수 있을지를 고민하기보다는, 어떻게 하면 사회 시스템이 노동을 더 많이 소모할 수 있을지, 또 어떻게 하면 생산에서 비축된 막대한 노동량을 고용 창출이라는 단순한 목표만을 지닌 소소한 일자리(예컨대 비정규직)에 이용할 수 있을지를 생각한다.

그런데 소소한 일자리가 풀타임 완전고용을 충분히 보장해주기는 불가능에 가깝다. 이제 사람들은 노동시간 단축을 마치 해방의 시간이 아니라, 필요한 희생, 일자리와 월급 나누기 같은 어쩔 수 없는 일처럼 소개하며, 임금 수준을 노동시간과 같은 비율로 줄여야 한다고 주장한다.

독일 사회민주주의의 대표적 사상가인 페터 글로츠Peter Glotz가 1987년경 유럽 좌파에 던진 호소문에는 실망감이 가득 배어 있다.

"유럽 좌파는 손 닿는 곳에 수백만 명을 동원할 수 있는 구체적인 유토피아를 두고 있다. 노동시간 단축을 단순히 노동 분배의 기술적 도구로만 여긴 것이 아니라, 사람들에게 더 많은 시간을 제공하는 또다른 사회를 향해 가는 길처럼 여겼다. 지금 우리에게 부여된 이 역사적인 기회는 인류에게 여태껏 단 한 번도 주어진 적이 없다. 개개인이 자신의 의미를 찾는 데 쓰는 시간은 개개인이 노동, 오락 그리고 휴식을 위해 필요로 하는 시간보다 더 중요하다. 좌파는 더이상의 목표를 갖고 있지 않은가? 소득을 축내지 않고 운동의 가장 중요한 목표인 노동의 해방을 당당하게 요구할 수 있어야 하고, 노동시간의 체계적인 감축을 위해 투쟁이 가능해야 한다."[3]

여기에서 글로츠는 '소득을 축내지 않고'라고 강조한다. 바로 그 순간부터 경제 시스템은 갈수록 줄어드는 노동으로 더 많이, 더 잘 생산해내고, 소득수준은 개개인이 제공하는 노동량의 변동에 더이상 의존하지 않게 된다. 그에 반해 생산성 향상의 재분배가 모든 이들에게 일을 줄여준다. 심지어 낮은 생산 증대는 개개인의 실질소득은 감소시키지 않은 채, 많은 활동 인구에 일자리를 제공한다.

하지만 노동, 자유시간 그리고 사회적으로 창출한 부의 재분배는 노동시간과 관련된 전반적인 정책을 필요로 한다. 재분배는 필연적으로 두 종류의 소득을 도입한다. 하나는 노동시간과 함께 감소하게 될 소득이고, 다른 하나는 직접임금과 노동시간이 감소하면서 상대적 가치가 상승하는 사회적인 소득이다. 실제 노동시간만 기업이 비용을 부담하면 되기 때문에, 기업이 부담해야 하는 비용에는 영향이 없다.[4]

'교환 및 프로젝트 Échange et projets'라는 단체는 1980년 펴낸 『선택한 시간의 혁명 La révolution du temps choisi』에서 삶의 질과 일자리 수준에서 상당한 효과를 보려면 노동시간이 지속적인 단계를 거쳐 '대폭적이고 총체적

3   페터 글로츠, 「좌파의 문제들 Die Malaise der Linken」, 『슈피겔 Der Spiegel』, 제51호, 1987.
4   보장 소득의 다양한 형태들에 관한 간략한 설명은 다음을 참조하라. 「소득을 보장하다—소외의 해법 Garantir le revenu: une solution à l'exclusion」, 『트랑스베르살 Transversales Science/Culture』, 제3호, 1992년 5월. 14~15쪽의 장폴 마레샬(Jean-Paul Maréchal)의 글도 확인하라.

인' 방식으로 법이 정한 기한까지는 계속해서 단축되어야 한다고 주장했다. 이 기한은 정치적, 업종별, 분야별 수준, 그리고 모든 기업이 "임금 및 사회비용의 변동, 새로운 일자리 창출 일정에 대한" 협상 수준을 갖출 수 있을 만큼 넉넉해야 한다는 것이다.

그러나 네덜란드 좌파가 예상하는 주 25시간 노동이나 독일 '사회민주당 오리엔테이션 프로그램'이 명시하는 주 5일, 30시간 노동이 최종 목표가 될 수는 없다.

시간의 해방이 제 이름값을 하려면 광범위한 방법 중에서 선택할 수 있어야 한다. 즉 하루, 주당, 월간(퀘벡에서처럼) 혹은 연간 노동시간을 단축할 권리, 안식년에 대한 권리, 혹은 캐나다에서처럼 5년마다 1년간 휴가를 누릴 권리, 광범위하게 실시되고 있는 육아휴가(옛 체코슬로바키아는 36개월, 스웨덴은 12~15개월)를 최종 봉급 대비 70~90%의 유급으로 누릴 권리, 그리고 그 휴가를 부모들이 마음대로 쪼개 쓰고 서로 나눠 쓸 수 있는 권리, 프랑스에서처럼 최종 봉급 대비 70% 유급으로 24개월까지 개인적인 교육을 위해 휴가를 쓸 수 있는 권리, 병든 부모나 자식의 병간호를 위해 유급휴가(스웨덴 모델)를 누릴 권리 등등이다.

이를 위해 개개인의 계획이나 가족 상황에 맞춰 시간과 업무 시간표를 스스로 관리해야 하고,[5] 특히 "기업주들의 착취를 막기 위해 스스로의 자율적 결정에 따른 행위를 중시하는 문화를 발전시켜야 한다".[6]

이제, 시간의 해방이 서비스 일자리를 무한 창출할 것이라는 희망은 버려야 한다. 반대로 시간의 해방이 개개인과 공동체를 통해 자신의 존재, 삶

---

5   스위스, 독일, 캐나다 등지에는 직원들이 노동시간을 자체 관리하며 자유롭게 근로 시간표를 짜는 대기업과 중견 기업 들이 있다.

6   독일 사회민주당 오리엔테이션 프로그램.

의 틀, 도시 생활 그리고 자신의 포부 및 욕망 충족의 정의와 방식, 사회적인 협동 방법의 책임을 증대시킨다는 데 의미를 두어야 한다.[7] 시간의 해방이 "이웃 간의 상호부조를 활성화하고, 유급 노동과 무급 생산 활동 사이에서 새로운 균형"[8]을 확립하길 기다려야 한다.

이러한 넉넉한 사회조직이 금전 소득의 중요성을 상대화해줄 것이다. 시장경제의 공간을 줄임으로써, 유급 노동과 돈과 무관한 활동, 소비 수준과 자율성의 정도, '소유'와 '존재' 사이에 항구적인 중재가 생기게 될 것이다. 『선택한 시간의 혁명』 저자들은 이 중재가 마침내 '알뜰한 풍요'를 낳을 것이라 했다. 이를테면 모든 이들에게 실질적으로 증대된 자율성과 보안을 보장해주며, 점차 시간 부족, 공해, 낭비 및 실망의 근원이 되는 과소비를 없애 편안하고 즐겁고 자유로운 삶을 즐길 수 있게 해준다는 의미다. 결국 이 중재가 환경 보존 및 선진국과 개도국 간의 관계 변화 측면에서 필요한 바람직한 규범이 될 것이다.

● 이 글은 『르몽드 디플로마티크』 1993년 3월 호에 「자유시간의 문명을 세워라 Bâtiria civilisation du temps libéré」 실렸고, 이후 『르몽드 디플로마티크』의 격월간 자매지 『마니에르 드 부아』는 2009년 3~4월 호에 다시 게재됐다.

---

7   앙드레 고르, 「왜 봉급 사회는 새로운 하인이 필요한가? Pourquoi la société salariale a besoin de nouveaux valets」, 『르몽드 디플로마티크』, 1990년 6월.
8   교환 및 프로젝트, 『선택한 시간의 혁명』, op.cit.

잘 늙을 수 있는 '평등 사회'

뤼시앵 세브 ■ Lucien Sève

1926년생. 프랑스 고등사범학교 출신의 철학자로서 한평생 공산당 중앙위원으로 활동하며 인간의 본질과 개인의 소외 문제에 천착해왔다. 고등학교에서 20여 년 동안 철학 교사로 일하다 물질주의 세태를 비판한 『인류학적 관점에서 본 학교와 세속성 L'École et la laïcité』(1965)이라는 책을 펴낸 뒤 순식간에 주목받는 철학자로 떠올랐다. 이어 프랑스의 대표적 좌파 출판사인 '에디시옹소시알(Editions sociales)'의 편집장으로 활동하면서 『마르크스와 엥겔스의 이해 Introduction à Karl Marx et Friedrich Engels』(1974)를 비롯해 『공산주의의 재출발? Communisme, quel second souffle?』(1990), 『오늘날의 마르크스를 생각한다 1─마르크스와 우리 Penser avec Marx aujourd'hui, tome 1: Marx et Nous』(2004) 등 일련의 저서를 출간했다.

기업 이윤 차원에서 헌신짝 취급당하는 존엄성

프랑스와 독일뿐 아니라 중국과 일본 등 인구노령화를 걱정하는 국가가 많아지고 있다. 노동인구의 감소로 연금 재원 확보도 어려워질 것이라고 한다. 이런 전망을 뒤집을 수 있는 방법은 없을까? 서른 살 전에는 안정적인 직장을 구하기가 힘들고 쉰 살만 넘으면 회사에서 소외되거나 해고되고, 직장이 있는 사람들은 그들대로 강도 높은 노동에 몸과 마음을 바쳐야 하는 사회적 악순환을 멈추는 방법은 없을까?

최근 '노년층'에 대한 수많은 담화가 쏟아지고 있지만 내용은 대부분 비슷하다. 크게 두 가지로 요약된다. 우선, 프랑스 같은 나라들에서 기대수명이 급격히 높아지면서 비노동인구를 부양하기 위해 노동인구의 부담이 지나치게 늘어났다. 긴급하게 연금 시스템을 축소해야 하는 상황까지 몰린 것이다. 다음으로는, 단지 더 오래 사는 것만이 중요한 게 아니라 잘 사는 것이 중요하다는, 좀더 개인적 차원의 문제가 제기된다. 한마디로 '잘 늙는다는 것'이 무엇인가 하는 질문이다.

연금 시스템 문제에 대해서는 많은 대안이 제시되고 있지만[1] 두번째 문제에는 비판적 고찰이 충분히 이루어지지 못했다. 잘 늙는다는 문제는 의학적, 심리학적 주체인 개인의 몫으로만 여겨진다. 다시 말해, 노화라는 불가피한 현상을 어떻게 받아들일 것인가의 문제로만 남는다. 가령 심리학 잡지 『시콜로지Psychologies』에는 '잘 늙는 법도 배워야 한다'는 세목의 글이 실렸다.[2] 글 말미에는 잘 늙기 위한 '여섯 가지 요령'이 소개돼 있다. 1. 건강을 챙길 것(잘 먹고 적절한 운동을 하고 담배를 삼갈 것 등). 2. 외모를 가꿀 것(손쉽게 실천할 수 있는 노화 방지 요법, 마사지부터 성형외과까지). 3. 철학 책을 읽을 것(세네카, 몽테뉴, 베르그송―철학한다는 것은 잘 죽는 법을 배우는 일이다). 4. 폐경기를 잘 보낼 것("모성에서 해방되고 나면 더욱 풍요로운 성생활을 즐길 수 있다"). 5. 심리 치료를 시작할 것("지금이라도 늦지 않았"으니 정신상담의를 만나보라). 6. 선배 노인들에게 배울 것(가령 일본 오키나와의 백 살 노인들처럼 친목 모임을 연다거나 여든두 살의 나이에도 "제기랄, 이런 X 같은" 따위의 말을 아무렇지도 않게 내뱉는 클로드 사로트 같은 사람을 흉내 내는 것도 한 방법이다).

---

1   『르몽드 디플로마티크』는 그동안 이 주제에 많은 지면을 할애해왔다. 관련 기사로는 2008년 9월 호에 실린 피에르 콩시알디의 「연금 확보를 위한 노동 개혁Changer le travail pour financer les retraites」이 있다. 그 밖에 참고할 만한 자료로는 장크리스토프 르 뒤구와 장마리 툴리스, 『연금 제도의 미래L'Avenir des retraites』, L'Atelier, 이브리쉬르센, 1999 및 폴 보카라와 카트린 밀, 『연금제도―즉각적인 투쟁에서 대안적 개혁까지Les Retraites: Des luttes immédiates à une réforme alternative』, Le Temps des cerises, 팡탱, 2003 등이 있다.

2   『시콜로지』, 파리, 2009년 10월, 68~89쪽.

개인적 건강관리 차원으로 협소화

이런 담론들은 지나치게 협소한 개인주의적 개념으로 가득차 있다. 사회적 활동의 가능성은 아예 언급조차 되지 않는다. 가령 다음 세대에게 지식이나 직업 경험을 전수하거나, 새로운 것을 배우거나, 자원봉사를 통해 사회 활동에 참여하거나, 다양한 형식으로 창조적 활동을 계속할 수도 있을 텐데 말이다. 이런 방식의 '노인교육학'은 '노년층'을 사회 속에서 무위도식하는 존재로 본다. 이게 문제의 핵심이다. 이런 관점은 노화라는 위협에 직면한 사람들에게 부담스러운 충고로 귀결될 뿐이다. 다시 말해 편협한 개인주의적 삶을 권장함으로써 '잘못 늙도록' 유도하는 것이다. 사회적으로는 갈수록 '제3의 삶'의 시기에 접어든 사람들을 부담스러운 존재로 보며, 그들 스스로가 자신의 노년을 책임져야 한다는 식의 냉소적 시각을 부추기고 있다.

이런 관점은 분명한 사실에 기초한 듯 보이기에 비판하기가 쉽지 않다. 나이를 먹어감에 따라 몸뿐 아니라 정신도 늙어가게 된다는 생각이 한 예다. 성장, 유지, 쇠퇴라는 인간의 '생물학적 사이클'에 '심리적 사이클' 곡선이 대응하기 때문에 노인들은 사회 활동에서 물러나 점점 제한된 활동을 영유할 수밖에 없다는 것이다.[3] 시몬 드 보부아르 또한 이런 의사유물론적 관점에 사로잡혀 있었다.[4] 그녀는 노년기에도 왕성한 정신적 활동을 수행한 사람들에게 경탄을 금치 못했다. 베르나르 퐁트넬에서 레프 톨스토이까지, 요한 볼프강 폰 괴테에서 여든 살에 〈팔스타프Falstaff〉를 작곡함으로

3   샤를로트 뷜레, 「인간 삶의 과정 Le cours de la vie humaine」, 「심리학 저널 Journal de psychologie」, 파리, 1932, 818~829쪽.

4   시몬 드 보부아르, 「노년기 La Vieillesse」, Gallimard, 파리, 1970(재판, 2007).

써 자신의 음악에 새로운 경지를 연 주세페 베르디까지. 그러나 그녀는 불변한다고 여겨지는 자연의 법칙 앞에서 이 위대한 인물들의 성과는 설명이 불가능한 '예외'일 뿐이라고 생각했다.

그러나 설명이 불가능한 것만은 아니다.[5] 심리학자 알렉세이 레온티예프의 작업이 하나의 가능성을 열어준다. 그의 '사회·전기적傳記的 인격' 개념은 '생체·심리적 개체' 개념과 구별된다. 생체·심리적 개체 개념이 선천적으로 타고나거나 유아기에 형성되는 데 반해 사회·전기적 인격은 후천적으로 구축된다. 여기서는 사회생활의 논리와 각 개인의 삶이 더욱 중요한 결정 요인이 된다. 각 개인은 이 과정에서 상대적 자율성을 획득한다.

여든 넘어서야 반성한 사회학자

간단히 말해, 생체·심리적 개체는 각 개인의 지속적인 성격적 측면이라고 할 수 있다면 사회·전기적 인격은 미래를 향해 열려 있는 각 개인의 삶의 이력이라고 할 수 있다. 신체장애나 알코올 등에 대한 의존, 기억상실 같은 심각한 경우를 제외하면, 기본적인 정신 기능의 노화는 개인적 역량에 간접적으로만 영향을 미친다. 따라서 다양한 방식의 노화가 가능하다. 가령 정신 기능은 멀쩡한데 아무 일도 못하는 경우도 있고, 여러 가지 장애를 극복하면서 풍요로운 삶을 영위할 수도 있다. 베토벤은 완전히 귀가 먼 상태로, 스스로도 명곡으로 꼽는 열네번째 사중주곡을 작곡했다. 인간의

---

5   뤼시앵 세브, 『오늘날의 마르크스를 생각한다 2—인간?』, La Dispute, 파리, 2008 뒷부분 및 비고츠키와 레온티예프 관련 부분 참조.

사회·전기적 인격의 측면을 이해하지 못하면 몇몇 얄팍한 '노화 방지' 요법만으로도 잘 늙어갈 수 있다고 믿게 된다.

이 문제에 천착하다보면 삶이란 무엇인가라는 근본 문제와 만나게 된다. 사회학자 뤼시앵 레비브륄Lucien Lévy-Bruhl, 1857~1939은 양차 세계대전 사이에 '미개인'들은 이성적 사고를 할 수 없다는 '전前논리적 정신' 이론으로 유명해졌다. 이 이론은 많은 비판에도 불구하고 다양하게 수용되었다. 그는 1938~1939년 여든이 넘은 나이에 『수고Carnets』라는 자서전에서 자신에게 유명세를 안겨준 이론을 가차없이 반성한다. 그는 단도직입적으로 "내가 틀렸다"[6]고 인정하고 자기반성을 토대로 향후에 진행할 새로운 연구 계획을 수립했다.

레비브륄의 자서전을 읽다보면 노년기에 머리가 굳고 고집스러워지는 것이 불가피한 현상이 아님을 알 수 있다. 물론 그런 경우도 있지만 불변하는 법칙은 아닌 것이다. 가령 레비브륄의 정신적 장수를 어떻게 설명할 것인가? 그 비결은 몇 가지로 설명된다. 그는 우선 최고 수준의 교육을 받았다(고등사범학교 졸업, 철학 교수 자격 취득). 무엇보다 중요한 것은 그가 평생에 걸쳐 자신의 활동, 지식, 관심 분야를 끊임없이 확장했다는 것이다(독일 철학에서 시작해 윤리에 대한 사회학적 연구를 진행하다가 '미개인'에 대한 인류학적 연구로 옮겨간다). 끝으로, 생애 마지막까지 자신의 작업에 대한 비판을 열린 마음으로 수용하려 노력했다. 그는 죽는 순간까지 왕성하게 정신 활동을 지속한 것이다.

노년기에도 왕성하게 창조적 활동을 함으로써 사람들의 경탄을 자아내는 이들의 삶을 좀더 깊이 연구해보면 몇 가지 공통점을 발견할 수 있다.

---

6   뤼시앵 레비브륄, 『수고』, PUF, 파리, 1949.

높은 수준의 교육, 지속적으로 유지되는 동기, 능력, 활동—가장 중요한 덕목이다—그리고 세계뿐 아니라 자신으로부터도 점진적으로 자율성을 확보한 점 등을 들 수 있다. 인간은 심각한 신체적 문제를 겪지만 않는다면 활발하게 정신 활동을 계속해나갈 수 있다. 결과적으로 잘 늙는다는 것은 일생을 어떻게 살아왔느냐에 달렸다고 볼 수 있다.

퇴직자의 사회적 조직화 문제

인간을 타산적 개인주의자로 살아가게끔 프로그램화된 동물(호모에코노미쿠스)이라고 여기는 자유주의 이데올로기와 함께 인간 존재를 생물학적으로 환원하는 개념은 여기저기서 많은 폐해를 낳고 있다. 그러나 언어 사용에서 비판적 지성까지, 실용적 지식에서 윤리 의식까지, 인간의 인격은 유전자가 아니라 각자의 방식으로 사회관계 속에 어떻게 적응하느냐에 따라 결정된다.

'노화' 담론은 지배적인 용어에서도 영향을 받는다. '노인' '노령 인구' '연장자' 등의 용어가 쓰이다 요즘은 점점 '시니어senior'라는 말이 광범위하게 사용되고 있다. 전형적인 완곡어법이다. 라틴어 'seniores'는 '노인들'이라는 뜻이다. 프랑스에서는 이런 식으로 1300만 명에 달하는 사람들을 단지 나이를 기준으로 간단하게 분류함으로써, 수많은 사회·전기적 문제를 단순화해버린다. 중요한 것은 '퇴직자'들의 미래를 어떻게 사회적으로 조직할 것인가. 실제로 맺고 있는 사회관계에 걸맞는 이름을 그들에게 되찾아줘야 한다.

나이에 기초한 편견을 벗어나—물론 생체의학의 중요성도 간과할 수는 없다—사회적 비판으로 나아가려면 개인의 삶의 이력을 지배하는 사회

제도에 관심을 기울여야 한다. 특히 현재 가장 광범위하게 영향력을 행사하는 자본주의 기업의 '인적 자원human resource' 정책을 살펴볼 필요가 있다. 여기서 우리는 놀라운 패러독스를 발견한다. 1970년부터 현재까지 프랑스인의 기대수명은 10년 늘었지만 퇴직 연령은 12년이나 앞당겨졌다![7] 이제 대부분의 프랑스 회사에서는 40대만 돼도 노인 취급을 받는다. 세르주 게랭Serge Guérin은 "프랑스 기업들은 직원이 마흔다섯 살만 넘으면 예비 퇴직자로 간주하고 직원 교육 명단에도 이름을 올리지 않는다"[8]고 말한다. 기업들은 조기퇴직이나 정리해고 등 갖가지 방식을 동원해 이들을 내쫓으려 한다. "프랑스의 55~64세 노동인구 비율(38.3%)은 유럽에서도 가장 낮은 편에 속한다."[9] 수십만 명에 달하는 프랑스의 50대 회사원들은 불리한 조건으로 퇴직을 강요당한 채 오랫동안 일한 직장을 떠나야 한다.

자살로 내모는 경영의 공포정치

건강한 상태로 누릴 수 있는 수명이 평균적으로 여든 살을 웃도는 시대에 50대라는 나이는 직업 활동을 접고 '제3의 삶'을 준비하는 결정적 시기가 되고 말았다. 여기서 제3의 삶이란 결국 퇴직자의 삶을 뜻한다. 새로운 역량을 개발해 다양한 활동을 전개하지 않으면 비활동적인 노년기를 맞이할 수밖에 없다. 이들은 이윤 논리의 지배를 받는 기업의 '인적 자원' 관리 방식에 따라 헌신짝처럼 버려진다. 최근 프랑스텔레콤 직원들이 차례로 자살한 사건은 '경영의 공포정치'가 어떻게 노동자를 죽음으로 몰고 갔는지

---

7   세르주 게랭, 『시니어들의 사회La société des seniors』, Michalon, 파리, 2009, 59쪽.
8   같은 책, 63쪽.
9   같은 책, 62쪽.

여실히 보여주었다. 그러나 수익성이라는 이름으로 자행되는 경영 독재에 대한 비판은 좀더 넓은 관점에서 이뤄져야 한다. 첫 취직에서 퇴직까지의 기간을 포함한 삶의 전체 과정이 강요된 논리에 의해 지배당하고 있는 것이다.

현재 위기는 단지 금융, 경제, 사회, 환경의 위기일 뿐 아니라 인류학적 위기이기도 하다. 인간의 정신적, 육체적 활동을 이윤 추구의 대상이나 일회용 상품처럼 취급하는 잔혹한 논리가 지배하는 시대에 인간의 가치와 존재 자체가 위협받고 있다. 프랑스에서는 퇴직 인구 2000만 시대가 머지않았다. 프랑스인은 젊은 시절에는 안정적인 첫 직장을 얻기 위해 수년간을 참고 기다려야 하고, 직장에서는 소외된 노동을 수행하다가, 50대에 접어들어 회사를 나와 우울한 퇴직자의 삶을 살며 실버 산업의 소비자로 전락할 것인가? 이처럼 갈수록 피폐해지는 삶의 질 문제는 극지방의 빙하 감소 문제보다 덜 심각한가? 이 문제는 빙하 감소가 야기할지 모르는 재앙에 맞먹는 위협으로 우리에게 다가오고 있다.

2040년, 진정 노후한 사회는?

노년기까지 창조적 활동을 왕성하게 펼친 인물들을 단지 생물학적 예외로 봐서는 안 된다. 이들의 예는, 카를 마르크스가 말한 대로 "환경을 인간적으로 구축"[10]함으로써 이런 예외가 보편적 현상이 될 수 있다는 가능성을 보여준다. 이를 위해서는 모든 사회적 연령에 걸친 대대적 개혁이 필요하다. 그 방안을 나열해보면 다음과 같다. 모든 사람이 고등교육의 혜택

---

10   카를 마르크스, 『신성가족』, Éditions sociales, 파리, 1972, 158쪽.

을 누려야 한다. 청년 실업 문제를 해결해야 한다. 노동의 소외 문제를 근본적으로 해결해야 한다. 안정적인 취업과 직업교육이 보장되어야 한다. 노동에 대한 빈약한 보상에 불과한 여가시간이 아닌 노동자 자신의 개발을 위한 풍부한 활동으로 가득찬 여가시간이 마련되어야 한다. 50대 예비 퇴직자들이 노년기를 잘 설계할 수 있도록 지원을 아끼지 말아야 한다. 공적 퇴직연금 제도를 이윤 추구의 논리에서 벗어나 부의 공평한 재분배가 이뤄지도록 개선함으로써, 수십 년에 이르는 퇴직 후 삶에 대해 새로운 전망을 세울 수 있도록 해야 한다. 이런 방안들을 실현할 수 있다면 2040년 우리 사회는 '노후한 사회'라는 말을 듣지 않아도 될 것이다.

부를 창출한 주체이면서도 착취받고 있는 수많은 사람의 삶을 바꾸려면 진정으로 '잘 늙는 방법'을 고안해내야 한다. 이 방법을 통해 새로운 인간적 행복과 더 향상된 사회적 효율성을 창출할 수 있다. 생체의학의 진보로 인간 수명이 늘면서, 인구 구성도 급격히 바뀌었다. 이런 변화는 우리에게 평화적이면서 급진적인 방식으로 진정한 사회·전기적 혁명에 참여하도록 요구하고 있다.

탈성장주의, 경제 위기 구할 새로운 대안인가

에리크 뒤팽 ■ Éric Dupin

프랑스의 대표적인 진보 언론인. 『렉스프레스』, 리베라시옹 등의 기자, 르피가로의 편집위원, 마리안2의 편집인을 거치는 동안 거침없는 필력으로 권력의 부당함에 맞서왔다. 특히 르피가로 재직시에는 니콜라 사르코지 대통령을 비판하는 기사를 썼다가 사주가 기사 검열을 시도하자, 곧바로 사직해 지식인 사회에 논쟁을 불러일으키기도 했다. 현재는 파리정치학교(시앙스포)에서 정치경제학을 강의하며 진보 매체에 글을 기고하고 있다. 주요 저서로 『미테랑 이후L'après Mitterrand』(1991), 『완전한 우파』(2008) 등이 있다.

환경 위기를 계기로 생산지상주의와 과학 및 기술 진보에 대한 맹목적 믿음이 아닌 다른 방식으로 인류의 진보를 정의할 필요성이 점차 대두되고 있다. 프랑스에서는 물질은 부족하나 의미는 풍부한 생활양식을 제안하는 탈성장 이론가들과 운동가들이 반자유주의 좌파뿐만 아니라 일반 대중 사이에서도 세력을 넓혀나가고 있다. 이들은 특히 다양한 정치적, 철학적 사고를 대표한다.

2008년 10월 14일 녹색당의 이브 코셰 Yves Cochet 의원이 의회 본회의 단상에서 '탈성장'을 역설했을 때 프랑수아 피용 총리의 어리둥절한 표정을 봤어야 했다. 이날 코셰 의원은 현 상황을 '인류학적 위기'로 진단하면서 "이제 성장의 추구는 반경제적이고 반사회적이며 반환경적"이라고 주장해 열화와 같은 박수를 받았다. '절제 사회'를 건설하자는 코셰의 호소는 의회의 지지를 얻지는 못했다. 그러나 탈성장이라는 도발적인 주제가 공적 논쟁의 테두리 안으로 들어온 것은 분명하다.

우리 사회는 경기후퇴를 겪고 있다. 물론 탈성장은 이 사고를 옹호하는 유일한 프랑스 중앙 정치인인 코셰가 강조한 것처럼 "성장의 산술적인 역,

즉 역성장과 전혀 관련이 없다".[1] 그렇지만 성장에 대한 문제 제기는 전 세계를 뒤흔들고 있는 경제 및 환경 위기의 논리적 귀결인 듯 보인다. 사람들은 갑자기 탈성장 사상가들의 주장에 좀더 주의를 기울이고 있다. 그중 한 명인 세르주 라투슈Serge Latouche는 "예전보다 더 많은 관심을 받고 있다"며 기뻐한다. 폴 아리에스Paul Ariès도 "토론회를 열 때마다 청중으로 가득 찬다"고 말한다.

'탈성장'이라는 단어 자체가 급진 생태주의자 집단의 경계를 넘어 점점 더 자주 사용되고 있다. 일례로 성장 반대론자들로부터 '위선적인 환경운동가'라는 비난을 받는 니콜라 윌로Nicolas Hulot는 유럽의회 선거운동 도중 "현실이 탈성장 옹호자들의 주장을 뒷받침하는 상황에서 현재의 경기 침체 같은 수동적인 탈성장과 의도적인 탈성장 사이에 대안이 존재하는가"라는 질문을 제기했다.[2] 윌로는 '녹색 성장'의 가능성을 확신하지 못한다고 고백했고, '선택된 탈성장과 선별적 성장의 융합'을 주장했다. 심지어 사진작가 얀 아르튀스베르트랑Yann Arthus-Bertrand도 "오직 탈성장만이 지구를 구할 것"이라고 선언했다. 그런데 역설적이게도 아르튀스베르트랑의 영화 〈집Home〉(2009)은 명품 기업인 PPR의 자금 지원으로 제작된 작품으로서, 지난봄 선거에서 녹색당의 약진에 기여했다고 평가된다.[3]

---

1   각 인용은 저자와의 인터뷰에서 따온 것이다.
2   니콜라 윌로, 「유럽의회 선거의 주요 쟁점 L'enjeu crucial des élections européennes」, 르몽드, 2009년 5월 15일.
3   미셸 게랭, 나타니엘 헤르츠베르, 「아르튀스베르트랑, 브랜드 이미지Arthus-Bertrand, l'image de marque」, 르몽드, 2009년 6월 4일.

5부 상상을 넘어 행동으로

탈성장은 거부할 수 없는 운명?

어떤 탈성장 옹호자들은 현재의 위기야말로 자신들의 대의를 관철할 수 있는 절호의 기회라고 확신한다. 예전에 작가 드니 드 루주몽Denis de Rougemont이 주창했던 '재난의 교육학'을 옹호하는 라투슈는 은행가 프랑수아 파르탕François Partant의 저서 제목을 인용하며 "위기가 악화되기를" 바란다.[4] "마침내 위기가 도래했다. 인류는 냉정을 되찾을 기회를 잡은 것이다." 코셰는 라투슈처럼 지나치게 앞서나가지는 않지만, 인류가 생태적 한계에 부딪치면서 합리적으로 행동할 수밖에 없게 될 것이라고 평가한다. 녹색당 소속 의원이자 지질학자이고 실증주의자인 코셰도 "더이상 성장은 없을 것이며 탈성장이 우리의 운명"이라고 예언한다. 따라서 이제 위기를 통해 사람들의 의식이 새롭게 일깨워지길 기대하면서 "민주적이고 공정한 탈성장 시대가 도래"하도록 준비해야 한다는 것이다.

그러나 이런 낙관주의적 관점은 일부의 입장일 뿐이다. 잡지 『라 데크루아상스La Décroissance』(탈성장)의 편집장 뱅상 세네Vincent Cheynet는 "우리는 재난의 교육학에 전혀 동조하지 않는다"며 "위기는 스스로를 돌아보고 문제를 제기해보는 기회를 제공하지만 두려움을 퍼뜨리고 혼란을 몰고 올 수 있다"고 평가한다. "위기는 최악의 상황"이라는 것이다. "위기는 성장이 더이상 가능하지 않다는 것을 깨닫는 계기가 되지만, 사람들은 이 시기 동안 개별적인 이해관계만을 추구하는 경향이 있다." 성장반대운동MOC의 대변인 장뤼크 파스키네Jean-Luc Pasquinet의 분석이다. 아리에스도 위기의

---

4   세르주 라투슈, 「위기가 악화되길!Que la crise s'aggrave!」, 『폴리티스Politis』, 파리, 2008년 11월 13일.

이중성을 지적한다. "위기가 도래하면 환경문제는 뒷전으로 밀리게 된다. 구매력과 고용 방어에 급급하기 때문이다. 그러나 위기는 우리가 수십 년 동안 거짓 속에서 살아왔다는 것을 보여준다."[5] 경기후퇴가 역성장으로 귀결된다고 생각하지 않는 사람들은 걱정과 희망이 뒤섞인 전망을 내놓는다.

'탈성장'이 주는 강한 충격 효과는 이를 주장하는 정치집단의 극도로 취약한 정치력과 대조된다. 2006년 셰네는 '제도 장악의 필요성'을 역설하며 탈성장당PPLD을 창당했다. 그러나 PPLD는 실제로 존재한 적이 결코 없다. 의견이 모아지지 않았기 때문이다. 셰네는 "어느 정도 무정부주의적 성향을 보이는 사회계층에서 정당을 창당하는 것은 매우 어려운 일"이라고 한탄한다. 사실 그는 모든 탈성장 옹호자들과 좋은 관계를 유지하고 있지는 않다. 최근에 새로운 집단들이 PPLD 재창당을 시도했다. PPLD 대변인 뱅상 리게이Vincent Liegey는 "시민단체 출신의 젊은 활동가들을 영입하겠다"고 단언하면서도 다소 '시행착오'를 겪고 있음을 인정한다. PPLD는 대대적인 당원 유치를 거부한다. 이 극소 정당의 또다른 대변인 레미 카르디날Rémy Cardinale은 "우리는 대중 정당이 되고픈 생각이 없다"며 "당원 유치도, 유권자 유치도 바라지 않는다"고 말한다.

'성장' 꿈꾸는 탈성장 정치운동

반면 2007년 설립된 MOC는 당원 200여 명과 지방의회 의원 10여 명이 가입해 있다. 조직 구조는 매우 분권화돼 있다. PPLD의 대변인을 지낸 파

---

5   로르 누알라, 「탈성장을 매력적으로 만들기Rendre la décroissance désirable」(폴 아리에스 인터뷰), 리베라시옹, 2009년 5월 2일.

스키네나 녹색당 출신의 크리스티앙 쉰Christian Sunt 같은 베테랑 운동가들도 MOC에 가입했다. 특히 많은 여성과 청년의 참여가 눈에 띈다.

MOC와 PPLD는 성장반대운동연합ADOC을 공동 설립함으로써 합당 절차를 시작했다. 이 두 단체는 '유럽 탈성장'이라는 기치 아래 유럽의회 선거에 참여했다. 두 단체는 새로운 방식으로 정치를 하겠다며 투표용지도 제출하지 않았다. 그럴 만한 수단도 전혀 없었다. 따라서 이들은 유권자에게 두 단체의 인터넷 홈페이지에서 직접 투표용지를 인쇄하라고 부탁했다. 결과는 예상대로였다. 파리 근교의 일드프랑스 지역 공천을 받은 파스키네는 0.04%의 득표율을 기록했다.

그러나 탈성장 테마는 이런 수치들과 비교할 수 없는 파급력을 보여준다. 라투슈는 "어쨌든 정당은 시기상조"라며 "정당 창당에 반대한다"고 말한다. 그러나 2004년 창간된 월간지 『라 데크루아상스』의 구독률을 보면 탈성장 학파의 영향력을 알 수 있다. 이 잡지는 2만 부가 배포되어 그중 1만 3000부가 서점에서 팔렸으며, 주로 '녹색 자본주의'와 '지속 가능 발전'을 주장하는 '위선적인 환경운동가'들을 겨냥해 논쟁을 이끌어나갔다. "우리는 차분한 논리를 앞세워 민주주의 활성화를 도모한다." 세네의 말이다.

1982년 창간 이후 6000부가 보급된 환경운동 잡지 『실랑스Silence』는 1993년, 탈성장 개념의 창시자 니콜라스 제오르제스쿠 로에젠Nicholas Georgescu-Roegen의 저서에서 발췌한 내용과 함께 탈성장에 대한 최초의 특집 기사를 실었다. 별다른 호응은 없었다. 그렇지만 이 잡지가 2002년 두 번째로 탈성장 특집을 실었을 때 상황은 다르게 흘러갔다. 조제 보베José Bové, 이반 일리히Ivan Illich 등 700명이 참여한 '수평선'이라는 단체가 주최한 유네스코 학술회의에서 이 개념이 수면 위로 부상한 것이다. 2002년 『실랑스』의 탈성장 특집호는 큰 성공을 거두었다. 이 잡지의 편집위원인

미셸 베르나르Michel Bernard는 "탈성장은 21세기의 주제일 테지만 나는 잘 모른다"고 말했다.

탈성장 학파는 심지어 2008년부터 괜찮은 이론서들을 출간하고 있다. 예로 장클로드 베송지라르Jean-Claude Besson-Girard가 이끄는 탈성장 이론 및 정치 잡지 『앙트로피아Entropia』는 상당히 유연한 사고를 발휘하며 탈성장 전망이 제기하는 많은 문제들을 다루고 있다.[6]

탈성장 학파는 반핵이나 반유전자변형농산물Anti-GMO 단체, '슬로 푸드'[7]나 '슬로 시티' 운동단체 등 다양한 단체들과 어느 정도 비공식적인 관계를 맺고 있다. 일반적으로 탈성장 운동가들은 구체적인 단체 행동을 선호한다. 『실랑스』는 미래 사회의 방향 설정에 기여하는 체험의 산지식을 중시한다. 이 잡지의 편집위원 기욤 강블랭Guillaume Gamblin은 "변화의 욕구는 대안의 실현으로 나타나야 한다"고 강조한다.

상상만 하지 말고 행동하라

쇠은 구체적 행동을 중시하는 이 조류의 대표적 인물이다. 환경의 이용 권리, 관리, 그리고 변화에 작동하는 정치적 힘을 명백히 하려는 이른바 정 치생태학의 오랜 주창자로, 오늘날 MOC의 일원이다. 아들은 옛날 방식으로 곡물을 재배하고, 쇠 자신은 농촌과 숲을 연계하는 이른바 근린 농촌 삼

---

6   탈성장주의에 대한 급진적 비판을 보려면 특히 「카이에 마르크시스트Cahiers marxistes」, 브뤼셀, 2007년 5~6월 호를 참조하라. 또는 「탈성장, 완벽하게 보수 반동적인 관점La décroissance, un point de vue parfaitement réactionnaire」, 「뤼트 드 클라스Lutte de classe」, 제121호, 파리, 2009년 7월.

7   카를로 페트리니, 「식도락 운동가들Militants de la gastronomie」, 「르몽드 디플로마티크」, 2006년 8월 호를 참조하라.

림 문제에 대한 연구를 계속하고 있다. 실생활에서도 탈성장을 실천하면서 전기도 없이 직접 지은 집에서 살고 있다. 쉥은 "수백 명의 사람들이 그렇게 살고 있는" 세벤이 자기 집처럼 편하다고 말한다. 임시·이동주택거주자협회Halem의 회원인 그는 2009년 4월에 있었던 생장뒤가르 시청 점거 사건의 전말을 설명했다. 시청이 무허가 주거용 요트를 철거한 게 시발점이었다. "우리는 강제 퇴거 후 이동주택에 살고 있는 사람들을 보호한 것이다. 이들은 대부분 파리 지역 출신 젊은이였다." 이후 국민 모두의 주택 소유 권리를 주장하는 주거권협회DAL라는 단체가 쉥이 속한 단체에 이사회 참여를 제안했다.

탈성장주의는 최근에 등장한 조류가 아니다. 심지어 오늘날보다 1970년대에 훨씬 더 유행했다. 우리 모두 당시『폴리티크 에브도Politique hebdo』에 연재됐던 제베Gébé의 반생산지상주의 만화 〈01년L'An 01〉과 이 만화의 유명한 대사인 "다 그만둬"[8]를 기억한다. 또한 '세상의 종말'을 예고했던『라 괼 우베르트La Gueule ouverte』(1972~1980)는 1970년대 선구적인 탈성장 사고를 집대성했던 월간지다.

그러나 30여 년 전 생산지상주의에 대한 문제 제기는 폐쇄적인 사상 공간에 국한돼 있었고, 공산당과 '진보적' 마르크스주의가 지배하던 좌파의 방어벽을 뚫지는 못했다. 비록 오늘날 탈성장주의가 과거에 비해 약화된 것이 사실이라도 확실성을 상실한 좌파와 더 쉽게 교류하고 있다. 환경 위기가 발생하고 노동 가치의 위상이 흔들리면서 반자본주의와 반생산주의를 결합하려는 움직임이 대두하고 있다.

젊은 시절 공산당원이었던 폴 아리에스는 "탈성장은 노동운동에 제기되

---

8   제베, 『01년』, L'Association, 파리, 2004.

었던 오래된 문제들을 반영한다"고 주장하며 "나 역시 기존 노동운동이 낳은 소외에 대한 비판에서 이 일을 시작했다"고 설명한다. "좌파는 '나태할 권리'를 부르짖기도 했다. 좌파가 항상 생산주의의 길을 택한 것은 아니었다."

장뤼크 멜랑숑Jean-Luc Mélenchon의 사상 역정歷程은 좌파 내에서 탈성장주의가 차지한 영향력을 상징적으로 보여준다. 엄격한 마르크스주의 전통의 신봉자였다가 트로츠키주의자가 되었고, 결국 사회주의자로 변신한 좌파당PG 창립자 멜랑숑은 오늘날 탈성장 옹호자들의 '문제 제기의 힘'을 찬양한다. "우리의 생활양식에 대해 다른 방식으로 사고할 필요가 있다. 예를 들어 우리가 항상 더 빨리 움직여야 하는지 자문해봐야 한다." 이어서 그는 "탐나는 모든 것은 필수품이 되어야 한다는 사고를 불어넣은 생산지상주의"를 비판한다. 여러 좌파 정당 당원들이 모여 몇몇 탈성장 테제와 유사한 주제를 제시하는 소그룹 '유토피아'의 지도자 프랑크 퓌퓌나Franck Pupunat도 멜랑숑의 주장에 동의한다.

생태와 출산의 상관관계는?

반자본주의신당NPA도 탈성장주의자들과 교감하고 있다. 결국 실패로 끝나긴 했지만, NPA와 PG는 지난 유럽의회 선거에서 탈성장주의가 가장 잘 정착한 남동부 지역 단일 공천자로 탈성장 운동가를 내세우는 방안을 고려했다. 두 정당의 대표자들은 2009년 5월 리옹에서, 2007년 니콜라 사르코지의 주창으로 환경과 지속 가능한 발전의 접목을 위해 마련된 '그르넬 환경 라운드Grenelle Environnement'에 반대하는 시위에 참여해 '지속 가능한 발전'의 환상을 폭로하기도 했다.

녹색당의 경우, 오히려 탈성장 사고의 명맥이 거의 끊겼다. 사실 코세는 당내에서도 고립된 처지다. 2009년 4월 코셰는 "신생아는 파리에서 뉴욕을 620번 왕복하는 것과 맞먹는 환경 비용을 유발"한다며 셋째 아이 출산부터 가족수당 총액을 줄이자는 충격적인 주장을 제시했다. 코셰는 자신의 추론이 "과도하게 과학적일 수 있다"고 인정하면서도 인구 증가의 위험성을 새롭게 인지한 '네오맬서스주의자'임을 자처한다.

녹색당은 의회 내에서 어느 정도 의석을 확보하고 있고 체면 유지 욕구도 있다. 따라서 녹색당은 유권자들을 기겁하게 만들 수 있는 탈성장 테제와 멀어질 수밖에 없었다. 심지어 도미니크 부아네Dominique Voynet 녹색당 당수는 당명을 '지속가능발전당'으로 개명할 것을 검토한 적도 있다. 2008년 12월 녹색당 전당대회 안건은 사상 처음으로 탈성장 테제를 포함했지만, 이는 오직 '생태계'에 국한된 내용이었다. 유럽의회 선거 당시 유럽환경연합의 프로그램은 여기에 '육류 소비량' 감소를 추가한 것이다. 사회당PS의 경우, 당 지도층의 지적 호기심 부재로 탈성장주의와 접촉 자체가 없는 것으로 보인다.

그렇다면 탈성장은 단순한 슬로건이 아닌 어떤 것일까? 아리에스는 탈성장이 생산지상주의를 뒤흔들 수 있는 '키워드'라고 말한다. 세네는 사회에 "반향을 불러일으킬 수 있는" 이 단어의 잠재력을 찬양한다. 그러나 탈성장주의의 최대 약점은 바람직한 미래에 대해 아무런 청사진도 제시하지 못한다는 것이다. 변화가 없는 '정태균형靜態均衡' 사회에서 단순한 생산 감소를 주장하는 '성장 반대론자'는 없다. 이는 빈곤을 악화시킬 수밖에 없을 것이다. 라투슈는 특히 아프리카 빈곤층의 경우 서구식 생활양식을 모방해서는 안 되지만 물질적 생활수준의 향상이 필요하다는 것을 인정한다.

무엇보다 탈성장 학파는 철학적으로 심각한 견해차를 보이고 있다. 세네는 공화주의적, 보편주의적 입장을 고수하는 반면, 라투슈는 '문화상대주의'를 주장한다. 젊은 시절 중도파에 몸담았던 셰네는 "나는 공화주의, 민주주의, 인본주의적 전망을 견지한다"고 선언했다. 이에 반해 "보편적이라는 단어를 좋아하지 않는" 라투슈는 "국민국가는 낡은 개념일 뿐만 아니라 바람직하지도 않다"고 반박한다. 아리에스는 잡지 『골리아스Golias』의 가톨릭계 좌파 운동가들과 협력하면서도 공화주의적 태도를 견지한다. 2002년 대선 후보로 나서려고 했던 탈성장 학파의 피에르 라비Pierre Rabhi 는 유심론자들을 대표한다.

극좌에서 극우까지 너무나 다양한 스펙트럼

비록 탈성장 학파가 좌파적 성향이 강하긴 하지만 이 학파의 강한 생산지상주의 비판은 상이한 범주의 해석들을 초래할 수 있다. 셰네도 인정하는 것처럼 탈성장주의는 정치적으로 "극좌에서 극우까지" 다양한 스펙트럼을 망라한다. 예를 들어 2007년 '신우파' 사상가 알랭 드 브누아Alain de Ben-oist는 『내일, 탈성장!Demain, la décroissance!』이라는 저서를 출간한 바 있다.

민주주의와의 관계에 대해서도 뚜렷한 견해차가 존재한다. 셰네처럼 선거에 입후보하고 제도권 편입을 노리는 쪽과 직접민주주의나 강제위임(주권은 오로지 국민에게만 있으며, 의회는 국민을 위해 이 주권을 강제로 위임받았다는 주장)을 중시하는 쪽으로 나뉜다. 파브리스 플리포Fabrice Flipo는 "이쪽에서 대의민주주의에 대한 불신은 크다"고 지적한다. 아리에스는 "직접민주주의뿐만 아니라 대의민주주의 강화도 필요하다"고 말한다. 라투슈는 이 모호함을 다르게 표현한다. "난 내가 민주주의자라고 믿지만 민주주의가 무엇인지는 잘 모르겠다."

탈성장 옹호자들 중에 자신이 바라는 사회가 어떤 사회인지 명시하는 이는 거의 없다. 그러나 2002년 셰네는 이를 시도한 바 있다.[9] "건전한 경제에서 항공운송, 내연기관 차량은 사라지게 될 것"이며 "자전거, 돛단배, 기차, 동물이 끄는 마차로 대체될 것"이다. 또한 "대형 마트가 사라지고 동네 상점과 시장이 활성화되며 지역 특산물이 싼 공산품을 대체할 것"이다. 모든 탈성장 이론가들이 과거 외국으로 이전된 생산 기지의 복귀를 주장하고, 또 많은 이들이 각 지역 통화의 창설을 주창한다. 그러나 모두가 그 정도까지 앞서가는 데 동의하는 건 아니다.

더구나 우리는 어떻게 그런 프로그램이 대다수 유권자들을 설득할 수 있을지 이해하기 어렵다. 라투슈는 '8R 자립 사회' 구축 방안을 강조한다. 알파벳 'R'로 시작하는 단어들인 재평가, 재개념화, 재분배, 재이전, 감소, 재사용, 재활용 등이 8R이다.[10] 라투슈는 소도시 연방 사회를 꿈꾸면서도 타협을 주장한다. 즉 "채집·수렵 사회의 자급자족 경제와 현대사회의 기술 소외 경제 사이에 타협점을 찾는 것은 정치적 문제다".

어떤 성장 반대론자들은 '자발적인 절제'라는 개별 운동에 안주하면서 이 미묘한 문제들을 회피한다. 또 어떤 이들은 주로 영국에서 에너지 역성장과 생산 기지 재이전을 목표로 130여 지자체가 참여하는 '변화 도시Transition Towns' 프로젝트 같은 지역 주도 프로젝트의 힘을 믿는다.[11]

그러나 여전히 탈성장 테제는 전성기 사회주의처럼 호소력이 강한 긍정적인 정치적 정의가 부족하다. 코셰는 "집단적 상상의 세계를 위한 새로

---

9   브뤼노 클레망탱, 뱅상 셰네, 「지속 가능한 탈성장La décroissance soutenable」, 『실랑스』, 제280호, 리옹, 2002년 2월.

10   세르주 라투슈, 「자립 사회를 위해Pour une société autonome」, 『앙트로피아』, 제5호, 말로센, 2008년 가을.

11   아그네스 시네, 「캘리포니아, 석유시대 이후의 에너지 모색」, 『르몽드 디플로마티크』, 2009년 7월.

운 이야기를 만들어내는 데 어려움을 겪고 있다"고 한탄한다. "어떻게 더 적은 생산량으로 더 나은 삶을 살 것인가?"라는 질문에 대답하기 위해 코셰는 "어떤 유토피아가 필요할까?"라고 자문한다. "더 적은 재화, 더 많은 유대"라는 공식은 충분하지 않다. 아리에스는 "우리가 좋게 사용하는 재화의 무료 공급을 확대하고 나쁘게 사용하는 재화 공급을 금지할 것"을 제안한다. '사용'의 의미를 정의할 때 정치적 고려도 필요하다고 그는 주장한다.

부정의 정의에서 긍정의 정의로

아리에스는 "우리의 목표는 사회적 불평등을 줄이는 것"이라고 덧붙인다. 사실 탈성장은 필연적으로 각 국가뿐만 아니라 전 세계적 차원에서 최상위 소득 계층에 타격을 줄 수밖에 없다.

마지막으로 탈성장 논쟁에서 암암리에 드러나는 것은 '좋은 삶'이라는 철학적 문제다. 기술 진보의 동학動學이 주도하는 경제 발전을 민주적 타협의 논리가 대체하는 것이다. 탈성장 옹호자들의 문제 제기에 관심을 보이는 철학자 파트릭 비브레Patrick Viveret는 전체주의화의 위험성을 구실 삼아 행복을 정치적 문제로 제기하는 것을 금지하는 태도를 거부한다. "만약 우리가 현재 발전 양식에 대한 비판적 사고를 구축한다는 명목하에 더 나은 삶의 문제를 민주적으로 제기하는 것을 거부한다면 어찌될 것인가?" 진보주의자들은 자유주의자든 사회주의자든 공통적으로 물질적인 부의 증가를 추구하며 행복은 개인적 문제로 간주한다. 그러나 만약 인간 사회조직의 궁극적 목적이 자연의 물리적인 한계에 직면해 이런 물질주의적 전제 조건을 벗어나게 된다면, 정치적으로 어떤 의사 결정도 할 수 없는 현기증나는 일들이 생겨날 수 있을 것이다.

'아나키즘'과 '리베르테르'에 대한 오해와 이해

장피에르 가르니에 ■ Jean-Pierre Garnier

파리 8대학에서 도시사회학을 가르쳤으며, 파리 건축학교(Ecole spéciale d'architecture) 교수와 국립과학연구소 연구원을 거쳐 현재는 자본주의에 대한 사회 비판적 글을 주로 쓰고 있다.

아나키즘이 유행어가 된 것일까? '자생적 아나키스트'란 말을 남용하는 경찰과 언론, 또 붉은색과 검은색이 어우러진 깃발이 나부끼던 그리스 청년들의 폭동을 보면 그런 생각이 문득 떠오른다. 하지만 아나키즘은 원래 무슨 뜻이었을까?

2009년 1월에 탄생 200주년을 맞는 피에르 조제프 프루동이 말했던 아나키즘의 이론적 범주 안에 그 답이 있는 것일까? 아니면 전국노동자연맹과 같은 어떤 조직들의 이데올로기로 여겨야 하는 것일까? 아니면 약간의 급진성과 반권위주의적 색채를 띤 사회·문화적인 투쟁과 관련된 다양한 사상들을 가리키는 개념으로 변한 것은 아닐까? 이제는 '리베르테르liber-taire'를 자처하던 많은 좌파 정치 지도자들까지 아나키스트를 언급하는 지경에 이르렀다.

이런 모든 것이 뒤섞인 현실에서, 진정한 아나키스트들이 거의 몰락한 와중에 그 사상이 작은 목소리로나마 이어지는 이유를 설명할 수 있다. 한

마디로 아나키스트란 단어가 아무데나 무절제하게 사용되고 있다.

'아나키스트'와 '리베르테르'란 용어는 오랫동안 투사들에게 거의 똑같은 개념이었다. 그런 명칭을 띤 조직에 속하든 않든 투사들은 자신들이 정치의 장에서 차지하는 위치를 명확히 규정하기 위해서, 더 정확히 말하면 정치의 장에서 다른 부류들과 차별성을 부각하기 위해서 그렇게 불리기를 바랐다. 그들과 싸우고, 그들을 배척하던 사람들도 다를 바가 없었다.

부르주아계급을 노골적으로 옹호하던 사람들만이 아니라, 좌우를 막론하고 모든 정당원과 언론인까지 아나키스트와 리베르테르를 동일한 부류로 여겼다. 따라서 정당과 언론에 영향을 받은 '여론층'도 마찬가지였다.

아나키즘은 노동자들이 자신을 억압하고 착취하는 권력자들에 대항해 집단적 자기해방을 목표로 한다는 점에서 역동적이다. 따라서 아나키즘은 개인을 소외하는 제도와 규범과 종교에 견주어 개인의 자기해방을 뜻하며, 이런 점에서 리베르테르와 비슷하다. 그러나 두 개념의 구분은 의미와 정치색에서 상호보완적 관계를 더 확실하게 드러낼 뿐이다. 따라서 오늘날에도 프랑스 아나키스트연맹의 주간지는 '리베르테르의 세계Le Monde libertaire'란 명칭을 그대로 유지하고 있다.

아나키즘과 리베르테르의 구분

그러나 국가라는 존재가 어느 때보다 사유를 침해한다고 생각하는 사람들의 협소한 세계 밖에서도, 얼마 전부터 아나키스트와 리베르테르는 더이상 동의어로 쓰이지 않는다. 더 정확히 말하면, 이 문제를 다룬 글을 읽다보면 엉뚱한 단어들의 재결합을 보는 듯하다. 실제로 정치인들과, 시장에 영합한 언론에 빌붙어 돈벌이를 하는 지식인들 사이에서는 '아나키스트'와 '리베르테르'를 이분적으로 대립시키는 게 유행이 돼버렸다. 따라서 '테러와의 전쟁' 때문에 아나키즘은 이제 숨이 끊어진 공산주의를 대신해서 이슬람 근본주의에 버금가는 악의 상징처럼 여겨진다. 반면에 리베르테르는 무사안일을 거부하는 온갖 반골들이 높이 사는 문화적이고 미디어적인 개념으로 돌변해서, 질서의 복원에 집착하는 그들을 반순응주의자로 포장해주는 역할을 한다.[1]

악마적 의미로 변질된 아나키즘

이처럼 아카니즘을 악마적 의미로 변질시키고, 리베르테르의 원래 의미를 퇴색시키는 현상은 새삼스러운 게 아니다. 19세기의 전환섬에도 아나키즘이란 이름으로 행해진 '사실상의 프로파간다'가 러시아와 프랑스 등지에서 살인에 버금가는 악질적 범죄를 야기하면서, 아나키즘은 테러 행위와 동일시되고 말았다. 또한 아나키즘은 그 모태인 노동운동에도 허무주의적 사회적 혼돈 상태라는 이미지를 더하면서, 지리학자 엘리제 르클뤼 Élisée Reclus가 '권력 없는 질서'로 요약했던 사회적 삶이란 개념과는 동떨어진 개념으로 인식됐다.[2]

---

1   '리베르테르'란 신조어는 1850년대 말 아나키스트이던 조제프 데자크(Joseph Déjacque)가 처음 사용했다. 데자크는 당시 공화주의자이던 프티부르주아의 타협적인 어중간한 태도를 끊임없이 비판했다.

2   그렇다고 대안세계화(Altermondialisme)를 생각하는 일부 학자들이 주장하는 것처럼 '권력을 쟁취하지 않고도 세상을 바꿀 수 있다'는 것을 뜻하지는 않는다. 세상을 바꾸기 위해서는 부르주아 권력층부터 제거하는 것이 최우선 과제이기 때문이다. 또 아나키스트의 입장에서, 세상을 바꾸는 힘이 '인민'에게 행사된다는 건 모순이다. 더구나 인민은 자체적으로 조직화돼 권한을 위임하는 대신에 권한을 보유하는 존재이다.

그후에도 아나키즘은 세상을 비판적으로 보는 집단에 의해 다시 의미가 변질되는 수모를 겪었다. 그러나 이번에는 정반대로 '부르주아 미학의 기준'을 뒤흔들겠다고 나선 예술가와 작가를 높이 평가하는 용어로 쓰였다. 다다이즘과 이후에 '초현실주의 혁명'을 이끈 사람들부터, 제2차세계대전 후에 '우익 아나키스트'로 자처한 일부 보수적 소설가와 수필가를 거쳐 '누벨바그'를 주창한 영화인들까지, 많은 전위적 예술가가 아나키스트로 불렸다. 따라서 '리베르테르'란 수식어는 가요계(조르주 브라상, 자크 이즐랭, 르노 세샹 등)로 넘어갔고, 그후에는 장파트리크 망셰트, 프레데리크 파자르디, 장베르나르 푸이 등과 같은 프랑스 '네오폴라Néo-polar' 운동을 주도한 작가들에게 그 이름이 붙었다. 사회변혁을 외치는 구시대적 개념으로 밀려난 아나키즘에서 떨어져나와,[3] 리베르테르는 경제의 자유화와 맥을 같이하는 사고와 습관의 자유화를 뜻하며, 결국에는 '리베랄 리베르테르libéral libertaire'라는 모순어법적 돌연변이까지 낳기에 이르렀다.

이 괴상망측한 용어가 개념어로 정립되기 전에, 프랑스 공산당 소속의 한 사회학자는 '사회적' 차원에서는 억압적이지만 '사회성'이란 차원에서는 관용적인 '유혹의 자본주의'의 도래를 비난하고, 1968년 5월의 지도자들이 혁명을 주관주의적 입장에서만 기억하고 받아들이며 우익화하는 경

---

3   프랑스의 옛 아나키스트들이 이런 타락의 빌미를 종종 제공하기는 했다. 그들은 위대한 선조들과 해묵은 논쟁들—특히 프루동·바쿠닌 대 마르크스·엥겔스—을 무작정 숭배하면서, 마르크스 사상을 당이나 국가의 존립을 위한 도구로 전락시켰고, 위대한 공산주의 사상가들(안톤 판네쿡, O. 륄, P. 마티크 등)을 망각의 늪에 던져버렸을 뿐 아니라, 본능적인 반마르크스주의로 결국에는 자본주의의 변화 과정을 유물론적으로 해석하기를 포기했다. 더구나 자본주의 앞잡이들의 추측을 공인해주는 역할까지 마다하지 않았다. 특히 아나키스트연맹 서점 퓌블리코에서 혁명의 실패를 주제로 열린 토론에 참석한 스테판 쿠르투아의 『공산주의라는 검은 책Le livre noir du communisme』 (Robert Laffont, 파리, 1997)은 미국 네오콘의 싱크 탱크에서 출간된 책처럼 읽힐 지경이었다.

향을 비판하면서 '리베랄 리베르테르'라는 용어를 사용했다.[4] 다니엘 콘벤디트Daniel Cohn-Bendit가 그 대표적인 대상이 된 인물이다. 많은 사람에게 그는 "권력자를 혐오하던 사람에서 권력을 탐하는 사람으로, '아니요'라며 반론을 제기하던 사람에서 '그렇습니다'라며 넋을 잃고 동의하는 사람으로, 또 좀처럼 고집을 꺾지 않는 반항아에서 비굴하게 추종하는 사기꾼으로 변신한 사람"[5]으로 여겨졌다. 붉은색에서 '녹색'으로 변신한 다니엘은 리베랄 리베르테르라는 비판을 재빨리 왜곡 해석해, '생태·사회적 개혁주의'를 뜻하는 표어로 뒤바꿔놓았다. 덕분에 그는 정치 및 언론계에서 남다른 전문가로 평가받아 어엿한 관리 노릇까지 할 수 있었다.

모순어법 '리베랄 리베르테르'의 등장

다니엘에게는 곧 훌륭한 동반자가 생겼다. '계급투쟁'에서 살아남은 세르주 쥘리Serge July가 1981년 5월 일간지 리베라시옹을 새롭게 탈바꿈하면서 '리베랄 리베르테르'란 깃발을 내세웠기 때문이다. 완전히 현대적인 모습으로 탈바꿈한 리베라시옹은 편집장의 입을 빌려 두 가지 유산에서 물려받은 노선을 충실히 따르겠다고 선언했다.

하나는 계몽 시대 철학자로부터 물려받은 자유주의 정신인 '리베랄'이었고, 다른 하나는 반권위주의를 주장한 1968년 5월 세대의 정신인 '리베르테르'였다. 두 세대 사이에 애매한 공백기가 있기는 했지만, 조지 오웰의

---

4   미셸 클루스카르, 『신파시즘과 욕망의 이데올로기Néo-fascisme et idéologie du désir』, De-noël, 파리, 1973 및 『유혹의 자본주의Le Capitalisme de la séduction』, Éditions sociales, 파리, 1981.

5   프랑수아 쿠세, 『10년―1980년대의 엄청난 악몽』.

『1984』에서 언급되는 '기억의 공백'처럼 블랙홀까지는 아니었다. 한 세기 반 동안 노동운동이 폭발적으로 성장했고, 그와 더불어 노동운동을 이론적으로 뒷받침하는 사상과 이상도 등장했다. 달리 말하면, 좌파 정권이 시장과 기업을 복권시켜 이윤을 보장해주면서 적절하지 못한 이념으로 전락해버린 반자본주의가 등장했다.

'제2의 좌파deuxième gauche'로 사회당에 가입해 꿈을 펼친 사람들 사이에서 '리베랄 리베르테르'라는 깃발은 가장 화려하게 펄럭였다. 1980년대에 파비위스파派와 로카르파는 경제의 현대화가 가능할 때 "지나간 시대의 고리타분한 부담에서 벗어나 창조적이고 혁신적인 삶의 양식인 리베르테르를 활짝 꽃피우는 보상"을 얻을 수 있을 것이라며 '춘권Rouleau de print-emps'이란 이름으로 손을 잡았고, 내홍을 겪으면서도 경제의 현대화를 위해 부담스러운 사회주의의 과거를 떨쳐내기로 합의했다.

알랭 맹크는 생고뱅Saint-Gobain 행정위원회와 생시몽재단에서 활동하며, 언론에 뻔질나게 얼굴을 내비치며 '리베랄 리베르테르'라는 모순어법으로 '68세대 자본주의'를 미화했다.

아나키즘에 대한 경원시와 박대

시간이 지나면서 불평등과 불확실성이 심화되고 빈곤까지 깊어지자 리베랄 리베르테르는 조금씩 그 진실성을 상실해갔지만, 리베르테르와 아나키즘을 짝짓는 시도는 없었다. 오히려 둘 사이의 간격이 더 넓어질 뿐이었다. 악화되기만 하는 민중의 소외와 가혹해져가는 억압에 반발하는 직접적 행위로 투쟁이 되풀이되면서 아나키즘은 점점 죄악시됐고, 리베르테르를 표방하는 사람들의 숫자는 복잡다기한 정치 및 언론계에서 꾸준히 증가했다. '쾌락주의적이고 무신론적인 개인주의'로 한동안 아나키스트 세계를 현혹했던 철학자 미셸 옹프레Michel Onfray의 영향력이 커져가고 있다는 게 그 증거이다.

아나키스트들이 리베르테르란 수식어가 그처럼 남발되는 현상을 방임하고만 있었다는 사실이 놀랍기만 하다. 오히려 아나키스트들은 보수주의자들을 공격하는 예술가나 작품에 리베르테르란 수식어를 붙이기도 했다. 리베르테르를 완전히 폐기한다면 그 이름에 담긴 원칙을 위배하는 것이라 말했고, 리베르테르란 단어가 어떤 형태로든 다시 쓰인다는 것은 리베르테르의 원칙을 얻었다는 뜻이 아니겠냐고 덧붙였다. 개인주의화되고 탈정치화된 문화주의가 비판적 급진성을 독차지하면서, 리베르테르의 원칙이 본연의 비판적 급진성을 대폭 상실했다는 사실을 외면한 셈이었다.

사회당에서 녹색당을 거쳐 혁명공산주의자동맹으로 카멜레온처럼 변신한 사회학자 필리프 코르퀴프Philippe Corcuff 덕분에, 리베르테르는 자본주의국가를 떠받치는 굳건한 기둥의 하나인 사회민주주의와 짝을 맺으며 외설적인 냄새까지 풍기기에 이르렀다.[6] 향후 반자본주의를 표방할 정당을 대변해 코르퀴프는 로자 룩셈부르크과 루이즈 미셸, 심지어 '혁명적 아나키스트'인 엘리제 르클뤼까지 앞세우고, 얼마 전 재판이 출간된 르클뤼 강연록의 서문까지 쓰는 기염을 토했다. 또한 그는 사회민주주의보다는 덜 위험하지만 그래도 모순된 개념에 리베르테르란 수식어를 서슴없이 덧붙이며, '게바라주의자인 동시에 리베르테르'라고 자처하기도 한다. 그런데 우리는 목숨까지 버리며 반제국주의에 저항한 게바라에게 경의를 표하

---

6   필리프 코르퀴프, 「리베르테르 사회민주주의를 위하여Pour une social-démocratie libertaire」, 르몽드, 2000년 10월 18일.

지만, 게바라의 사람됨과 행동에서 반권위주의적 흔적을 찾기는 무척 힘들다.

리베르테르가 일반적으로 가리키는 저항이나 거부와는 거리가 있는 듯한 집단을 포함해서, 프랑스에서 이 단어는 야릇한 인기를 독차지하고 있는 반면에, 아나키즘은 여전히 위험한 것이란 틀에서 벗어나지 못하는 실정이다. 더구나 현실 세계가 아니라 추리소설에서 '아나키스트적 자율주의 운동'이란 불온한 세력이 아나키즘을 표방하면서, 이 단어는 더욱 위험한 것이란 오명을 뒤집어쓰게 됐다. 이른바 문화라는 이름을 붙일 만한 것은 너도나도 리베르테르란 수식어를 받아들이는 반면에, 아나키즘은 정반대로 범죄적 사상으로 전락해가는 실정이다. 하지만 자세히 뜯어보면 두 과정이 밀접히 연결돼 있어 그런 현상이 그저 놀랍지만은 않다.

강화된 보수주의 '신新리베르테르'

정치와 이데올로기의 회복이란 맥락에서 획일화나 집단화와 유사한 '사회적인 것'을 모든 해방의 출발점인 '사회성'과 대립시키는 사람들에게, '경제의 제약'에 순응하는 것이 반드시 옛날의 반체제적인 가치를 포기한다는 뜻은 아니다. 신新프티부르주아는 리베르테르에서 무엇보다 개인의 성공을 추구하고, 집단적 자기해방을 민주주의와 법치국가에 대한 위협이라 생각하며 그런 관점을 단호히 거부한다.

따라서 '비순응주의자'는 어떤 식으로든 이 세상을 살아가는 방식이기 때문에 기존의 규범이나 규칙을 비난해야 할 이유가 없다. 더구나 개인적인 삶이나 제도적인 삶, 보조금을 받는 삶이나 돈벌이에 치중하는 삶을 거부하는 행위가 이제는 자본주의의 지배를 부추기는 꼴이 되기도 한다. 반면에 명시적인 동의나 암묵적인 동의 아래서, 적어도 이런 혜택을 받는 사람들의 침묵을 전제로, 지배자는 자본주의의 지배를 해칠 수 있는 모든 행위와 모든 발언, 요컨대 어떤 형태의 투쟁이라도 금지하고 억누르는 권한을 스스로에게 부여할 수 있다. 결국 '신리베르테르'는 한층 강화된 보수주의에 '신'이란 접두어를 덧붙인 것에 불과하다.

지구는 북적대지 않는다

조르주 미누아 ■ Georges Minois

1946년생. 브르타뉴 지방의 가톨릭 개혁 연구로 프랑스 국가 박사 학위를 받은 역사학자로 중세와 앙시앵 레짐 종교사 전문가이다. 2007년까지 생브리외의 에르네스트 르낭 고등학교에서 역사와 지리를 가르쳤으며, 현재는 국제학제간연구소(CIRET) 소속으로 특히 종교정신사 분야에서 족적을 남겼다. 저서로 『지옥의 역사 Histoire des enfers』(1991), 『무신론의 역사 Histoire de l'atheisme』(1998), 『웃음과 조롱의 역사 Histoire du rire et de la derision』(2000), 『고독과 독거인들의 역사 Histoire de la solitude et des solitaires』(2013) 등이 있다. 국내에는 『노년의 역사』(1987)와 『자살의 역사』(1995)가 번역, 출간되었다.

2008년 과잉인구의 망령이 되살아났다. 일시적으로 세계 식량 재고량이 줄어들고, 환경 파괴가 가속되면서 과잉인구를 우려하는 목소리가 거세졌다. 통계 수치에 나타난 현실도 결코 안심할 만한 수준은 아니었다. 전 세계적으로 우리가 먹여살려야 할 입이 하루 21만 8000개, 1년이면 8000만 개씩 늘어났다. 세계 인구는 70억 명에 육박했고, 그와 더불어 식량 수요도 급증했다. 한정된 자원에 인구가 부담으로 작용했다.

　　인류가 과잉인구를 고민한 것은 결코 21세기에 들어서면서부터가 아니다. 21세기가 되기 전, 인구가 2억 명이 채 안 되던 시기에도 플라톤과 아리스토텔레스는 "국가가 엄격하게 산아를 제한해야 한다"고 주장했다. 당시 과잉인구는 숫자가 아닌 문화의 문제였다. 성경이 '생육하고 번성하라'는 가르침을 내린 이후, 인구 증가 지지자와 산아제한 지지자 사이에는 뜨거운 갑론을박이 이어졌다. 전자는 과잉인구가 허상에 불과한 개념이라 비판했고, 후자는 과잉인구가 종국에는 비극적 결말을 가져올 것이라고 경고했다.

플라톤의 인구 걱정은 치안 걱정

　아주 오랫동안 인류는 인구를 측정할 능력이 없었다. 신뢰할 만한 수치가 없으니 과잉인구를 둘러싼 논쟁은 당연히 철학적, 종교적 혹은 정치적 성격을 띨 수밖에 없었다. 인구통계 자료가 봇물처럼 쏟아지는 오늘날, 인구 논란은 여전히 대체로 이념 혹은 정치 노선에 의해 좌우된다. 한편 과잉인구를 어떤 식으로 바라보느냐는, 사람들이 각자 삶과 삶의 가치에 대해 기본적으로 어떤 신념을 품고 있느냐에 따라 달라지기도 한다. 사람들이 과잉인구 문제에 뜨거운 관심을 보이는 것은, 인구 논쟁이 우리 삶과 밀접하게 관련있기 때문인지도 모른다.

　수천 년 동안 인류는 출생률이 너무 낮아 걱정했다. 하지만 13세기 말과 14세기 초 유럽과 같이, 일정 시기가 되면 나라 전체나 지역이 심각한 과잉인구 문제(어디까지나 상대적인 문제지만)에 직면하게 된다. 심지어 신학자가 입장 변화를 보이는 경우까지 나타났다. '정조貞操'라는 도덕적 관념과 우월적 가치로서의 처녀성을 두고 논란이 벌어졌고, 피임 찬반론이 일어났다. 한편 오나니즘(형이 죽자 형수와 결혼해 자식을 낳으라는 신의 지시를 어기고 '형의 자손'을 낳지 않기 위해 땅바닥에 사정을 한 '오난의 죄')을 금지한 성서의 가르침을 두고 오랫동안 논란이 지속됐다.

　4만 년 전만 해도 지구상 인구는 전부 합해 약 50만 명에 불과했다. 과잉인구로 인한 위기는 아주 먼 미래 이야기로만 여겼다. 대신 이 시기 사람들에게는 사냥터에서 잡아온 사냥감을 저장할 만한 공간이 필요했다. 저장고 확보는 사활이 걸린 중대한 문제였다. 수렵과 채집에만 의지해 살아가는 사람들이 1인당 필요로 하는 공간은 10~25제곱킬로미터였다. 그 정도 공간을 확보하려면 어쩔 수 없이 부족 규모를 엄격히 제한해야 했다. 결국

과잉인구란 사용 가능한 자원의 양이 얼마인지에 따라 변화하는 가변적 개념인 셈이다. 그런데도 사람들은 과잉인구 하면 흔히 비좁은 장소에 사람들이 발 디딜 틈 없이 빽빽하게 살아가는 모습을 떠올린다.

인류는 금세 숫자에 대한 강박관념에 사로잡힌다. 이를테면 그리스 도시국가는 험난한 산악 지대가 많아 폐쇄적 구조를 띠었다. 산으로 둘러싸인 분지별로 개별 도시국가가 형성됐다. 공간이 비좁고 닫혀 있는 탓에 사람이 많으면 답답할 수밖에 없었다. 이런 특성 때문에 그리스 도시국가는 일찍이 인구학적 요인에 많은 관심을 기울인다. 정치적으로 출산에 반대하는 분위기가 팽배했다.

플라톤은 두 권의 주요 '대화' 편인 『국가』와 『법률』에서 사용 가능한 자원과 공간에 따른 최적 인구를 규정했다. 이상적인 인구수를 유지하려면 어떻게 사회를 조직하고 운영해야 하는지 설명했다. 아리스토텔레스는 『정치학』에서 그와 유사한 인구론을 펼쳤다. 그는 "무조건 인구가 많아야 도시국가가 확대되는 것은 아니다"[1]라고 지적했다. 그러면서 "인구가 너무 많으면 오히려 질서 확립이 어렵다. 시민 수가 지나치게 많으면 통제에 어려움이 생긴다. 또 서로 안면을 아는 사람들이 줄어들면서, 상대적으로 범죄가 늘어날 가능성이 높아진다. 더욱이 수많은 군중에 묻혀 외국 방문자나 거류 외국인(메테크)이 그리스 시민을 사칭하는 일이 발생할 수도 있다"[2]고 덧붙였다. 시민, 특히 빈곤층이 많으면 사회 소요가 일어날 수 있다. 아리스토텔레스는 식량이나 자원 때문이 아니라 질서 유지 측면에서 인구 증가를 우려했다. 고대 그리스의 인구론은 이미 근현대 인구론에서

---

1   아리스토텔레스, 『정치학』, 제7장, 4, 1326a.
2   같은 책.

다루는 주제들을 폭넓게 포괄하고 있었다. 당대 인구론은 우생학과 맬서스주의, 심지어 외국인혐오주의까지 총망라했다.

신학이 개입한 인구학, '낳느냐 마느냐'

로마가 세력을 확장하면서, 인구론은 새로운 전기를 맞이한다. 하지만 사람들의 기본 사고방식은 변하지 않았다. 먼저 로마는 출산장려 정책을 펼쳤다. 참신하지만 결코 성공적인 정책으로 볼 수 없었다. 로마의 출생률은 다른 문명에 비해 늘 형편없었다. 고대 로마의 역사가 티투스 리비우스의 글에는 이런 상황이 잘 나타나 있다. "골족은 풍요롭고 백성이 번성했다. 그래서 과잉인구를 통제하는 것이 늘 골칫거리였다. 이미 나이를 먹을 대로 먹은 왕은 왕국을 짓누르는 인구 문제를 해소하기 위해, 두 명의 조카에게 새로운 땅을 찾아나서도록 명령했다."[3] 로마는 과잉인구에 직면한 골족이 이웃인 로마를 공격한다는 논리를 폈다. 하지만 이 주장은 골족 침략을 정당화하기 위한 정치적 선동에 불과했다.

3~5세기, 기독교 발전과 더불어 국가는 모든 인구통제 정책을 포기한다. 이제 출산과 관련한 문제는 시민이나 정치의 문제에서 종교나 도덕 영역의 문제로 넘어간다. 처녀성과 결혼, 재혼을 둘러싼 가치 논쟁에도 불이 붙는다. 이를테면 처녀성은 모두가 침이 마르도록 칭송하는 우월적 가치인 반면, 금욕주의 풍토에서 결혼은 제대로 가치를 인정받지 못했고 재혼은 단죄의 대상이 됐다. 사회에는 금욕주의적 분위기가 팽배했지만, 그 분위기 속에서도 사람들은 다음과 같은 의문을 품었다. '인구를 늘릴 것인

---

3   티투스 리비우스, 『로마사』.

가, 줄일 것인가?' '출산을 장려할 것인가, 억제할 것인가?' 기독교도에게
는 해답이 신의 말씀 속에 있었다. 하지만 성서의 가르침은 모순으로 가득
했다. 그 결과, 초기 기독교 교부('교회의 아버지'란 뜻으로, 5~8세기 교리의
정립과 교회 발전에 이바지하면서 신앙이나 교회 생활에 중대한 영향을 미친 사
람)의 역할은 온갖 수사학으로 교리를 비틀고 미화함으로써, 신의 말씀에
아무런 모순이 존재하지 않는 것처럼 만드는 일이었다. 그들에게 하느님의
말씀은 곧 하나였다. 비록 하느님이 아담과 하와에게는 생육을 명하고, 훗
날 신약에서 사도 바울에게는 "남자가 여자를 가까이 아니함이 좋다"고 말
했지만 말이다. 이런 신학적 작업은 결코 쉽지 않았다. 하지만 신학자에게
불가능한 일이란 존재하지 않는다. 신학자들은 구약의 가르침은 명쾌하다
고 결론지었다. "생육하고 번성하여 땅에 충만하라." 그리고 다산하라.

중세 시대의 상대적인 과잉인구 현상은 현실에 실질적 영향을 미쳤다.
11세기 말부터 서구인은 수의 위력을 잘 활용했다. 중세인들은 자신들이 수
적인 면에서 우월하다는 점을 잘 인식하고, 이를 무기로 삼았다. 이를테면
1095년 교황 우르바누스 2세는 예루살렘에 수많은 기사단을 파견했다. 훗
날 십자군은 서에서 동으로 수많은 군사를 끊임없이 파견하며 무훈을 쌓는
다. 기독교 가르침에 따른 인구 증가가 없었다면 결코 불가능한 일이었다.

19세기 초까지 서구 세계에서는 인구 논쟁이 계속 이어졌다. 성직자,
지성인, 신학자, 철학자, 작가가 바통을 주고받으며 인구론을 정립해갔다.
과잉인구에 대한 공포와 대대적인 인구 감소의 충격, 인구 번성의 유토피
아와 신의 질서만이 이 땅의 인구를 조절할 수 있다는 불변의 믿음 등이 이
어졌다. 서구인에게 '불굼 페쿠스vulgum pecus', 즉 '대중'은 때에 따라 재앙
을 의미하기도, 풍요를 상징하기도 했다. 비록 통계학적 도구는 빈약하기
짝이 없었지만, 저마다 인구에 대한 자신의 생각을 표현하고 바람직한 인

구의 모습을 제안했다. 과소인구인가, 과잉인구인가? 수세기에 걸쳐 인류의 생존에 어느 쪽이 더 위험한지를 놓고 논쟁이 지속됐다.

"낳아서 번성하라", 구약의 판정승

18세기에서 19세기로 넘어가면서, 토머스 맬서스의 저작[4]을 시작으로 인구론사에 새로운 전기가 마련됐다. 영국의 목사이자 경제학자인 맬서스는 "인구 증가 속도가 식량 생산 속도보다 훨씬 빠르다"고 했다. 그 결과 불가피하게 인구 폭발과 대규모 기아가 발생할 수밖에 없다고 예견했다. 만일 늘어나는 인구를 통제하지 못하면 급격하고 고통스러운 결말에 직면할 것이라고 경고했다. 즉 자연이 스스로 '잉여 인간'을 제거하는 역할을 맡게 될 것이라는 주장이었다. 반면 출생률을 제한하는 방법이 있다고 했다. 빈곤층에 대한 모든 지원을 중단하고, 가난한 이들이 좀더 책임감 있는 태도를 취하도록 유인하는 것이었다. 책임감 있는 태도란 처자식을 부양하거나 교육할 능력이 있을 때만 결혼하고 자녀를 낳는 것을 의미했다. 맬서스는 빈곤층이 급격히 확산되는 것은 인류에게 위험한 일이라 보고 빈곤을 뿌리 뽑아야 한다고 주장했다.

맬서스 이론에 대해 피에르 조제프 프루동은 "과잉인구라는 문제는 존재하지 않는다"고 맞받아쳤다. 그는 빈곤이 확산되는 이유는 불공정한 사유재산제도로 인해 일부 계층에 권력이 편파적으로 집중되기 때문이라고 보았다. 한편 인구학적 문제에는 전혀 관심이 없던 카를 마르크스도 맬서스를 노동계급의 적으로 여겼다. 마르크스는 그를 "과학을 반역하고, 인류

---

4   토머스 맬서스, 『인구론』(1798).

의 명예를 훼손한 죄를 저지른 오만불손한 지배계급의 앞잡이"[5]로 취급했다. 마르크스는 맬서스가 인구가 항상 자원 증가 속도보다 빠르게 늘어난다는, 시대나 장소에 따라 결코 변하지 않는 절대적 자연법칙인 '인구 법칙'을 신봉하는 것을 비난했다. 마르크스는 "이 추상적이기 짝이 없는 인구 법칙이란 동식물의 세계에나 존재하는 것이다. 적어도 인간이 이에 중대한 개입을 하지 않는다면 말이다. 중요한 것은 사람 수가 아니라, 부의 재분배다"[6]라고 지적했다.

맬서스와 프루동, '폭발이냐 분배냐'

인구 논쟁은 인류의 수가 폭발적으로 증가한 20세기 중반까지 계속 이어졌다. 1950년 30억 명이던 인구는 2000년 60억 명으로 급증했다. 더이상 단순한 인구 증가라고만 볼 수 없었다. 가히 인구 폭발이라 부를 만했다. 인구학자, 경제학자, 지리학자뿐 아니라 철학자, 역사가, 민족학자, 심지어 정치가까지 가세해 불꽃 튀는 인구 논쟁을 벌였다. 어떤 이는 환경에 관계없이 아이는 많이 낳아야 한다고 주장했고, 또다른 이는 산아를 제한해야 한다는 현실적인 진단을 내놓았다. 어떤 이는 불평등한 개발이 문제지 과잉인구라는 개념은 존재하지 않는다고 부인한 반면, 또다른 이는 수억 명의 인구를 굶주림으로 죽게 하는 출산장려자의 살인자에 가까운 광기를 비난했다. 1980년대부터는 환경과 생태에 대한 관심이 인구론에 가세하기 시작한다.

---

5 카를 마르크스, 『자본』.
6 같은 책.

21세기에 들어서면서 맬서스주의에 반대하는 이들은 당시 진행중이던 인구 전환(다산다사에서 소산소사로) 현상에서 위안을 찾는다. 가난한 나라를 비롯해 전 세계적으로 출생률이 급감했다. 인구 전환 현상은 1934년 아돌프 랑드리Adolphe Landry가 말한 '인구 혁명'을 더욱 강하게 뒷받침했다. 이제는 재화 생산이 크게 증가한 덕분에 '인구 대 자원'의 문제는 충분히 극복할 수 있음을 증명했다. 이제 이상적인 인구란 '행복'이라는 문화적인 개념, 다시 말해 양이 아닌 질 차원의 개념을 지향하게 된다.

이 이론에 따르면, 인구는 2050년에는 90억 명, 2150년에는 100억 명 선에서 안정세를 유지할 것이다. 대부분의 인구학자가 주장하듯 지구는 100억 명도 충분히 먹여살릴 능력이 있다. 그런데 어찌 70억 명을 과잉인구라고 표현할 수 있겠는가? 지구상에 영양실조를 겪는 사람이 10억 명이나 되고 빈곤한 사람이 그 두 배에 이르지만, 이는 그저 자원 재분배가 공정하지 않은 탓일 뿐이다. 그렇다면 재분배가 공정하게 이뤄진다고 반드시 100억 명을 바람직한 수치라고 볼 수 있을까? 어쨌든 아무리 배불리 먹는 100억 명이라고 해도 100억 명은 100억 명이지 않은가.

문제는 양이 아니라 질이다

1997년 살만 루슈디는 그해 태어날 「60억번째 세계 시민에게 보내는 편지」[7]를 썼다. "상당히 흥미로운 종족의 새로운 일원이 된 너는 머잖아 6만 4000달러(미국의 1인당 GDP 추정치)에 두 가지 질문을 하게 될 것이란

---

[7] 이 글은 크리스토퍼 히친스가 편집한 『휴대용 무신론자The portable atheist』(Da Capo, 필라델피아, 2007)에 인용된 살만 루슈디의 책 『천국이 없다고 상상해보렴 Imagine There's No Heaven』(1999)에 실렸다.

다. 어느 순간부터 나머지 59억 9999만 9999명도 궁금하게 여겨온 질문이지. 대체 우리는 어쩌다가 지금의 처지가 됐을까? 이런 상황에서 또 어떻게 살아가야 할까? 그러면 이런 대답이 돌아올 거야—그런 근원적 질문에 대한 해답을 얻으려면, 먼저 눈에 보이지도 않고 말로 표현할 수도 없는 '저 위'에 계신 전능하신 창조주 하느님이 존재한다는 사실을 믿어야 한단다. 많은 국가들이 인류의 수가 폭증하는 것을 막을 수 없었던 것은 모두 그분에 대한 믿음 때문이었지. 인구가 폭발적으로 증가한 데는 인류의 정신적 지도자들의 광기가 어느 정도 한몫했어. 아마 너는 살아 있는 동안 90억번째 세계 시민이 탄생하는 모습을 지켜보게 될 거야. 종교가 산아제한에 반대하는 바람에 너무 많은 사람들이 태어나게 됐다는 사실을, 그리고 또 반대로 종교로 인해 너무 많은 사람들이 죽어가고 있다는 사실을 깨닫게 될 것이란다."

루슈디가 60억번째 세계 시민에게 보내는 편지를 쓴 지 13년이 되는 2011년이나 늦어도 2012년 초면, 비로소 70억번째 세계 시민이 탄생한다. 이 아이는 10명 중 7명은 아주 가난한 나라, 그것도 열악한 가정에서 태어날 것이다. 그때 우리는 이 아이에게 환영의 편지를 써야 할까, 아니면 사죄의 편지를 보내야 할까?

●　이 글은 조르주 미누아의 저서 『숫자의 위력 Le poids du nombre: l'obsession du surpeuplement dans l'histoire』(2011)에서 발췌했다.

북아프리카 및 서남아시아 국가의 출생률 변화

알제리 ▪ 알제리의 독립 당시 출생률은 여성 1인당 자녀 수 8명 이상으로, 아랍권에서 출생률이 높은 국가 중 하나였다. 인구구조 변화는 이웃 국가에 비해 뒤늦게 시작됐는데, 알제리 정부의 출산장려 정책보다는 '요람에서 무덤까지' 정책 유지를 가능하게 한 연금 경제체제라는 특수성에서 기인한다고 볼 수 있다. 20년간 출생률이 급감하면서 튀니지나 모로코와 비슷한 수준이 됐으나, 2000년부터는 이웃 국가와 상반되는 양상을 띠면서 점차 증가했다. 정치적 폭력이 줄어들고 경제 위기가 점차 해소되면서 혼인 건수도 증가했다(2005년 28만 건이던 혼인 건수가 2009년에는 34만 1000건이었다).

리비아 ▪ 인구가 적고 연금 생활 국가인 리비아는 페르시아 만 산유국들의 인구구조 변화와 유사한 양상을 보였다. 오랜 기간 출산장려 정책이 석유 수익에 의존한 관대한 재분배 정책과 맞물려 실시됐다. 그러나 석유 파동의 반작용과 국제적 무역 제재를 겪으며 출생률이 감소했다. 유엔 통계에 따르면, 2010년 출생률은 여성 1명당 2.4명이었다.

이집트 ▪ 현재 불안정한 정치 상황과는 상반되게, 인구 변화는 안정된 모습을 보였다. 국토 전체 면적의 4~5%만 거주에 적합하기 때문에 인구밀도가 매우 높지만, 인구는 연간 2%씩 증가하고 있다. 다른 지역과 마찬가지로 높은 출생률이 이어질 것이다. 여성 1명당 약 3.25명의 출생률을 유지하고 있는데, 모로코나 튀니지의 출생률보다 50% 높은 수치다.

요르단 ▪ 교육 증진과 문맹 퇴치의 성과에도 불구하고 요르단의 출생률은 여성 1명당 3.5명 이상으로 높은 수준이며, 10여 년 전부터 안정적 추세를 보이고 있다. 부계 중심적 전통에서 벗어난 마그레브 지역과는 달리, 여전히 부계 중심 사회가 깊게 뿌리박고 있어 남아 출산이 중요시되고 있다. 종파 간 또는 시역 간 경쟁과, 팔레스타인계 또는 트랜스요르단계 출신에 따른 경쟁으로 높은 출생률이 지속되고 있다.

레바논 ▪ 여성 1명당 1.69명의 출생률로 아랍권에서는 예외적인 경우에 속한다. 내전(1976~1990) 종결 뒤부터 1960~1970년대의 인구 경쟁은 사라졌다. 하지만 정도 차이는 있으나 마론교(레바논 지역의 가톨릭교), 시아파, 그리스정교, 천주교, 수니파 및 드루즈파에 걸쳐 종파에 따른 인구 경쟁 양상은 여전히 남아 있다.

터키 ▪ 터키는 인구 대체 수준인 여성 1명당 2.09명에 못 미치는 출생률을 보이기 시작했다. 즉 1996년과 1997년 네지메틴 에르바칸 정부처럼 지금의 무슬림 정부도 출산장려 정책을 펴고 있다. 그러나 자녀 수는 전적으로 부부 선택에 달려 있어, 자녀 수를 줄이는 양상이 나타나고 있다. 이란도 터키와 비슷한데, 무슬림 정권임에도 여성 1명당 1.83명이라는 낮은 출생률을 보인다.

이스라엘과 팔레스타인 ▪ 놀랍게도 이스라엘 유대인들의 출생률은 여성 1명당 3명으로, 해를 거듭할수록 증가 추세에 있다. 반면 식민 통치하에 있는 예루살렘 동부 지역을 포함한 요르단 강 서안 지구와 가자 지구의 팔레스타인인 출생률은 최초 인티파다 때 세계 최고 수준을 보인 후로 계속 감소하고 있다. 현재 출생률은 여성 1명당 3.6명이며, 미국 통계청에 따르면 요르단 강 서안 지구의 출생율은 3.1명, 가자 지구는 4.7명이다. 이스라엘 아랍인들은 출생률이 여성 1명당 3.4명으로 이스라엘 유대인의 출생률과 비슷한 수준이다.

중위연령Median Age 헌 나라(혹은 한 지역)의 전체 인구를 연령별 인구수로 순서대로 나열해 균등하게 이분한 연령. 프랑스 본국의 2010년 중위연령은 40.1세이다. 즉 전체 인구의 절반이 40.1세 이하이고, 나머지 절반이 40.1세 이상이다.

인구 감소 연령집단 Small Age Group 전 세대 혹은 후 세대에 비해 인구가 감소한 세대. 전쟁이나 출생률 감소가 원인이다.

인구밀도Density 어떤 지역의 단위면적 대비 인구 비율. 보통 제곱킬로미터당 인구수(명/㎢)로 표현한다. 인구밀도가 가장 높은 지역은 모나코(1만 6235명/㎢)이고, 가장 낮은 지역은 몽골(1.8명/㎢)이다. 프랑스의 인구밀도는 114, 미국은 31이다.

자연적 인구 감소 Depopulation 사망률에 비해 출생률이 저조한 현상. 태어나는 사람의 수가 사망하는 사람의 수보다 적으므로 '자연적 인구 감소'라고 부른다. 이민자 유입에 의해 부족한 출생률이 상쇄되는 경우 '일반적 인구 감소Population Decrease'로 보지 않는다.

출생시 기대수명 Life Expectancy at Birth 한 집단의 인구가 생존할 것으로 기대되는 평균수명. 프랑스의 출생시 기대수명은 1900년 45세, 2000년 79세, 2010년 81.6세였다.

건강기대수명Health-Adjusted Life Expectancy 심각한 장애 없이 한 집단의 인구

가 생존할 것으로 기대되는 평균수명. 프랑스인의 건강기대수명은
63.3세(여성 64.3세, 남성 62세)이다.

인구한파 혹은 인구학적 겨울 Demographic Winter 인구 전환(아래 참조) 후반기
에 한 나라의 사망률은 안정세를 보이지만, 출생률이 지속적으로
줄어드는 현상. 이로 인해 인구고령화가 비교적 빠르게 진행된다.

합계특수출생률Total Fertility Rate 연령별 출생률을 합산해 계산한 통계 지수
(여성 1명당 자녀 수). 프랑스의 경우 2008년 합계특수출생률은 여
성 1명당 자녀 1.98명이었다. 더 구체적으로 여성 1만 명당 자녀 수
가 1만 9882명인 셈이다. 이 수치는 15세 여성(1만 명당 자녀 5명),
16세 여성(1만 명당 자녀 19명), 17세 여성…… 그리고 49세 여성
(1만 명당 자녀 1명)까지의 출생률을 모두 합산한 결과다.

기업의 주재원 파견에 따른 이민 Entrepreneurial Migration 기업이 국외에 직원을
파견하면서 이루어지는 이민.

경제 이민 Economic Migration 자국이 아닌 다른 나라에서 일하기를 바라는 사
람이 외국으로 이주하는 것. 대개 출신국에서는 누릴 수 없는 외국
의 생활 여건이나 노동조건이 이주 동기다. 때로는 가난을 벗어나
기 위한 극단적 방법으로 선택하기도 한다. 하지만 새로운 직업에
대한 전망을 찾아가는 사람도 점차 늘어나고 있다.

가족 이민 Family Migration 가족 전체나 일부가 이미 외국에 있어 가족과 함께
살기 위해 외국으로 이주하는 행위를 의미한다. '가족재결합Family
Reuniting'이라고도 부른다.

연령 피라미드 Age Pyramid 인구의 연령별, 성별 분포 형태를 나타낸다. 일반
적으로 남성과 여성을 나타내는 두 개의 막대그래프가 서로 겹치
는 모양으로 표현된다. 수직은 연령층을, 수평은 연령대별 인구수
를 나타낸다. 어린이가 고령자보다 적을 경우(피라미드 하단이 더
좁으면) '역연링 피라미드'라고 부른다.

총부양비 Total Dependency Ratio 생산 가능 연령 인구 대비 고령층 및 유년층
(어린이, 청소년) 비율. 고령층과 유년층은 건강하고 안락한 생활을
위해 경제활동 가능 연령층에 경제적으로 의존한다.

출생성비 Masculinity of Birth 일정 인구의 여아 대비 남아 비율. 여아 100명당
남아 105명이 일반적이다. 하지만 많은 아시아 국가(중국, 인도 등)
가 남아선호로 인해 불균형한 출생성비를 보인다.

인구 변천 단계 Demographic Regime 한 나라의 출생률과 사망률이 각기 어떤
특징을 보이고, 또 둘의 관계가 어떤 양태를 띠는지 나타낸다.

자연증가율 Rate of Natural Increase 일정한 연도를 기준으로 본, 일정 인구 대
비 출생자 수와 사망자 수의 차이.

영아사망률 Infant Mortality Rate 출생 후 1년 동안 생존한 아기 1000명당 태어
난 지 1년이 되지 않아 사망한 아기 수의 비율.

유아사망률 Child Mortality Rate 출생 후 5년 동안 생존한 유아 1000명당 태어
난 지 5년이 되지 않아 사망한 유아 수의 비율.

유아청소년사망률 Infant-Jevenile Mortality Rate 초기 출생자 수 대비 생후 1년부

터 성인이 되기 전 사망한 사람(즉 어린이와 청소년) 수의 비율.

모성사망률Maternal Mortality Rate 일정 연도의 생존 출생자 수 10만 명 대비
출산 및 산후 부작용으로 사망한 여성 수.

인구 전환 Demographic Transition 사망률과 출생률이 모두 높은 단계에서 사
망률이 낮은 단계로 인구가 이행하는 기간을 의미한다. 인구 전환
의 기간과 강도는 경우별로 다양하게 나타난다.

움직이지
않으리라,
모두의 공간을
되찾으리라

막스 루소 ■ **Max Rousseau**

리옹 대학에서 정치학 박사 학위를 받은 뒤 정치학을 가르치고 있다. 도시 공간의 정치사회학적 문제와 지역
개발 및 국제 협력 문제에 대한 글을 진보 언론에 기고하면서, 자본주의의 폐해를 일상적 삶의 공간으로 확대
해 비판하고 있다.

"아니, 아니, 우린 움직이지 않으리라! 우리 삶이 이 광장 위에 있거늘, 우린 움직이지 않으리라! 움직이지 않으리라, 이것이 우리 세대!"

—스페인 대중 드라마 주제가, 〈분노한 자들 Indignamos〉

중동과 북아프리카 지역에서 한창인 체제 비판 운동을 일컫는 '아랍 거리', 최근 미국에서 다시 불붙은 '월 스트리트'와 '메인 스트리트' 간 신화적 갈등, 프랑스의 많은 시위 행렬을 가리키는 '거리의 힘' 등 새롭게 사회적 불의에 맞서 모인 민중을 일컫는 거리의 은유적 표현이 국제적 반향을 일으키고 있다. 마찬가지로, 스페인 공동체 '데모크라시아 레알 야Democracia Real YA'(이제는 진짜 민주주의를!)는 선언문을 통해 스스로를 '거리의 남자와 여자 들'이라는 도시적 용어로 지칭하면서, 자신들은 똘똘 뭉친 소수의 정치·경제 엘리트 집단이 권력과 부를 독점하는 체제의 희생양이며 이런 체제를 거부한다고 밝혔다.

'아캄파다 솔Acampada Sol'(태양 광장 캠핑), '토마 라 플라사Toma la plaza'

(광장을 접수하라), 또는 '노 노스 바모스No nos vamos' (우리는 떠나지 않으리라)[1] 등으로 명명한 5월 15일의 스페인 사회운동은, 그렇다고 거리를 단순한 물리적 장소(집단 행위를 위한 모임 지점)나 상징적 장소(피지배자의 공간으로서의 거리)로만 사용한 것은 아니다. 이제, 그들은 그 거리를 목표로 삼았다. 정치적, 경제적 문제를 이렇게 '도시화'하면 이들 문제를 곧 자신의 문제로 구체적으로 인식할 수 있게 된다. 도시화가 단순하지만 동시에 명백한 정치적 의미를 드러내는 것이다. 즉 일정한 공공장소에서 한 집단이 평화적이면서도 지속적으로 현존하는 것, 그 자체가 이미 하나의 저항 행위라는 사실을.

사회운동, '거리'를 목표로 삼다

사회운동과 도시 공간의 새로운 관계를 이해하려면, 민주주의와 자본주의라는 두 역사적 힘이 긴장관계 속에서 어떻게 서양의 도시들을 형성해왔는지 짚어봐야 한다. 전자는 공공장소의 보편적이며 지속적인 점유를 필요로 하지만, 끊임없이 유동성을 추구하며 통행을 최대화하려는 속성을 지닌 후자의 위협을 받는다.

프랑스의 오스만 시대는 자유주의 정책을 옹호하던 당시 독재 체제의 전략을 반영해 수도를 훗날 "공간과 시간의 압축"[2]이라고 평가받는 방향으로 정비해 자본주의의 성장을 도모하고, 서양 도시화 역사의 한 획을 긋는

---

1   에바 보테야오르디나스, 「푸에르타 델 솔의 직접민주주의La démocratie directe de la Puerta del Sol」, www.laviedesidees.fr.
2   데이비드 하비, 「포스트모더니티의 조건The Condition of Postmodernity」, Blackwell, 런던, 1989.

핵심적인 시기가 되었다. 19세기 중반, 조르주 외젠 오스만 남작은 "유동성 (으로 작동하는) 기계"[3] 라고 부를 수 있는 새로운 도시의 개념을 도입했고, 이 개념은 이후 널리 확산되었다. 오스만 남작은 20년에 걸쳐, 중세의 경제와 사회 중심지 구실을 했던 복잡하게 얽힌 좁은 길들을 없애고 넓은 대로를 뚫어, 주변국들과 철도로 연결되기 시작한 이 도시의 통행량을 늘리는 데 박차를 가한다. 나날이 지위가 상승한 대은행가들은 도시화의 재정을 뒷받침하며 이익을 챙기고, 파리 시민들은 투기 열기에 사로잡힌다. 집값은 사용가치를 뛰어넘는다. '바리케이드의 시대' 끝 무렵에는 노동자들이 집단으로 도시 외곽으로 밀려나는 반면, 부르주아들은 도시 중심가의 새 건물들과 상류층의 소비 장소로 구상된 넓은 대로를 점유한다. 유혈 진압된 1871년 파리코뮌은 부분적으로는 도시의 이런 진화 방향을 바꾸려다 실패한 반란으로 분석할 수도 있다.

이런 도시 개념이 처음부터 바로 확산된 것은 아니다. 유럽 도시의 골격 형성은 산업 성장을 전제로 한다. 산업자본은 거의 유동적이지 않은데다, 공장의 이윤은 장기간에 걸쳐 형성된다. 산업자본을 형성하려면 결국 다수의 노동력이 제공하는 지속적인 서비스에 매달려야 하는 것이다. 자본가들은 산업도시를 건설하면서, 멀리 떨어져 있는 노동력이 일련의 자극에 이끌려 그 안에 정착할 수 있는 일종의 '블랙홀' 구실을 하도록 계획한다. 프랑스의 르크뢰조Le Creusot나 스페인의 콜로니아구엘Colonia Güell 같은 컴퍼니 타운들이 바로 '유동성의 도시계획'의 원형이다. 주거 개선, 공공설비 설치, 새로운 서비스 제공…… 이제 자신이 일하는 공장 가까이 자리잡은

---

3   막스 루소, 「유동성 기계로서의 도시 La ville comme machine à mobilité: Capitalisme, urban-
     isme et gouvernement des corps」, 『메트로폴Métropoles』, 제3호, 2008.

노동자는 다른 곳으로 갈 생각은 하지 말아야 한다. 동시에 부랑 생활은 억압의 대상이 되는데, 이는 고용주와 공권력이 몹시 꺼리는, 통제 불가능하며 잠재적으로 '전염성이 있는' 유동성의 본보기이기 때문이다.

20세기 중반, 자동차의 대중적 보급과 근대 도시계획의 진화로 유동성이 증가한다. 그러나 이는 언제나 (외곽에 배치된) 주거지와 (시내에 위치한) 직장 사이를 쳇바퀴 도는, 관습적이며 통제하에 있는 유동성을 말한다. 이런 경향은 1950년대 들어 미국의 비트 세대나 프랑스의 상황주의자들처럼 부랑 생활을 찬미하고 '표류'하기를 선동하는 다양한 반문화운동의 지탄을 받게 된다.

자본주의가 밀어낸 민주주의 공간

1970년대부터 서구 자본주의는 세계적 규모의 통행 증가와 그 결과로 발생한 노동의 국제적 분할 아래 새로운 변동을 겪는다. 자본과 일자리가 지리적으로 분산됨에 따라 블랙홀 같은 도시 개념은 낡은 것이 되어버리고 만다. 대중매체는 한정적이고 관습적인 통행에 대한 반문화운동을 과장해, '나는 나 자신의 기업가', 즉 사생활과 직장생활을 위해 공간적 장애물을 뛰어넘길 주저하지 않는 개인을 찬양한다. 이런 새로운 인간형은 나날이 글로벌 수준이 되어가는 통행의 범위와 빈도를 급속히 늘려야 하는 현 체제의 지상명령이다. 최대한의 이익을 창출하기 위해 고안된 통행 기계로서 신자본주의 도시는 더이상 지리적 한계나 서민층의 생활 조건 향상을 염두에 두지 않는다.

파리는 세계화 깊숙이 몸을 들여놓은 기업들의 본사를 유치하기 위해, 산업 지대였던 라데팡스를 다시 한번 대대적으로 재개발해 다국적기업 유치의 전초기지로 삼는다. 라데팡스로 유입이 최대화되도록 설계된 이 사업이야말로 통행 증가를 위해 구상된 도시계획과 맥락이 닿는 것이다.

철학자 지그문트 바우만이 '공공의, 그러나 비시민적인 장소'라는 담화에서 지적했듯이, 라데팡스 심장부에 위치한 광대한 광장에는 통행자가 한자리에 머물 만한 시설이 전혀 없다.[4] 물론 그랑드아르슈(신개선문) 계단의 용도를 바꾸는 방법이 있기는 하다. 날씨 좋은 날, 그 계단에 앉아 점심을 먹는 직장인이나 관광객처럼 말이다. 광장뿐 아니라 공항, 기차역, 교통 요충지, 순환도로, 시내의 대로, 쇼핑몰 등 통행이 빈번한 공간은 '돈 버는 도시'의 징표이다. 이 새로운 도시 개념은 유럽 대도시뿐만 아니라, 국제 경쟁력 강화라는 구실 아래 중간 규모의 도시들에도 확산되기에 이른다.[5]

머무는 것이 죄가 돼버린 시대

그럴수록 상대적으로 통행 빈도가 낮은 도시 빈곤층은 도시 성장의 걸림돌이며, 공공질서에 대한 잠재적 위협으로까지 인식된다. '블랙홀'에서 '메트로폴리탄' 성격의 도시 간 연계망을 구축한 후기산업도시로 전환한 도시는 항구적인 거주민뿐만 아니라 관광객 같은 임시 체류자들을 더 많이 유치해 유동성의 속도를 높이려 한다. 이를테면 '펄서$_{pulsar}$'(맥동전파원, 펄스 전파를 방사하는 천체)처럼. 도시 공공장소의 개념 또한 완전히 달라진다. '범죄 예방 환경 설계'와 '범죄 기회 줄이기'라는 명분 아래, '부동의 적들'(거지, 성매매자, 노숙자 등)이 머물 만한 공공 벤치나 버스 정류장의 비

---

4   지그문트 바우만, 『액체근대 Liquid Modernity』, Polity Press, 케임브리지, 2000.
5   뱅상 두메루, 「이동의 자유 위해 주거권을 약탈하다」, 『르몽드 디플로마티크』, 2010년 4월.

바람막이 같은 시설들이 사라진다. 불법 노점상들은 경찰의 집요한 공격 대상이 된다. 프랑스에서 2003년 통과된 이른바 '국내치안법'은 성매매자의 호객 행위, 건물 현관에 모여 있기, 스콰트_squat_(건물 무단 점유), 구걸 등을 범죄로 규정하고 이를 처벌할 수 있도록 했다. 이런 행위들은 공통적으로 도시 안의 공간적 부동성이라는 물리적, 유형적 특성이 있다.

'통행성 기계'와 같은 도시는 불평등하고 이원화되어 있다. 이는 최근 20년간 도심지 주택들과 상업용 건물들의 '고급화'만 봐도 알 수 있다. '주택 지구 상류화' 현상은 '승리한 자'들이 독차지한 시내, 즉 도시 통행의 중심부에서 일어난다. 이런 현상은 그들에게 일, 소비, 취미생활 공간으로 통하는 빠르고 다양한 출입로를 보장한다. 반면 '패한 자'들은 부동산 거품에 의해 점점 더 통행의 중심부에서 먼 곳으로 귀양 가고, 유동성은 속박으로, 아니 고통으로까지 이어진다.[6]

그렇다면 민주주의 생산지로서의 도시는 어떻게 되는 것인가? 시장, 토론과 집단의 결정에 참여하는 장소인 그리스 아테네의 아고라를 기원으로 하는 공공장소는—상징적, 그러나 특히 물리적 공간으로—민주주의의 원활한 기능과 밀접한 연관을 맺고 있다. 이를 위하여 공공장소는 교환, 분배, 만남을 촉진하도록 고안되어야 한다. 이런 장소가 항시적인 이동 공간으로 변모된다는 것은 사회성—특히 서민들의—실현을 실질적으로 어렵게 하고, 그리하여 고결한 민주주의를 보장하는, 각자의 이해를 모두 함께 고려하는 행동이 힘들어지게 된다.

6   가티앵 엘리, 알랭 포플라르, 폴 바니에, 「귀농한 도시 빈민들, 더 끔찍한 가난에 갇히다」, 『르몽드 디플로마티크』, 2010년 8월.

'통행성 기계' 파괴, 제2의 러다이트

오늘날, 유동성 기계인 도시에 대한 비판은 새롭게 부각되는 주제이다. 무정부주의자들의 '일시적 자치 구역'[7]로부터 영감을 받은 '리클레임 더 스트리트Reclaim the Streets'(거리를 되찾자) 운동의 '거리 해방'에서, 좀더 제도화된 '슬로 시티' 운동의 조직망까지, 통행성 기계의 속도를 늦추려는 새로운 전술들은 각양각색이다. 공공장소에서 움직이지 않으면서, 그 공간을 집단적으로 새로운 실천을 교환하고 창조하는 장소로 바꿔가면서, 5월 15일 캠핑을 했던 이들은 신자유주의 도시 민중의 체제 비판 운동을 한 단계 성숙시켰다. 정치권이 지난 30년간 부풀려오고 소수의 은행과 거대 그룹의 배만 불려준 부동산 거품이 폭발하면서 경제 위기의 타격을 정면으로 받은, 빌바오에서 말라가까지 '부동으로 결집한' 젊은이들은 스페인 국경을 넘어, 특히 오늘날, 도시의 의미가 민주주의의 미래를 위한 결정적 관건임을 보여주고 있다.

---

7   하킴 베이, 『일시적 자치 구역TAZ: Zone autonome temporaire』, L'Éclat, 파리, 1997.

1부 탐욕이 빚어낸 비극

• 지칠 줄 모르는 미 제국주의의 욕망 | 에릭 홉스봄
  [르몽드 디플로마티크 2호] 2008년 10월 29일

• 상대주의를 넘어 — 반이성주의가 역사학의 최대 위험 | 에릭 홉스봄
  [르몽드 디플로마티크 8호] 2009년 5월 5일

• 금융 위기가 낳은 자본주의의 제3의 길 | 로랑 코르도니에
  [르몽드 디플로마티크 7호] 2009년 4월 4일

• 자유무역, 그 달콤한 비극 | 자크 사피르
  [르몽드 디플로마티크 6호] 2009년 3월 17일

• 미국 자유주의자들의 위험한 질주 | 코스타스 베르고풀로스
  [르몽드 디플로마티크 66호] 2014년 3월 3일

• 기아는 서구의 탐욕이 부른 비극 | 장 지글러
  [르몽드 디플로마티크 10호] 2009년 7월 3일

• 기업은 고용을 창출하지 않는다 | 프레데리크 로르동
  [르몽드 디플로마티크 66호] 2014년 3월 1일

• '보호무역주의 위협론'은 완전한 허구다 | 프레데리크 로르동
  [르몽드 디플로마티크 6호] 2009년 3월 2일

• 사그라지지 않는 유토피아적 신자유주의의 부활 | 세르주 알리미
  [르몽드 디플로마티크 60호] 2013년 9월 12일

- '시장'을 넘어 '민주주의'로—사회적 자유주의 비판 ㅣ 에블린 피예

  [르몽드 디플로마티크 7호] 2009년 4월 4일

- 자본주의에 무력한 좌파의 빛바랜 보편주의 ㅣ 비벡 치버

  [르몽드 디플로마티크 68호] 2014년 4월 28일

2부 야누스적 자본의 두 얼굴

- 세계화의 폭력성—교조주의적 세계 권력의 문명 파괴 ㅣ 장 보드리야르

  [르몽드 디플로마티크 3호] 2008년 12월 1일

- 현혹의 경제학을 넘어라—서방덕분에 잘 살게 됐다? ㅣ 프랑수아 세네

  [르몽드 디플로마티크 14호] 2009년 11월 5일

- 푸코식 규율국가에서 들뢰즈식 통제국가로 ㅣ 조로조 아감벤

  [르몽드 디플로마티크 65호] 2014년 2월 7일

- 패스트푸드에 저항하는 미국인들 ㅣ 토머스 프랭크

  [르몽드 디플로마티크 65호] 2014년 2월 7일

- 교육계의 자율성, 그것은 환상이다 ㅣ 피에르 부르디외/장클로드 파스롱

  [르몽드 디플로마티크 62호] 2013년 11월 8일

- 보편성의 독점, '국가'라는 야누스 ㅣ 피에르 부르디외

  [르몽드 디플로마티크 40호] 2012년 1월 6일

- 공적 토론 혹은 복화술—부르디외식 국가의 우화 ㅣ 피에르 부르디외

  [르몽드 디플로마티크 40호] 2012년 01월 06일

- 군주는 인간과 야수의 본성을 지닌 잡종 짐승 ㅣ 자크 데리다

  [르몽드 디플로마티크 1호] 2008년 9월 26일

- 대항폭력, 나쁜 게 아니라 부적절하다 ㅣ 놈 촘스키

  [르몽드 디플로마티크 22호] 2010년 7월 12일

3부 거세된 지식인의 불온성

- 금융 위기 속에 마르크스를 되돌아보다 ı 뤼시앵 세브
  [르몽드 디플로마티크 3호] 2008년 12월 1일

- 투쟁 없이는 민주주의도 없다 ı 앙드레 벨롱
  [르몽드 디플로마티크 9호] 2009년 6월 3일

- 세계의 지정학, 밑그림 없는 퍼즐 ı 앙드레 벨롱
  [르몽드 디플로마티크 21호] 2010년 6월 7일

- 묻노니, 인류에게 미래는 있는가 ı 뤼시앵 세브
  [르몽드 디플로마티크 38호] 2011년 11월 11일

- 빚쟁이 혹은 시간의 도둑 ı 마우리치오 라차라토
  [르몽드 디플로마티크 41호] 2012년 02월 13일

- 지식인들은 무엇으로 사는가 ı 자크 부브레스
  [르몽드 디플로마티크 9호] 2009년 6월 3일

- 진리를 조작하는 지식인들 ı 피에르 부르디외
  [르몽드 디플로마티크 0호] 2009년 6월 3일

- 우리의 유토피아 vs. 그들만의 유토피아 ı 세르주 알리미
  [르몽드 디플로마티크 7호] 2009년 4월 4일

4부 지식인이여, 왜 두려워하나

- '왜'라고 묻는 법 배우기 ı 파울루 프레이리
  [르몽드 디플로마티크 61호] 2013년 10월 14일

- 부와 가치를 혼동한 자본주의 ı 장마리 아리베
  [르몽드 디플로마티크 63호] 2013년 12월 10일

- 낯설게, 그러나 다시 만나야 할 계몽과 이성 ı 자크 부브레스
  [르몽드 디플로마티크 16호] 2010년 1월 6일

- 부르디외는 없다 | 피에르 랭베르
  [르몽드 디플로마티크 28호] 2011년 1월 07일
- 지식인이여, 분노하라 | 피에르 부르디외
  [르몽드 디플로마티크 5호] 2009년 02월 01일

5부 상상을 넘어 행동으로

- 다중의 공유로 자본주의의 위기와 모순 극복하기 | 마이클 하트
  [르몽드 디플로마티크 3호] 2008년 12월 1일
- 자유시간, 진정한 해방의 조건 | 앙드레 고르
  [르몽드 디플로마티크 7호] 2009년 4월 4일
- 잘 늙을 수 있는 '평등 사회' | 뤼시앵 세브
  [르몽드 디플로마티크 16호] 2010년 1월 4일
- 탈성장주의, 경제 위기 구할 새로운 대안인가 | 에리크 뒤팽
  [르몽드 디플로마티크 11호] 2009년 8월 5일
- '아나키즘'과 '리베르테르'에 대한 오해와 이해 | 장피에르 가르니에
  [르몽드 디플로마티크 4호] 2008년 12월 30일
- 지구는 북적대지 않는다 | 조르주 미누아
  [르몽드 디플로마티크 33호] 2011년 06월 04일
- 움직이지 않으리라, 모두의 공간을 되찾으리라 | 막스 루소
  [르몽드 디플로마티크 34호] 2011년 7월 11일

르몽드
인문학

세계의 석학들이 말하는 지구 공존의 법칙

ⓒ 르몽드 디플로마티크 2014

1판 1쇄 2014년 9월 3일
1판 3쇄 2018년 4월 23일

지은이 르몽드 디플로마티크
펴낸이 황상욱

기획 황상욱 **편집** 황상욱 윤해승 **교정** 양재화
디자인 최윤미 **마케팅** 최향모 강혜연
제작 강신은 김동욱 임현식 **제작처** 미광원색사 **제본** 중앙

펴낸곳 (주)휴먼큐브
출판등록 2015년 7월 24일 제406-2015-000096호
주소 10881 경기도 파주시 회동길 210 1층
문의전화 031-955-1932(편집) 031-955-1935(마케팅) 031-955-8855(팩스)
전자우편 forviya@munhak.com

ISBN 978-89-546-2555-5   03300

이 도서의 국립중앙도서관 출판예정도서목록(CIP)은 서지정보유통지원시스템 홈페이지(http://seoji.nl.go.kr)와
국가자료공동목록시스템(http://www.nl.go.kr/kolisnet)에서 이용하실 수 있습니다.
(CIP제어번호: CIP2014023070)